NINA ȘTEFAN

# Războiul sufletului

*Durerea de azi, puterea de mâine*

**Descrierea CIP a Bibliotecii Naţionale a României**
**ŞTEFAN, NINA**
**Războiul sufletului : Durerea de azi, puterea de mâine** / Nina Ştefan. - Bucureşti : Bookzone, 2021
ISBN 978-606-9700-38-9

821.135.1

Grafician copertă: **Maria Stoian**
Grafician fotografii: **Alexandru Nedelcu**
Corector: **Ioana Barbu**
Tehnoredactor: **Anca Marisac**



**Editura Bookzone**
Şoseaua Berceni nr. 104, sector 4, Bucureşti
Comenzi şi informaţii:
Telefon: +40 774 091.579; +40 770 584.429
E-mail: office@bookzone.ro
www.bookzone.ro

NINA ŞTEFAN

# Războiul sufletului

*Durerea de azi, puterea de mâine*

Bookzone
BUCUREŞTI, 2021

# *Cu drag, mie!*

*Mi-a plăcut mereu să ofer din puţinul meu, e ceva ce voi face întotdeauna, pentru că îmi aduce bucurie. Există, însă, o persoană căreia i-am oferit prea puţin şi care merită totul! O persoană pe care am lăsat-o mereu în umbră, deşi merită să strălucească! E cea care mi-a fost tot, întotdeauna: EU! Azi îmi dedic această carte ca fiind o recompensă în urma războiului câştigat! Este cel mai preţios cadou, pentru că îl pot împărţi cu o lume întreagă!*

*Nina Ştefan*

# CUVINTE ÎNAINTE

*de a intra în războiul meu!*

Simple gânduri, transformate în cuvinte, puse într-un jurnal ascuns, în lumea mea secretă. Iniţial, aşa mi-a fost această carte, apoi a devenit o dorinţă de a-mi împărtăşi povestea, iar azi e un vis împlinit! Un vis la care am muncit mult timp, dar care a meritat tot efortul!

Acest vis a început în 2014 şi mi-a luat şase ani să îl aduc la forma dorită. Am vrut să-mi scriu povestea în ideea de a încuraja orice suflet aflat în furtună să nu renunţe, de a-i arăta că poate găsi calea spre lumină chiar şi atunci când e beznă totală. Cartea e născută din propriile trăiri, iar experienţa personală este cel mai bun exemplu. Alegeri greşite, frici, frustrări, răni şi traume din copilărie, iubiri trăite şi netrăite, trădare, visuri împlinite și neîmplinite. Dar care om le ocolește sau cine este ocolit? Niciunul! Doar că unii se regăsesc după furtună, iar alţii se pierd. Unii au puterea să se reconstruiască, alţii nu. Important este să nu te reconstruiești din ruine, ci din cărămizi noi!

Putem să citim multe cărţi, să vedem nenumărate documentare şi să ascultăm poveştile altora, dar nimic nu se compară cu ceea ce trăim pe pielea noastră. Putem să ne facem o idee, da, dar nu mai mult. Viaţa este cel mai bun profesor fără să ştim că, de fapt, noi suntem cei care o creăm! Abia atunci când conştientizăm acest lucru, înţelegem că suntem cei mai iscusiţi arhitecţi ai vieţii noastre şi că putem construi cu mintea, cu trupul şi cu sufletul, cele mai de preţ instrumente cu care ne-a înzestrat Dumnezeu!

Decizia de a-ţi schimba viaţa e cea care te duce în lumină. Cel mai înţelept lucru este să iei decizia că viaţa îţi aparţine! Mergând pe drumul vieţii, te vei întâlni cu tine în toate ipostazele. Vei rătăci mult până te vei regăsi sau, mai bine spus, până te vei găsi. Să nu-ţi fie frică! Nu ai nevoie decât de tine şi de puterea de **a te iubi** şi **a iubi**, iar iubirea poate tot! **Iubirea e în tine!**

Nu a fost uşor să-mi adun sufletul şi să-l pun aici, dar am considerat că astfel pot schimba multe în jurul meu, pot aduce multe suflete în lumină, iar pentru mine nu există lucru mai frumos în viaţă decât acela de a oferi bucurie în jurul meu! Dacă vrei, poţi să faci asta şi tu, oricine ai fi! Trebuie doar să vrei!

Pentru a fi cine sunt azi, am dus un război greu cu mine şi cu ceilalţi, ani la rând. Am luptat până şi cu moartea care a făcut cale întoarsă. Am ales să rămân! Moartea dă semnificaţie vieţii! Fără ea nu am simţi timpul. Nu am vrut să mor pe front, am vrut să pot privi în urmă şi să-mi spun: **Am învins!**

**Am învăţat că durerea de azi e puterea de mâine!**

# Prefață

Bine ai venit în lumea mea! Lasă la intrare gândurile negative, eliberează-ți mintea și sufletul și intră! Așază-te undeva comod și... hai să-ți povestesc!

Despre ce?

Despre cât de frumoasă poate să fie viața după moarte.

Da, exact! După moarte.

Poate te vei regăsi și tu printre rândurile mele sau pur și simplu îți vei încălzi inima, transformând aceste pagini într-un film imaginar. Vei învăța să ierți, să lași în urmă trecutul, să strălucești în prezent și **să fii tu**! Pregătit(ă) pentru viitor!

Trăiește-mi povestea! Pășind în ea, vei zâmbi uneori, iar alteori vei plânge. Vei întâlni o femeie puternică, romantică, dar și ironică. Bucură-te de fiecare pagină! Fiecare e venită din suflet, acolo unde am dus cel mai mare război al meu. Am rătăcit ani de zile luptându-mă cu oamenii, dar mai ales cu mine. Ce lupte nebune am dus... Dar fără acele lupte, astăzi nu aș fi fost EU! De aici și titlul, Războiul sufletului care a luptat până a câștigat, iar atunci când a pierdut, a învățat! Lasă armele jos și vino cu mine! Viața nu e o luptă!

Am pus în această carte toate pietrele aruncate spre mine cu care mi-am făcut pod spre fericire. Azi clădesc din orice cu mâna goală, pentru că pot! Nu mai sunt o umbră, sunt raza de soare care sparge orice nor încărcat de tristețe. Împletesc cuvinte cu literele adunate din suflet și le aștern pe coli albe. Pășește cu încredere în povestea mea și învață și tu din trăirile mele. Viața e prea scurtă să înveți doar din greșelile tale, mai trebuie să înveți și din greșelile altora, doare mai puțin. Îmi vei întâlni îngerul, dar și demonul, cei cu care îmi împart zilele și cu care mă războiesc ori de câte ori am de luat o decizie.

Citește fiecare cuvânt ca pe un mesaj important și încearcă să-l înțelegi! Un scriitor nu umple o carte cu pagini și nici pagini cu vorbe, ci umple suflete cu emoții! Am să îți povestesc din adâncurile sufletului meu tot ceea ce știu eu de la viață, căci ea mi-a spus atât de multe... Am să despic fiecare rană până la os, oricât ar fi de dureros, și am să te învăț să o vindeci cu mâinile goale, așa cum am făcut și eu. Se poate! Trebuie doar să crezi! Cu siguranță ai și tu povestea ta.

Citește o femeie simplă care iubește viața, iar la sfârșit păstrează tot ceea ce crezi că îți va fi de folos pe viitor, dar mai ales în prezent. Trăim mereu cu regretul pentru ieri și cu speranța pentru mâine, prea puțin cu bucuria de azi. Anumite experiențe te învață mai mult decât orice școală, iar lecțiile, deși dureroase, aduc după sine soarele în suflet.

Sufletul meu a fost mereu ca un front deschis unde s-au războit emoțiile! Sufletul este locul în care cerșim și ne alungăm iubirea. Locul în care amintirile sunt acasă... Iar amintirile au glas, ele vorbesc prin bătăile inimii care ticăie ca un ceas, măsurându-ne timpul și totuși timpul nu are măsură, noi suntem cei care trecem prin el cu măsură.

Deci nu rătăci printre gânduri negre, îți vei întuneca toată viața, chiar și zilele în care soarele strălucește prea mult. Trăiește frumos, zâmbește, iubește micile plăceri ale vieții și bucură-te de lucrurile simple! Viața e făcută din momente, așa că pune în fiecare un strop de magie!

*Versurile se nasc din lacrimile sufletului, iar lacrimile se nasc din durere. Durerea se naște din dor, iar dorul se naște din iubire.*

*Dar știi? Iubirea se naște din tine!*

*– Tu cine ești?*

*– Un copac.*

*– Al cui?*

*– Privit de jos sunt al cerului, dar privit de sus sunt al pământului. De sus mă țin razele soarelui, iar de jos mă țin rădăcinile. Tu cine ești?*

*– Un om.*

*– Al cui?*

*– Al vântului. Eu nu am rădăcini și mă las purtat prin lume. Aş vrea să poposesc undeva, într-un suflet...*

*– Nu l-ai găsit?*

*– Eu da! El încă mă caută...*

# Privind în urmă...

Stau așezată pe pământul cald, sub soarele de început de vară. E 2014. Jos, mi-e lumea. Sus, mi-e Dumnezeu. Eu, undeva la mijloc. Un vânt ușor de munte îmi trece printre gânduri, coborând spre satul de sub ochii mei. De le-ar lua pe toate de tot... ce bine ar fi. Mai ales durerile. Să le ducă departe!

Am evadat din prezent. Azi am luat o pauză de la tot. Mi-e dor de mine, dar nu știu cine sunt. Mă privesc, dar nu mă văd. Mă aud, dar nu mă ascult. *Cine sunt azi? Ieri cine am fost?* S-a spus câte ceva despre mine, iar eu am crezut fără să scot o vorbă. Mi s-a spus că sunt bună și m-am bucurat. Mi s-a spus că sunt rea și m-a durut. De ce așa? Nu pot fi amândouă. Sau sunt? Pe cine să cred? Eu ce am de spus despre mine? Eu cum sunt? Ce fac? Ce simt? De ce sunt văzută atât de diferit? Iar eu... de ce nu știu pe cine să cred?

Poate ar fi suficient să hotărăsc eu pentru mine, dar mi-e greu fără rădăcini într-o furtună atât de mare. Pământul nu mă ţine, iar cerul mi-e prea sus. E soare, dar în mine plouă, tună şi fulgeră. Mă simt aruncată de parcă nimeni nu ar avea nevoie de mine. Poate zâmbetul meu spune că nu am eu nevoie de altcineva. Ah, câte emoţii mă încearcă! Am intrat într-un război cu ei şi cu mine între atâtea păreri diferite ca nişte valuri imense, cărora nu am ştiut să le fac faţă.

Privind în urmă, văd oceane de lacrimi şi munţi de emoţii. Nu ştiu de ce am ales să vin aşa pe lumea asta, probabil că era singurul mod de a înţelege iubirea adevărată, iar iubirea nu este uşoară. Dacă ar fi uşoară, am iubi cu toţii, iar lumea ar fi minunată, dar nu toţi putem iubi cu adevărat, din păcate. Unii nu reuşesc din cauza rănilor prea mari, iar rănile nevindecate nasc ură şi boli, la fel cum visurile neîndeplinite nasc frustrări şi nefericire.

Sunt o mână de om aşezată între cer şi pământ, între soare şi lună, între iubire şi ură. Sunt un copil rătăcit printre oamenii care au uitat cum e să fii copil. Copilul din noi nu ar trebui să moară niciodată, altfel viaţa ar deveni prea serioasă, iar viaţa nu trebuie să fie altceva decât un dans frumos sub stele, sub ploaie, sub soare... un dans în care să ne simţim minunaţi, frumoşi şi fericiţi. Am ajuns să purtăm nişte măşti fără nume şi fără rost. Nu am înţeles de ce. Cuvântul *uman* nu mai reprezintă umanitatea, ci ceva greu de înţeles. De ce am devenit goi? De ce suntem reci? Poate că singurul răspuns corect ar fi *din lipsă de iubire* şi nu e vorba despre iubirea pe care o primim, ci de aceea pe care ar trebui să o dăruim. Câţi iubim? Şi câţi ştim să dăruim iubire? Câţi ştim că a dărui înseamnă, de fapt, a primi înapoi?

Aşteptarea nu ne aduce nimic. Aşteptăm să fim... să primim... să avem... dar nu facem nimic ca lucrurile să se întâmple. Toţi vrem să găsim sensul vieţii şi pornim pe drumuri grele, fără să ne dăm seama că locul în care trebuie să căutăm este în noi. Ne uităm de jur împrejur, încercând să ne agățăm de orice, mai puțin de noi. Toți ne dorim o viață ușoară și perfectă, dar câți o merităm? Toți! Toți cei care muncim pentru ea, evident. Dacă vrei să culegi flori, trebuie să știi ce și cum să plantezi, apoi cu siguranță vor răsări cele mai frumoase flori. Nu contează când o faci, important este să o faci! La un moment dat te vei plimba în propria grădină plină de culori, zâmbind cerului, recunoscător că ai reușit. Altfel, te vei plimba pe un câmp pustiu și plin de buruieni.

Nu știu de ce, dar omul nu poate învăța anumite lecții decât trăindu-le, în timp ce animalele știu deja de când se nasc ce au de făcut, deși ele nu au rațiune, iar noi, cei care o avem, ne trăim viețile haotic, ne complicăm simplitatea și ne rupem puțin câte puțin din noi și din ceilalți, ca apoi să ne adunăm bucată cu bucată. Oricât am ierta, nu putem șterge greșelile, ele rămân, la fel rămân și cicatricile, doar că nu mai dor așa cum dor rănile rămase deschise. Vindecă tot și mergi mai departe, semnele sunt doar victoriile tale.

Înainte să facem un pas, ne gândim de zece ori dacă este nevoie. Dacă am fi asemenea animalelor, lipsiți de rațiune, ne-am lăsa ghidați de suflet, exact ca ele. Ele trăiesc pur și simplu. **Sunt!** Nu există diferențe între ele, pentru că ele au nevoie doar de corpul lor și de un adăpost pe care îl găsesc în sânul naturii. Noi, oamenii, vrem prea mult și nu ne mulțumește mai nimic. Oamenii cu adevărat fericiți sunt puțini, mult prea puțini. Sunt cei care au înțeles **secretul vieții**, atât de simplu și banal...

Privesc în mine, căutând un răspuns. Mi-e greu, plâng rătăcită și singură într-o lume a nimănui. Mi s-a pus o ceață urâtă pe ochi și pe suflet de la atâtea lacrimi și prea multe gânduri. Când râdeam, îmi erau toți aproape. Acum nu mai e nimeni lângă mine. Ce ușor este să iubești, când e ușor, și ce greu este să iubești, când e greu. Atunci îți dai seama dacă e iubire sau nu. Adevărata iubire rezistă în orice circumstanțe, indiferent că e iubire de mamă, soră, copil, iubită, soție sau prietenă.

Când viaţa mea atârna de un fir de aţă, mi-am dorit să mor, dar moartea nu m-a vrut, ea a vrut doar să mă trezească şi să mă înveţe să trăiesc. Apoi mi-am dorit să trăiesc, să fiu puternică, să pot să trec peste toate şi să mă bucur de viaţă. Mi-am promis că o să fiu mai bună! Am învăţat să trăiesc fără MÂINE şi să mă bucur de ASTĂZI, să spun azi şi să fac azi, să nu mai aştept. Să uit de IERI. Să iubesc ACUM şi să mă bucur de oamenii din viaţa mea. Uitându-mă la ceas, îmi dau seama că timpul îmi ia anii şi nu vreau să-i dau goi. Am avut multe răni şi nu am ştiut să le închid. Le-am acoperit şi atât, până au început să sângereze iar. Atunci mi-am dat seama că un pansament nu e suficient. M-am străduit să mă vindec şi, deşi a fost greu, **am reuşit**!

*Cum să vindeci ceva ce nu vezi? Cum să aşezi trecutul la locul lui fără să doară şi să-l priveşti cu iubire? Tot cu iubire...*

Gânduri printre rânduri

Am avut nevoie de 28 de ani să înţeleg viaţa şi sensul ei. Mai bine spus, după 28 de ani am înţeles, atunci când „m-am trezit". 28, interesant număr, fiind ziua mea de naştere şi numărul Lunii în acelaşi timp. Eu m-am născut noaptea, atunci când apare şi ea să lumineze şi să rupă puţin din întunericul care ne împiedică paşii. Mereu mi-am dorit să strălucesc ca ea, să fiu lumină pentru mine şi pentru ceilalţi. Încă o admir cu zâmbetul larg atunci când este plină, asemenea mie. Gol mi-a fost destul...

Fiecare număr are o semnificaţie şi o vibraţie care influenţează viaţa şi personalitatea omului. 28 este al doilea număr perfect după 6, descoperit de Pitagora, este egal cu suma divizorilor săi, din care se exclude numărul însuşi: 1+2+4+7+14=28. Sunt puţine numerele perfecte, iar eu am onoarea să port două dintre ele. Sau norocul, pentru că 28 aduce noroc şi cu siguranţă sunt o norocoasă, pentru simplul fapt că am renăscut, iar 6 e numărul destinului meu! De fapt, norocul reprezintă o alegere sau suma a ceea ce suntem, facem și ni se întoarce, iar nouă ne place să îl numim noroc. În numerologie, 28 este compus din vibrațiile lui 2 și ale lui 8. Primul rezonează cu atributele diplomației, ale cooperării, ale echilibrului și ale armoniei. Cifra 8 este asociată cu dorința de a fi sănătos, de a prospera, scopuri atinse cu succes prin intermediul tendinței de stabilitate, de înțelepciune și de cunoaștere. Prin alăturarea lui 2 și 8, rezultă 28, definit prin receptivitate, parteneriat, dualitate și realizări. Am început să scriu această carte într-o zi de 8, în luna februarie (02), cu gândul de a ajunge **sus** din toate punctele de vedere. Să fi fost întâmplătoare renașterea mea? Nu cred!

În viață, totul se rezumă la iubire și la a trăi liber. Deși acum înțeleg că trecutul a fost și nu va mai fi, la un moment dat am simțit nevoia să îmi răsfoiesc cartea sufletului, să o recitesc pagină cu pagină și să reașez cu grijă filele înapoi. Am vrut să înțeleg! Am vrut să mă asigur că mi-am învățat lecțiile și că nu se vor repeta. Așa s-a născut cartea - privind înapoi. Am zâmbit, am râs cu poftă, m-am întristat și am plâns cumplit privind în urma mea. Nu am fost eu, ci ceea ce au vrut alții să fiu! Așa am crezut o perioadă lungă de timp, până mi-am dat seama că, de fapt, mi-a lipsit curajul de a alege ceea ce simțeam eu că este bine pentru mine. Nu am știut să-mi ascult inima! Nu am știut să spun **NU** și că uneori trebuie să faci asta!

Există o **voce interioară** care știe exact ce să-ți dicteze, iar tu nu trebuie decât să o asculți! Aceea este **intuiția**! Mult timp am fost confuză și am ales prost, ca apoi să plătesc fiecare pas greșit. Dar azi nu mai am regrete, azi mă iubesc așa cum sunt, cu tot trecutul meu! Azi știu să aleg. Sunt liberă! Am decis că sufletul meu merită să fie fericit, el are atâtea sentimente frumoase și mă iubește necondiționat. Eu nu am știut să îl iubesc, l-am chinuit prea mult și m-am oprit abia atunci când mi-am dat seama că distrug singurul lucru frumos pe care îl am. Și chiar atât am: un **suflet**! Cele mai importante lucruri în viaţă nu pot fi cumpărate, iar acestea nu sunt vizibile, sunt acele lucruri care stau în noi şi pe care doar le **simţim**. Singurele pe care le putem oferi necondiţionat. Să nu uităm că tot ceea ce oferim, primim cândva înapoi!

Azi sunt fericită, îmi iubesc sufletul, pur şi simplu nu-mi mai pasă de micile răutăţi din jurul meu. Mă iubesc aşa imperfectă cum sunt, pentru că asta mă face unică! Nu-mi mai pasă cum sunt văzută, ce cred oamenii sau ce vorbesc despre mine. Nu e treaba mea. E problema lor! Eu sunt aşa cum simt! **Sunt iubire!** Iubesc fără să mă gândesc că poate doare, iert fără să mă gândesc că poate voi fi rănită iar, dăruiesc fără să cer înapoi şi nu am aşteptări, iar asta mă face să mă simt împlinită şi liberă! Îmi asum fiecare acţiune. De astăzi trăiesc EU, aşa cum simt, nu cum vor alţii! Am înţeles că trecutul nu poate fi schimbat, iar viitorul e departe.

Astăzi iubesc **PREZENTUL** şi mă bucur de el! **Tot ce am este astăzi, acum şi aici!** Trăiesc fiecare clipă ca şi cum este singura pe care o am şi este minunat! Acum am curaj să privesc în urmă şi să-mi povestesc trăirile şi emoţiile pe care le-am ţinut ascunse în mine. Mi-am dat seama că sunt adevărate lecţii de viaţă şi nu am de ce să mă ruşinez cu ele. Doar trăind ce am trait, am ajuns să fiu femeia minunată de acum, pentru că asta vreau să cred despre mine: că sunt minunată, iar **sufletul meu**, cel mai frumos **dar de la Dumnezeu**! El, complicele meu în toate!

Este bine să privești în urmă?
Da!
Este bine să te întorci?
Nu!
Trebuie doar să îți amintești lecțiile, nu să retrăiești durerile!

# Copilăria...

Cineva îmi bate la ușă de ceva vreme. Sunt zile bune de când insistă, dar am ales să rămân doar cu mine. I-aș deschide, dar nu mai vreau să știu nimic de nimeni și totuși aș vrea să știu de ce nu renunță. Trag aer în piept și mă ridic de pe podeaua rece unde zac de câteva zile. Pun mâna pe clanță și îmi așez gândurile acolo, nehotărâtă încă. Of... Cine ar putea să fie când știu că nimănui nu-i pasă? Apăs ușor clanța, iar scârțâitul ei îmi strânge ochii și îmi zgârie auzul. Îmi fac curaj și deschid.

– *De ce îmi bați la ușă?* Îl întreb, aparent indiferentă, dar sufletul meu tremura. Venise înapoi!

— *Ai uitat de Mine...* îmi spune cu vocea stinsă.

– *Nu... la fel cum nu pot să uit nici de câte ori m-ai abandonat.*

– *Încă mai crezi asta?* m-a întrebat, privindu-mă fix în ochi.

– *De ce ai venit acum când știi că mi-e bine?*

– *Nu M-ai căutat demult...*

– *De ce aș face-o?*

– *Nu vreau să Mă uiți.*

– *N-o să Te uit niciodată. Și cum aș putea când am atâtea amintiri cu Tine? Toate!* I-am răspuns, răstindu-mă la El și întorcându-mi privirea în altă parte. Îmi tremurau și picioarele, nu doar sufletul.

– *Vreau să-ți amintești zâmbind*, îmi spune cu vocea caldă și privirea blândă. E la fel de luminos.

– *Și nu ai văzut că acum zâmbesc?*

– *Ba da, dar zâmbetul tău de azi e atât de senin. Pari alta...*

– *Și ce e rău în asta? M-am schimbat!*

– *Te-a schimbat el...*

– *Ai dreptate...* zâmbesc amar, ștergându-mi câteva lacrimi și privind în gol.

– *Încă te doare?*

– *Mă dor atâtea lucruri încă, da, și totuși sunt fericită!*

– *Oare?* mă întreabă nedumerit.

– *Sunt! Sunt fericită pentru că* ***SUNT****!* Îi spun, convinsă trup și suflet, privindu-L în ochi. Are aceiași ochi blânzi...

– ***Ești****! Și ești atât de frumoasă azi.*

– *Mereu am fost frumoasă.*

– *Nu ca acum. Acum strălucești chiar dacă încă te doare. Ai învățat să-ți porți durerile frumos. Înainte le ascundeai.*

– *Așa este... acum mă îmbrac cu ele și le port fără probleme. Atunci le îndesam pe la colțuri. În cele mai întunecate colțuri.*

– *Încă ești o copilă și încă ți-e dor de copilărie.*

– *Se vede?* întreb cu tristețe.

– *Eu te cunosc cel mai bine.*

– *Din nou ai dreptate...*

– *Mi-era teamă că nu aveai să-Mi deschizi.*

– *Am stat mult pe gânduri, dar încă mă frământă multe.*

– *Știu.*

– *Aș da o fugă înapoi, dacă aș putea.*

– *Unde?*

– *Peste tot.*

– *Ești pregătită?*

– *Da. Deschide cartea și citește-mi.*

– *Nu. Dă-mi mâna și hai cu Mine!*

– *Mi-e teamă, totuși...*

– *Să nu-ți fie!*

– *Unde mă duci?*

– *Oriunde vrei tu. Azi ești liberă să alegi. E ultima călătorie. Mergi sau nu?* mă întreabă hotărât.

– *Ultima călătorie?*

– *Spre înapoi, da. Toate celelalte vor fi spre înainte!*

– *După asta o să fiu liberă cu adevărat? Promite-mi că-mi dai libertatea!*

– *Doar tu poți să te eliberezi.*

– *Mereu ai spus că eu trebuie și că eu pot, dar nu m-ai văzut niciodată cât de greu mi-a fost. Aveam nevoie de un suflet să îmi fie aproape, dar Tu mi le-ai luat pe toate! Din cauza asta mi-am continuat drumul singură. Nu mai am ce să pierd acum.*

– *Eu îți simt lipsa de ceva vreme.*

– *Trebuia să ne despărțim. A fost cel mai bine așa. Știi asta...*

– *Știu. Te-am lăsat să alegi, e dreptul tău.*

– *Și atunci de ce ai revenit?*

– *Să te scap de bandaje.*

– *Tu le vezi, așa e?*

– *Da.*

– *Dar ceilalți de ce nu le văd?*

– *Pentru că nu știu să privească unde trebuie, iar sufletele lor au orbit.*

– *Dar eu îi văd și le văd și durerile.*

– *Ei nu au forța ta. Ești una la un milion, ai uitat?*

– *Chiar.* Încep să râd. *Una la un milion, și eu care mă credeam invizibilă.*

– *Te-ai subestimat.*

– *Mda...*

– *Mă mai ții mult în prag?*

– *Cred că ar fi mai bine să mergem. Nu ai venit degeaba.*

– *Tu m-ai chemat, de fapt. Așa, fără să strigi și fără să îmi scrii.*

– *Tu știi...*

– *Știu. Ai nevoie de această ultimă călătorie. Să nu-ți fie teamă!*

– *E momentul să fiu curajoasă. Frica mi-a furat multe.*

– *Tu i-ai dat voie.*

– *Așa e...,* îi spun resemnată.

– *Încotro?*

– *Ai zis că pot oriunde.*

– *Iar tu ai spus că vrei peste tot.*

– *Da.*

L-am luat de mână și am plecat desculță, cu părul desfăcut, purtând o rochiță albă și ușoară care îmi ascundea silueta subțire. Mă simțeam ca o rază de soare ce lumina fiecare pas spre înapoi. Încă eram supărată pe El și aveam multe nelămuriri, dar era momentul să facem **pace**. Cu noi și între noi. Trebuia să alung durerea care mă ținea prizonieră în propria viață. Deși mă credeam liberă și puternică, încă nu eram în totalitate. Mă amăgeam singură că mă vindecasem când, de fapt, îmi sângerau toate rănile, iar El era singurul care îmi vedea bandajele, ascunse bine cu zâmbete frumoase. Îi simțeam mâna caldă și iubirea de care uitasem. Îmi dădeam seama ce dor cumplit îmi fusese de El. Pășeam agale sperând să-mi recapăt libertatea. Nu-mi doream nimic altceva! Mergeam fără direcție, știam că urma să am multe surprize.

– *Uite, căsuța părintească!* I-am spus bucuroasă, când am zărit-o din capătul străzii.

– *Vrei să mergem acolo?*

– *Vreau să începem de acolo, da.*

Am grăbit pasul și am mers spre poarta veche din lemn, vopsită verde, pe care am deschis-o cu grijă.

– *Uneori săream gardul*, îi spun râzând. *Mai știi, nu*?

– *Știu. Ai fost un copil trăsnit.*

Mă încercau multe emoții, știind ce urma să întâlnesc acolo. Am mers în grădină unde erau multe flori. Mama avea chiar și lalele negre. M-am așezat pe leagănul de sub cireș și m-am abandonat unui legănat ușor. Zâmbeam privind copacii din curte și zecile de flori. Mama le iubea și le îngrijea ca și cum erau tot copiii ei.

– *O auzi cum latră?*

– *Lessie!*

Inima mi-a stat în loc. Mama o adusese când era doar un pui mic de câteva zile. Fusese abandonată și aruncată în spatele primăriei.

– *Ți-era dor de ea?*

– *Doamne... lățoasa mea frumoasă.*

Sărea și dădea din coadă fericită și nerăbdătoare să o mângâi. M-am jucat cu ea puțin, apoi am mers în fața casei.

– *Intră*, îmi spune, arătându-mi ușa.

– *O parte din viața mea e acolo.*

Îmi rulau în minte zeci de imagini, voci şi gânduri. Am trecut pragul şi m-am dus în camera mea. M-am întins pe patul vechi cu arcuri şi cu ladă şi mi-am aruncat privirea spre fereastră.

– *Ştii ce îmi plăcea cel mai mult?*

– *Să priveşti luna plină noaptea. Te lipeai de fereastră şi îi zâmbeai. La fel faci şi acum.*

– *Cum mă ştii Tu pe mine...*

– *Şi îţi plăcea să asculţi muzică încet, înainte de culcare.*

– *Da... şi asta încă o mai fac. Mi-am păstrat multe obiceiuri.*

M-am ridicat din pat şi m-am plimbat prin toată casa. Mobilă veche, covoare vechi, uşi vechi, ferestre cu rame din lemn acoperite de perdele albe şi sobe de teracotă. Totul vechi. Dar în sufletul meu erau emoţii noi. Trecusem pragul copilăriei, tărâmul magic al copiilor, universul prieteniei, cea mai importantă etapă din viaţa omului şi cea mai frumoasă sau... aşa ar trebui să fie. Pentru că unii o trăim, iar alţii o visăm. Ne este dată pentru a ne bucura de lucrurile simple, pentru a învăţa să preţuim micile bucurii ale vieţii, pentru că doar atunci suntem fiinţe pure şi pline de iubire necondiţionată şi avem toată forţa să devenim extraordinari! Unii dintre noi reuşim!

– *Aici era refugiul nostru când...*

– *Taci! Nu e momentul.*

Mi-au dat lacrimile. Afară se auzeau voci de copii. Mi-am şters faţa şi am ieşit curioasă să văd cine este. Trei fetiţe se jucau în curte în timp ce tatăl lor spărgea lemne, iar mama lor spăla rufe afară, la o albie de plastic. Părea obosită.

– *Mereu v-aţi jucat frumos, tu şi surorile tale.*

– *Da. Ne-am iubit mereu, chiar dacă ne mai şi certam. Păcat că nu a crescut şi el cu noi...*

– *Fratele tău.*

– *Da.*

– *Fiecare ați avut un drum. Nu au fost menite să fie împreună, ci separate.*

– *Nu pot să-mi imaginez copilăria fără surorile mele. Chiar, cum ar fi fost?*

– *Întrebarea aceasta ți-a furat multe ore de somn.*

– *„Cum ar fi fost dacă?”* îmi spun nostalgică și oftând.

– *Dacă...*

– *Dacă ar fi fost altfel.*

– *Nu vei afla niciodată și nici tu nu ai fi fost așa astăzi dacă totul ar fi fost altfel.*

– *Dacă aș fi știut atunci tot ceea ce știu azi, poate că nu s-ar fi întâmplat nimic din ceea ce s-a întâmplat și, cu siguranță, acum nu aș fi știut nimic din ceea ce știu dacă nu s-ar fi întâmplat nimic.*

Încep să râd.

– *Filozoafa din tine a revenit. Nu te-ai putut abține.*

– *Eh... doar mă știi,* Îi spun râzând și devin puțin mai liniștită.

– *Ai amintiri frumoase aici.*

– *Câțiva ani... da!*

– *Au muncit mult amândoi,* îmi spune, privindu-i trist din pragul ușii.

– *Prea mult. Mama era mai mereu epuizată. Nu știu cum reușea să le facă pe toate fără ajutor.*

– *O mamă își găsește mereu puterea.*

– *De cele mai multe ori era tristă din cauza lipsurilor... uram să o văd neputincioasă. Părinții mei au fost simpli muncitori, proveniți din familii sărace care nu și-au depășit niciodată condiția. Nu au avut curaj să viseze, nu au îndrăznit să evolueze de frica regimului comunist, s-au mulțumit cu puțin și, în timp, s-au plafonat, deși democrația le-a bătut la ușă când încă erau tineri și aveau şanse să mai schimbe ceva. Au rămas cu multe regrete care încă îi apasă.*

– *Şi-au ales singuri drumul, variante au avut destule. Inevitabil, aţi suferit şi voi de pe urma alegerilor făcute de ei.*

– *Copil fiind, a trebuit să îndur multe fără să ştiu cum să mă apăr. Multe umilinţe şi neajunsuri. Mama era mereu rătăcită în ale ei, crezând şi spunând că e o victimă a destinului, fără să ştie că era, de fapt, propria victimă pentru care plăteam şi noi. Patru suflete mici cărora li s-au retezat aripile mult prea devreme, patru inimi care au învăţat să plângă mult prea timpuriu. Ne-a salvat visul. Fiecare cu al lui.*

– *Tu ai fost şi eşti cea mai visătoare din familia ta. Şi uite, visurile duc departe!* îmi spune bucuros, zâmbind din tot sufletul.

– *Da. Îmi creasem de atunci o lume imaginară a mea, în care aveam o familie fericită şi bogată. Era o lume despre care nu am vorbit niciodată nimănui, dar care mă făcea fericită. E prima dată când o spun. Era un secret al meu, acum este al nostru. Trăiam visând, mă hrăneam cu gânduri frumoase. De câte ori îmi doream ceva, închideam ochii şi poposeam pentru câteva clipe în casa noastră unde nu ne lipsea nimic, unde aveam masa plină şi casa spaţioasă, unde mama nu trebuia să muncească atât de mult, iar tata era liniştit. Mă refugiam în acel vis, uneori chiar şi cu ochii deschişi, o admiram pe mama îmbrăcată frumos şi zâmbind, mă jucam cu surorile mele cu păpuşile atât de dorite şi îl îmbrăţişam pe tata aşa cum el nu o făcuse niciodată. Respiram profund şi mă cufundam în liniştea din casa noastră, unde nu ţipa nimeni niciodată, şi mă lăsam dusă de acea stare minunată. Acolo era adevărata mea familie şi căsuţa noastră înconjurată de o grădină ca în poveşti. În fiecare zi trăiam un episod nou şi frumos, unde construiam cu toată dragostea mea de copil o viaţă pe care speram să o trăiesc cândva cu adevărat, tot acolo, lângă pădurea mea, cu oamenii dragi mie, dar fără griji, fără hăinuțe sărăcăcioase, fără încălțări rupte și fără mese modeste. Nu visam un palat cu servitori și nici părinți cu funcții înalte, ci pur și simplu o viață decentă. O viață plină de iubire! Era un fel de serial imaginar pe care eu îl cream și tot eu îl și urmăream. Când ieșeam din acel vis zâmbeam, deși pe fața mea se împleteau șiruri de lacrimi ce-mi înecau sufletul inocent. Încă doare... dar a trecut și știu că nimic nu e întâmplător, astăzi nu aș fi fost așa cum sunt dacă aș fi trăit altfel.*

– *Îți știu toate visurile, Nina!*

– *Of... Tu îmi ești în gânduri și în suflet.*

– *Chiar și atunci când nu mă vrei sau când crezi că te abandonez.*

– *N-am vrut să mă pierd de Tine. Practic, am pierdut tot la un moment dat...nu știu ce s-a întâmplat.*

– *Mai știi când ai pierdut-o pe sora ta mai mică?* mă întreabă pe un ton glumeț și încercând să-mi alunge tristețea ce se așeza încet-încet pe inima mea.

– *Doamne... cum să uit? Ce sperietură! Am scăpat-o din ochi câteva clipe când eram la joacă, după care pur și simplu a dispărut. Credeam că s-a ascuns undeva, am strigat-o, dar nu mi-a răspuns. I-am întrebat pe toți dacă au văzut-o când a plecat, dar nimeni nu știa nimic. Nu înțelegeam unde putea să fie, am început să o caut, dar nu am găsit-o. M-am dus plângând acasă. Nu pot descrie fața mamei când i-am spus că am pierdut-o pe Ady. Se panicase total. Am plecat toți să o căutăm, plângeam disperați crezând că a pățit ceva sau că a luat-o cineva. A fost groaznic! Mă simțeam atât de vinovată, iar mama mă certa și mă întreba încontinuu unde am fost cu ea. Ne-am dus în pădure, la râu, pe teren, pe stradă, dar nu era nici urmă de ea nicăieri. La un moment dat, mama s-a gândit să meargă la magazinul din capătul străzii să întrebe dacă nu cumva a văzut-o vânzătoarea. Ady era acolo, îi ţinea companie vânzătoarei care nu ştia că noi o căutam. În sfârşit, ne liniştiserăm, ne reveniserăm din şoc. Ne-a spus că se plictisise şi s-a dus la magazin. După întâmplarea aceea, n-am mai scăpat-o din ochi. Ai mei m-au certat îngrozitor că nu am avut grijă de ea, deşi eram şi eu tot un copil şi nu ştiam să am grijă nici măcar de mine. Părinţii greşesc mereu făcându-i responsabili pe cei mari de cei mici, încărcându-i sufleteşte cu lucruri grele de care nu ştiu să se elibereze. Din simpli copii, devin paznici care trăiesc cu spaima că vor fi mereu certaţi dacă se întâmplă ceva rău. Chiar şi un pahar spart duce la frustrări şi lacrimi pe care un copil nu ştie să le gestioneze. Nu e drept! Copiii sunt fiinţe delicate şi sensibile, pe care trebuie să le protejăm şi să le iubim.*

*– Nu toţi sunt pregătiţi să fie părinţi. Ceea ce trăieşti în copilărie te defineşte ca adult, dar, de cele mai multe ori, părinţii nu ştiu asta. Nu există o şcoală care să-i pregătească să fie părinţi. Viaţa însăşi este o şcoală, ori o înţelegi, ori nu! În general, copiii sunt crescuţi de adulţi nepregătiţi. Unii învaţă pe parcurs şi cresc copii minunaţi, alţii cresc monştri. Copilul este oglinda părinţilor, chiar dacă nu ne place ideea. Din fericire, există o* ***a doua şansă****, aceea de* ***a te trezi*** *şi de a te autoeduca la un moment dat, iar tu ai avut acea şansă şi ai profitat de ea, chiar dacă a venit sub forma unui val negru care te-a lovit din plin. Te-a pus la pământ, dar ai învăţat să te ridici singură. Sunt mândru de tine!*

*– Chiar dacă Te-am gonit din viaţa mea la un moment dat?*

*– Chiar şi aşa. Te-ai rătăcit puţin şi e firesc.*

*– Apoi am renăscut pur şi simplu. Ai fost acolo să îmi dai curaj să mă ridic şi Îţi sunt recunoscătoare pentru asta!*

Mi-a zâmbit şi m-a îmbrăţişat. M-am cufundat în braţele Lui cu drag. Aveam atâta nevoie de El! Însă şi cu El am dus un război greu. Poate cel mai greu dintre toate. Dar El încă mă iubea! Știa că și eu Îl iubeam, dar îmi era greu să las garda jos și să arunc armele. Mai aveam câțiva pași să ajung la mine, iar El avea răbdare. Era lumina mea. Am continuat drumul cu pași mărunți în josul străzii. Parcă simțise că îmi doream să ajung acolo.

– *Mă duci la râu, sub pădure?*

– *Îți urmez gândurile, iar ele sunt deja acolo.*

– *Ultima dată când mi-a fost dor, am mers acolo să îi calc iar pământul, sperând să reîntâlnesc rămășițe din copilărie, dar nu am găsit nimic. Am privit în jurul meu, căutând disperată ceea ce astăzi mai pot găsi doar în amintiri. Nici urmă de cărarea străbătută de noi, copiii de atunci, niciun glas de prichindel, nimic... Doar câteva păsărele rătăcite și multă durere în pieptul meu. Cineva a pustiit pământurile copilăriei mele, era locul meu de joacă și al prietenilor mei.*

– *Acolo te simțeai tu liberă.*

– *Daaa!*

– *Mulți nici nu au avut o copilărie, doar au visat-o. Unii se întorc acolo pentru câteva clipe de bucurie, iar alții ca să își vindece rănile. Tu ai venit pentru amândouă.*

– *E adevărat, am avut multe bucurii, dar și multe răni. Chiar dacă rămân cicatricile, ele nu dor, sunt amintiri vii scrise pe piele sau în suflet! Își au rolul lor, acela de a nu uita lecțiile cele mai importante ale vieții.*

– *Cât ai crescut...* mi-a spus, zâmbindu-mi și admirându-mă.

– *Totuși, de ce atâtea furtuni ne-au trecut pragul?*

– *Ca să învățați să aveți grijă de voi, să învățați să fiți puternici și să vă iubiți.*

– *Crezi că nu ne iubeam destul?*

– *Vă iubeați, dar rar vă spuneați asta.*

– *Nu am ştiut să ne manifestăm iubirea, e adevărat. Mi-am dorit mereu ca tata să mi-o spună şi să mi-o arate, dar parcă nici n-a auzit de aşa ceva.*

– *Nu a avut un model. Pentru el, „tata" e un simplu cuvânt, o amintire vagă şi ştii asta.*

– *Încă îl plânge... Îi spun tristă.*

– *Aşa cum îl plângi tu pe el, deşi e în viaţă şi nu ar trebui să o faci.*

– *Poate că-mi plâng durerea... nu pe el.*

– *Îi plângi absenţa.*

– *Aşa va fi mereu...*

– *Doar tu îl poţi aduce mai aproape. Fă-i loc în sufletul tău aşa cum este.*

– *Nu pot. M-a rănit prea mult!*

– *Va trebui să-l ierţi pentru asta.*

– *Niciodată!*

– *Preferi să te doară toată viaţa?*

– *Ar fi putut să mă rănească oricine pe lumea asta şi nu m-ar fi durut atât! El trebuia să mă protejeze! În schimb, mi-a făcut sufletul bucăţi...*

– *Ştiu. Dar nu asta a vrut. Te iubeşte în felul lui.*

– *Iubirea nu doare!*

A rămas tăcut ştiind că am dreptate, că iubirea nu doare şi nu răneşte, dar şi El avea dreptate când spunea că tata nu ştia cum să o arate. Am plecat de lângă El şi mi-am continuat drumul pe cărarea de pe malul râului. Iubeam enorm acel loc! Îi auzeam paşii în spatele meu, iar eu înaintam tăcută. În minte îmi rulau imagini cu prietenii mei din copilărie, cu care mă jucasem acolo. Mi-era dor de ei. Mulţi au plecat în alte oraşe.

– *Ai grijă pe unde calci!* îmi spune grijuliu.

– *Chiar ar trebui, da. Suntem la câţiva paşi de tragedie*, încep iar să râd.

*– Copil nebun.*

*– Ce zi atunci... am mers, alături de un vecin, cu capra la păscut, eram toată gașca. Ne-am alergat toată ziua, iar la întoarcere am continuat să ne alergăm și să ne jucăm, râzând și țopăind. Din neatenție, am călcat pe o crenguță de roșcov, care era plină de spini. Așa m-am ales eu cu un spin în călcâi, cred că avea aproximativ doi centimetri. Ce durere... am mers mai mult într-un picior până acasă, fiind ajutată de prietenii mei. Când am ajuns în curte, am început să plâng, mă durea din ce în ce mai tare. Cum nu plângeam de față cu alții, rezistam de obicei până acasă. Încercam mereu să ascund orice tristețe sau durere, la fel cum o fac și azi. Azi, însă, nu mă ascund de rușine, știi, ci pentru că oamenii au nevoie de zâmbete, nu de lacrimi. Nimeni nu este obligat să îmi suporte tristețile și durerile, oricum nu multora le pasă, iar victimizarea clar nu este genul meu. Am stat aproape o săptămână cu spinul în călcâi, căpătase o culoare ciudată și era umflat. Durerea a fost cumplită. Greu a ieșit de acolo.*

*– De ce te-ai încăpățânat tu să duci o așa povară? Să nu mai plângi...*

*– Am hotărât asta când m-am simțit umilită.*

*– Știu, la școală, dar nu era necesar să te torturezi așa.*

*– Îmi plăcea să învăț, dar nu prea mergeam cu drag acolo, îmi era teamă de învățător, era un domn foarte sever. Unii învățau de frică pentru că, atunci când nu știam lecția, ne lovea cu bățul peste palme, iar părinții noștri îl aprobau, din păcate. Pe noi ne durea asta, ni se părea dureros și umilitor. Eram bătuți pentru simplul fapt că întorceam capul spre colegul din spate sau dacă scriam ceva greșit. Atunci am cunoscut cu adevărat frica. Nici nu mai știam dacă învățam de frică sau de drag și totuși eram printre primii din clasă. Nu ne puteam apăra între noi, altfel ne pedepsea pe toți. Ne punea la colț sau ne așeza*

*în genunchi pe coji de nuci cu mâinile sus ori ne lovea cu bățul peste mâini până ne învinețeam. Niciun părinte nu s-a opus. Nu ne lua nimeni apărarea. A fost oribil în școala primară. Induram zilnic durere și umilință de la omul care ar fi trebuit să ne aducă în suflet dragostea pentru educație. Rar l-am văzut zâmbind.*

*– Avea și el rănile lui.*

*– Probabil. Dar asta nu îl justifică. Odată m-a dat afară din clasă pentru că i-am șoptit unui coleg, prin clasa a treia. M-am simțit nu doar umilită, ci aruncată ca un gunoi. Am plâns pe hol, sperând să mă ia cineva de acolo, dar nu era nimeni. Mă simțeam respinsă. O strigam pe mama în șoaptă, să vină să mă ia de acolo. Mi-era frică să strig, îmi înghițeam și lacrimile, și strigătul. Îmi doream să fug acasă, dar nu am avut curaj. La pauză, când au ieșit colegii, au râs de mine că plângeam. Mi-am jurat că nu mai plâng în fața nimănui, niciodată! Am învățat să-mi țin durerea în mine până mi-am distrus sufletul. El are nevoie să plângă uneori, nu doar acasă unde nu ne vede nimeni, dar am înțeles asta mult prea târziu. Am învățat, în schimb, să fiu copilul perfect, care scria frumos, știa toate lecțiile și zâmbea mereu. Mă simțeam prizonieră în propria viață, dar altfel nu mai primeam laude, ci doar critici, iar mama îmi spunea zilnic să nu o fac de râs și nu am făcut-o niciodată pentru că o iubeam enorm. Mă descurcam singură cum puteam, deși uneori aveam nevoie de ajutor pe care nu-l primeam niciodată. Am învățat și asta, să nu cer ajutor pentru că, atunci când o făceam, mi se spunea sec „Descurcă-te, noi nu am făcut carte.” Învățam, din păcate, nu doar carte, ci și să-mi închid sufletul puțin câte puțin. Nu aveam curaj să ripostez la nimic pentru că îmi era frică de pedepse, nu suportam umilințele și nici țipetele. Nu știam să mă revolt în fața nedreptăților. Așa se fură sufletul unui copil, lăsându-l fără sprijin și fără iubire. Învățasem să mint și să mă mint cu acel zâmbet care le știa pe toate, mai puțin*

*faptul că îmi umpleam sufletul cu răni. Aveam impresia că acel zâmbet îmi aducea iubirea de care aveam atâta nevoie. Întotdeauna am fost admirată pentru zâmbetul meu, dar nimeni nu a știut să îl citească, nimeni nu a știut câtă durere ascundea de fapt!*

*– Eu am văzut-o mereu, dar alegerile au fost ale tale. Teama ta a fost mereu mai mare decât curajul.*

*– Nu am știut că* ***emoțiile se consumă și se eliberează****. Nu m-a învățat nimeni asta! Cum era să plâng când mereu mi se spunea să tac? Mi-am blocat toate lacrimile care au revenit după ani de zile mai rău ca o furtună.*

*– Părinții își invață copiii exact ceea ce știu și ei sau au impresia că e mai bine, iar atunci când sunt duri consideră că așa scapă și ei de explicațiile pe care oricum nu știu să le dea. Preferă să țipe și să termine repede decât să se așeze lângă copil și să îi spună cu blândețe anumite lucruri. Asta înseamnă timp și răbdare, iar majoritatea părinților le văd ca pe un răsfăț inutil. Cine vrea un copil răsfățat?*

*– Nimeni.*

*– Cine vrea un copil puternic?*

*– Toți!*

*– Da. Și nu știu cum să creeze acești copii puternici decât prin durere. E o convingere veche, care creează măști și ziduri. Dar nu uita că părinții suferă în tăcere atunci când văd că nu se descurcă.*

*– Oare văd asta?*

*– O văd în lacrimile copiilor...*

M-am așezat pe marginea râului, iar El s-a așezat lângă mine. Nu mai voiam să spun nimic, ci doar să rămân în tăcere. Mi-am proptit capul pe umărul Lui și am privit în gol. Mă simțeam străină de toți și de toate. Îmi doream să merg acasă, dar nu mai știam unde era *„acasă”*.

– *Copiii de azi nu mai au copilărie,* îi spun dintr-odată, uitându-mă la el.

— *Sunt copiii tehnologiei, transformaţi în nişte roboţei,* îmi răspunde trist.

– *Ce dezolant mi se pare că părinţii lor, care au crescut ca şi mine, nu le arată cât de frumos este să ai ca jucărie natura. Îmi amintesc că am avut o perioadă când îmi făceam singură jucăriile din pământ galben. Când am ieşit cu ele la stradă, am stârnit curiozitatea tuturor. A doua zi toţi copiii făceau jucării din lut. Construiam împreună şi ne distram de minune. A fost o perioadă destul de lungă, în care ne-am făcut singuri jucării şi a fost extraordinar! Aveam lumea noastră magică, în care dădeam viaţă la tot felul de idei trăsnite şi asta ne făcea extrem de fericiţi. De la lut trecusem la jucării din lemn, ne făceam vapoare şi săbii, iar noi, fetele, făceam şi hăinuţe pentru păpuşi. Era fascinant! Bineînţeles că am avut şi mici incidente în urma cărora m-am ales cu o mare tăietură la arătătorul de la mâna dreaptă şi cu o arsură la mâna stângă, încercând să fac diverse lucruri. Mi-au rămas semnele pe care le privesc zâmbind, amintindu-mi de lucruri dragi. Sigur că sunt şi incidente care mi-au lăsat un gust amar şi care m-au speriat atunci, dar au trecut.*

– *Ai fost creativă de mică, mereu născoceai câte ceva.*

– *Făceam şi multe trăsnăi, ce-i drept.*

– *Asta face orice copil, e normal. O să ai ce povesti nepoţilor.*

Începuse să râdă.

– *Daa! Să le povestesc căzăturile mele,* I-am spus, râzând şi eu.

– *Să îi înveţi cum să le evite, eventual,* mi-a răspuns amuzat.

– *Pe la vreo șapte ani mi-am rupt mâna stângă după ce am căzut din leagăn, mai știi? M-am speriat îngrozitor. Urlam de durere, iar mama nu era acasă. M-a găsit umflată de plâns și m-a dus la urgență. Așa am rămas noi fără leagăn. A doua zi, tata l-a demontat, fără să-i pese că ni-l doream acolo. S-a gândit că, fără el, nu mai aveam cum să ne lovim. A fost una dintre cele mai triste zile din copilăria mea. Îl pusese în spatele unei magazii, unde mă duceam mereu să verific dacă mai este acolo. Speram ca într-o zi să îl monteze înapoi, dar ziua aceea nu a mai venit niciodată, ba chiar l-a dăruit cuiva după ceva timp. În altă zi am căzut dintr-un păr, dar atunci nu mi-am mai rupt nimic, doar tricoul meu cel nou cu Mickey Mouse. Am plâns de ciudă că am rămas fără el, mai ales că îmi cumpăram hăinuțe foarte rar. Mă urcasem să iau pere și am căzut cu spatele într-un gard de fier. Norocul meu că nu era ascuțit în vârf, altfel aș fi rămas înfiptă în el. La capitolul căzături am ce povesti, mai ales despre cât de norocoasă am fost. Într-o zi mă duceam la cofetărie, îmbrăcată cu rochița mea preferată, albă, cu floricele și foarte scurtă. Mergeam foarte mândră de mine, mă simțeam foarte frumoasă în acea rochiță, atât de frumoasă, încât m-am împiedicat din neatenție și m-am dus târâș pe burtă, ca și cum m-aș fi aruncat pe un tobogan. Toată lumea se uita la mine, iar eu simțeam că mor de rușine acolo în mijlocul străzii, cu rochița ridicată, cu chiloțeii la vedere și julită din cap până în picioare. Eram plină de praf, rochița mea numai albă nu mai era și eu mă abțineam cu greu să nu plâng. M-am ridicat și m-am întors acasă atât de nervoasă, încât nici prăjituri nu mai voiam și nici să mai aud de rochițe vreodată.*

– *Nina și aventurile ei.*

Râdea cu poftă. Avea privirea senină.

– *Da! Eram foarte curioasă și tot la fel am rămas, aveam un spirit aventurier și nu mă gândeam înainte să fac vreo trăsnaie. Acum o numesc spontaneitate, deci nu m-am potolit, dar altfel nu mă văd. Cert este că sunt puţin mai atentă după atâtea semne rămase, mai ales cel de pe faţă. De celelalte, nu mai zic nimic. Într-o zi m-a trimis mama să îi aduc găleata de gunoi din spatele casei, dar pe drum mi-a venit inspiraţia să mă caţăr pe grămada cu lemne. Voiam să văd cum e la înălţime, dar nu am apucat. Mi-a alunecat piciorul şi am căzut atât de frumos, încât mi s-a înfipt o crenguţă în faţă, despicându-mi pielea de pe obraz până pe vârful nasului. M-am întors fără găleată şi plină de sânge pe faţă. Mare a fost „bucuria" mamei. Am avut coşmaruri o perioadă, crezând că voi rămâne urâtă. Din fericire, azi se observă foarte puţin semnul rămas.*

*– O să vezi cum e şi la înălţime. Eşti aproape. O meriţi!*

*– Ar fi o răsplată frumoasă după atâtea dureri.*

*– O meriţi pentru iubire, nu pentru dureri.*

*– Cum vine asta?*

*– Ai oferit mereu iubire, indiferent de durerile pe care le-ai avut. Tu iubeşti cu tot sufletul când iubeşti! Îţi vei primi iubirea înapoi.*

*– Am şi urât la un moment dat.*

*– Nici măcar atunci. Era durere, nu ură. Tu nu ştii să urăşti! Acum te-ai întors exact acolo unde ai ştiut că vei găsi multă iubire.*

*– În copilărie...*

*– Copiii iubesc sincer şi sunt iubiţi la fel de sincer.*

*– Totuşi, în copilăria mea nu este doar iubire, sunt şi multe lipsuri.*

*– Nu e vina ta!*

*– Uneori îmi făceam lecţiile împreună cu alte colege. Mergând prin alte case, mi-am dat seama că eu eram cea mai săracă dintre toate. Începusem să mă simt inferioară şi nici nu aveam cum să mă simt altfel, mama ne repeta mereu faptul că noi suntem săraci şi că trebuie să învăţăm*

*să ajungem cineva în viață. Tot timpul avea grijă să ne reamintească acest lucru, părea convinsă că vom fi toată viața săraci și că ea nu are cum să schimbe acest lucru. Dădea tot timpul vina pe ceva sau pe cineva pentru viața grea pe care o aveam. Eram prea mică să o înțeleg, tot ce vedeam și simțeam erau lipsurile și totuși mă agățam și mă bucuram de orice lucru frumos și fugeam de necazuri. Nu îmi arătam nefericirea, deși mă durea. Și un simplu minut petrecut frumos mă ajuta să fac față durerii trăite. Poate că fericirea chiar stătea în lucruri mici pe care nu le înțelegeam încă. Ani mai târziu am înțeles că așa este. Mi-ar fi plăcut, totuși, să mi le arate cineva de când eram mică, mi-ar fi plăcut să mi se arate valoarea lucrurilor și nu prețul lor.*

*– Le-ai învățat, oricum, singură. Odată cu Tania, ai învățat să ai răbdare și să prețuiești lucrurile, deși erai doar un copil.*

*– Ce poveste tristă cu Tania... Îmi doream nespus de mult o păpușă mare, pe care să o pot ține în brațe ca pe un bebeluș. Când am văzut-o la librărie, m-am îndrăgostit de ea, dar nu aveam bani să o cumpăr. I-am spus mamei, dar nici ea nu avea bani pentru așa ceva. Am hotărât împreună cu surorile mele să strângem bani să o cumpărăm. Speram în fiecare zi să nu se vândă și treceam săptămânal să văd dacă mai e pe raft. În fiecare zi strângeam fiecare bănuț rămas ca rest de la pâine sau de la orice altceva și îl puneam în pușculiță. A fost prima dată în viața mea când mi-am dorit să am bani mulți și repede, dar eram doar un copil și eram la mâna altora. Asta am simțit atunci. Multă neputință. Într-o zi, când mă întorceam de la școală, am luat bani de la o prietenă care voia să își arunce mărunțișul din buzunare. Ea era una dintre prietenele mele cele mai bune. Când am văzut că vrea să arunce acele monede, i-am spus să mi le dea mie, dar nu i-am spus pentru ce. M-am simțit umilită și bucuroasă în același timp. Mi se părea absurd să văd cum unii aruncă banii, în timp ce alții au*

*nevoie disperată de ei. Părinţii ei erau bogaţi, ai mei nu. Mereu am simţit lipsuri peste lipsuri, dar niciodată nu am arătat că îmi lipseşte ceva. Părea că aveam totul, în timp ce nu aveam mai nimic. Sufeream în tăcere şi-mi şlefuiam măşti mult prea grele pentru un copil. După aproximativ o lună, am reuşit, în sfârşit, să strângem banii pentru păpuşă. Câtă fericire era în sufletul meu, simţeam că nu mai ajungeam odată la librărie. Tania era încă pe raft. Eram în extaz! Am cerut-o şi apoi am pus pe tejghea banii la care vânzătoarea s-a uitat cu silă pentru că erau numai monede mici. M-am simţit prost câteva secunde, dar fericirea mea era prea mare să o poată umbri ceva. Am luat-o pe Tania în braţe ca şi cum ar fi fost un copil adevărat, am pupat-o şi am plecat ţopăind spre casă. A fost una dintre cele mai fericite zile din copilăria mea, chiar şi aşa, amestecată cu umbre de umilinţă. Ne-am jucat cu ea atât de mult, încât i-am stricat un ochi. Atunci surorile mele nu au mai vrut-o, dar eu încă o iubeam, mi-o dorisem prea mult, nu îmi păsa că avea un ochi strâmb. Mult timp am ţinut-o lângă mine şi am îngrijit-o exact ca pe un copil, însă la un moment dat mi s-a părut că sunt prea mare să mă mai joc cu ea şi am pus-o undeva deoparte. După câţiva ani, i-am dăruit-o unei fetiţe.*

*– Asta se numeşte iubire.*

Am zâmbit. Cunoscusem deja iubirea, sub toate formele ei, dar tare greu am înţeles-o. Am tot confundat-o cu altceva până m-am lămurit. I-am zâmbit şi m-am ridicat. I-am întins mâna să vină cu mine. Am plecat spre ieşirea din pădure, unde era calea ferată. Am urcat pe o şină şi am început să merg încet cu mâinile întinse, încercând să îmi păstrez echilibrul. El mergea în paralel cu mine, pe cealaltă şină. Mă simţeam ca atunci...

*– Aşa mergeam când eram mică, cu ceilalţi copii. Probă de echilibru. La asta câştigam mereu.*

*– Doar eşti balanţă.*

*– Şi totuşi mi-am pierdut echilibrul în viaţă.*

*simțeam ca un sac peticit. Aveam puține haine noi sau frumoase. Mai toate erau simple, primite deja folosite și, deși arătau bine, eu mă simțeam foarte prost în ele. Mi se părea că toată lumea știa că mi-au fost dăruite de nevoie. Mama se bucura de ele, dar eu nu. Purtam mereu haine pe care le purtase deja sora mea mai mare și toată lumea știa și vedea asta. Mă simțeam oribil. Părinții mei nu își permiteau prea multe, ne cumpărau hăinuțe foarte rar. La un moment dat, am fost nevoită să merg cu niște pantofi rupți pentru câteva săptămâni, însă doar eu am știut asta. Știam că nu erau bani pentru nimic și am tăcut, nu suportam să o văd pe mama neputincioasă. Plângea de multe ori și ne spunea că nu mai suporta sărăcia și că nu știa cum să facă să fie mai bine pentru toți. Am avut noroc că era vară și puteam încă să încalț acei pantofi care aveau o gaură în talpă, însă găsisem o soluție destul de bună: îmi băgasem în pantof o bucată de carton, ca să îmi protejeze piciorul. Când am mers să ne luăm încălțări noi pentru școală, atunci a văzut și mama pantoful rupt, dar am mințit-o că era rupt de câteva zile, altfel ar fi plâns și s-ar fi simțit foarte prost. Uram să o văd așa. Când m-am văzut cu pantofi noi, în sfârșit eram fericită. Cât timp îi încălțasem pe cei vechi, aveam impresia că toată lumea știa că erau rupți și mi-era rușine, mergeam cu grijă să nu observe nimeni talpa găurită. Atunci erau multe lucruri care mă făceau să mă simt rușinată și mai ales umilită, acum însă nu-mi pasă nici dacă merg desculță.*

*– Ca acum.*

*– Da, întotdeauna mi-a plăcut să simt pământul sub tălpile goale, să nu pierd conexiunea cu el. Azi am vrut să fac tot ce simt, mi-am luat doar sufletul cu mine.*

*– Și pe mine...*

*– Și pe Tine, da!*

Vântul îmi adia ușor prin păr, iar rochița subțire îmi dansa pe trup. Mă simțeam liberă, dar nu destul. Mai aveam multe întrebări de pus și așteptam multe răspunsuri. El avea răbdare cu mine, ca întotdeauna. Am coborât de pe şine şi ne-am avântat pe o cărare prin parcul liceului silvic, care ducea tot spre pădurea care înconjura satul. Mă simţeam ca într-o vacanţă, deşi călătoream pe aceleaşi drumuri vechi străbătute de atâtea ori. Soarele pătrundea timid printre crengile copacilor care ne acopereau siluetele. Era plăcut... atât de plăcut, că nu mai simţeam timpul. Mergeam tăcuţi admirând peisajul. La un moment dat, mă opreşte şi mă îmbrăţişează. Ce l-o fi apucat aşa din senin?

– *Mi-a fost dor de tine!* îmi spune şoptit la ureche.

– *Mi-ai mai spus asta de dimineaţă. Şi Tu mi-ai lipsit, ştii...*

– *Ştiu. Hai!*

– *Unde?* întreb nedumerită.

– *Ţi-am spus că poţi oriunde azi.*

– *Alege Tu un loc pentru mine. Oricum le ştii pe toate.*

– *Încă îţi place să fii surprinsă.*

– *Mereu mi-a plăcut, dar prea puţin s-a întâmplat. Mai mult m-a surprins viaţa decât să mă surprindă oamenii din viaţa mea.*

– *Închide ochii!*

Am închis ochii, zâmbind bucuroasă şi bănuind deja unde mă va duce. Când i-am deschis, eram dincolo de râu, în faţa podului ce ducea spre Mănăstirea Pasărea. L-am privit cu drag, fără să ştiu ce să Îi spun, dar îmi simţea bucuria. L-am îmbrăţişat eu acum şi L-am sărutat pe obraz.

– *Mulţumesc!*

Mi-a răspuns cu un zâmbet larg. Ne-am plimbat puţin în curtea mănăstirii admirând florile, apoi am aprins câteva lumânări în semn de mulţumire. Aveam în suflet o avalanşă de emoţii. Întrebări. Nelămuriri. Curiozităţi. De toate. Iubeam acel loc. Îl cunoşteam de mică, de când mergeam acolo cu bunica, cu mama şi cu surorile mele. Bunicul era ateu, iar tata credea în Dumnezeu doar când avea nevoie.

În apropiere de mănăstire era cantonul unde au locuit bunicii noştri mulţi ani. Eu şi surorile mele ne petreceam o parte din vacanţe la ei. Bunica era recăsătorită cu un bărbat care era pădurar. E singurul bunic pe care îl cunosc, tatăl mamei a murit când aveam eu aproximativ trei ani, iar bunicul patern a murit când avea tata trei ani, nici el nu l-a cunoscut prea bine, abia şi-l aminteşte, are o singură poză cu el pe care o păstrează cu sfinţenie. Tata a crescut cu mama lui şi cu cei şase fraţi. În adolescenţă fiecare dintre ei a plecat pe drumul lui şi s-au îndepărtat. Nu i-am cunoscut niciodată familia, pe bunica paternă am văzut-o o singură dată, în rest i-am văzut câţiva nepoţi. Tata nu a avut o familie unită. Nici mama nu a fost mai fericită din acest punct de vedere, până s-a recăsătorit bunica. Bunicul a avut grijă de mama ca de copilul lui şi pe noi ne-a iubit ca pe nepoatele lui. Mergeam cu drag la ei, era foarte frumos acolo, în mijlocul pădurii, unde aveau multe animale, şi ne dădeau voie să ne jucăm oriunde. Peste drum de canton era o pepinieră, iar în centrul ei era un bazin cu peşti. Alergam cât era ziua de lungă fără să obosim. Ne căţăram în toţi copacii şi ne făcuserăm tot felul de ascunzători. Eu aveam una preferată, într-un fel de pod unde ţinea bunicul fânul pentru animale. De multe ori mergeam şi stăteam acolo doar să mă relaxez. Primăvara, îmi plăcea enorm să merg să culeg flori din pădure. Mâncam roşcove şi mierea ursului şi ştiam toate locurile unde le găseam. La canton era şi o stupină, singurul loc pe care îl cam ocoleam de frica albinelor. De stupină se ocupa un bătrân care avea o cameră amenajată într-o clădire din curtea cantonului. Ne plăcea să îl necăjim, iar când ştiam că dormea îi aruncam cu pietre în uşă, apoi ne ascundeam. Seara ne duceam cu fratele mamei în pepinieră să luam calul şi vaca de la păscut. Bunicii adoptaseră un băiat care locuia cu ei în pădure. Nu era prea ascultător, dar noi ne înţelegeam bine cu el. Am crescut împreună, era puţin mai mare decât noi.

— *Câte gânduri...* îmi spune, parcă certându-mă că nu i le povestesc şi Lui.

– *Mă rătăcisem printre amintiri. Acolo, la canton, unde erau bunicii.*

– *Unde îţi petreceai tu vacanţele.*

– *Nu aveam posibilităţi pentru altceva. Dar era frumos.*

– *Un colţişor de rai. Hai să facem o plimbare şi acolo.*

Ştia cât îmi doream să revăd acel loc şi cât de mult îl iubeam. Am mers acolo şi ne-am alergat ca doi copii printre copaci. Ne-am ascuns unul de celălalt şi am cântat cu voce tare să ne auzim ecoul, exact cum făceam în copilărie. Ne-am jucat leapşa. Aveam sufletul plin de zâmbete, eram ca o vară plină de culori.

– *Doamne... Ce dor mi-a fost! Mă simt copil, în sfârşit! Copilul care nu am fost!* am strigat fericită. El era şi mai fericit ca mine.

Regăsisem copilul care se joacă oricând, oriunde, cu oricine. Copilul care se bucură din nimic, fără să-i pese dacă este privit sau judecat greşit. Eram femeia-copil şi simţeam asta atât de profund, încât mi se citea fericirea în ochi. Îmi recăpătasem zâmbetul larg şi scânteia aceea care se naşte din inocenţă. *Copil nebun, dacă ai şti cât te-am căutat... Dar astăzi eşti aici şi asta este tot ce contează! Rămâi aici!*

– *Eşti minunată!* mi-a spus-o pe un ton cald. Îmi mângâia obrazul drept şi îmi zâmbea cu nişte sclipiri în ochi greu de descris.

– *Sunt fericită că am venit aici!* Am început să plâng pur şi simplu.

Priveam în jurul meu şi începeam să mă simt acasă. **Acasă poate fi oriunde!** Mi-am întins braţele şi am început să mă învârtesc ca o copilă cu ochii închişi. Retrăiam din plin emoțiile stinse de ceva vreme. Apoi L-am îmbrățișat puternic câteva minute și parcă Îl regăseam și pe El cu totul. Ne-am așezat pe scara din fața casei și am rămas puțin în liniștea în care nu se auzea decât adierea vântului care se plimba printre ramuri, iar câteva păsări puneau note muzicale pe fundal. Regăsisem copilul din mine și eram fericită. **A fost nevoie doar să privesc în mine și să fiu acolo câteva clipe,** să resimt acele emoții uitate. De acum le voi purta cu mine!

*– De școală nu ai pomenit nimic. Ți-a fost dor numai de joaca din copilărie?*

*– Nu. La gimnaziu mi-a plăcut, a fost mai frumos decât în școala primară de unde am rămas cu traume. Clădirea era foarte aproape de casă și îmi făcusem noi prieteni. În primul an am avut o dirigintă tânără și drăguță care ne-a dus într-o excursie prin București, ca să ne cunoaștem mai bine. A fost o zi superbă, am mers la muzee și în parcuri, apoi la cinematograf, locuri în care eu nu mai fusesem până atunci. Părinții noștri nu ne duceau nicăieri, nici măcar în vacanțe. Mă împrietenisem mult cu Lorena, deși eram colege încă de la grădiniță, dar până atunci nu fuseserăm foarte apropiate. Eram amândouă în aceeași zodie și aveam multe în comun. Uneori dormeam la ea acasă, ne făceam temele împreună, ne plăcea să cântăm și să dansăm și ne făcuserăm o formație pe care o numiserăm „Crazy Bones". Ne făceam coregrafii pe muzica celor de la Backstreet Boys, care erau preferații noștri și încă mai sunt. Eram cunoscute în toată școala din acest motiv și, uneori, la serbări, aveam și noi numărul nostru. Ne distram foarte mult împreună. Aveam colegi minunați.*

*– Povestește-mi un moment care te-a marcat foarte mult când erai mică.*

*– Știi deja. Când l-am văzut pentru prima dată pe Vali.*

*– Fratele tău.*

*– Da. Aveam vreo opt ani când l-am cunoscut. Mama l-a avut în prima căsătorie, nici ea nu îl mai văzuse de aproximativ zece ani. Avea şaptesprezece ani, era aproape major. Venise cu o vecină de-a lui, care îi fusese prietenă mamei. Revederea lor a fost dureroasă, dar plină de bucurie. A fost una dintre zilele în care am plâns şi am râs cu toţii de fericire, fiecare avea câte ceva de povestit. Era o gălăgie din care nici nu prea se înţelegea mare lucru, dar se simţea bucuria. Mama era extrem de fericită, dar şi tristă să afle că tatăl lui Vali l-a ţinut departe de ea doar din răutate şi în tot acel timp l-a făcut să creadă că mama lui era o femeie rea care nu l-a iubit şi l-a abandonat. Nici el nu se ocupase de Vali, îl lăsase în grija bunicilor. Când a crescut, însă, a vrut să ştie adevărul, să vadă dacă a fost minţit, nu voia să îşi urască mama. Când a revăzut-o şi a ascultat-o, şi-a dat seama că are o mamă minunată. Toţi l-am primit cu drag. Şi tata a fost bucuros, întotdeauna şi-a dorit un băiat în casă. Seara, Vali şi vecina lui au plecat, nu puteau să rămână, însă el a promis că se va întoarce, mai ales că mama i-a spus că poate să se mute la noi oricând doreşte el. A fost o zi plină de emoţii.*

*– Uneori oamenii fac alegeri greşite, iar copiii au de suferit. El a fost o victimă, voi aţi fost mai norocoase. Deşi cunoşti faptul că voi alegeţi dinainte ce şi cum să trăiţi aici pe Pământ. Doar că uitaţi la naştere şi vă căutaţi ani la rând până vă regăsiţi sau... vă găsiţi, cum îţi place ţie să spui mereu.*

*– Da, aşa este. Ne alegem călătorii dificile. Şi mama, la rândul ei, a fost un copil nefericit, motiv pentru care ne lăsa să facem ce vrem ca să nu suferim cum a suferit ea. A fost singură la părinţi, dar aceştia au divorţat când ea era mică. A fost plimbată de la mamă la tată şi a fost nevoită să asiste la multe certuri şi bătăi între părinţii ei. Şi ea era bătută la rândul ei. Uneori parcă îşi trăia copilăria prin noi, dar alteori uita cât de chinuită a fost şi parcă se răzbuna pe*

*noi când nu eram cuminți. Ne bătea, dar ne apăra mereu tata. El nu ne-a bătut niciodată, fizic vorbind nu ne-a atins cu niciun deget, în schimb ne-a făcut sufletele bucăți. Există lucruri atât de urâte, încât pot distruge un suflet în câteva clipe, ca apoi să se repare cu greu, poate în ani de zile sau deloc.*

– *Le-ai așezat pe toate în sufletul tău, numai lui nu îi faci loc.*

– *Aș vrea... dar nu pot. Nu știu cum! Abia am regăsit copilul din mine, lasă-mă să mă bucur de el, Te rog!*

– *Serile tale preferate erau când vă jucați cărți împreună...*

– *S-au dus, sunt apuse de mult. Mi-e dor de acele momente și știu că nu le voi retrăi niciodată. Am încercat și tocmai el m-a refuzat... el, care abia aștepta să ne jucăm. Of... dacă aș putea, i-aș cumpăra altă copilărie. Poate că, dacă ar fi crescut alături de tatăl său, ar fi fost și el un părinte mai bun.*

– *Iar tu nu ai mai fi femeia de azi...*

Deși pline de umbre, imaginile din copilărie mă bucură, așa cum au fost ele. Cu lacrimi, cu bucurii, cu plusuri și minusuri, cu zâmbete sau suferințe, crescută de doi oameni care nu au ajuns niciodată să fie adulți cu adevărat. Mama, un copil cu răni adânci peste care tata punea mereu sare din cauza neajunsurilor, un copil rătăcit și el, crescut fără tată, care nu a știut niciodată să fie unul. Iar eu, copil crescut de alți copii cu traume, încotro?

Abia când i-am privit în suflet și le-am întâlnit copilul interior, am înțeles ce s-a întâmplat cu ei și apoi cu mine. Nu aveam niciun drept să-i învinovățesc și nici să îi acuz pentru ceva ce nu știau cum să facă sau nu puteau. Erau poate mai rătăciți ca mine și tot ce ne-a rămas a fost iertarea, acceptarea și iubirea!

Fiecare copil se naște cu ceva deosebit, se naște liber având capacitatea de a simți iubirea pură în starea lui naturală, însă societatea îl transformă într-un sclav nefericit care se izolează. Puțini se salvează, din păcate. Un copil ar trebui să se nască doar atunci când există destulă iubire și responsabilitate, pentru a putea fi ghidat cu ușurință către fericire. Niciun copil nu ar trebui să cunoască altceva în afară de fericire!

Copilăria este o lume miraculoasă, plină de magie care aparține iubirii și inocenței. Atunci ne cresc aripi și învățăm să zburăm ghidați de cei care ne îngrijesc. Deseori, nici ei nu știu să zboare și ne învață ce cred ei că știu cel mai bine, deși uneori e greșit. Nu-i putem condamna pentru că nu au putut sau nu au știut mai mult. Mulți dintre noi învățăm de mici să ne târâm, iar zborul ne rămâne un vis de neatins. Uneori, după ani și ani, învățăm să ne reconstruim aripile, de cele mai multe ori, însă, nu!

Mulți dintre noi ajungem la maturitate plini de răni pe care ne chinuim să le vindecăm, încercăm să ne eliberăm de urmele trecutului greu care ne urmăresc ani la rândul sau poate chiar întreaga viață. Uneori ne dăm bătuți, alteori luptăm, însă lupta pentru eliberare nu este o soluție, ci acceptarea trecutului! Dacă nu faci nimic să te vindeci, ai pierdut din start și meriți ceea ce ai. Tu alegi! Alegi să fii o umbră sau alegi să strălucești!

Copilăria ne definește ca adulți, noi nu știm decât să copiem ceea ce vedem în jurul nostru ca la un examen pentru care nu am venit pregătiți. Este acea etapă din viață în care ne formăm și ar trebui să avem cei mai buni profesori.

Ne dorim copii perfecți, dar nu știm să le predăm. Acceptăm cu greu sau deloc faptul că fiecare copil e unic, insistăm să-i comparăm între ei și ne încăpățânăm să îi aducem la același nivel sau, mai grav, îi învățăm de mici că viața e o competiție pe care trebuie să o câștige. Greșit! Viața este doar o călătorie fără destinație și fără hartă. În viață nu trebuie să îți găsești un loc, ci un sens!

Viața e despre semnificație, despre creație și despre iubire. Viața nu este o goană nebună pentru a obține locul cel mai bun sau cea mai înaltă poziție în societate. Până la urmă, societatea e formată din suma noastră, a oamenilor.

Dacă nu ai încă un copil, pregătește-te înainte de a-l aduce pe această lume, astfel încât să îi oferi iubire necondiționată, multă lumină pe care să i-o presari în cale și o pereche de aripi imense cu care să cucerească lumea! Iar dacă ai un copil deja, pune-l mai presus de orice și lasă-l să-și aleagă singur drumul, chiar dacă nu ești de acord cu el! Învățați împreună tot ce nu știți, există atâtea modalități să vă descoperiți și să vă ajutați reciproc! Viața are multe cărări și nu le împărțim pe toate! Trebuie să acceptăm acest lucru.

Copiii nu ne aparțin, ei sunt ai universului. Suntem datori doar să-i pregătim pentru minunata călătorie numită „viață". Un copil va vedea viața așa cum îi este arătată, fie ca o furtună grea, fie ca o vară frumoasă și caldă. Acea imagine pe care o va vedea cel mai des în copilărie va fi imaginea lui despre viață, va căuta mereu furtuna sau soarele.

Un copil crescut frumos se va bucura de o călătorie frumoasă, în timp ce un copil crescut cu lacrimi nu va putea vedea decât pământul, neavând curajul și entuziasmul de a privi spre cer.

Tu ce alegi pentru copilul tău?

Cerul sau pământul?

# Cu pași timizi spre adolescență...

Recuperasem o parte din mine - copilăria, dar mai aveam multe pe suflet. Eram, totuși, fericită că eliberasem copilul ascuns de atâtea frici și umilințe. Era liber! Durerile mele au crescut odată cu vârsta, copilăria nu mi-a fost atât de grea pe cât mi-a fost restul. Istoria familiei mele este destul de complicată și nu prea o povesteam nimănui. Este un fel de telenovelă. Nu degeaba apar atâtea filme inspirate din realitate, acele povești chiar există. La ce rost să se mai inventeze altele?

Am închis ochii câteva clipe. Pusesem copilăria la locul ei și mi-o așezasem în suflet. Trecusem peste sărăcie, nedreptăți și umilințe, știam că erau altele mai dificile. Poate a fost cea mai liniștită perioadă din viața mea, comparativ cu restul. Acum o văd cu drag, fără umbre și fără regrete. Așa cum a fost, a fost a mea și așa îmi va rămâne! Dar filmul era lung și abia începuse. Am deschis ușa spre adolescență şi m-am cufundat adânc în gândurile care nu erau altceva decât răni nevindecate. Nici nu mi-am dat seama că El plecase. M-am uitat în jurul meu, dar nu mai era. Probabil dispăruse când am închis eu ochii. Mă întristasem, dar nu pentru că El nu mai era acolo, ci pentru că îmi aminteam lucruri grele. Eram obişnuită cu dispariţiile Lui pe care le-am înţeles târziu. Mult timp L-am acuzat că mă abandona, dar de fapt în acele momente alţii aveau mai multă nevoie de El decât mine. Ştia că mă descurcam şi singură, doar eu nu aveam încredere în propriile forţe şi am înţeles asta după mult timp, nu voiam să accept că totul ţinea de mine. Puteam, dar nu ştiam cum!

M-am cuprins singură cu braţele şi am oftat. Totuși, mi-ar fi prins bine o îmbrăţişare. Nu voiam să recunosc că aşa stăteau lucrurile de fapt. Probabil încă mai căutam un vinovat în poveste, îmi era greu să-mi asum o tornadă atât de mare pe care am dus-o cu greu. Dar El ştia că am înţeles, altfel nu aş fi pornit cu El în călătorie. M-am reîntors la gândurile mele, ştiam că trebuia să mă eliberez de toate. Doar eu puteam! Iar El avea dreptate...

Am plecat în grădină, unde era un leagăn vechi de lemn, sub un copac. M-am aşezat acolo şi am lăsat filmul să ruleze mai departe. Deja aveam inima cât un purice şi începea să doară. Mă gândeam la mama, la toţi ai mei...

Pe mama am considerat-o o femeie curajoasă o perioadă, a ales să fie liberă, dar – din păcate – libertatea ei a costat-o prea mult: un copil! Ea se măritase la șaisprezece ani pentru că era sătulă de problemele de acasă şi a crezut că aşa o să îi fie mai bine. La optsprezece ani a născut un băieţel pe care l-a crescut mai mult singură până la doi ani. Soţul ei făcuse un accident cu motocicleta în urma căruia a murit un om, iar el a fost închis o perioadă. În acest timp, mama a locuit cu socrii până când bărbatul ei a fost eliberat din închisoare. La revenirea lui acasă, lucrurile s-au schimbat mult, el devenise agresiv şi o înşela. Ea nu a mai suportat bătăile şi a decis să divorţeze, pierzând astfel custodia copilului. Nu a înțeles niciodată de ce legea hotărâse așa, în condițiile în care el era un fost pușcăriaș agresiv, iar ea își crescuse singură copilul. A afectat-o enorm acest lucru și, deși s-a luptat mult timp să își recupereze copilul, nu a reușit. În urma acestei întâmplări, bunicii au hotărât să adopte un băiat, mai ales că bunica nu mai putea să aibă copii și bunicul își dorea unul. Era alinarea mamei, dar ea și-a refăcut viața după ceva timp, alături de tatăl meu și și-a regăsit liniștea în noua familie, pentru o perioadă. Totuși, în sufletul ei era mereu un gol pe care nu-l puteam umple nici măcar noi, cele trei fete la un loc. Îi lipsea băiatul, era copilul ei și nimeni nu putea schimba asta. Se ducea mereu și îl vedea pe ascuns la școală până când a dispărut pur și simplu. S-au revăzut după mulți ani, atunci când l-am cunoscut și noi.

Credeam că mama era fericită alături de tata, chiar și așa, cu lipsuri, până în ziua în care el a început să consume alcool. Eram prin clasa a șaptea, când am simțit că tata nu mai era cum îl știam eu. Venea acasă mirosind a băutură și se certa cu mama din orice. La început, mama a reușit să ascundă cât de cât acest lucru, dar în timp situația s-a agravat. Mi se părea ciudat să îl văd pe tata așa, eu îl știam un om calm, care nu ne certa și nu ne bătea niciodată. Când venea acasă de la serviciu, uneori ne aducea câte ceva și ni le dădea cu drag, iar noi ne bucuram mult. Seara ne jucam cărți cu el și ne povestea tot felul de întâmplări de când făcuse el armata, iar când eram mici ne spunea povești la culcare. Eu aveam una preferată, cu un arici, mă făcea mereu să râd când o spunea. Când termina și mama treaba, venea să ne jucăm împreună. Erau cele mai vesele momente ale noastre, râdeam copios și nu ne plictiseam niciodată să ne jucăm cărți. Uneori mi-e dor de acele seri, atât de dor, încât îmi dau lacrimile. Eram fericiți cu puținul pe care îl aveam, chiar dacă uneori ne era foarte greu și mă dureau acele lipsuri. Și da, erau mai dese momentele dificile decât cele frumoase... Bucuriile existau oricum în ciuda minusurilor, iar veselia nu ne-a lipsit din casă niciodată.

Totuşi, la un moment dat, acele bucurii s-au transformat în simple amintiri, gânduri apuse...

Aveam colegi la şcoală care se plângeau că îi băteau părinţii, dar eu nu ştiam cum era, bătăile mamei erau superficiale. Îi vedeam marcaţi de faptul că trăiau acele chinuri, aveau nişte zâmbete stinse pe care nu aveai cum să nu citeşti suferinţa. Începusem să simt şi eu că liniştea din familia mea se clătina. Timpul trecea, iar tata devenea din ce în ce mai violent cu mama. La început doar verbal şi nu ţinea cont că noi plângeam şi îl rugam să tacă. Nu îl atingeau deloc lacrimile noastre, ne speria şi nu ştiam ce să facem sau cum să reacţionăm ca să înceteze.

Într-o zi, mama ne-a povestit că el aşa a fost dintotdeauna, iar asta ne-a şocat. Când s-au cunoscut, părea un om bun, apoi s-au căsătorit, iar după ce s-a născut sora mea mai mare, a început să consume alcool. Se purta foarte urât cu mama şi o bătea. Între timp mă născusem şi eu şi, practic, mama trăia acelaşi coşmar ca în prima căsnicie. A sperat că el se va schimba şi a îndurat suferinţa pentru că nu voia să rămână din nou fără copii sau noi fără tată. Avea momente când nu mai suporta, ne lua pe mine şi pe Ana, sora mea, şi fugea la bunica, însă ea o convingea mereu să se întoarcă la tata. Îi spunea mamei că nu poate să o primească cu doi copii, că râde lumea de noi şi nu vrea să fie subiect de bârfă. Îi spunea că nu poate să schimbe bărbaţii la nesfârşit, deşi ea la rândul ei a avut trei căsnicii. Bunica a fost mai preocupată de aparenţe decât de liniştea familiei. Deşi trecuse şi ea prin aceleaşi suferinţe ca mama, parcă nu înţelegea nimic. Ea trăia bine cu bunicul şi nu avea nevoie de probleme.

La un moment dat, tata s-a îmbolnăvit din cauza alcoolului şi n-a mai băut de frică să nu moară. Atunci s-a aşezat liniştea în viaţa mamei. Când am aflat adevărul, am înţeles de ce nu l-am văzut niciodată pe tata aşa. Liniştea noastră era, de fapt, frica tatălui de moarte. Eu nu-mi amintesc nimic, însă sora mea mai mare a rămas cu câteva amintiri neplăcute şi acum ştia că se repeta totul. Pentru mine a fost un şoc să aflu că tata nu era omul care credeam eu că este şi nu înţelegeam de ce nu putea să renunţe din nou la alcool, aşa cum o făcuse şi înainte. A fost perioada cea mai dificilă pentru noi, ne-a afectat enorm. Mă gândeam cu groază la momentul când tata sosea acasă, nu ştiam în ce stare venea şi începuse să îmi fie frică de el. Un singur lucru mi-era clar, că el nu se putea opri şi nimic nu îl convingea că trebuia să renunţe. Sufeream cumplit toate patru şi ne gândeam la tot felul de soluţii, dar nu funcţiona nimic. Începusem să o văd pe mama ca fiind slabă, nu puternică, aşa cum o credeam eu. Nu lupta şi nu se apăra, ci doar se victimiza şi se ascundea de probleme.

Înainte să înceapă acel coşmar, fusesem pentru prima dată la mare, în familie. Aveam unsprezece ani. Am mers la nişte cunoştinţe la care am stat în gazdă pentru că nu ne permiteam să stăm la hotel, nici măcar la o pensiune. Deşi am dormit înghesuiţi pe unde era loc, am petrecut câteva zile minunate. A fost una dintre cele mai frumoase experienţe trăite alături de familia mea. M-am îndrăgostit imediat de mare şi nu plecam de la plajă nici măcar atunci când soarele ardea prea tare. Aveam pielea arsă, dar nu mă plângeam, mi se părea că trăiam un vis, era totul fabulos. Făceam castele de nisip şi stăteam ore în şir în apă, jucându-ne printre valuri. Ne îngropam în nisip şi alergam de-a lungul mării, iar seara ne plimbam pe faleză. Când ajungeam la gazde, eram atât de obosiţi, încât adormeam instantaneu. În acea perioadă a fost şi Ziua Marinei, la care am mers împreună cu familia la care eram găzduiţi. A fost o seară superbă, aveam impresia că am păşit în altă lume din care nu mai voiam să plec. Îmi părea ceva magic. Nu fuseserăm la astfel de evenimente şi ne bucuram din plin de acele momente noi şi rupte parcă din poveşti. A fost vacanţa de rămas-bun a familiei noastre, oarecum, căci ne luam rămas-bun de la fericire, fără să ştim. Nimic nu ne-a pregătit pentru furtuna ce a urmat. Poate faptul că eu am fost la un pas de a mă îneca a fost un semn că ne vom scufunda în suferinţă mulţi ani de atunci încolo...

Vara următoare am trăit un şoc, poate era un alt semn. Pregăteam o petrecere acasă, pentru fratele mamei, cel adoptat. Era spre sfârşitul verii şi încercam să punem o instalaţie de lumini afară, în curte, să facem un fel de discotecă. Era bucurie mare pe noi în acea seară. Ana se urcase pe un scaun să o agaţe undeva sus şi îşi înfăşurase instalaţia pe ea, să nu atârne pe jos. Instalaţia era băgată în priză, iar noi râdeam de ea că arăta ca un pom de Crăciun. La un moment dat, însă, s-a prăbuşit de pe scaun. Iniţial am crezut că nu a fost atentă, dar tremura într-un mod ciudat şi nu putea să vorbească. Mai erau câţiva prieteni acolo, ne-am apropiat toţi să vedem ce s-a întâmplat şi am încercat să o ridicăm, dar ne curentam pe rând când o atingeam. Am început să ţipăm speriaţi, în timp ce ea zăcea la pământ. Părinţii mei au sărit să o elibereze de instalaţie, dar nu reuşeau, curentul era prea puternic. Era haos, m-am îndepărtat câţiva metri îngrozită. Nici tata nu reuşea să o salveze, iar mama ţipa disperată. Îmi pusesem mâinile în cap şi plângeam în hohote, nu mai era cazul să mă abţin. Nu ştiam ce să fac, m-am uitat în jurul meu, încercând să găsesc o soluţie şi am zărit priza care era la un pas de mine. Am simţit atunci că viaţa ei era în mâinile mele. Mi-era foarte frică, dar am închis ochii şi am smuls instalaţia din priză sperând să pun capăt acelui coşmar. Am rămas cu ochii închişi câteva clipe până i-am auzit vocea şi atunci mi-am revenit. Am tras aer adânc în piept şi am deschis ochii. Toţi mă priveau tăcuţi cu lacrimi în ochi. Tocmai îmi salvasem sora de la moarte! Din cauza şocului, nimeni nu realizase că soluţia era atât de simplă. Dumnezeu mi-a dat curajul să fac ce trebuia şi Îi sunt recunoscătoare că mi-a întors privirea spre acea priză. Ea simte şi acum că îmi datorează viaţa, iar eu sunt fericită că încă ESTE! Uneori viaţa depinde de o secundă, o simplă secundă care schimbă totul. O clipă poate fi preţul unei vieţi sau o lecţie pentru o viaţă. O poţi pierde sau o poţi câştiga!

La treisprezece ani m-am operat de apendicită. Eram destul de mare să înţeleg ce înseamnă, dar nu mi-a fost frică. Mama era speriată, însă eu eram aşa de liniştită, încât o încurajam eu pe ea. Când ne-am dus la spital, m-au internat imediat şi m-au programat pentru operaţie a doua zi. Venisem nepregătită şi am fost nevoită să împrumut o pijama de la spital. Arăta groaznic, era foarte mare şi veche, abia aşteptam să vină mama a doua zi cu hăinuţele mele. Am rămas acolo singură, dar am ieşit puţin în curtea spitalului, să-mi treacă timpul mai repede. Erau foarte mulţi copii bolnavi acolo. Unii erau infirmi şi m-am întristat să-i văd aşa neajutoraţi. Îmi părea rău că nu puteam să îi ajut, dar m-am împrietenit cu toţi, le spuneam glume şi îi făceam să râdă. Mă bucuram enorm să îi văd râzând, din păcate atât puteam face pentru ei. Îi priveam şi, pentru prima dată în viaţa mea, îmi dădeam seama cât era de important să fii întreg şi sănătos. Nici nu mai conta că purtam acea pijama şi că aveam lipsuri acasă, realizam că viaţa e un dar preţios de care trebuie să avem grijă. Mă simţeam însă neputincioasă, visam să îi pot ajuta pe acei copii, să fac ceva mai mult decât să le pun un zâmbet pe buze, i-aş fi ridicat din acele scaune nenorocite care le furau copilăria, le-aş fi dat şi puţinul meu pentru că unii dintre ei nu aveau nimic, nici măcar o mamă.

Doamne... câte emoţii ciudate simţeam, era prima dată când trăiam o experienţă atât de tristă. Îmi venea să plâng, să urlu, dar jurasem că nu mai plâng în faţa altora şi mă ţineam de cuvânt. Fără acea promisiune, aş fi plâns mai mult ca sigur, iar ei nu ar mai fi avut motive să zâmbească şi aveau atâta nevoie de asta. Inima mea, însă, plângea atât de tare, încât m-a auzit Dumnezeu care mi-a trimis puterea să rezist. Dintotdeauna am ştiut cum să îi fac pe alţii să zâmbească, poate pentru că şi eu aveam nevoie la fel ca şi ei. Aveau nişte zâmbete minunate, dar ochii le erau trişti, mult prea trişti, iar eu nu aveam puterea să schimb asta. La un moment dat, văzându-mă neînsoţită, unul dintre cei abandonaţi m-a întrebat dacă am mamă, dar nu am ştiut ce să-i răspund. Am tăcut câteva clipe, în care am simţit cum mi se spărgea sufletul în bucăţi. Eram plină de cioburi, iar inima îmi sângera dureri necunoscute până atunci. I-am răspuns sec şi încet că da şi s-a schimbat la faţă. M-a privit cu o durere greu de descris. Probabil, în suferinţa lui, spera să găsească mai mulţi ca el, care să-l înţeleagă, deşi nimeni nu adusese vorba de abandon. Apoi am completat aparent nepăsătoare: „Dar nu toate mamele sunt bune, uneori e mai bine fără." Părea că i se luminase iar privirea şi, deşi nu credeam ce spusesem, încercam doar să îi alung durerea. O mamă e sfântă şi de neînlocuit, iar el ştia asta! Probabil tânjea după braţele uneia care să-i alunge singurătatea. Cum era să îi spun că o mamă este minunată şi e tare frumos să o ai alături când el îşi dorea una sau poate o ura pentru că îl abandonase? Să îi spun că poate o să primească şi el una? Cu ce drept? Nu aveam de unde să ştiu ce se va întâmpla cu el pe viitor. Aveam în minte doar îmbrăţişarea mamei care era cel mai bun adăpost al meu şi cel mai bun medicament, lucruri pe care el probabil nu le trăise, dar pe care şi le dorea. Un alt copil care era acolo cu mama lui a adăugat cu tristeţe: „Şi mama mea e rea..."

Nu mai rezistam, mă loveam de o realitate mult prea urâtă şi greu de suportat la treisprezece ani. Urât acest 13 cu care urma să mă mai întâlnesc în viitor. Brusc, mi-a venit în minte să schimb subiectul şi am întrebat cine ştie bancuri. Atmosfera s-a schimbat instantaneu. Cât de frumoşi sunt copiii și cât de sinceri! Cu toate durerile lor, aveau puterea să râdă. A fost o zi care m-a marcat pentru totdeauna. Câteva cioburi încă dor cu gândul la ei. Oare sunt bine astăzi?

În ziua operaţiei am plecat zâmbind spre sală, pentru că nu ştiam ce mă aştepta. Mama încă nu ajunsese la spital, dar până să intru am reuşit să ne vedem un minut. Plângea... eu îi spuneam liniştită că nu mi-e frică şi că o să fie bine. După operaţie a fost îngrozitor, dar mi-am revenit repede. Mama a stat tot timpul lângă mine şi m-a ajutat cu orice am avut nevoie. Nu prea puteam să mă mişc de durere şi stăteam mai mult în pat. Alături era un băiat de vreo cincisprezece ani care spunea mereu bancuri, dar eu nu puteam să râd pentru că mă durea burta. Îi spuneam să tacă, dar uneori mă apuca râsul din senin când îmi aminteam de glumele lui. Ştia de ce râdeam şi mai spunea o serie de bancuri, să treacă timpul mai repede. Ce-i drept, mamele noastre se bucurau când ne vedeau aşa optimişti. Am stat acolo cinci zile, care m-au marcat destul de mult. Am primit vizite de la cei pe care îi cunoscusem în prima zi, numai tata nu a venit deloc să mă vadă. Nici măcar când m-au externat, nu a venit să mă ia de acolo, deşi avea maşina în garaj. O folosea numai în afara Bucureştiului, pentru că nu îi plăcea aglomeraţia din oraş şi nu se descurca.

Mi-a fost greu la întoarcere cu transportul în comun. Cel mai mult, însă, m-a durut sufletul. Aveam lacrimi în piept, dar nu le dădeam drumul, asta ar fi însemnat să o rănesc pe mama şi destul era ea necăjită. M-am ţinut tare tot drumul, deşi mi se părea nedrept şi dureros. M-am resemnat zâmbindu-i mamei, iar asta o linişte a. Aveam nevoie de zâmbetul şi de protecţia ei ca de aer. De tata mă pierdeam uşor-uşor pe zi ce trecea. Copiii, la fel ca şi părinţii, îşi ascund durerile uneori, din iubire, pentru că noi ne iubim părinţii necondiţionat. Ajungem să ne minţim încercând să ne protejăm sufletele, dar în realitate ştim cu toţii că învăţăm doar să folosim acele măşti pe care le urâm. Îmi făceam curaj singură, pentru că nu aveam altă variantă. Preferam să mă doară o mască decât o lacrimă de-a mamei. Zâmbetul ei era energia mea, lumina mea de care aveam nevoie pe drumul plin de nori. Învăţam să mă mint singură, deşi nu asta îmi doream de la viaţă. M-am recuperat repede şi am trecut peste. Timpul era pentru mine cel mai bun pansament pentru toate, iar eu mă acopeream cu el, crezând că e suficient.

Aveam o prietenă care locuia la Satu Mare şi care venea la bunica ei în fiecare vară. Era vecina mea. Tot timpul anului ne trimiteam scrisori. Aşteptam cu nerăbdare poştaşul, sperând să primesc veşti de la ea. Nu i-am spus niciodată prin ce treceam, ea îmi trimitea imagini cu formaţia mea preferată, iar eu îi trimiteam fotografii cu actorul ei preferat şi îi povesteam ce mai fac ceilalţi. Nu mi-a mai scris nimeni aşa în afară de ea. Mi-e dor să retrăiesc bucuria de a deschide o scrisoare...

Trecuse aproape un an şi tata încă bea. Eu începusem ultimul an de gimnaziu, cel mai greu. Totul devenea prea greu pentru mine, iar vârsta de paisprezece ani reprezintă trecerea pragului spre adolescenţă. Era din ce în ce mai insuportabilă situaţia de acasă, eram mereu tristă şi mă chinuiam să îmi ascund suferinţa în spatele unui zâmbet. Mi-era ruşine să spun prin ce treceam, deşi aveam şi alţi colegi care trăiau acelaşi calvar. Evitam să-mi invit prietenii acasă, iar eu plecam cu orice pretext. Aş fi stat oriunde, oricât, numai să nu mai văd infernul acela. Nu-şi dăduse nimeni seama de problemele mele şi încercam pe cât puteam să ascund adevărul. Era dureros! La un moment dat, tata începuse să o lovească pe mama, iar noi săream mereu să o apărăm. Numai aşa se oprea. Pe noi nu ne lovea niciodată şi ştiam asta, ne puneam în faţa mamei ca un scut şi îl goneam. Îi spunea mereu că avea noroc cu noi, altfel o omora. Deşi nu se îmbăta în fiecare zi, teama era aceeaşi pentru noi. Mergeam acasă cu frică şi nu mai aveam linişte în casă. Parcă se prăbuşise lumea dintr-odată, adormeam plângând aproape în fiecare seară şi simţeam că nu mai puteam să trăiesc astfel. Nu aşa trebuia să fie o familie! Când mergeam la prietenele mele, mă simţeam mai bine ca acasă şi mi se părea ciudat, niciodată nu simţisem asta. Începusem să îl urăsc pe tata şi mă certam des cu el. Îi vorbeam foarte urât şi îl ameninţam că, dacă nu renunţă la alcool, o voi convinge pe mama să plecăm şi îl lăsăm singur. În zilele în care era treaz se simţea vinovat şi se comporta ca şi cum nu a făcut nimic, dar noi nu vorbeam cu el. Mama ne spunea mereu că nu e bine să fim aşa, că nu trebuie să-l urâm, dar eu nu puteam să îl iert pentru toată suferinţa cauzată. Îl uram din tot sufletul şi i-o spuneam urlându-i în faţă. Uneori plângea, dar nu mă impresiona cu nimic pentru că ştiam că va greşi din nou. Nu îl puteam ierta pentru că o vedeam pe mama tristă în fiecare zi şi o găseam plângând în bucătărie. Alte dăți plângea din senin și se ascundea să nu o vedem noi, dar ochii ei umezi și roșii o trădau. Îl uram tot mai mult când o vedeam așa, îmi sfâșia sufletul! Nu era mama perfectă, dar era mama mea, singura pe care o voi avea vreodată! O iubeam așa cum era ea și nu mai suportam să o văd suferind. Nu puteam să accept ideea că totul se schimbase atât de mult. Nu mai era nimic la fel, în casă zăcea o tristețe crâncenă și parcă locuiam cu niște străini. Ne ascundeam unul de celălalt pentru că ne era greu să ne ținem lacrimile și ne mințeam în față că nu se întâmpla nimic. Parcă eram la teatru și jucam într-o piesă în care nimeni nu-și iubea rolul. Așa pășeam eu spre frumoșii ani de adolescență...

Mă legănam încet pe leagănul vechi, atingând pământul cu vârful degetelor de la picioare, iar lacrimile îmi curgeau șiroaie pe obraji. Nu-mi plăceau acele imagini, erau anii care ar fi trebuit să-mi fie cei mai frumoși, dar nu au fost! Mă prăbușisem înainte să învăț să zbor și îmi târam aripile, sperând totuși că le voi așeza la loc! Nu-mi păsa că îmi îngreunau drumul, știam că va veni și ziua în care mă voi ridica. Visam cerul, fiind legată de pământ. Atunci aveam nevoie de El, în acele momente în care simțeam că mă stingeam de durere, Îl ceream aproape fără să mă gândesc vreodată că poate și El are nevoie de o vorbă bună sau de o îmbrățișare, așa cum simțeam eu nevoia și mulți alții. Câte să ducă și El? Târziu m-am gândit la asta și totuși El încă mă iubea!

– *Unde ești?* am întrebat plângând, cu vocea stinsă.

– *Aici!* mi-a răspuns din spate. Se apropia respirând greu și obosit.

L-am privit răvășită, iar El m-a luat în brațe, copleșit de oboseală. Uitase de El, iar eu uitasem de mine. M-am abandonat la pieptul lui și am cedat. Plângeam isteric și Îl strângeam puternic de parcă numai eu aveam nevoie de El și trebuia să rămână acolo, să-mi ia toate durerile.

– *De ce așa? De ce?* L-am întrebat mai mult urlând.

– *Cine nu cunoaşte durerea nu înţelege fericirea.*

– *Aşa preţ are? De ce atât de mare?* L-am întrebat cu amărăciune în suflet.

– *Ca să nu uităm niciodată!*

– *Doamne... dar puteam să înţeleg şi altfel! Pot să înţeleg că ne plătim greşelile, dar eu ce plăteam atunci? Ce plăteam? Eram doar un copil...*

– *Învăţai.*

– *Ar fi trebuit să existe alte căi să învăţ ce e fericirea.*

– *Nu uita că tu ţi-ai ales drumul înainte să vii aici.*

– *Cine ştie ce karma am adus cu mine...*

– *Nu trebuie decât să accepţi şi să-i dai drumul,* mi-a spus pe un ton blând.

– *Nu pot să-l iert! Nu pot!!!* I-am spus urlând din nou.

– *Trebuie să-l ierţi!*

– *Altfel ce?* Mă revoltasem şi începusem să tremur.

– *Altfel o să te torturezi toată viaţa şi ştii asta!*

– *Nu pot! Nu ştiu cum...*

– *Of...*

– *Credeam că nu mai doare, dar se pare că m-am înşelat.*

– *Te-ai ascuns de tine, aşa cum ţi-ai ascuns durerile. Dă-ţi bandajele jos şi vindecă-ţi rănile.*

– *Cum???*

– *Iartă-l!!!*

N-am mai avut puterea să îi repet că încă nu pot. Plângeam în hohote. Nu ştiam dacă nu puteam sau nu voiam, dar durerea era aceeaşi ca în trecut. Mă strângea în braţe şi îmi mângâia părul aşa cum mi-am dorit întotdeauna să o facă tata, iar asta îmi adâncea rana mai mult. Tata era absent şi atunci când era prezent şi nu ştia să-mi umple golul. Săpa în mine o prăpastie din care nu puteam să ies

**fără iubirea lui, iar eu nu o simţeam. Poate că din acel motiv nu reuşeam să-l iert. Nu îi simţeam iubirea! Dar nu de iubirea lui era nevoie, ci de a mea!**

Între copilărie și adolescență e un pas mic pe care nu îl facem ușor. Ne desprindem cu greu de rolul de copil și ne asumăm la fel de greu noul rol în care devenim mai responsabili, iar atunci avem nevoie de sprijin, mai ales emoțional. Nesiguranța ne bulversează. Adolescența este o perioadă de tranziție cu schimbări profunde la nivel biologic, fizic, psihic și moral. Atunci când apar probleme în familie, consecințele pot fi grave, deoarece adolescenții sunt extrem de sensibili. Unii dintre noi creștem în sânul unor familii care aprind lumina în noi, iar alții se lovesc de întuneric sau sunt ai nimănui. Părinții pun cele mai importante amprente pe sufletele copiilor. Puneți amprente frumoase!

Familia poate avea multe definiții și poate fi încadrată în multe tipare, dar adevărata ei menire care este? Ce leagă cu adevărat o familie? Un act prin care devine legală în societate, prezentând niște drepturi și atât? Nu...

Dreptul la viață și la fericire îl avem toți, ne naștem cu el! Nu e scris nicăieri! O familie e sacră și trebuie unită doar din iubire și cu iubire. Altfel nu!

Îmi place să văd familia ca fiind un cuib unde, sub aripile părinților, copiii cresc frumos, apoi se desprind de ei, zburând să-și construiască propriul cuib. Într-o familie nu e loc decât pentru iubire, orice altceva o dezbină! E adevărat că viața ne trece prin multe probe grele, iar atunci trebuie să fim uniți! Împreună suntem mai puternici și depășim mai ușor obstacolele!

Construiți familii solide, bazate pe sentimente pozitive care permit dezvoltarea armonioasă a tuturor membrilor! Nu vă refuzați nicio bucurie!

În nefericitul caz în care o familie se dezbină, nu ne rămâne decât să acceptăm că, uneori, e mai bine să separăm drumurile, ca fiecare să își găsească adevărata fericire. Toți greșim la un moment dat... Trebuie să învățăm să iertăm și să mergem înainte.

Dacă la separarea drumurilor se află un copil la mijloc, alegeți-i drumul cel mai bun. Nu fiți egoiști și nu-l transformați într-o minge pe care să o aruncați de la unul la celălalt. Sau, mai rău, să-l abandonați... Atunci veți suferi toți. Orice despărțire omoară un suflet, de cele mai multe ori, un suflet de copil. Copilul nu este o armă cu care să vă atacați între voi, el ar trebui să fie un fruct al iubirii, nimic altceva! Iar sfârșitul de drum este un nou început! Alegeți-l pe cel mai bun pentru fiecare dintre voi!

Lăsați-vă sufletele în pace și mergeți spre lumină, nu rămâneți în întuneric! Alegeți să spuneți DA omului potrivit și nu va fi nevoie niciodată să vă separați drumurile! Alegeți iubirea, ea știe cel mai bine ce e de făcut!

# Dulce amară adolescență...

Mă liniștisem... rămăsesem lipită de El ca și cum era o parte din mine. Și era! Îmi ștersese lacrimile și încă îmi mângâia obrajii. El îmi umplea golurile și îmi alina durerile toate. Când mă gândesc că L-am urât atât de mult într-un timp... of...

– *Luminează-mi sufletul!* L-am rugat, obosită de atâta plâns.

– *Lumina e deja acolo! Deschide-ți ochii, mintea și sufletul!*

– *De ce am lăsat întunericul să mă stăpânească?*

– *Nu te-a stăpânit niciodată. Nu l-ai lăsat tu! În schimb, te-au acoperit mulți nori negri*, mi-a spus-o pe un ton blând.

– *Am crezut că nu merit soarele la un moment dat.*

– *Soarele e mereu acolo. Doar norii te despart de el.*

– *Nu am putut să îi alung. Nu am ştiut...* am oftat amar.

– *Nici nu trebuia. Şi ei au rolul lor. Indiferent câţi nori ai să vezi, nu uita niciodată că dincolo de ei stă adevărata strălucire! Fie că o vezi sau nu, ea este acolo!*

– *M-au bătut atâtea furtuni...*

– *Şi totuşi în tine e soare, chiar dacă plângi acum. Dacă nu zâmbeşti, nu înseamnă că nu eşti frumoasă.*

– *Vreau acasă!* I-am spus hotărâtă.

– *Urmează furtunile grele...* mi-a spus puţin îngrijorat.

– *Nu. Urmează războiul!*

M-am ridicat hotărâtă şi am păşit grăbită ca şi cum voiam să termin odată cu totul. Şi chiar asta îmi doream, să scap de dureri şi să le las în urmă, să nu mă mai întorc, aşa cum nici apa nu se mai întoarce niciodată să curgă de două ori pe acelaşi râu. Ajunsă în faţa porţii, am ezitat să intru. Trecuse ceva timp şi nu mai aveam să găsesc nimic din ce lăsasem acolo. Mi-a deschis poarta şi a aşteptat să intru. L-am zărit pe tata cum zăcea beat pe un scaun în faţa casei. Începusem să tremur de nervi.

– *Nu pot să mă întorc la asta... nu pot!* Am făcut câţiva paşi înapoi, dar m-am împiedicat de El.

– *Sunt aici cu tine. E ultima dată!* mi-a spus, încercând să-mi dea curaj.

Am intrat cu inima strânsă şi m-am oprit lângă colţul casei privind de departe. Tata băuse foarte mult, căuta orice motiv de ceartă cu mama. Parcă se abătuse un blestem asupra familiei noastre. Când el reacţiona aşa, mama venea la noi în casă pentru că acolo el nu intra niciodată. În curtea noastră erau două căsuţe mici, într-una stăteam noi, iar în cealaltă stăteau părinţii. Le construiseră aşa în ideea că noi vom creşte şi vom avea nevoie de intimitate, dar căsuţa noastră devenise un fel de refugiu şi pentru noi, şi pentru mama.

Într-o zi, în încercarea noastră de a o apăra pe mama, tata m-a lovit din greșeală cu pumnul în coaste. Pentru câteva clipe am rămas fără aer, am căzut la pământ și nu puteam să respir. Mi-am revenit greu. Din păcate, tata s-a oprit din pornirea lui nebună doar când m-a văzut așa. Nu realiza ce făcea, alcoolul îi luase mințile, iar noi eram îngrozite de comportamentul lui. Într-o altă ceartă cu mama, el a amenințat-o că o taie cu drujba. Noi ne-am speriat și am fugit în casă, urmărindu-l din spatele ferestrei. Nu îl credeam în stare să ne facă rău, dar când era beat își pierdea controlul și ne așteptam la orice. Intrase în garaj. L-am auzit pornindu-și drujba și atunci m-am panicat. Nu aveam nicio putere asupra lui și am propus să fugim de acasă. Am fugit toate patru fără să stăm pe gânduri, desculțe și înghițindu-ne lacrimile. Ne-am ascuns la vecina noastră, o văduvă bătrână care ne primea de câte ori aveam nevoie. Era îngrozită, la fel ca și noi. Îi era teamă să nu vină acolo. Nu a durat mult până când drujba nu s-a mai auzit. Când am crezut că se liniștise, ne-am trezit cu el la poarta bătrânei. Ni se tăiase respirația. Ea și-a luat inima în dinți și a ieșit în prag. I-a spus că nu știe nimic de noi și a fost destul de convingătoare, dar când a intrat înapoi în casă aproape că i se făcuse rău. O amenințase că e vai de ea dacă ne ascunde acolo. Spre seară ne-am întors acasă. I-am mulțumit vecinei pentru ajutor și ne-am cerut scuze, însă ea înțelegea perfect prin ce treceam.

A doua zi i-am spus tatei că a ajuns prea departe și că data viitoare vom merge la poliție. Era rușinat și nu avea curaj să ne privească în ochi. Nu ne-am putut abține să nu îi spunem ce aveam pe suflet. A tăcut și atât. Nu ne mai puteam consola nici măcar între noi, în cameră zăcea o tăcere de neclintit. Se auzea doar plânsul înăbușit, simțeam în sufletul meu o durere amară și o ură imensă pentru cel care cândva îmi fusese foarte drag. Simțeam că îmi pierdeam familia și cel mai mult mă durea faptul că o simțeam pe mama neputincioasă. Era de nerecunoscut, tristă, abătută și foarte obosită din cauza nopților nedormite, era prea stresată și se vedea asta în căderile de calciu pe care începuse să le aibă.

Era oribil când se întâmpla. Era nedrept! Nici nu ştiam ce să-i facem, intram în panică, dar în timp a trebuit să ne obişnuim şi cu asta.

Eu mă pregăteam pentru examenul de capacitate şi, cu toate că nu mă puteam concentra prea mult din cauza situaţiei de acasă, reuşeam să fiu printre primii cinci în clasă. Îmi doream să obţin o notă bună, să pot merge la liceu. Probabil tata nu îşi făcea griji pentru asta şi nici nu îşi dădea seama cât de greu îmi era să ţin pasul. La fel era şi pentru surorile mele.

Când era linişte acasă, ieşeam cu prietenii sau mergeam în vizită la Lorena. Începuserăm să avem alte preocupări, vorbeam despre băieţi şi citeam tot felul de reviste în care găseam sfaturi utile pentru tineri, inclusiv articole de educaţie sexuală. Acasă nu vorbeam despre aceste lucruri, deşi vârsta o cam cerea. Eu ieşeam uneori cu sora mea mai mare, ea avea *şaptesprezece* ani şi mama o lăsa să meargă la discotecă. Începusem să privesc lumea cu alţi ochi, iar pe măsură ce trecea timpul trăirile mele se schimbau. Eram o fire destul de sociabilă şi, cu toate că legam foarte uşor noi prietenii, nu mă cunoştea nimeni cu adevărat. Dincolo de expresia mea zâmbitoare, erau doar lacrimi şi dureri pe care nu le puteam povesti nimănui, de teamă să nu fiu respinsă sau judecată greşit. Totuşi, mi se părea ciudat cum nu putea nimeni să îmi citească tristeţea din ochi, aşa cum o făceam eu cu alţii. Problemele de acasă mă maturizaseră prea devreme, nu mai eram de mult un copil, înţelegeam imediat când cineva avea ceva pe suflet. Eram o prietenă foarte bună şi mulţi mă iubeau pentru asta. Şi eu îmi iubeam mult prietenii, uneori poate exageram cu îmbrăţişările, dar aveam atâta nevoie de ele.

– *Am redeschis frontul*, I-am spus furioasă.

– *Curând îţi vei aminti doar lecţia, nu şi durerea.*

– *Să-l iert spuneai, nu? Să-l iert...* am adăugat sarcastică.

– *O să poţi!*

– *Uită-Te puțin la ce e în urma lui! Uită-Te în sufletul meu și spune-mi cum să scap de mizeria asta? Mi-a furat cei mai frumoși ani din viața mea! Mi-era frică de el dinainte să ajungă acasă. Mi-era rușine să nu afle prietenii mei! Mi-era groază când o vedeam pe mama plângând!*

– *Nu te mai tortura! Acele momente trăiesc acum în tine ca niște umbre și le porți încă emoțiile. Pășește în prezent cu toată ființa ta! Nu-ți mai rupe sufletul, rupe-te de ele! Acceptă-le ca parte din trecutul tău și detașează-te de tot.*

– *Sunt în prezent, dar mă bântuie trecutul ăsta nenorocit. Îmi dă târcoale de ani de zile...*

– *El e acolo, tu ești aici! Doar tu îl aduci în prezent.*

– *Doamne... ce povară...*

– *Pentru a scăpa de povara asta am pornit la drum. Drumul spre tine! Azi îți vei încheia socotelile cu trecutul!*

– *O să pot?*

– *Asta vrei!*

– *Trebuie să pot! „Arată-mi calea pe care voi merge, că la Tine am ridicat sufletul meu.”*

Mi-a zâmbit. M-a luat de mână și m-a dus în grădină. Ne-am așezat direct pe pământ și ne-am privit în ochi în tăcere, câteva clipe. Voia să scoată războiul din mine la fel cum voiam și eu, dar nu reușeam încă. Știam că El era salvarea mea, însă El spunea că doar eu mă pot salva. Rămăsese acolo cu mine, pentru câteva secunde mi-a fost teamă că pleacă iar. Aveam nevoie de un pod să mă treacă peste valul acela imens de durere, dar nu așa se vindecă durerile. Ele se trăiesc și trebuie să fie acceptate. Voiam să uit. Voiam să-mi pun în suflet bucurii și le căutam în El, dar El spunea că bucuriile se află în mine.

– *În acea perioadă m-am îndrăgostit pentru prima dată...* I-am spus tristă.

– *În toată durerea de atunci, tu căutai iubirea.*

– *Avea zâmbetul senin şi privirea blândă, era foarte frumos, avea părul negru şi lung şi ochii aproape negri. Era în ultimul an de liceu, îl vedeam în fiecare zi la şcoală, dar mi se părea atât de ciudat sentimentul acela... până atunci îmi fusese străin. Era o emoţie puternică şi frumoasă.*

– *Iar ţie îţi era teamă să te gândeşti la iubire.*

– *Era, totuşi, inutil să mă mint, sufletul meu descoperea iubirea, acea iubire pe care ne-o dorim toţi şi visăm la ea. Dar teama mea era mai puternică decât orice, mă gândeam la problemele de acasă şi eram aproape convinsă că pentru mine nu exista fericire. Am păstrat în secret acel sentiment nou care mă făcea să zâmbesc fără motiv, dar în timp devenise vizibil. Ana avea deja un iubit şi îi mărturisisem şi eu că mă îndrăgostisem de acel băiat cu care mă întâlneam deseori pentru că aveam prieteni comuni, dar abia dacă ne salutam.*

– *Ai lăsat frica să te domine mult timp.*

– *M-a trădat zâmbetul în timp.*

– *Iubirea ne pune pe buze cele mai frumoase zâmbete.*

Zâmbeam... regăsisem emoţii frumoase de atunci, chiar dacă erau puţine. Începusem să scriu versuri de iubire şi îmi bucuram sufletul pe ascuns cu ele. Erau un fel de refugiu, ca visurile din copilărie.

### *Iubire...*

*E ca o rază de lumină*
*Al lui zâmbet frumos,*
*Iubesc privirea lui senină*
*Și simt că totu-i luminos,*
*Speranța tot îmi crește*
*Ea spune că iubește*

*Un singur om pe lume,*
*Ce poartă al său nume.*
*Un zâmbet și-o privire*
*E totul în iubire...*

*– Vorbeam rar despre Mario, mai ales după ce am aflat că şi prietenele mele erau îndrăgostite de cineva; nu voiam ca el să afle ce simţeam, îmi era frică să nu mă respingă. Mă înţelegeam foarte bine cu un prieten de-al lui, Paul, care mi-a spus că oricât aş încerca să mă ascund, se vede că îl plac. L-am rugat să nu îi spună şi mi-a respectat decizia. Paul avea o iubită care îmi era prietenă şi mereu încerca să mă convingă să îi spun lui Mario ce simt, că oricum nu aveam nimic de pierdut. Într-un final, Mario a aflat că eram îndrăgostită de el, dar a spus în cercul lui de prieteni că sunt prea mică pentru el şi că nu poate fi nimic între noi.*

*– A făcut asta ştiind că cineva o să-ţi transmită gândurile lui.*

*– Când am aflat, am fost profund dezamăgită, dar am încercat să nu arăt asta şi am evitat să mai vorbesc despre el. Uneori plângeam pe ascuns crezând că nu merit să fiu iubită, că nu sunt suficient de bună şi că nimeni nu şi-ar dori să iubească o fată cu atâtea probleme acasă. Îl uram pe tata pentru asta! Aveam tot felul de gânduri negative pe care mă chinuiam să le ascund, era groaznic să port acea mască grea şi apăsătoare şi totuşi reuşeam să par aceeaşi fată simplă, veselă şi zâmbitoare dintotdeauna. Se crease un război în mine, între gânduri şi emoţii, eram pe un front în care sufletul se lupta cu raţiunea şi era greu de înţeles şi de suportat. Atunci am dus prima luptă serioasă cu mine. Deşi bănuiam că nu voi trăi niciodată acea iubire, îmi era greu să accept. Era prima mea iubire, pe care nu aveam să o trăiesc niciodată...*

*– Vă aruncaţi fulgerător câte o privire când vă întâlneaţi, parcă fugeaţi unul de celălalt. Era foarte timid, de fapt.*

*– Când mă întâlneam cu gaşca lui, ne ignoram total şi mai tot timpul vorbeam cu Paul şi cu iubita lui, încercând să stau departe. Mă înţelegeam foarte bine cu ei şi nu puteam să renunţ la prietenia lor doar ca să îl evit pe Mario. În Paul vedeam un frate mai mare, probabil pentru că pe fratele meu nu l-am avut niciodată aproape. Era un băiat minunat, cu un ton blând şi foarte prietenos. Avea aceeaşi vârstă ca Mario, dar nu mă vedea deloc ca pe un copil aşa cum mă vedea el şi vorbeam foarte deschis despre orice. Avea încredere în mine şi chiar ne distram împreună. N-o să-l uit niciodată!*

Am rămas în tăcere întorcându-mă la acel episod care m-a marcat pentru totdeauna. El m-a lăsat cu amintirile mele, ştiind că uneori nu pot să vorbesc, că nu mereu puneam întrebări. Mă uitam spre cerul senin, căutându-l parcă acolo.

În seara de 1 martie 2000 mă îndreptam spre casă. M-am întâlnit cu Paul şi cu iubita lui care se duceau să sărbătorească acea zi, aşa cum se obişnuieşte la noi.

– Bună! Ce faci, măi? m-a întrebat Paul bucuros, când m-a văzut.

– Bună! Mă duc spre casă. Voi ce faceţi?

– Uite, îmi scot iubita la un suc, răspunse el, zâmbindu-i.

– Foarte bine faci! În cazul ăsta nu vă reţin.

– Nu ne grăbim, avem timp, îmi spune iubita lui.

– Adevărul e că seara abia acum începe. Mă bucur că v-am văzut, distracţie plăcută! Vă las că mi-e frig, iar mâine mă trezesc devreme, le-am spus eu obosită.

– Bine, dragă. Vino să te pup, că nu ştiu când ne mai vedem, mi-a spus Paul parcă având o tristeţe în voce.

M-a luat în braţe şi m-a pupat ca de obicei pe ambii obraji. Am simţit ceva diferit în acea îmbrăţişare şi nu m-am grăbit să mă îndepărtez. Am salutat-o și pe iubita lui și apoi am plecat.

Îmi plăcea să văd cupluri fericite, iar ei se iubeau. Cred că a fost cea mai scurtă întâlnire a noastră, îmi erau foarte dragi amândoi. Am ajuns acasă și vorbind diverse cu mama, i-am povestit despre Paul mai multe, ca apoi să aflu că îmi era rudă, ce-i drept îndepărtată, dar îmi era, totuși, rudă. Mama nu știa cât de apropiați eram noi pentru că, în ultima vreme, din cauza situației de acasă, nu prea mai vorbeam despre prietenii mei, iar când era liniște profitam să învăț. M-am bucurat să aflu că eram rude și abia așteptam să ne vedem și să-i spun. La țară se întâmplă des să afli că ai rude despre care nu știai, iar familia mea avea un talent deosebit să nu aibă niciun fel de relații cu rudele. A doua zi de dimineață am aflat tot de la mama că Paul a avut un accident. Îl lovise o mașină nu foarte departe de casa noastră și era în comă la spital. Am fost devastată! Refuzam să cred! Nu avea cum să i se întâmple tocmai lui asta! Am plecat în casă tremurând, nu puteam să cred, speram că, totuși, era vorba despre altcineva. Când am ajuns în camera mea, mi-au venit în minte ultimele lui cuvinte: „Vino să te pup, că nu știu când ne mai vedem"...

Am izbucnit apoi într-un plâns isteric și brusc mi-am amintit niște imagini dintr-un vis pe care îl avusesem cu puțin timp înainte de tragedie. Îl visasem pe Paul pe un pat de spital, conectat la niște aparate care îl țineau în viață. Nu înțelegeam de ce abia atunci îmi aminteam asta. Mă tot întrebam de ce nu mi-am adus aminte de asta înainte, să pot să-l avertizez. Mă rugam să nu fie adevărat. Eram bulversată. Trebuia să plec la școală, dar nu aveam energia necesară să mă duc. Nu mă puteam opri din plâns. Speram să mai fie șanse pentru el, era în comă încă, deci putea să scape cu viață. M-am pregătit totuși și am plecat la școală, unde sigur trebuia să aflu adevărul de la prietenii lui. Iubita lui nu venise, iar toți prietenii lui aveau niște fețe ca la înmormântare. Cu aproximativ o oră înainte li se spusese că Paul nu a rezistat, decedase. Fusese lovit grav la cap și nu s-a putut face nimic pentru el. Mă uitam la ei şi nu îmi venea să cred. Nici ei nu îşi găseau cuvintele şi parcă sperau la o minune. Ne priveam unii pe alţii fără să scoatem o vorbă, iar în ochii noştri erau scrise toate cuvintele pe care nu voiam să le auzim. Am plecat de lângă ei fără să spun nimic şi fără să-mi pot opri lacrimile. Mi se părea un coşmar din care voiam să mă trezesc, iar ceea ce simţeam era de nedescris! M-am dus la mine în clasă, m-am aşezat cu capul pe bancă şi am plâns până am obosit. Nu-mi mai păsa că eram văzută, era o durere pe care nu puteam să o ţin în mine, cea mai urâtă dintre toate! Nu spunea nimeni nimic, ştiau că nicio vorbă nu putea să îmi ia durerea, au stat lângă mine pur şi simplu până când am ridicat capul de pe bancă. Le-am spus că nu vreau să vorbesc despre asta. Am rămas la şcoală doar pentru că ştiam că acasă mi-ar fi fost şi mai greu.

Toată ziua am fost absentă, nu am vorbit aproape deloc. Seara am aflat câteva detalii despre accident şi nu îmi venea să cred cât de uşor poţi să îţi pierzi viaţa. A doua zi, iubita lui Paul mi-a povestit plângând pas cu pas ce se întâmplase. Era traumatizată. Se îndreptau către casă şi mergeau pe marginea şoselei pentru că era foarte întuneric şi trotuarul era un dezastru. Mai toţi obişnuiau să facă asta şi, din păcate, se expuneau riscului de a fi loviţi de maşini, aşa cum se întâmplase şi cu Paul. Am aflat că era puţin trist, îi povestea iubitei lui că avea câteva probleme în familie, se certase cu tatăl lui. Erau foarte prinşi în discuţie când el a fost lovit din spate de o dubă. A fost smuls de lângă ea pur şi simplu şi aruncat în şanţul de pe marginea drumului. A alergat la el şi a început să ţipe disperată, dar el nu a mai răspuns niciodată. Şoferul dubei era beat şi abia a coborât să vadă ce s-a întâmplat. Un alt beţiv... mi-era scârbă să aud asta, simţeam o ură de nedescris. La insistenţele fetei, l-au dus la spital, dar lovitura de la cap a fost prea puternică, iar medicii nu l-au putut salva. O ascultam cu groază, nu-mi puteam opri lacrimile şi încă nu îmi venea să cred că se întâmplase. Părea o secvenţă dintr-un film de groază şi, deşi ştiam că va trebui să îl conduc pe ultimul drum, nu îmi doream să îl văd mort, aş fi vrut să mi-l amintesc aşa cum îl ştiam eu, plin de viaţă! Ea era în stare de şoc, nu mai avea nici lacrimi, privea în gol şi vorbea aproape fără glas despre cele întâmplate.

Rar ştim când moartea ne ia pe cineva de lângă noi. Într-un fel ne-am luat rămas-bun, dar au rămas multe lucruri netrăite. Uneori viaţa e nedreaptă, aşa mă gândeam atunci, atât de nedreaptă, încât ajungi să o urăşti în câteva clipe, iar eu asta simţeam în acele momente, că uram viaţa cu toate nedreptăţile ei. O uram din tot sufletul pentru că îmi luase un om bun. Târziu am înţeles că nu viaţa mi l-a luat, ci moartea, iar viaţa nu trebuie urâtă. Viaţa este un miracol, iar moartea, un mister. Viaţa ne dă, iar moartea ne ia.

Momentul în care l-am văzut în coşciug a fost crucial, aveam în suflet o durere apăsătoare, sufocantă. Îi erau alături toţi prietenii şi cunoscuţii, toţi îşi luau adio de la el. Plângeau şi cei care nu-l cunoşteau, părinţii lui erau devastaţi, iar sora lui mai mare părea că se sfârşea odată cu el. Era însărcinată şi urma să nască zilele următoare. Mai avea o fetiţă de trei ani care stătea în braţele bunicii şi întreba din când în când câte ceva despre Paul, sau Doru, aşa cum i se spunea acasă, iar dorul pentru el urma să fie sufocant şi pentru totdeauna.

– Mamaie... când se trezeşte Doru? a întrebat Cristina cu o voce delicată.

– Doru e foarte obosit. Uite ce frumos doarme... i-a răspuns mama lui, care era la fel de moartă ca şi el.

– Dar vreau să mă joc cu el... i-a spus nepoţica tristă.

– Lasă-l să se odihnească acum, da?

– Bine... i-a răspuns micuţa cu resemnare, rezemându-şi capul pe umărul bunicii.

Ne îngenunchease pe toţi. Încercam să nu plângem zgomotos de dragul fetiţei, dar am fi urlat cu toţii de durere. Azi, Cristina este unul dintre sufletele mele preferate. Am stat cât am rezistat la priveghi, apoi am mers acasă să dorm, urma cea mai grea zi, ziua în care trebuia să ne despărţim de el pentru totdeauna. L-am visat în acea seară atât de clar, încât părea real. Retrăiam momentul în care i-am aşezat flori în coşciug şi privindu-i chipul, a deschis ochii. L-am luat de mână plângând şi l-am întrebat: „De ce vrei să pleci?" Nu se putea mişca, îşi ridicase puţin capul şi plângea. Apoi mi-a spus: „Să nu mă laşi să plec, te rog! Nu vreau să plec!" Nu i-am răspuns nimic, nu ştiam ce să îi spun, plângeam şi îi mângâiam mâna. M-am trezit plângând şi le-am povestit surorilor mele. Au rămas fără cuvinte.

În ziua înmormântării, Iuliana, sora lui, nu a rezistat şi a fost dusă de urgenţă la spital. Mi s-a părut una dintre cele mai lungi zile din viaţa mea, voiam să se termine cât mai repede, simţeam că nici picioarele nu mă mai ajutau prea mult. Conform tradiţiei, trebuia să i se pună nişte panglici deasupra trupului care să fie ţinute la capete de fete care i-au fost apropiate. Eu am fost una dintre ele. Am ales capătul de la picioare şi nici acum nu ştiu cum am rezistat să îl văd aşa tot drumul până la biserică. Acolo i-a apărut o lacrimă în colţul ochiului drept şi mă gândeam la ce visasem. Poate că el avea regrete şi nu era timpul să plece, iar sufletul lui încă prezent plângea... dar era prea târziu! Familia lui era distrusă. Era greu să privesc o mamă cum îşi plângea copilul, erau imagini parcă rupte din filme, de parcă nu era destul ce trăiam acasă. În jurul meu zăcea o durere crâncenă. La un moment dat s-a făcut linişte. Eram prea obosiţi şi încercaţi de prea multe lacrimi să mai putem duce altele. Abia când am ajuns la cimitir, am înţeles că era ultima dată când îl vedeam, nu mai aveam nici cuvinte şi nici putere... Lăsase în urma lui prea multă durere şi cu greu am plecat de lângă mormântul lui.

În zilele ce au urmat, am mers să îi aprind câte o lumânare şi vorbeam cu el ca înainte, doar că nu îmi mai răspundea. Îl visam foarte des, conexiunea dintre noi încă exista dincolo de orice, îmi spunea că a ajuns cu bine acolo, că este fericit şi că în sfârşit şi-a găsit liniştea. Mă trezeam mereu plângând, dar mă bucuram că încă ne întâlneam chiar şi aşa, în vis. Îmi amintesc foarte clar visul în care mergeam amândoi prin cimitir și îmi povestea cum era în noua lui lume. Era atât de fericit, încât mă bucuram și eu și nu mă mai gândeam cu tristețe la moartea lui. Ne opriserăm în drum, mă privea extrem de bucuros, m-a luat de mâini și mi-a spus: „Hai și tu cu mine! De ce nu vii și tu? E atât de frumos! Spune-mi, vrei să vii?" I-am răspuns zâmbind, dar cu o teamă ciudată în suflet: „Vreau să vin. O să vin și eu, dar nu acum". Știam că cei care pleacă acolo nu se mai întorc, iar eu încă aveam atâtea lucruri de făcut aici. I-am dat drumul și am fugit, iar el m-a privit lung și trist. Părea că nu mai găseam odată ieșirea din cimitir. A fost singura dată când mi-a fost frică lângă el. Odată, la un parastas niște bătrâne mi-au spus că nu era bine să visezi mortul că vine să te ia, e ca și cum urmezi tu. Eu nu credeam asta, dar mă speria gândul că ar putea să fie adevărat și totuși mă bucuram că îl visam, era singurul loc în care mă puteam bucura de prezența lui și știam că oriunde ar fi fost, îmi voia binele. Aveam o vârstă prea fragedă să înțeleg totul și să fac față situației. Familia lui mă chema mereu la pomeni, mai ales că le povesteam cum îl visam, eram singura care îl visa atât de des și atât de clar. Mama lui îmi spunea plângând că își dorea și ea să îl vadă măcar așa, dar el nu venea niciodată. Îl visase de vreo două ori, la fel și sora lui, dar foarte vag. Abia așteptau să mă vadă, să le povestesc ceva nou, parcă le aduceam vești de dincolo. Atunci am descoperit și eu cu adevărat lumea cea nevăzută și mă conectasem cu ea fără să mă fi gândit vreodată la așa ceva. Visele erau minunate și le trăiam pur și simplu ca și cum ar fi fost reale. Eram singura dintre toți cunoscuții lui care rămăsese atât de conectată cu spiritul lui Paul. Începusem să îmi notez toate visele într-un caiet pentru că nu voiam să îl uit niciodată. Astăzi nu mai am acel caiet, dar amintirile cu el sunt la fel de vii. După mai bine de un an de la moartea lui, am simțit că trebuia să îl eliberez, trebuia să mă vindec și eu și să îi accept plecarea definitiv. De atunci nu l-am mai visat.

### *Îngerul meu păzitor*

*A doua zi de mărțișor,*
*Mi-am pierdut un frățior...*
*Știu c-acolo într-un nor*
*Am un înger păzitor.*
*Când simt că nu mai am nimic,*
*El mă ajută-ncet să mă ridic;*
*Noaptea vine-ncetișor*
*Din aripi fluturând ușor,*
*Vrea să vadă ce-am făcut,*
*Când am scris, el m-a văzut.*
*Eu i-am închinat un vers,*
*Paul l-a citit din mers;*
*Seara iarăși a venit*
*Și eu iarăși l-am găsit.*
*Rătăcește printre stele*
*Căci îi place printre ele,*
*A scăpat de lucruri rele*
*Ce le-a-ndurat pe pământ,*
*Eu acuma plâng și-i cânt,*
*Pe el îl aud în vânt*
*Și-i duc lacrimi la mormânt.*
*El din nou la mine vine*
*Și îmi spune că-i e bine*
*Și-are grijă și de mine.*
*L-am zărit pe el prin flori:*
*„Dar trezește-te și zbori*
*Dimineața, chiar în zori!"*

Trecuse ceva timp de la moartea lui Paul, sora lui născuse după o săptămână şi îi cunoscusem deja fetiţa. Teodora îi purta numele şi a fost lumina care a alungat întunericul din casa lor. Un suflet se dusese în timp ce altul poposise pe această lume. Ea era consolarea tuturor şi era văzută ca fiind o parte din el. Mă ataşasem foarte mult de Iuliana şi de fetiţele ei şi ne vedeam destul de des.

– *Atunci credeam că moartea ia doar oamenii în vârstă. Nu mă aşteptam să o întâlnesc atât de devreme. Doare atât de tare... şi totuşi moartea dă semnificaţie vieţii,* I-am spus resemnată.

– *Venim pe această lume cu măsură, ştim dinainte cât timp avem şi de ce venim, dar odată ce ne naştem, uităm. De la naştere şi până la moarte este o călătorie miraculoasă pe care o numim viaţă. Poate dura o clipă sau zeci de ani,* mi-a răspuns zâmbind.

– *Omul se naşte ca să moară şi totuşi trebuie să trăiască. Pare un nonsens chiar dacă sensul este atât de clar. Omul a fost creat după chipul şi asemănarea Creatorului, iar aici, pe Pământ, el poate experimenta viaţa în plan fizic. În rest, e un spirit călător.*

– *De la o viaţă la alta, da. Dornic de noi trăiri.*

– *De ce oare nu alegem să trăim doar fericirea?*

– *Când omul a părăsit Raiul, a ales să le trăiască pe toate. Nu poţi înţelege un lucru fără să cunoşti opusul lui.*

– *Moartea lui Paul m-a învăţat să preţuiesc viaţa mai mult, să înţeleg că oricând ceasul se poate opri. A fost o lecţie grea, dar în acelaşi timp am descoperit lumea de dincolo prin el.*

– *Ai simţit liniştea?*

– *Da! În schimb, aici e atâta gălăgie...*

Am privit din nou cerul albastru pe care îl purtam cu drag deasupra capului. M-a fascinat de mică şi mereu mi-am dorit să-l ating. Am întins mâna spre el, rostind o rugăciune:

„Doamne, dă-mi puterea de a accepta lucrurile pe care nu le pot schimba. Dă-mi, Doamne, curajul de a schimba lucrurile pe care le pot schimba şi înţelepciunea de a face diferenţa dintre ele! Amin!"

În acea perioadă, relaţiile cu prietenii mei se cam răciseră. Nu toţi m-au înţeles. Duceam cu greu problemele de acasă şi pierderea lui Paul, iar fratele meu venea tot mai rar la noi din cauza tatei. Deşi niciodată nu i-a vorbit urât, prefera să stea departe. Câteodată nu înţelegeam de ce nu rămânea şi el să o apere pe mama. Uneori chiar eram convinsă că, dacă ar fi rămas şi el, tata s-ar fi schimbat. Mama începuse să cedeze, nu se simţea bine deloc şi asta mă făcea să stau cât mai mult timp acasă. Făcea căderile de calciu tot mai des, leşina pur şi simplu din senin şi rămânea inconştientă timp de zece, cincisprezece minute. Ne speriam foarte tare când o vedeam aşa, ne era teamă că nu se mai trezeşte şi ştiam că era posibil. Îi spuneam mereu să aibă grijă de ea că noi eram destul de mari şi puteam să o ajutăm cu orice. Eu începusem deja să îmi spăl singură hainele, călcam şi făceam curăţenie în casă. Dar problemele ei de sănătate nu erau cauzate de prea multă muncă, ci de prea multă suferinţă.

Tata parcă era orb, nu o vedea că nu mai putea şi continua să bea în neştire. Într-o seară, mama a făcut o cădere nervoasă după o ceartă puternică cu tata. Băuse foarte mult şi nu îi păsa sau nu înţelegea cât rău ne făcea. Am fost nevoite să chemăm o ambulanţă pentru că mama era inconştientă şi nu reacţiona de mult prea mult timp, ne era teamă că nu se mai trezeşte. O strigam degeaba, nu ne auzea. Tata se uita la ea cu nepăsare, mă durea indiferenţa lui şi simţeam că îl uram tot mai tare. Nu făcea nimic să o ajute, parcă se bucura când o vedea aşa. În acele momente deveneam toţi agresivi şi ne războiam unii cu alţii. Era oribil! El spunea că se prefăcea, că juca teatru. Când au sosit cei de la ambulanţă, îmi venea să mor de ruşine. Îl văzuseră pe tata în ce stare era şi au înţeles imediat starea mamei. Pentru câteva minute dispăruse. S-a întors apoi cu o lumânare aprinsă în caz că mama murea. Mi-a picat cerul în cap. Îmi venea să îl tranşez pur şi simplu. Era penibil, ruşinos, dureros! Cei de la ambulanţă l-au ignorat, iar eu, fără să îi mai adresez vreo vorbă, l-am târât afară şi i-am zis să nu mai intre la noi în casă, că nu răspund de mine. A plecat.

Mama şi-a revenit greu, iar după plecarea ambulanţei tata ne-a lăsat în pace. Îl uram, îmi doream să moară pur şi simplu – el, nu ea! Era haos în casă. Nu prea am dormit în acea seară de teamă că mamei i s-ar face rău iarăşi. Mă frământau tot felul de gânduri, nu înţelegeam de ce e tot timpul mai rău, de ce nu se termina odată coşmarul acela. Era prea mult şi simţeam că nu le mai puteam duce. Mă săturasem să plâng şi să mă prefac că mi-era bine. Uneori plecam de acasă şi mă duceam la cimitir doar ca să pot plânge liniştită fără să fiu întrebată de ce. Îi povesteam lui Paul prin ce treceam şi, chiar dacă nu îmi răspundea, simţeam că mai scăpam puţin de povara aflată în sufletul meu. Alteori ieşeam cu prietenii să mai uit de probleme, dar bucuria mea nu era niciodată completă. Aveam două vieţi paralele: una în care eram eu cu problemele mele reale şi una în care jucam un rol al naibii de frumos şi fericit în faţa lumii. Devenise natural. Poate că trebuia să devin actriţă, cine ştie?

La şcoală se schimbase atmosfera. Nu mai era aceeaşi veselie ca înainte, iar mie îmi pierise entuziasmul. Dorian, prietenul meu cel mai bun dintre colegi, se comporta din ce în ce mai ciudat cu mine, îmi reproşa tot felul de lucruri şi simţeam că nu înţelegea prin ce treceam. Într-o seară când ne întorceam împreună de la o prietenă, se oferise să mă conducă acasă şi abia atunci am înţeles ce se întâmpla de fapt cu el.

– Îl mai iubeşti pe Mario? m-a întrebat Dorian pe un ton serios.

– Da, dar nu prea îmi stă gândul la asta. S-au întâmplat prea multe în ultima vreme...

– Eu cred că îţi pasă prea mult. Te-ai gândit că poate te iubeşte şi pe tine cineva? Altcineva decât el?

– Din păcate, nu trec printr-o perioadă prea bună şi, sincer, nu prea mai văd nimic în jurul meu. Poate că nici nu mai ştiu să fiu o prietenă bună aşa cum eram înainte... De când s-a dus Paul s-au schimbat multe...

– Nu e asta. Doar că eu m-am obişnuit cu tine altfel şi acum eşti absentă. Nu ştiu dacă din cauza lui Mario. Asta chiar mă enervează. Cu Paul e de înţeles...

– Ştii bine că între mine şi Mario nu e nimic şi nici nu va fi. Nici nu vorbesc despre el. Nu înţeleg de ce spui asta.

– Pentru că pe mine asta mă deranjează. Să nu-l mai pomeneşti vreodată, că n-o să te mai ascult!

– Rar vorbesc despre el şi doar atunci când vine vorba, ca acum. Ai întrebat şi eu ţi-am răspuns. De ce ai întrebat dacă te deranjează? Credeam că prietenii îşi pot spune orice.

– Orice, dar asta nu! Şi nu mai vreau să vorbim despre subiectul ăsta nici acum. Uită-l!

– Tu întrebi şi tot tu nu mai vrei să auzi. Nu înţeleg cum vine asta... în fine...

Nu am mai continuat pentru că simţeam că mă dezamăgea ca prieten. Nu mă înţelegea, dar eu începusem să înţeleg. Nu eram convinsă, dar bănuiam că Dorian se îndrăgostise de mine.

– Mâine seară ne vedem la discotecă?

– Nu ştiu dacă vin.

– Hai, te rog! Chiar am chef să mergem. Ieşi şi tu din starea asta, că nu îţi stă bine. Îmi place de tine doar când zâmbeşti. Tu eşti mereu veselă, revino-ţi!

– Ar trebui să îţi placă de mine oricum, chiar şi când sunt tristă. Suntem prieteni, nu?

– Ai dreptate, ziceam şi eu...

– Sper că era o glumă.

– M-am exprimat greşit.

– OK...

Am plecat către casă încercând să îl înțeleg, dar eram prea obosită și simțeam că aveam nevoie de o pauză de la toate.

În seara următoare am mers, totuși, cu prietenii la discotecă, era un loc unde mă eliberam de stres. Dorian a stat lângă mine toată noaptea. Oriunde mă duceam, venea și el. Nu se mai dezlipea de mine. La un moment dat a dispărut, iar un prieten de-ai lui, despre care știam că mă plăcea, a venit să danseze cu mine.

– Cum de te-a lăsat Dorian singură?

– De ce nu?

– Am avut impresia că e ceva între voi.

– Suntem doar prieteni, știi asta.

– Asta crezi tu! mi-a spus el, uitându-se în jur să se asigure că nu îl vede Dorian.

– Adică? Ce vrei să spui?

– E îndrăgostit de tine până peste cap. Tot timpul vorbește despre tine. Eu măcar ți-am spus că te plac și că mi-ar plăcea să fim împreună, dar el nu are curaj.

– Și vrei să te cred?

– Nu-i spune că ți-am zis. Ne-a rugat pe toți să nu vorbim despre asta.

– Și atunci de ce o faci?

– Oricum nu prea mai suntem ca înainte. Știe că te plac și e gelos pe mine.

– Și acum vă certați pentru mine? Cel mai bine e să fim prieteni ca până acum, nu crezi?

– Nu prea mai are cum să fie la fel...

În acel moment a apărut și Dorian, care era vizibil deranjat că m-a văzut vorbind cu prietenul său. Nu am putut termina conversația.

– Ce faci? Nu vrei să mergem puțin afară? E prea mult fum aici! m-a întrebat Dorian, uitându-se urât la prietenul său.

– Că bine zici. Mi-ar prinde bine puțin aer curat.

Dorian mă privea insistent. Prietenul lui îmi confirmase bănuiala și nu mai știam cum să mă comport cu el. Nu voiam să îl fac să sufere, știam și eu cum era să iubești și să nu fi iubit. Când am ajuns afară, m-a luat în brațe și m-a strâns cu putere ca și cum aș fi fost iubita lui. Nu am avut puterea să îl resping, dar nu i-am răspuns la fel la îmbrățișare. Apoi m-a privit în ochi și m-a sărutat pe buze. Nu știa cum să îmi spună și probabil acela a fost singurul mod în care putea să o facă.

– Scuze, nu am putut să mă abțin. Ești foarte frumoasă.

– Dorian, nu vreau să stricăm prietenia dintre noi.

– Știu, îl iubești pe Mario.

– Nu pot schimba asta acum. Dar o să-mi treacă...

– Și atunci?

– Nu știu... vreau să fim prieteni, atât.

Ne-am privit în ochi îndelung, el cu regret, eu confuză. Știam că aveam să-l pierd ca prieten. Am rămas tăcuți, m-a îmbrățișat iar, apoi m-a luat de mână și am mers înăuntru. A înțeles că între noi nu putea fi nimic, dar se vedea că încă spera și era normal, asta facem toți când iubim. Îl înțelegeam perfect, dar eu vedeam iubirea altfel și știam că atunci când nu ești dorit trebuie să te retragi, așa cum făcusem eu, așteptând să îmi treacă ce simțeam pentru acel băiat.

A urmat o perioadă în care Dorian devenise insuportabil. Mă sufoca și totuși nu voiam să îl rănesc. Nu mai știam cum să îi explic să înceteze, începuserăm chiar să ne certam. Se comporta ca un iubit și pretindea mereu explicații despre ce fac, ce vreau, ce gândesc, simțea că are drepturi asupra mea și nu era deloc în regulă. Văzând că nu obține nimic în favoarea lui indiferent de eforturi, devenise răutăcios. Acest lucru stricase armonia de la școală, Dorian făcea glume proaste pe seama mea în gura mare și ceilalți începuseră să facă la fel. Vedea că mă supăram și nu îi păsa, cu cât mă vedea mai supărată cu atât era mai mulțumit. Începuse să fie rău și mă hotărâsem să-l ignor. N-a fost o decizie ușoară, dar nu înțelegea că exagera. Atunci a început un adevărat război între noi doi. Nu-l mai recunoșteam, parcă se bucura când mă vedea că sufeream, îmi dădeam seama că el nu era așa cum credeam eu. Mă dezamăgise enorm. Nu poți să lovești un om din iubire, iar el asta făcea, se răzbuna că nu îl iubeam și astfel mă pierduse și ca prietenă. Își punea colegii să îmi arunce caietele pe jos, să îmi dărâme scaunul sau să îmi arunce ghiozdanul din bancă. Mă durea enorm să văd că se transformase într-un monstru fără sentimente și eram convinsă că nu iubirea îl făcea așa, ci orgoliul. Nu putea să accepte că lucrurile nu erau așa cum voia el. Știam de la ceilalți că vorbea urât despre mine în absența mea și inventa tot felul de minciuni doar ca să îmi facă rău și să îi îndepărteze pe ceilalți de mine. Dacă i-aș fi răspuns la fel, era mai rău, m-aș fi transformat și eu într-un om demn de disprețuit și nu voiam asta, oricum nu aș fi avut puterea necesară. Simțeam că era prea mult, uneori îmi venea să plâng în neștire, să mă descarc, și fugeam la mormântul lui Paul, era refugiul meu, singura mea consolare, singurul loc în care îmi eliberam sufletul și îmi regăseam liniștea: într-un cimitir...

*Stau și privesc crucea-naltă,*
*El e pe lumea cealaltă*
*Și pe cruce odihnesc*
*Slove mari și le citesc,*
*Numele unui odor:*
*Popescu Paul Teodor,*
*Ce e înger păzitor.*

Mă tot întrebam unde au rămas acele zile în care mă simţeam iubită de toţi şi unde se va ajunge dacă totul va continua aşa. Acasă era la fel de dureros, la şcoală nu mai mergeam deloc cu drag, începusem să iau note mici şi îmi doream să se termine odată, să vină vacanţa şi să plec la canton la bunici, să nu mai văd pe nimeni. Mă îndepărtasem de toţi şi nu mai vorbeam decât lucruri legate de şcoală. Mă durea că prietenele mele nu îmi luau niciodată apărarea când băieţii râdeau de mine. Nici Lorena nu se implica, se făcea că nu vedea şi asta mă durea. Nu mai aveam încredere în nimeni şi începusem să fiu tăcută. Mai era puţin până la examenul de capacitate şi mă concentram asupra lui. Abia aşteptam să scap şi să merg la liceu, speram să am alţi colegi şi îmi propusesem să nu mă mai ataşez de nimeni, niciodată.

Eram sătulă de beţiile tatălui meu, nu se putea controla şi se comporta ca un duşman cu noi. Într-o seară făcuse un scandal monstru, fără motive, ca de obicei, şi n-am mai putut răbda. Dimineaţa ne-am dus la poliţie şi i-am făcut o plângere. Nu îi venea să creadă că am reacţionat aşa şi s-a enervat foarte tare, nu a vorbit cu noi câteva zile, dar măcar nu a mai băut o perioadă. Mi-a prins tare bine, mai ales că era sfârşitul anului şcolar. Am mers la banchet alături de colegi, dar între noi nu mai exista acea prietenie minunată de altădată. A fost un fel de rămas-bun de care eu aveam atâta nevoie, speram să îi pot ierta cândva, nu voiam să îi urăsc, dar mă dezamăgiseră atât de mult, încât nu-mi mai păsa de ei. Îmi păreau nişte străini, ei, care cândva îmi fuseseră foarte dragi.

Am învăţat liniştită, iar admiterea pentru liceu m-a găsit destul de pregătită. Reuşisem să fac câteva ore de pregătire la matematică cu o vecină care era profesoară, iar asta m-a salvat. Rezultatul nu a fost unul grozav, dar eram mulţumită, ţinând cont că trecusem printr-o perioadă de coşmar. Pentru a lua nota opt mai aveam nevoie de câteva sutimi, dar nu aveam de ce să nu mă bucur, numai eu ştiam cât de greu îmi fusese să obţin acea notă. Rămăsesem chiar uimită să văd că alţi colegi care erau mult mai pregătiţi şi făcuseră chiar și meditații tot anul luaseră note mai mici decât mine. În funcție de rezultate, ne-am hotărât fiecare la ce liceu să mergem. Atunci am constatat uimită că voi avea aceiași colegi și, din păcate, nu aveam cum să schimb situația, așa că m-am resemnat și am sperat că vacanța de vară o să ne ajute pe toți să devenim mai buni și mai înțelegători. Eram nerăbdătoare să încep liceul, știam de la sora mea mai mare că era frumos, ea urmând să termine, mai avea un an.

Am încercat să mă bucur de vacanță, de liniște. De obicei, nu plecam nicăieri cu familia pentru că nu ne permitea bugetul. Nu fusesem niciodată la munte, iar la mare ajunsesem doar de două ori. Era puțin frustrant după vacanță, toți povesteau pe unde au fost, mai puțin eu. Uneori mai mergeam câteva zile la bunici și îmi bucuram sufletul la pădure, dar nu puteam să stau departe de mama, știind că i se putea face rău. Erau seri când mai ieșeam la discotecă, unde îmi făcusem câțiva prieteni noi cu care mă înțelegeam foarte bine. Câteodată mergeam la Iuliana și mă jucam cu fetițele ei, erau adorabile și mă iubeau mult. Din păcate, nici la ei în familie atmosfera nu era tocmai plăcută. De când murise Paul, tatăl lui începuse să bea și, deși era inofensiv, Iuliana își făcea griji că în felul acela se va distruge. Eu încă îl visam pe Paul și le povesteam, știam că se bucurau.

În luna iulie am primit un apel telefonic care m-a șocat. Nea Relu, tatăl Iulianei, făcuse infarct și murise. Nu-mi venea să cred. Trecuseră abia câteva luni de la moartea lui Paul, nici nu depășisem acea durere și mi se părea de neconceput să asist din nou la așa ceva. Țineam mult la nea Relu, era un om minunat și am fost alături de familia lui în acele momente. Era ca și cum l-ar fi înmormântat a doua oară pe Paul, semănau atât de bine, încât îmi imaginam că era el bătrân și nu tatăl lui.

Au fost câteva zile grele, care mi-au răpus din nou sufletul. Simțeam că roia moartea în jurul meu, o cunoscusem atât de bine, încât nu mă mai speria, totuși îmi era teamă să nu mai pierd alte persoane dragi mie. Simţeam că pierdusem deja prea mult.

A fost o vară tristă, în care m-am maturizat mult. Mă gândeam deseori că nu aveam nevoie de toată durerea aceea să înţeleg anumite lucruri. Mă tot întrebam „Cum ar fi viaţa fără atâtea probleme?", „Cum ar fi fost să nu se întâmple nimic din ce se întâmplase?"... poate că fără atâţia nori m-aş fi bucurat de soare, dar soarele se ascunsese şi nu dădea niciun semn că ar vrea să revină.

### *Prea târziu*

*Patru ani și un deceniu;*
*Pe Dumnezeu îl văd geniu*
*Și îl rog din răsputeri*
*Să îmi dea și alte veri,*
*Am nevoie de căldură,*
*Una sufletească, pură.*
*Firul vieții pare lung,*
*Eu sunt singură pe drum,*
*De ură sunt urmărită*
*Și am inima rănită*
*Căci pornesc spre infinit,*
*Întuneric nedorit.*
*Cred că este prea târziu*
*Să privesc în trecut, știu,*
*Tot ce văd mă înfioară*
*Doar un cuvânt mă doboară*
*Și îmi cânt durerea iar,*
*Sufletul îmi stă pe jar,*
*Vreau doar o îmbrățișare*
*Și răspuns la întrebare.*

Prietenele mele mă cam uitaseră, le vedeam uneori când se plimbau prin sat. Înainte mă sunau de fiecare dată când ieşeau pe afară şi mergeam împreună. Cel mai mult mă durea că printre ele se afla şi Lorena, care nu mă mai căuta deloc, deşi nu avea motive să stea departe de mine. Am sunat-o eu de câteva ori, dar m-am simţit respinsă şi am renunţat. Mi-am zis că, dacă cineva o să îmi simtă lipsa, mă va căuta. Am aflat că fetele mă ignorau din cauză că mamele lor auziseră că tata era un beţiv şi le ţineau departe de mine. Lumea începuse să mă eticheteze greşit, de parcă eu aş fi fost cea care consuma alcool. Mă simţeam desconsiderată, singură, şi nu suportam să fiu judecată greşit, până la urmă nu făcusem nimic rău nimănui şi nu avea nimeni dreptul să mă arate cu degetul. Deşi mă durea enorm, nu mă justificam niciodată în faţa nimănui, iar când simţeam că nu era loc pentru mine mă retrăgeam pur şi simplu.

În acea perioadă apăruse un ziar local făcut de nişte tineri din comună, numit *Gazeta de Brăneşti*. Era destul de interesant pentru vremurile de atunci, când nu prea aveam acces la internet şi nici la televizor nu prea aveam ce să vedem. Telefoanele mobile nu erau încă foarte accesibile şi, practic, distracţia era la colţ de stradă. Mă împrietenisem cu o parte dintre băieţii care scriau la ziar, iar unul dintre ei îmi propusese să pozez pentru gazetă. Aveau o rubrică interesantă dedicată tinerilor populari din comună. Andrei a insistat să îmi facă şi mie câteva poze pentru acea rubrică şi, într-un final, am acceptat. Era ceva decent şi avea ca scop socializarea. Nu avea cum să îmi dăuneze, dimpotrivă, putea să îmi readucă popularitatea, ţinând cont că erai ales de cel care realiza articolul, nu puteai să ceri tu să apari în gazetă.

În prima zi de liceu, înainte de festivitate, am mers să facem pozele. A fost o experienţă frumoasă şi m-am bucurat că am fost aleasă. După şedinţa foto am plecat la liceu foarte entuziasmată, deşi ştiam că îi voi reîntâlni pe cei care îmi făcuseră atâta rău înainte; mi-am păstrat zâmbetul pe buze, pentru că nu voiam să mă mai vadă nimeni, niciodată, altfel. Mi-am cunoscut noii colegi şi i-am revăzut pe cei vechi. Spre surprinderea mea, fetele s-au bucurat să mă vadă, ne-am povestit ce am făcut în vacanță și am făcut câteva glume. Am intrat în joc, lăsasem totul în urmă. Dorian, devenit și el unul dintre colegii mei, era acolo, mă fixa cu privirea, dar îl ignoram total și zâmbeam. Încetase cu glumele la adresa mea, nu ne văzuserăm toată vara și nu mai îndrăznea să mi se adreseze în vreun fel. Cu ceva timp în urmă, vorbisem cu Lorena să stăm în continuare împreună în aceeași bancă, dar mi-a spus că s-a răzgândit între timp. O rugase o altă colegă să stea cu ea. Nu mă deranja să stau lângă altcineva, dar mă durea faptul că ea nu mi-a spus nimic înainte. Bucuria mea dispăruse. Nu am avut nimic de obiectat, nu avea sens, deși eu rămăsesem pe dinafară. Într-o pauză, Lorena a profitat de faptul că rămăsesem doar noi două și mi-a mărturisit că nu a putut să o refuze pe cealaltă colegă.

– Măi Nina, sigur nu te-ai supărat?

I se părea ciudat că nu am avut nimic de comentat și voia să se asigure că totul era în regulă.

– Nu mă așteptam la asta, ce-i drept, dar... e OK. Stai liniștită, am înțeles.

– Nu mai scăpam de ea, pe cuvântul meu, că doar o știi. I-am zis că eu am vorbit deja cu tine și s-a supărat. A insistat atât, că mă și enervase și i-am zis „da” până la urmă. M-am gândit eu că tu o să înțelegi, dar ea nu.

– Vezi? A avut dreptate. Eu am înțeles.

Am zâmbit, nu-mi venea să cred cât de ușor îți poți sacrifica un prieten bun doar ca să scapi de insistențele cuiva. Eu nu aș fi acceptat niciodată. Mă simțeam trădată.

– Deci nu te-ai supărat pe mine?

– Fiecare e liber să facă ce vrea. Ce mai contează? Oricum tot în aceeași clasă suntem. Prietenia nu înseamnă să stai legat unul de celălalt.

– Asta așa e...

M-am resemnat și am evitat să continui discuția, într-un fel și eu o mințisem că nu m-am supărat. Eram foarte dezamăgită, dar nu aveam ce să fac. Părea că toţi renunţau la mine cumva, parcă deveneam o umbră.

Primul semestru a fost groaznic. Alesesem profilul matematică-informatică, fiind convinsă că era de viitor, dar descopeream pe zi ce trecea că nu îmi plăceau nici materiile, nici colegii. Cei care în trecut făcuseră glume proaste pe seama mea încetaseră, dar uneori mai aveam un schimb de replici nu tocmai plăcute. Observasem că unul dintre băieţii noi mă plăcea. Culmea, era vecin cu Dorian, care era negru de gelozie. Dintr-o dorinţă nebună de răzbunare, am acceptat să ies cu acel băiat, mai ales că făcusem un pariu cu o colegă. Câştiga cea care îşi făcea prima un iubit. Ce prostie... şi totuşi era o provocare, iar vârsta de liceu m-a făcut să intru în joc mai mult din dorinţa de a-i arăta lui Dorian că am depăşit faza cu Mario. Altă prostie! Din acel moment nu m-a mai deranjat nimeni cu nimic, nici măcar Dorian. Îşi înghiţea orice pornire şi încerca să pară indiferent, însă eu îl cunoşteam prea bine şi ştiam că îl durea. Am câştigat pariul, evident, dar nu m-a impresionat acea victorie. Câştigasem o durere în plus. Ştiam că nu era bine ce făceam, dar mă înţelegeam bine cu acel băiat. Era foarte drăguţ, eram mai mult prieteni, nu îl lăsam nici măcar să mă sărute, decât pe obraz, dar el era mulţumit şi aşa. I-am spus adevărul la un moment dat, dar a înţeles cu greu că nu puteam să fim împreună. S-a supărat pe mine şi nu mi-a mai vorbit deloc.

Între timp, începuseră pregătirile pentru Balul Bobocilor şi m-am hotărât să particip la „Miss Boboc". Pentru mine, a fost o provocare. Colegii nu mă simpatizau prea mult, fiind tot cei vechi, şi nu aveam susţinerea lor, în schimb mă susţineau toţi cei din celelalte clase. Eu nu aveam nici haine şi nici pantofi pentru un astfel de eveniment, dar le-am împrumutat de la o cunoştinţă. Rochia a fost potrivită, iar pantofii, deşi erau frumoşi, erau cu două numere mai mari. Le pusesem vată în interior, să mă pot descurca cumva. A fost greu, dar nu a observat nimeni problema. Părul mi l-a aranjat o prietenă, care era foarte pricepută şi care, între timp, a devenit coafeză. În ziua balului aveam mari emoţii, deşi eram pregătită. Am plecat pe jos, cu un bagaj în mână. La scurt timp a venit tata din urmă cu maşina şi s-a oferit să mă conducă. Era prima dată când făcea un asemenea gest, nici nu ştiam dacă să mă mir sau să mă bucur. Probabil îl trimisese mama, ştiind câte am de cărat şi cât e de departe localul. Ajunsă acolo, m-am simţit minunat văzând că ţinuta mea era în ton cu celelalte. Îmi dispăruse sentimentul de inferioritate, toate eram frumoase, iar eu mă simţeam sigură pe mine, deşi nu aveam nimic al meu, decât sufletul. Îmi doream să le demonstrez tuturor că puteam să fiu pe podium şi muncisem mult pentru asta. Se participa în pereche, însă eu nu aveam un partener şi asta nu era deloc bine. Cu cinci minute înainte să urc pe scenă, m-am trezit de mână cu Manole. Era cel mai popular băiat din liceu şi multe fete umblau după el. Nici nu exista un partener mai bun pentru un astfel de eveniment. Îl rugase sora mea, Ana, iar el a acceptat fără să stea pe gânduri. M-a încurajat mult în timpul concursului şi am apreciat asta, deşi nu eram nici măcar amici. Ne-am înţeles foarte bine şi ne-am distrat foarte mult. Colegele mele au rămas uimite când mi-au văzut partenerul, una dintre ele era îndrăgostită de el. Eu eram foarte bucuroasă că venise şi mama însoţită de vecina noastră, mamaia Marioara, sprijinul nostru în caz de urgenţă. Aveam mulţi prieteni în sală care mă susţineau, inclusiv băieţii de la ziar.

Concursul a decurs foarte bine, am ajuns până în finală, deşi Dorian a avut grijă să mă huiduiască împreună cu câţiva prieteni de-ai lui, dar nu le-am dat importanţă. I-am ignorat total şi, deşi plângea sufletul în mine, voiam să le arăt tuturor că nu mă opreşte nimeni cu un huiduit. Asta spunea multe despre ei, nu despre mine.

Aveam numărul 8, unul dintre numerele care m-au însoţit în viaţă şi mi-au purtat noroc. Alături de alte fete, am prezentat două dansuri şi o melodie care au avut mare succes. Am fost îndelung aplaudate şi asta mi-a dat încredere în mine şi multă energie. Atmosfera era minunată, eram încrezătoare, însă am început să am iar emoţii când am ajuns în finală. Rămăseserăm trei fete şi trei băieţi. Era clar că eram pe podium, dar nu îmi doream să fiu ultima și eram nerăbdătoare să văd pe ce loc mă clasez. Pentru locul trei au strigat-o pe Lorena, ea nici nu se aștepta să ajungă în finală și s-a bucurat foarte mult. Eu m-am clasat pe locul doi și am fost foarte încântată. Cea care a fost numită „Miss Boboc" a meritat într-adevăr titlul, avea trăsături de model și se descurcase bine la toate probele, deși trișase puțin. I se spusese la repetiții să scoată o parte din dansul prezentat, dar nu a făcut-o. Teoretic, trebuia descalificată, însă balul nostru nu a fost tocmai corect din toate punctele de vedere.

În acea seară mi-am demonstrat mie că puteam și că nu aveam nevoie de nimeni să ajung unde îmi doresc. Am muncit mult să ajung acolo și, chiar dacă m-a durut reacția urâtă a unora, am trecut peste. Trebuia să învăț să mă ridic după fiecare căzătură. Dacă aș fi renunțat înainte să fi luptat, ar fi fost cumplit. Chiar dacă aveam moralul la pământ după atâtea necazuri, știam că trebuia să merg înainte, că viața nu mă aștepta să vin din urmă și am tot continuat cu zâmbetul pe buze și cu durere în suflet. Eram mândră de mine, nu aveam nevoie să fiu prima, dar îmi plăcea să fiu întotdeauna printre primii. După concurs m-au felicitat toți prietenii și profesorii, iar vecina mea mi-a mărturisit că a plâns când am cântat. M-am bucurat enorm să văd asemenea reacții și am rămas alături de colegi la petrecerea de după. Spre surprinderea mea, Manole a rămas cu mine ca și cum încă mai formam o pereche de dans. Ne-am distrat câteva ore bune, a fost o seară frumoasă de care îmi amintesc cu drag. DJ-ul de acolo îmi era prieten, mă poreclise „Neghiniță", pentru că eram micuță de statură. Mi-a făcut dedicații toată noaptea spre surprinderea colegelor și am simțit puțină invidie în privirea lor. Într-un fel, chiar mă bucuram să le arăt tuturor că puteam să reușesc indiferent de obstacole! Mă simțeam puternică, deși doar eu știam ce durere zăcea în mine.

La sfârșitul semestrului m-am hotărât să mă transfer la profilul uman. Nu eram mulțumită nici de rezultatele mele și nici nu mă simțeam bine în acea clasă. Nu-mi mai doream să continui ceva ce nu mă făcea fericită. Aveam destule pe cap şi voiam ca măcar la şcoală să fiu liniştită. Nu am spus nimănui, pur şi simplu am început semestrul al doilea la cealaltă clasă. Colegii de la profilul uman m-au primit cu drag, mie îmi plăceau materiile şi s-a văzut asta în rezultatele obţinute în timp. Simţeam că, în sfârşit, îmi găsisem locul. Totuşi, aveam nevoia să îmi umplu şi timpul liber cu ceva, ca să am motive să plec de acasă. Din păcate, tata continua să bea, surorile mele plecau la prietenele lor, iar mama mergea des la bunici. Ei se mutaseră între timp în sat, bunicul ieşise la pensie şi nu mai erau nevoiţi să locuiască în pădure, la canton. Mi-a lipsit enorm acel loc, încă îmi amintesc de el cu dor în suflet. O parte din mine a rămas acolo, în pădurea mea unde mă simţeam liberă şi fericită.

Continuam să scriu versuri, îmi dădea o stare de bine. La început au fost versuri banale, fără rimă, dar scrisul era o modalitate care îmi aducea linişte interioară, deşi nu-mi ieşea prea bine pentru că în sufletul meu era vraişte. În timp, mi-am dat seama că aş putea lega ceva frumos cu adevărat, iar versurile au început să vină de la sine şi să prindă formă. O făceam tot mai des şi ascultam multă muzică, mă refugiam cumva în lumea aceea. De câte ori aveam ocazia, mergeam la discotecă să dansez, îmi plăcea foarte mult, iar acasă nu prea puteam să fac asta din cauza problemelor cu tata. El îşi scotea casetofonul în curte şi îşi punea muzică populară de câte ori se îmbăta. Nu-i păsa că aveam teme de făcut sau voiam să ne odihnim. O asculta la maximum şi vorbea singur sau plângea. Îşi amintea mereu de tatăl lui, care murise când era el mic. Plângea şi îi săruta poza. Mi-era milă de el când îl vedeam aşa. L-a plâns o viaţă întreagă pe tatăl lui pentru că nu l-a avut aproape, iar eu plângeam că îl voiam departe.

Într-o seară am plecat cu o vecină la discotecă. Surorile mele nu au vrut să meargă, era târziu şi tata nu venise încă, totuşi eu am plecat, simţeam nevoia să mă eliberez de stres, să mă relaxez puţin. A fost o seară frumoasă până când a venit Ana după mine. Tata se întorsese beat, făcuse scandal şi din nou mama fusese nevoită să plece de acasă. Uneori, asta era singura soluţie ca el să se oprească din pornirile lui sălbatice. Surorile mele au plecat cu ea la bunici, la acea oră târzie nu aveau unde să se ducă. Am plecat şi eu, iar când am ajuns acasă la bunica am găsit-o pe mama din nou inconştientă. Bunicul chemase deja ambulanţa. Era prima dată când bunicii o vedeau aşa pe mama. Noi le spuseserăm despre asta, dar nu îşi imaginaseră că era aşa grav. Bunicul plângea şi încerca să ne liniştească pe toate, chiar dacă nici el nu reuşea să fie calm, dar eu ştiam cum să fac faţă acelor căderi, deşi în sufletul meu zăcea o frică inimaginabilă. Dacă mama nu se mai trezea? Ştiam că exista şi acel risc, dar trebuia să fiu calmă, să am grijă de ea, altfel nu o puteam ajuta. Ady se panica şi plângea în hohote de fiecare dată, Ana era ceva mai receptivă. O luam pe mama de mână şi o întrebam mereu dacă mă auzea. Ştiam că până nu mă strângea de mână, nu îşi revenea. Când începea să mă strângă, o întrebam dacă vrea apă sau altceva şi pentru că nu putea să vorbească sau să se mişte, o întrebam în aşa fel, încât să îmi răspundă doar cu „da" sau cu „nu". „Da" era când mă strângea o dată de mână şi „nu" atunci când mă strîngea de două ori. Era singura modalitate pe care o găsisem pentru a putea comunica atunci când avea acele căderi, iar surorile mele făceau la fel dacă nu eram eu. Era inutil să strigi la ea mai ales când începea să se trezească, pentru că mai mult se speria. Cei de la ambulanţă i-au făcut nişte injecţii, ca de obicei, iar ea şi-a revenit.

Când ne liniştiserăm şi noi puţin, ne-am trezit cu tata la poartă. Urla ca un nebun că ne omoară pe toţi, dar noi nu i-am răspuns. Cred că era două noaptea. Venise cu maşina, însă a plecat când a văzut că nu îi răspunde nimeni. A condus toată noaptea băut fără să-şi dea seama că îşi punea viaţa în pericol sau chiar pe a altora. Am dormit acolo, iar de dimineaţă am văzut că făcuse o cruce pe poartă, zgâriase tabla cu un cuţit. Ne-am dus direct la poliţie unde l-au chemat şi pe el. A fost o experienţă total neplăcută, chiar oribilă. El a declarat că nu a făcut nimic şi că exageram noi. Ori nu îşi amintea ce făcuse, ori nu voia să recunoască. Era a doua oară când se ajunsese acolo şi speram ca măcar asta să îl potolească. Deşi a promis la poliţie că nu mai bea, nu s-a ţinut de cuvânt şi era de aşteptat. Legea nu ne-a ajutat cu nimic şi nici nu mai credeam în vreo schimbare. Am pus problema unui divorţ, dar mama nu a fost de acord, îi era teamă că rămânem fără casă şi că tata ar continua să ne facă rău. La bunici nu puteam să ne mutăm din diverse motive şi până la urmă nu am mai insistat. Aveam impresia că nici mama şi nici bunicii nu îşi doreau cu adevărat să rezolve problema, parcă erau inconştienţi, nu înţelegeau că ne afecta enorm comportamentul lui; ei preferau să îndure. Mi se părea de neconceput să trăim în continuare aşa, dar a trebuit să mă resemnez. Deşi tata nu bea în fiecare zi, era suficient s-o facă de două ori pe săptămână ca să ne lase cu moralul la pământ. Parcă îşi alegea intenţionat zilele în care se îmbăta, exact de sărbători sau când era ziua uneia dintre noi. Ne strica toate momentele în care ne doream să sărbătorim ceva. Nici nu ne doream ceva deosebit, doar linişte, dar el avea grijă să ne pună mereu lacrimi în ochi în acele zile în care ar fi trebuit doar să râdem.

Continuam să mă întreb „Cum ar fi să am o viaţă normală?"... devenise o obsesie. Unii îşi doreau tot felul de lucruri măreţe, dar eu nu îmi doream decât o viaţă liniştită. Eram confuză, nici nu mai ştiam ce să cred despre viaţă, dar mă salva faptul că visam mereu cu ochii deschişi. Dintotdeauna am fost o visătoare, altfel nu aş fi rezistat. În acele vise erau dorinţele mele pe care nu le-am lăsat niciodată să moară.

Aveam doar cincisprezece ani când m-am hotărât să înfiinţez un grup de copii, în ideea de a promova cultura. Iuliana era învăţătoare şi m-am gândit să îi cer ajutorul. I-am prezentat propunerea mea şi a fost foarte încântată, mi-a sugerat chiar să îmi desfăşor activitatea la clubul sătesc pe care îl administra mama ei. Eu mă gândisem deja la asta, aveam doar nevoie de aprobarea lor. Ne prindea bine amândurora să avem o astfel de activitate şi mi-a spus că pot conta pe ajutorul ei la orice. Aşa a luat naştere grupul **„Zâmbet"**. A fost un proiect la care am muncit foarte mult fără să fiu plătită sau să mi se ofere ceva în schimb. Am fost însă răsplătită cu fericirea copiilor pe care i-am avut în grijă timp de trei ani. Nu ar fi existat o plată mai mare și mai valoroasă decât aceea. Începutul a fost foarte greu, dar a meritat efortul. Abia atunci mi-am dat seama cât puteam fi de creativă și de ambițioasă. Pentru că eu aveam suficient timp liber, m-am ocupat mai mult, iar după ce am stabilit exact scopul grupului, ne-am apucat de treabă. Am făcut afișe pe care le-am lipit în școli și grădinițe și, spre surprinderea noastră, chiar au avut impact asupra copiilor.

În ziua lansării am avut emoții mari și, deși îmi pregătisem un discurs, nu mai știam să leg nici două cuvinte. Mă bazam pe Iuliana să prezinte activitățile grupului și scopul lui, era practic cea care avea mai multă credibilitate fiind învățătoare, dar ea m-a privit în ochi și mi-a spus că eu eram cea mai îndreptățită să dau startul. Fusese ideea mea. Am avut un moment de reținere, dar am gestionat bine totul, ca de obicei. Într-adevăr, visul meu era cel care devenea realitate și eu eram cea mai potrivită să îl fac cunoscut tuturor. Am privit-o în ochi bucuroasă, mi-a făcut semn din cap să încep și am înțeles că era momentul meu. Nu înțelegeam dacă doar îmi testa capacitățile sau chiar credea în mine în acea clipă, dar mi-a alungat toate emoțiile și m-a făcut să mă simt încrezătoare. Știam că avea încredere în mine. M-am uitat în jurul meu, am tras aer în piept și m-am ridicat în picioare foarte sigură pe mine. Aveam în față aproximativ douăzeci de copii însoțiți de părinți, care erau nerăbdători să afle cât mai multe despre grup și care mă priveau entuziasmați. Văzându-le bucuria din ochi, am zâmbit și le-am vorbit cu drag despre proiectul meu de suflet. Simțeam că îmi transmiteau o energie pozitivă care îmi umplea sufletul, iar eu la rândul meu le-am transmis încredere și multă căldură. Nu am mai ținut cont de discursul pregătit, ci pur și simplu am vorbit cu inima despre faptul că îmi doream să văd cât mai mulți copii preocupați de cultură și de frumos în general. Reușisem să îmi controlez emoțiile și chiar mă simțeam confortabil. Nu aveam nicio pregătire în acel sens, dar iubeam copiii şi aveam o comunicare extraordinară cu ei. Dorinţa mea era ca cei mici să înveţe jucându-se. Făcând parte din grup, ar fi trebuit să devină mai responsabili şi mai disciplinaţi. Nu căutam copii frumoşi sau talentaţi, căutam copii care îşi doreau să înveţe lucruri noi şi ne adresam în mod special părinţilor care nu aveau timp să se ocupe de ei în timpul liber. Când mi-am terminat discursul despre grup, am fost aplaudată îndelung, reacţie la care nu mă aşteptam. Părinţii au fost încântaţi şi dornici să începem cât mai repede, spre fericirea mea şi a Iulianei. A vorbit şi ea câteva minute spunându-şi punctul de vedere, iar la sfârşit ne-am privit admirându-ne reciproc şi simţindu-ne mândre de noi.

Începutul „Zâmbet"-ului a fost neaşteptat de frumos şi plin de emoţii. Am înscris copiii şi le-am făcut ecusoane. Erau tare bucuroşi. La plecarea tuturor, Iuliana mi-a spus câteva lucruri importante care mi-au rămas în suflet.

– Atâta timp cât crezi în ceea ce faci, vârsta nu este o piedică.

Ştia că teama mea era ca părinţii să nu îmi acorde încredere pentru că eram prea mică.

– Mi-e puţin teamă şi ştii asta.

– Eşti pregătită pentru ceea ce urmează să faci. Nu-ţi face griji, numai un om cu un suflet atât de mare ca al tău poate să facă aşa ceva, mi-a spus Iuliana cu drag.

– Mulţumesc! Cred că împreună o să facem multe lucruri frumoase, i-am răspuns zâmbind.

– Sunt convinsă! Şi asta datorită ţie. Eşti deosebită, să nu crezi niciodată altceva despre tine!

I-am răspuns cu o îmbrăţişare lungă. Eram foarte fericită că reuşisem în sfârşit să văd cum unul dintre visurile mele prindea viaţă. Grupul îşi desfăşura activitatea sâmbăta şi duminica pentru că în cursul săptămânii eu eram la liceu. Veneau copii cu vârste cuprinse între trei şi treisprezece ani. Pregătiserăm totul pe categorii de vârste şi ne-am asigurat că fiecare copil avea partea lui care îi punea în valoare calităţile.

Nu dispuneam de un spațiu prea mare și am fost nevoite să ne limităm la aproximativ treizeci de copii. Știam că cei mici adorau să fie vedete, așa că m-am gândit că ar fi minunat ca rezultatul final să fie un spectacol dedicat tuturor copiilor din sat. Am pregătit poezii, cântecele, mini-scenete și dansuri. Copiii erau foarte fericiți și părinții ne mărturiseau uneori că acasă doar despre asta vorbeau și făceau repetiții tot timpul. Am descoperit în mine un bun organizator și mai ales un om creativ. Îmi veneau tot felul de idei spontane care mă ajutau enorm în comunicarea cu cei mici. Nu aveam acces la internet sau la alte surse de inspirație, iar repetițiile le făceam eu în general, Iuliana nu asista mereu, ea se ocupa mai mult de partea de recitat, însă de câte ori putea, venea și lucram împreună. Am învățat multe de la ea, este o persoană foarte deschisă și cu multă inițiativă. Este calmă, zâmbitoare și meticuloasă. Fiind învățătoare, m-a învățat multe modalități de a lucra cu copiii. Uneori îmi spunea că nici nu am nevoie de vreo metodă pentru că cei mici mă iubeau prea mult să nu mă asculte, asta pentru că și ei la rândul lor simțeau cât de dragi îmi erau. În trei ani de zile am lipsit o singură dată de la repetiții pentru că am fost răcită, iar când am revenit copiii au sărit de pe scaune de bucurie și au alergat la mine în brațe. Nu se mai dezlipeau de mine, îmi venea să plâng de bucurie și i-am pupat pe toți, spunându-le că mi-a fost dor de ei. „Și nouă!" mi-au răspuns bucuroși în cor, apoi unii dintre ei mi-au spus în șoaptă că fără mine „Zâmbet"-ul nu e la fel și, chiar dacă Iuliana se purta frumos cu ei, tot cu mine era mai bine. Acele vorbe m-au făcut să înțeleg cât de importantă eram pentru ei. Ce-i drept, în pauze tot eu stăteam cu ei, ne jucam „Ursul doarme" sau le puneam muzică să danseze. Doar ei îmi transmiteau energia necesară să merg înainte *în acea perioadă,* iar în sufletul meu mă simțeam și eu la fel de copil ca ei. Pentru mine, „Zâmbet" era o sursă de energie pozitivă, un loc unde nu doar îi învățam eu pe cei mici, ci învățam și eu odată cu ei, mă descopeream puțin câte puțin și rezistam mai bine stresului de acasă.

Părea că răsărea soarele şi în viaţa mea şi eram foarte optimistă, chiar dacă în familie nu se schimbase nimic. Aceleaşi certuri ne făceau să pierdem timpul aiurea, iar răbdarea noastră cu tata se cam terminase. Mama şi surorile mele erau încântate de proiectul meu cu grupul „Zâmbet" şi mă susţineau. La şcoală era foarte bine, mulţi colegi mă admirau pentru ceea ce făceam, unii erau invidioşi, dar nu mă deranja să aud mici bârfe pe la colţuri. Pe Mario îl vedeam mai mereu şi încă simţeam ceva pentru el, dar ştiam că era un capitol asupra căruia nu trebuia să insist, ne salutam şi atât. Îmi concentram toată atenţia pe grupul cu cei mici, fără să neglijez şcoala sau prietenii. Nu mă mai deranja nimeni, rareori mai auzeam comentarii răutăcioase la adresa mea, dar ştiam că nu aveam cum să mulţumesc pe toată lumea. Mă inspira foarte mult muzica şi scriam tot mai des, punându-mi sentimentele pe hârtie şi le păstram doar pentru mine.

Un prieten de-al meu a văzut că eu reuşisem să pun bazele grupului „Zâmbet" şi s-a gândit să facă *şi el* un cerc literar tot în cadrul clubului sătesc. Pentru că eu aveam deja experienţă, m-a întrebat cum să procedeze şi l-am îndrumat şi pe el. A fost foarte încântat şi mi-a propus să fiu vicepreşedinta cercului. Practic, eu mă ocupasem de tot, dar ideea fusese a lui. Scopul cercului era să încurajeze şi să promoveze orice persoană talentată la scris. Am început în număr mic, dar în scurt timp cercul s-a mărit. Am simţit că cei care veneau erau oameni sensibili, care îşi exprimau sentimentele doar prin versuri pentru că nu aveau curaj să o facă altfel. Abia atunci mi-am făcut cunoscute o parte din poezii, la fel ca ceilalţi. Întâlnirile erau plăcute, citeam, comentam, povesteam şi ne sfătuiam între noi. Devenisem prieteni. După scurt timp, spre surprinderea mea, cel care a fost cu ideea cercului a fost şi cel care a renunţat primul, lăsându-mă pe mine la conducere. Nu am înţeles de ce renunţase, nu se justificase, dar eu ştiam că nu era tocmai un tip pozitiv şi optimist şi renunţa uşor la orice, însă mie nu mi se părea corect faţă de ceilalţi şi am continuat, ba chiar am avut mai mult succes şi am apărut şi în ziarul local. S-a scris un articol despre cercul literar şi astfel a devenit mai cunoscut şi mai apreciat. La şcoală mă felicitau şi profesorii şi mă includeau în tot felul de activităţi. La propunerea profesoarei de limba română, s-au făcut nişte panouri unde au fost ataşate cele mai bune poezii scrise de elevii liceului, printre care eram şi eu. Acele poezii au rămas acolo mulţi ani, chiar şi după ce am terminat liceul.

Primul spectacol al grupului „Zâmbet" a fost programat în perioada sărbătorilor de iarnă. Evident, aveam nevoie de ajutor. Am apelat la câteva prietene care să ne ajute cu ţinutele copiilor în culise, iar băieţii de la „Gazeta de Brăneşti" ne-au sprijinit cu partea tehnică. Ultimele două zile fuseseră ca la maraton, abia dacă dormisem câteva ore pe noapte şi aveam nişte emoţii incredibile. Eram o echipă destul de mare, atmosfera era minunată şi totul mergea neaşteptat de bine. Nu-mi venea să cred cât suflet punea fiecare, în condiţiile în care nimeni nu era plătit. Erau acolo pentru mine şi pentru cei mici.

Iuliana obţinuse cu greu nişte sponsorizări pentru a realiza decorul şi pentru a pregăti câte un pacheţel cadou pentru fiecare copil. Ei erau deja foarte entuziasmaţi şi fără să fie răsplătiţi şi nu le-am spus nimic despre cadouri, pentru a le face o surpriză la final. Meritau din plin! Ne-am gândit ca în cadrul spectacolului să includem un concurs pentru cei din grup şi câteva concursuri pentru public. Eu am propus ca publicul să îşi voteze favoritul, astfel încât la final să avem „Miss şi Mister Zâmbet". Toţi au fost încântaţi de ideea mea şi am inclus-o în program fără să stau pe gânduri. La celelalte concursuri participau persoane din public, care erau alese de prezentator. El alegea copiii care păreau cei mai interesaţi şi îi invita pe scenă. Concursurile erau uşoare, condiţia fiind ca ei să răspundă la o ghicitoare sau la o întrebare de cultură generală, iar premiul consta în dulciuri şi jucării. Astfel, publicul devenea mai interesat de spectacol, iar momentele de concurs reprezentau un deliciu.

La primul spectacol ne aşteptam să vină foarte multă lume, dar din păcate am fost nevoite să modificam ora pentru că administratorul sălii ne-a impus să o schimbăm din diverse motive, fix cu o zi înainte, fără să ne dea timp să anunţăm la nivel de comună. Fără internet era mult mai dificil atunci, iar anunţurile noastre constau în nişte afişe pe care le făceam de mână şi le lipeam pe la şcoli şi magazine. A fost ca un fel de serbare cu părinţii şi prietenii apropiaţi, pentru că doar ei au reuşit să afle la timp. Am fost destul de dezamăgită, dar am mers mai departe. Nu am avut încotro, deoarece sala ne-a fost oferită gratuit şi am făcut tot ce se putea face pe ultima sută de metri. Nu aveam o altă variantă. Totuşi, totul a decurs bine şi atmosfera a fost minunată. Copiii erau fericiţi şi încântaţi de cadouri, iar eu şi Iuliana eram mândre de ceea ce reuşiserăm să facem. Am fost felicitate de multă lume şi asta ne-a încurajat pentru viitor.

În sfârşit, îmi îndeplinisem un vis şi acest lucru îmi dădea multă încredere în mine. Eram extrem de fericită de realizarea mea şi le eram recunoscătoare tuturor celor care se implicaseră. În acele zile, prietenia dintre mine şi băieţii de la ziar s-a legat ceva mai mult şi am continuat să ne vedem şi după. Unul dintre băieţi se îndrăgostise de mine şi era fascinat de tot ceea ce făceam eu. Mă vizita la şcoală, iar în weekenduri asista la repetiţiile cu grupul şi mă încuraja în tot ceea ce făceam. Eu, însă, eram foarte sinceră şi i-am spus că nu îmi doream să am o relaţie. Făcusem deja greşeala să stau cu un băiat fără să simt ceva special şi ştiam că nu era corect. El îmi respecta decizia şi nu insista, dar continua să îmi arate că mă plăcea, îmi scria scrisori de dragoste şi într-un fel îl admiram pentru modul în care îşi arăta iubirea. Nu mă făcea să mă simt nici forţată să îi răspund şi nici să îi spun să înceteze. Era un băiat bun, dar eu nu voiam să mai trăiesc vreo dezamăgire sau să fac pe altcineva să sufere. Pentru mine, iubirea era ceva deosebit şi voiam să o trăiesc din tot sufletul, dar cu persoana potrivită.

În acea perioadă, prietenia mea cu Ruxandra devenise specială. Ne trimiteam scrisori săptămânal, ne mărturiseam trăirile şi noile sentimente pe care le aveam. Vorbeam foarte deschis despre orice şi adoram ideea de a comunica prin scrisori, iar în vacanţe, când venea la bunica ei, eram de nedespărţit, exact ca două surori. La un moment dat se îndrăgostise şi ea de un băiat de aici din sat şi mă întreba mereu de el.

Sărbătorile le-am petrecut acasă, iar după acestea am început să pregătesc un alt spectacol cu grupul „Zâmbet". Urma să fie în prima săptămână din luna martie şi era dedicat primăverii şi mamelor. L-am pregătit cu aceleaşi emoţii frumoase. Spectacolul a avut mare succes, copiii au fost la fel de bucuroşi şi publicul numeros de data aceasta şi mulţumit. Echipa care ne-a ajutat a fost aceeaşi şi m-am bucurat enorm că am lucrat în aceeaşi formulă. Timpul meu liber era dedicat în totalitate copiilor pentru că nu îmi permiteam să plec în excursii sau să merg în oraş. La club aveam multe de învăţat şi tot ce se întâmpla acolo mă ajuta să mă formez ca om şi să mă dezvolt frumos. Cunoscusem oameni deosebiţi şi îmi plăcea ceea ce făceam.

De 1 iunie am pregătit un alt spectacol cu grupul, în aer liber, pe scena din faţa clubului. A fost o nebunie frumoasă care ne-a umplut sufletele cu bucurie tuturor. A fost dedicat copiilor, cărora le pregătisem multe surprize. Îl făcusem cu multă dragoste pentru că era o zi specială, era ziua lor! Grupul devenise foarte cunoscut, fiecare spectacol era anunţat în „Gazeta de Brăneşti", iar apoi apărea câte un articol despre cum a decurs acesta şi impactul pe care l-a avut. Primeam doar cuvinte de laudă, foarte rar aveam mici probleme de organizare, dar le rezolvam repede. Oricât de greu era, nu ne lăsam copleşiţi de tensiune, părea mai degrabă o distracţie decât o muncă. Înainte de începerea şcolii, am pregătit un alt spectacol, tot în aer liber. De fiecare dată era mai bine şi mai frumos şi asta ne făcea să mergem înainte fără să ţinem cont că, de multe ori, trebuia să venim cu bani de acasă pentru realizarea anumitor lucruri.

Grupul „Zâmbet" era copilul meu şi al Iulianei şi ne făcea să ne simţim fericite şi împlinite. Din păcate, la un moment dat Iuliana a fost nevoită să se implice mai puţin pentru că avea probleme în familie. Eu mă descurcam singură, dar lipsea ceva, fără ea formula nu era completă. Venea când putea, însă mi-a mărturisit că problemele cu soţul ei erau grave şi se gândea chiar să divorţeze. Am asistat într-o dimineaţă la o ceartă între ei care m-a şocat. A fost lovită şi umilită în faţa mea şi a fetiţelor. Era nedrept ce i se întâmpla. O simţeam că era nefericită, mai ales după ce îşi pierduse fratele şi tatăl, avea nevoie de sprijin pe care nu îl găsea în niciun caz în soţul ei. Ca şi mine, se refugiase în grupul „Zâmbet". Avea încredere în mine pentru că o ajutam mult cu fetiţele ei. Deşi spera să o ajute mama ei, aceasta nu era o fire tocmai prietenoasă, iar mie mi se părea o femeie rece şi dură. Iuliana îmi cunoştea problemele de acasă şi ştia că o înţelegeam. Ne sprijineam reciproc cu ce puteam. Într-o zi şi-a deschis sufletul în faţa mea mai mult ca de obicei, era copleşită de situaţie şi nu găsea nicio soluţie.

– Ştii... mă tot frământă nişte gânduri în ultimul timp. Ştiu că tu m-ai înţelege dacă ţi-aş spune şi poate chiar ai reuşi să îmi dai un sfat. Eu mă tot gândesc să divorţez, dar nu ştiu ce să fac. Mama nu mă înţelege şi nu am cu cine să vorbesc despre asta.

– Ştii că poţi vorbi orice cu mine şi dacă te pot ajuta cu ceva, am s-o fac.

– Ştiu asta, cred că n-o să pot să îţi mulţumesc niciodată îndeajuns pentru tot ceea ce faci pentru mine şi pentru fete.

– Nu e nevoie să îmi mulţumeşti deloc. Şi eu învăţ multe de la tine. Ştii că ţin mult la voi şi, sincer, îmi pare rău că treci prin atâtea greutăţi. Nu le meriţi!

– Of... dacă ai ştii cât îmi este de greu... dar mă gândesc la fete, nu pot nici să plâng, nu vreau să mă vadă aşa.

– Eu zic că îţi stă mai bine când zâmbeşti. Hai că o să fie bine, nu se poate să plouă în fiecare zi. Trebuie să existe o soluţie.

– Ştiam că tu mă înţelegi şi tocmai din acest motiv vreau să te întreb ceva, dar să îmi răspunzi sincer. cum e să trăieşti în casă cu un tată care face mereu scandal? Un tată absent şi nepăsător...

– Of... este foarte dificil... Tu nu ai de unde să ştii, nea Relu a fost un om bun. Nu doresc nimănui să treacă prin aşa ceva. E oribil!

– Dacă mama ta ar fi divorţat, ar fi fost mai bine?

– Ar fi fost perfect! Decât să îţi vezi părinţii că se comportă ca şi cum ar fi doi duşmani, mai bine îi vezi separat. Eu am ajuns să îl urăsc pe tata, deşi nouă nu ne face nimic, dar îşi bate joc de mama şi nu am cum să fiu indiferentă, crede-mă! Degeaba i-am explicat că ne face rău şi nouă, nu înţelege...

– Ce crezi că ar fi mai bine să fac?

– Ceea ce simţi! Doar gândeşte-te că un om care te iubeşte nu îţi face rău.

Iuliana începuse să plângă, era foarte confuză şi o depăşeau problemele.

– Nu vreau să sufere nimeni...

– Dar tu suferi... şi fetele la fel, se vede. Ştii, mi-aş fi dorit să îl văd altfel pe tata. Uneori simt că nu am tată. Nu se implică cu nimic în vieţile noastre. Ştiu că nu e bine să îl urăsc, dar asta simt. Sper să pot să scap cândva de sentimentul ăsta. E tata, aş vrea să îl iubesc, să îl respect... dar pentru ce? Nu găsesc niciun motiv să îl iubesc. E groaznic, nici nu am cuvinte să mă fac înţeleasă.

– Nu vreau ca fetele mele să treacă prin asta. Dar nici nu vreau să îmi reproşeze că le-am lăsat fără tată.

– Dacă tu crezi că e mai bine aşa, vor înţelege singure în timp. Oricum, sunt convinsă că o să iei cea mai bună decizie. Iubirea nu ar trebui să doară...

– Aşa sper şi eu. Îţi mulţumesc pentru tot!

– Cu dragă inimă. Dacă simţi nevoia să te descarci, sunt aici, oricând.

Mi-a zâmbit mulţumită că am înţeles-o şi m-a îmbrăţişat. Amândouă aveam nevoie de o îmbrăţişare şi, deşi aveam lacrimi în ochi, am continuat să zâmbim.

Începusem să mă obişnuiesc cu ideea că acasă nu mai găseam fericirea, ci doar în afara ei. Trăiam aceeaşi teamă în continuare, dar în sufletul meu încă speram că într-o zi se va termina coşmarul acela. Sora mea cea mică urma să înceapă liceul, iar cea mare facultatea. Ana a fost nevoită să îşi găsească un serviciu pentru a face faţă cheltuielilor şi abia atunci am realizat că cei precum noi au într-adevăr mai puţine șanse de izbândă. Mulţi dintre colegii ei nici nu au mers la facultate pentru că nu şi-au permis. Noi nu eram suficient de pregătite pentru a intra pe locurile fără plată şi, chiar dacă am fi fost, oricum nu aveam sprijin financiar pentru nimic altceva, iar nevoile noastre creşteau odată cu noi.

Descopeream pe zi ce trecea că părinţii mei aveau o mentalitate limitată, ne spuneau că şi ei s-au chinuit în viaţă, că fără muncă nu e nimic posibil, că ei nu ne pot ajuta mai mult de atât şi că, dacă vrem să ajungem sus, trebuie să învăţăm. E firesc să munceşti pentru a obţine ceva, nimic nu vine uşor şi gratuit, dar ei nu realizau că pentru orice era nevoie de un sprijin financiar, mai ales pentru studii. Plus că niciodată nu voi fi de acord cu aşa-zisa „chinuială". Există destule moduri de a obţine succesul fără să te chinui. E normal să depui efort și energie, să te implici, dar nu aşa cum o spuneau ei, ca şi cum era musai să te târăşti pe jos şi să faci cele mai grele lucruri. Uneori mă supăram şi mă întrebam de ce au făcut atâţia copii dacă nu aveau cu ce să-i ajute? De ce trebuia să suportăm noi atâtea greutăţi din cauza lor? Îi vedeam pe alţii că erau ajutaţi de părinţi şi mă întrebam „Cum ar fi să fim şi noi sprijinite aşa?"... Nu mă supăram neapărat pe ei, ci pe situaţie. Ne ofereau ce puteau şi eram mulţumite şi cu puţinul pe care îl primeam, dar era inevitabil să nu ne doară faptul că la noi totul era limitat. Sora mea se chinuia practic să supravieţuiască şi să facă faţă unui serviciu şi cursurilor de la facultate. Îşi dorea enorm să studieze şi să realizeze ceva în viaţă. Era foarte ambiţioasă.

Ca orice copii, visam cu ochii deschişi şi ne doream tot felul de lucruri pe care nici nu le spuneam de cele mai multe ori, ca să nu o facem pe mama să se simtă prost. Ştiam că fericirea nu consta în bani, dar pentru a-ţi clădi o carieră era nevoie de studii, iar pentru asta erau necesari banii pe care noi nu îi aveam.

Mama vedea că mă ocupam de grupul „Zâmbet" şi ştia că eram pasionată de muzică, ştia de formaţia pe care o aveam cu Lorena. Era mai mult ceva de suflet, ceva pentru noi, dar ne-ar fi plăcut să avem o carieră în muzică. Eram cunoscute doar la şcoală şi ne plăcea să fim admirate şi apreciate de ceilalţi. Îmi amintesc cu tristeţe că mama mi-a spus într-o zi: „Păcat că nu a avut cine să vă sprijine şi pe voi cu muzica, voi cântaţi atât de frumos"... Nici nu i-am răspuns, am zâmbit amar şi mi-am spus în gând dezamăgită: „Chiar aşa... cine *să ne ajute,* mamă? Nu voi, părinţii? Nu voi aveţi obligaţia să vă susţineţi copiii? Dacă nu voi, atunci cine? Cine, mamă?"

Într-o zi, la şcoală, la o oră de psihologie ni s-a dat un fel de test la care profesoara ne-a rugat să nu ne scriem numele pe foaie, ci altceva care să ne reprezinte, un animal sau un obiect, orice. Nu m-am gândit deloc la ce aş putea scrie, sufletul mi-a dictat să mă semnez „O lacrimă zâmbitoare" şi aşa am şi făcut. La sfârşitul orei, profesoara a adunat hârtiile şi le-a răsfoit grăbită, însă când mi-a văzut lucrarea a rămas uimită şi a citit cu voce tare: „O lacrimă zâmbitoare... sunt curioasă cine a scris asta, spune multe." Colegii mei se uitau curioşi unii la alţii, iar eu zâmbeam, nu am spus niciodată că eram eu...

## *Sentimente*

*Cade lin din cerul sfânt*
*O aripă de înger pe pământ;*
*E o notă de speranță*
*Imagini în a mea viață.*

*Lacrimi ce se scurg în jos,*
*Din ochii îndreptați spre cerul luminos,*
*Se transformă în parfum*
*Cu miros negru de fum.*
*Suflet ce viața implоră*
*Să mai stea măcar o oră,*
*Se transformă doar în scrum*
*Și-mi pavează albul drum.*

*Fericiți sunt astăzi morții*
*Scăpați de porunca sorții,*
*Necăjiți sunt cei în viață*
*Nu mai au nicio speranță.*

*Vântul cu furia grea*
*Spulberă numai ce vrea,*
*Mă orbește doar cu praf*
*Și sunet ca de taraf.*

*Strânge tot ce ai la piept*
*Ca să nu pleci cu regret,*
*Iubește-ți aproapele*
*Să liniștești apele.*

*Tot ce am sunt sentimente,*

*Ale inimii unelte,*
*Emoții pe drum culese,*
*Flori mari albe, nealese.*

Se apropiau din nou sărbătorile de iarnă şi pregăteam un alt spectacol cu cei mici. Echipa era aceeaşi şi, ca de obicei, atmosfera era minunată. Iuliana continua să vină la repetiţii, chiar dacă încă avea probleme în familie. Şi fetiţele ei făceau parte din grup şi nu le putea lua acea bucurie. În aceeaşi perioadă s-a hotărât să divorţeze pentru că soţul ei continua să fie violent verbal şi fizic. Într-o seară şi-a permis chiar să o lovească şi la club, de faţă cu băieţii de la ziar. Era dureros şi umilitor pentru o femeie să fie tratată aşa, iar Iuliana chiar nu merita. Era o femeie deosebită şi dedicată familiei, dar nu a mai putut îndura şi a pus capăt căsniciei care îi aducea doar nefericire. Aflase inclusiv că era înşelată. O admiram pentru curaj, deşi îi era extrem de greu. Mi-aş fi dorit ca mama să fi făcut la fel, dar nu a avut curajul ei. După divorţ am ajutat-o foarte mult cu fetiţele, le iubeam enorm, ca şi cum erau ale mele. În paralel cu şcoala, eu continuam cu cercul literar şi cu grupul „Zâmbet".

Spectacolul din iarnă a fost foarte frumos, nici nu îmi venea să cred ce impact pozitiv avea „Zâmbet". Munceam cu drag şi spor şi făceam totul din suflet. Era cea mai mare realizare a mea de până atunci şi eram tare mândră. La un moment dat, Andrei mi-a propus să scriu pentru „Gazeta de Brăneşti", la pagina pentru tineri, să fac o rubrică despre băieţi, la fel ca aceea pentru fete, în care apărusem şi eu. Am acceptat bucuroasă şi m-am ocupat foarte serios de acea pagină. Cei de la gazetă erau încântaţi de articolele mele, dar activitatea mea ca jurnalist a durat, din păcate, doar câteva luni. Cei care au realizat acel ziar au renunţat să îl mai publice, motivul fiind lipsa de fonduri. A fost o altă experienţă minunată din care am învăţat multe lucruri noi.

Pe Mario nu îl mai văzusem de mult timp. L-am revăzut într-o zi pe stradă şi mi-am dat seama că nu mai simţeam acele emoţii care mă făceau să roşesc. Îmi era aproape indiferent, iubirea pentru el se stinsese, nu aveam cum să iubesc la nesfârşit un om care nu făcea parte din viaţa mea. Mergeam mai mereu la discotecă şi nu îmi lipseau pretendenţii, dar eu nu îi băgam în seamă. Mi-era bine aşa şi nu mai voiam să ştiu de iubire, mai ales că mama ne teroriza acasă să nu cumva să o facem de râs şi să ne măritâm de mici. Nu voia să păţim şi noi ca ea. Dar inima unei fete nu e niciodată liberă, fără iubire bate în zadar, aşa că nu a durat mult timp până m-am îndrăgostit a doua oară. Deşi erau aceleaşi emoţii, simţeam totul diferit pentru că fiecare iubire are trăirile ei. Cunoscusem un băiat care era foarte diferit de Mario, avea aceeaşi vârstă ca mine şi cu care aveam multe lucruri în comun. Era nou în cercul nostru de prieteni şi era foarte prietenos, îmi plăcea felul lui de a fi şi asta m-a făcut să mă îndrăgostesc de el. Avea cam aceeaşi statură ca mine, părul negru şi ochii căprui şi pătrunzători. Deşi părea un tip nepăsător, era foarte sensibil. Îmi plăcea asta la el, ştia să asculte, era un prieten bun. Dar mi-era teamă că voi retrăi aceeaşi dezamăgire şi m-am hotărât să nu spun nimănui despre ce simţeam pentru el. Iubirea pentru mine devenise un secret pe care îl păstram într-un colţ de suflet ca să nu îmi facă rău. Ştiam că aşa nu voi suferi, însă viaţa avea alte planuri cu mine.

Într-o seară eram cu prietenii la discotecă şi, pentru că ştiau că eram prietenă cu DJ-ul, m-au rugat să îi spun să pună o melodie lentă, ceva frumos care să se danseze în doi. Băieţii invitau astfel fetele la dans, fiind unul dintre cele mai aşteptate momente ale serii. Îi duceam deseori CD-uri cu muzică nouă, iar în acea seară chiar aveam unul nou care conţinea una dintre melodiile mele preferate, „From Sarah with love” a lui Sarah Connor. Muzica o primeam de la un coleg de clasă, căruia îi făceam temele. I-am zis DJ-ului că voiam să ascult acea melodie şi mi-a promis că o pune când îşi termină lista. Era şi Gabriel acolo, băiatul de care mă îndrăgostisem. Şi el era DJ şi aştepta să îşi facă programul.

M-am întors la prietenii mei, iar Gabriel a venit în urma mea. Am dansat cu toţii şi ne-am distrat ca de obicei. Se făcuse târziu, DJ-ul uitase probabil de melodia mea, iar Gabriel plecase la pupitru. Eu mă hotărâsem să plec acasă şi am mers să îl salut.

– De ce pleci? m-a întrebat Gabriel mirat.

– E târziu...

– Păi şi melodia ta?

– Altădată...

– Păi şi eu cu cine dansez?

– Nu ştiu, am răspuns surprinsă...

– Cum nu ştii? Nu pleci nicăieri. În cinci minute vin să dansam, mi-a spus el foarte hotărât.

– E târziu, Gabriel... Eram puţin confuză, nu înţelegeam de fapt de ce voia să dansăm împreună.

– În cinci minute pun melodia. Doar n-o să mă laşi să dansez singur...

– Bine... te aştept jos. Am coborât confuză, dar bucuroasă.

Atunci am simţit că, într-adevăr, mă îndrăgostisem de el. Eram toată numai fluturi şi era greu de ascuns asta. Mă bucuram şi mă întristam în acelaşi timp. Simţisem adesea o scânteie între noi, dar nu aveam de unde să ştiu dacă şi el simţea ceva pentru mine. Am dansat împreună acea melodie şi ne-am strâns în braţe ca şi cum am fi fost un cuplu. Nu am vorbit deloc, ne lăsaserăm purtaţi de muzică, era prima dată când eram atât de apropiaţi şi l-am simţit că era emoţionat. Îmi doream să-mi simtă şi el emoţiile şi începeam să cred că între noi erau sentimente asemănătoare. Tăcerea dintre noi ne făcea inimile să vorbească între ele. Doi prieteni nu se puteau îmbrăţişa aşa ca noi şi nici nu se priveau aşa. Am lăsat în continuare tăcerea între noi să îşi facă de cap, în timp ce ne bucuram de privirile ce ne pătrundeau adânc în suflet. Trăiam momentul şi mă bucuram de emoţiile acelea puternice. Eram, totuşi, bulversată şi nu prea voiam să accept ideea că eram îndrăgostită de el. Nu voiam o altă dezamăgire.

Am plecat acasă şi am continuat să ascund ce simţeam. Când am obosit să mă ascund, am realizat că cel pe care îl iubeam se îndepărtase de mine, iar asta m-a durut enorm. La un moment dat, chiar ne certaserăm dintr-o prostie şi nu am mai vorbit deloc. După vreo două luni, mi-am dat seama că nu făceam altceva decât să mă pedepsesc inutil şi am rupt tăcerea, dar nu cu vorbe, pentru că nu am avut curaj. Într-o seară, la discotecă, i-am pus în mână un bileţel lui Gabriel, în care i-am scris să nu mai fie supărat pe mine pentru că nu avea de ce şi am plecat fără să îi dau timp să aibă vreo reacţie. Mi-era teamă să nu stric mai mult în loc să repar. A urmat o săptămână de tăcere, plină de gânduri nebune şi frământări. La sfârşitul săptămânii împlineam şaptesprezece ani şi m-am hotărât să ies cu fetele la dans. Ele aveau deja iubiţi, unele chiar îşi începuseră viaţa sexuală, iar eu nu trăisem nici măcar experienţa primului sărut. Eram timidă şi reţinută în ceea ce privea o relaţie cu un băiat. Mă gândeam prea mult la problemele mele de acasă şi mi-era teamă să mă las purtată de val, visam prea mult, iar timpul trecea pe lângă mine fără să mă pot bucura de iubire. În acea seară l-am revăzut pe Gabriel. Mă fixase cu privirea şi nu ştiam cum să îmi stăpânesc emoţiile. Mă privea foarte serios. Ne urmăream reciproc, dar nu ne apropiam. Am ieşit în holul discotecii cu o prietenă şi am dat din nou de el. Când am vrut să plec, a venit lângă mine şi m-a prins de mână.

– Noi doi avem ceva de vorbit, mi-a spus el hotărât.

M-am uitat lung la prietena mea, fără să îmi dau seama că trebuia să îi răspund. Eram paralizată. Nu ştia nimeni că îl iubeam. El aştepta să îi răspund, iar ea a plecat fără mine, crezând că era important să vorbesc cu el. Încă eram mută şi nu ştiam ce să spun. Îl priveam nedumerită, încercând să-mi ascund emoţiile. Aveam noroc că era întuneric.

– Mergem să stăm jos? m-a întrebat călduros Gabriel.

I-am făcut semn din cap că „da” și ne-am retras într-un colț, să putem vorbi liniștiți. Tonul lui cald m-a liniștit puțin. Când am vrut să mă așez lângă el, m-a oprit trăgându-mă de mână spre el. Îmi zâmbea atât de frumos, încât nu mai știam să leg nici două cuvinte. Mă privea fix în ochi și mă făcea să mă simt iubită. Rămăsesem ca o stană de piatră în picioare în fața lui, ne priveam lung și ne zâmbeam, mă ținea strâns de mână și părea că deja ne spuseserăm tot ce era de spus.

– Ai de gând să rămâi acolo?

– ...

– Hai, vino aici! m-a tras ușor la el în brațe și m-a îmbrățișat. A simțit că eram emoționată. Am topit toate emoțiile în acea îmbrățișare și mi-am eliberat mintea de gânduri. M-a sărutat pe obraz și m-a strâns din nou în brațe. Parcă nici nu aveam nevoie de cuvinte.

– Așa știi tu să rezolvi problemele? Cu bilețele? m-a întrebat râzând.

– Dacă aș fi vrut să vorbim, nu m-ai fi ascultat.

– De unde știi?

– Cred că te cunosc suficient. Ești prea orgolios.

– Eu? Mai degrabă tu ești!

– Bine, suntem amândoi... Ce vrei să vorbim?

– Despre noi...

– Noi?

– Noi doi! Crezi că nu mi-am dat seama? Mai are rost să pierdem timpul?

Mă privea fericit și mă simțeam atât de bine la el în brațe, încât aș fi oprit timpul în loc. Aș fi spart toate clepsidrele, să pot să mă bucur de el din plin.

– Și cam ce ar trebui să facem noi cu timpul?

– Să ne bucurăm de el! Hai să dansăm, e ziua ta, nu?!

– Da, este.

– Bine că am aflat şi eu în seara asta... ar fi trebuit să îţi fac un cadou, nu?

– Mi-ai făcut deja... m-am ridicat şi am continuat să îl privesc zâmbind.

Mă pierdusem în ochii lui, trăiam un moment în care simţeam că lumea era a noastră şi nimic nu putea să îmi clintească fericirea. S-a ridicat şi m-a strâns în braţe puternic, să îmi dea de înţeles că vrea să ne apropiem mai mult. M-a sărutat uşor şi tandru pe buze, apoi m-a luat de mână şi am mers să dansăm. Eram fericită, pentru prima dată eram fericită lângă un băiat, parcă inima nu-mi încăpea în piept de atâta fericire. Acceptasem iubirea fără să mă mai gândesc la probleme şi fără să-mi fie teamă. Am dansat împreună fără să simţim timpul care, de obicei, trecea prea repede. Când mi-a spus că trebuie să plece la pupitru, am avut impresia că am stat împreună doar câteva minute. Am simţit că nici el nu ar fi vrut să plece şi m-a tras după el.

– Hai cu mine! Vreau să stăm sus amândoi.

– Asta înseamnă că îmi pui şi mie ce muzică îmi place, nu?

– Nici nu se pune problema. Pentru tine, orice!

Am plecat ţinându-ne de mână şi zâmbind fericiţi. Am stat ceva timp la pupitru, am râs şi am dansat împreună până când am rămas îmbrăţişaţi. Nu mai exista nici timp, nici spaţiu, nimic, doar noi doi şi muzica. Ne priveam în ochi fără să simţim nevoia să ne spunem ceva. Ne-am apropiat şi ne-am îmbrăţişat până când ne-am trezit într-un sărut care mi-a făcut întreaga fiinţă să tresară. Avea gust de iubire. Eram vizibil emoţionată, era primul meu sărut, dar am ascuns asta într-o îmbrăţişare puternică şi caldă. Ne-am sărutat din nou şi din nou cu aceleaşi emoții nebune. Regretam că pierdusem atâta timp fără să experimentez ceva atât de frumos.

Se făcuse târziu și trebuia să plecăm. Gabriel a mers cu mine și cu fetele și am mai stat la mine acasă. Am ascultat muzică și ne-am bucurat în continuare de ziua mea. Era singura zi de naștere de până atunci pe care o petreceam atât de frumos. În anii anteriori, de ziua mea se întâmplase mereu ceva urât, ori era mama internată în spital, ori aveam alte probleme asemănătoare și nu o sărbătoream niciodată. Spre dimineață au plecat toți, dar nu am putut să dorm, eram prea fericită.

După câteva zile m-am întâlnit din nou cu el. Era seară și era rece afară, dar nu îmi păsa. Totuși, în timp ce el vorbea, cuvintele lui mă înghețau. Nu mă așteptam să îmi povestească atâtea lucruri despre fosta lui iubită pe care spunea că a iubit-o enorm. Simțeam că încă o iubea, altfel nu ar fi pomenit-o. Nu am auzit nici măcar o vorbă despre noi. În sufletul meu speram că, totuși, are sentimente pentru mine, altfel nu m-ar fi ținut atât de strâns în brațe și nu m-ar fi sărutat atât de frumos. Deja aveam îndoieli... Dacă o vedea pe ea în mine? Eram atât de confuză...

Următoarea întâlnire m-a dezamăgit la fel de mult. Îi scrisesem o poezie, dar după ce a citit-o a spus că el nu e genul de om care acceptă astfel de cadouri, că nu are nevoie de nimic și nici nu oferă nimic. Nu așteptam ceva în schimb, voiam doar ca el să-mi cunoască sentimentele, iar mie așa îmi plăcea să mă exprim. Era felul în care știam eu cel mai bine să îmi arăt emoțiile, dar nu oricine înțelegea. Credeam că știam câte ceva despre el, dar mă înșelasem...

### *De-ai fi...*

*De-ai fi o lacrimă pustie*
*Destinată numai mie,*
*De-ai fi coșmar, singurătate,*

*Eu le-aş aduna pe toate;*
*De-ai fi un înger rătăcit,*
*Mereu singur, părăsit,*
*Ţi-aş da din viaţa mea o parte,*
*Din tot ce am, ţi-aş da jumate.*
*Poţi fi orice, oricine,*
*Căci eu te vreau numai pe tine!*

Gabriel nu era încântat de modul meu de a-mi exprima sentimentele. Când eram împreună, vorbea mai mult el şi, de obicei, se plângea de ceva, de cineva, de prieteni, de familie, de viaţă. Nu ştiam că era atât de nemulţumit, atât de supărat pe viaţă şi atât de revoltat. Mă bucuram că îmi mărturisea atâtea dureri, dar nu voiam să fiu doar confidenta lui. Credeam că în braţele lui aveam să găsesc acea iubire care mă răsfăţa fără cuvinte, dar în braţele lui era pustiu, iar în sufletul lui se simţea deşertul. Şi totuşi îl iubeam aşa şi am hotărât să aştept. Şi eu aveam durerile mele şi ştiam cum era. I-am mai făcut un mic cadou după câteva zile, o felicitare cu mesaj şi aşteptam o reacţie din partea lui, pentru că el nu vorbea niciodată despre noi. Din nou s-a arătat deranjat de gest, dar a acceptat cadoul fără să spună ceva. Am înţeles că trebuia să fie ultimul, altfel aş fi creat mereu momente neplăcute între noi şi mă hotărâsem să nu îi mai arăt niciodată versurile pe care i le scriam. Mă făcea să simt că nu vedea nimic în mine, în timp ce eu îi mângâiam sufletul cum puteam mai bine. Într-o seară am stat împreună în camera mea şi pentru prima dată l-am simţit aproape. Eram întinşi pe pat, îmbrăţişaţi, iar el vorbea despre noi şi asta m-a bucurat enorm. După câteva zile i-am spus că voiam să meargă cu mine la o petrecere, era ziua Lorenei. Răspunsul lui a fost „Să trăim până atunci." Bănuiam că nu voia să meargă şi nu am insistat. Cu două zile înainte de petrecere a spus că vine şi el, dar nu de la început. M-a avertizat că îl va aduce o prietenă cu maşina, o tipă mai mare cu câţiva ani decât noi, care era îndrăgostită de el și știam asta. Eu aveam încredere în el, dar poate ar fi trebuit să îmi pun întrebarea „Ce fel de relație aveau de fapt?". Nu înțelegeam de ce mi-l doream atât de mult când el nu făcea altceva decât să pună bariere între noi. Ciudat era că nu puteam să îi spun ce simțeam și poate că așa era mai bine.

Într-o seară, mă supărasem pe el în drum spre casă, nu era prima dată, însă doar atunci i-am arătat asta, pentru că mă copleșise tristețea. Eu nu existam în lumea lui și nu știam cum să-i ajung la inimă. Deși eram împreună, eram doi străini. Ploua, iar eu mă încadram perfect în acel peisaj deprimant de toamnă. Am tăcut aproape tot drumul, iar când am ajuns acasă era vizibil faptul că îi părea rău că mă supărase. M-a îmbrățișat și mi-a spus că pleacă. Nu voia să stea în ploaie, îmi spusese asta tot drumul. L-am strâns în brațe și i-am spus în minte „te iubesc". Nu puteam rosti acele cuvinte, dar speram ca el să le simtă. Repetam același lucru fără să mă clintesc din brațele lui, dar nu mă înțelegea, simțeam asta. L-am lăsat să plece și am dat uitării acel moment pentru că nu voiam să îl pierd. În weekend am mers cu prietenii la discotecă și urma să ne vedem acolo. Am stat împreună toată seara, l-am însoțit la pupitrul de mixaj și, spre mare mea surprindere, mi-a dăruit o brățară de piele pe care o avea de la bunica lui și pe care o purta mereu. Era un lucru la care ținea foarte mult.

– Îți place? m-a întrebat bucuros.

– Da, dar nu înțeleg... Eram uimită pentru că se comporta mereu diferit și niciodată nu știam la ce să mă aștept de la el.

– M-am gândit că o să-ți placă să ai ceva de la mine.

– N-o voi da jos niciodată!

– O am de la bunica mea și știi cât înseamnă ea pentru mine, m-a crescut. Îmi propusesem să nu dau nimănui brățara asta, niciodată! Dar vreau să o ai tu. Ești un om foarte frumos. Dă-o jos când crezi tu că nu mai ai motive să o porți.

– Ce tot spui acolo? Aici rămâne pentru totdeauna!

Ne-am luat în braţe şi ne-am sărutat. Eram fericită, în sfârşit simţeam că aveam loc în sufletul lui. Mi-o oferise cu drag, aprecia că aveam răbdare cu el, îl ascultam mereu şi îl înţelegeam. Seara următoare am ieşit din nou cu prietenii la discotecă, dar, ca niciodată, simţeam că el mă urmărea cu privirea ca şi cum m-ar păzi. Îmi măsura fiecare gest şi se încrunta când mă îndepărtam de el. Prietenii mei dansau şi la fel am făcut şi eu, ca de obicei. La un moment dat, el a plecat la pupitru, iar eu am rămas cu prietenii mei. S-a întors destul de repede şi era furios, stătea ca o stană de piatră cu ochii aţintiţi spre mine. Nu înţelegeam nimic. L-am întrebat ce s-a întâmplat, dar nu mi-a răspuns. L-am luat în braţe, însă a fost indiferent. L-am privit în ochi să-l înţeleg, dar nu am reuşit. După un minut a plecat la pupitru din nou. Am aşteptat puţin să îi dau timp să îşi revină şi m-am dus după el. Era schimbat total. Nici nu am apucat să îl întreb ce are.

– Eşti cea mai parşivă fată pe care am cunoscut-o până acum! mi-a spus furios.

– Poftim? l-am întrebat şocată.

– Cum poţi, măi, să fii aşa?

– Despre ce vorbim? Nu înţeleg reacţia...

– Despre ce? Mai şi întrebi... Păi tu crezi că eu nu am văzut că încerci să mă faci gelos?

– Nu cred că spui asta!... am început să râd.

– Să crezi, că asta am văzut toată noaptea! Ai dansat cu ăia acolo şi eu am stat ca prostu' lângă tine sau aici! Aşa se face?

– Am impresia că până acum nu ai văzut că aşa fac mereu, dansez cu prietenii mei! E normal să fac asta! Nu văd niciun motiv de gelozie. Plus că am stat şi cu tine, dar tu ai fost ocupat cu suspiciunile astea stupide.

– Nu merge aşa, să ştii!

– Ce vrei să spui cu asta?

– Că nu accept să fiu luat de prost!

– Eu cred că asta vrei tu să vezi, te enervezi degeaba şi mă şi insulţi. Poate ar fi mai bine să ai grijă ce şi cum spui.

– Nu asta am vrut, dar aşa nu se poate.

– De fapt, căutai un motiv de ceartă...

– Eu spun ce văd!

– Ei bine, nu ai văzut niciodată ce trebuia să vezi!

– Asta crezi?

– Te comporţi ca un copil... nu vreau să ne certam.

– Păi nu ne certăm, dar să nu mai faci d-astea!

– Greşeşti, să ştii. Nu mă interesează nimeni şi nimic în afară de tine. Am crezut că ai înţeles asta.

– Of... ce mă fac eu cu tine?

M-a luat în braţe, deşi era foarte nervos. Am rămas acolo cu el să nu creadă că nu îmi păsa de el. Am plecat după puţin timp și m-a condus acasă. Pe drum a redeschis acelaşi subiect. Mi se părea absurd să ne certăm pentru o problemă care nu exista. Abia când am ajuns în faţa porţii și-a dat seama că eram din nou tristă. S-a oprit un minut, m-a privit în ochi, dar nu avea nici cea mai mică intenţie să se oprească. Clar nu asta voiam de la noi. Şi pentru ce? Pentru nimic? Nu voiam să-l mai ascult, ridicase tonul şi mi-era teamă că ne vor auzi vecinii sau chiar şi ai mei din casă.

– Dacă ai de gând să continui aşa, nu vreau să te mai ascult, i-am spus încet, pe un ton serios.

– Vreau să lămurim problema!

– Problema nu există. Vorbeşte mai încet, o să-mi trezeşti vecinii!

– Nu mă interesează! Dacă vreau să vorbesc, vorbesc!

– Poţi să vorbeşti şi mai încet. Nu sunt surdă, trebuie să te aud doar eu, nu toată strada.

– Nu înţelegi că nu mă interesează de nimeni?

– Vorbeşte mai încet, te rog...

– Nu am chef! Se enervase mai mult şi îşi pierduse controlul.

– Foarte bine, atunci vorbeşte singur!

– Ce vrei să spui cu asta?

– Că plec! M-am întors să plec, dar m-a oprit.

– Nu pleci nicăieri!

– Rămân doar dacă vorbeşti mai încet.

– Asta nu se poate.

– Bine. Pa! Am deschis poarta, am intrat şi am răsucit cheia.

Nu-mi venea să cred că se comporta aşa. M-am oprit cu mâna lipită de poartă şi m-a bufnit plânsul. Plângeam fără zgomot. Foloseam poarta ca pe un scut, încercând să îl fac să reacţioneze puţin. Speram să îşi ceară scuze, dar impulsul meu nebun de a pleca i-a lovit orgoliul de care uitasem în acele secunde.

– Tu îţi baţi joc de mine? m-a întrebat răstit.

– Nu! Tu faci asta...

– Deschide poarta!

– Nu mai ţipa! Te-am rugat să-ţi controlezi tonul!

– Deschide, am zis! Mă laşi aici să vorbesc singur ca prostu'?

– Încetează!

– O să îţi pară rău dacă nu deschizi...

Mă îndepărtam uşor de poartă, iar el îmi asculta paşii mărunţi. Nu mă puteam opri din plâns. Gabriel rămăsese tăcut şi aştepta să mă întorc să deschid.

– Dacă nu te întorci, o să plec... da' faci ce nu trebuie...

Nu i-am răspuns, deşi în mintea mea strigam ca o nebună „Opreşte-te! Ia-mă în braţe şi nu-mi da drumul niciodată!" Mă zdruncinase comportamentul lui, am mers în grădină şi am încercat să mă calmez. Nu puteam să intru aşa în casă, nu trebuia să mă vadă nimeni supărată. Nu aş fi suportat nicio întrebare. Gabriel plecase. A fost una dintre cele mai triste nopţi din acea perioadă... deşi încercasem să dorm, nu reuşisem decât să umplu perna de lacrimi. Dimineaţa m-am trezit cu durere de cap. Seara aveam de gând să mă duc iar cu prietenii la discotecă, unde ştiam sigur că îl voi întâlni pe Gabriel. Voiam să ştiu ce s-a ales de noi. Deşi mă văzuse, nu a coborât de la pupitru. Era nervos şi indiferent în acelaşi timp. Deşi nu eu greşisem, m-am dus la el. M-a privit ca pe o străină şi asta m-a durut enorm. Probabil urma finalul poveştii mele de iubire pe care o credeam nemuritoare. Nu voiam să trăiesc acel final, dar era inevitabil. Oricât de mult ţineam la el, nu puteam să accept un asemenea comportament şi nici orgoliul lui nu îl lăsa să accepte că a greşit.

– M-am înşelat în privinţa ta! Nu se face aşa... mi-a spus el dezamăgit, deşi eu ar fi trebuit să fiu revoltată.

– Tu m-ai împins să fac ce am făcut.

– Nu mi-a închis niciodată nimeni poarta în nas.

– Nu am vrut să fac asta, poate că am exagerat, dar numai aşa te-ai oprit. Puteai să înţelegi fără să se ajungă acolo. Trebuia neapărat să ţipi? Nu aşa se discută o problemă, iar eu am destule şi nu suport să ţipe cineva la mine, plus că nu aveai motive.

– Ştii ceva? Nici nu mai contează. Nu merge aşa...

– Am mai auzit asta...

Nu am mai stat să ascult nici măcar un cuvânt. Am ieşit în hol şi m-am aşezat pe un scaun. Eram conştientă că era finalul nostru, îl simţeam, dar nu puteam să îl accept. După câteva minute a venit şi s-a aşezat lângă mine.

– Spune ceva, mi-a spus el aparent liniştit.

– E inutil să spun ceva, oricum văd că nu crezi nimic din ce spun.

– E mai bine aşa, crede-mă.

– Aşa cum?

– Să ne despărțim.

– Și ai venit să mă întrebi dacă sunt de acord sau ce?

– Tu ce vrei?

– Nu mai contează...

– Nu se mai poate. Zi, e OK așa?

– Nu cred că mă întrebi asta...

În acel moment mi-am scos brățara de la mână și i-am pus-o în palmă. Afișasem o imagine calmă, ușor ironică, dar în sufletul meu era furtună. Speram să fie un coșmar, era complet străin.

– De ce mi-o dai înapoi?

– Ai spus să o dau jos când n-o să mai am motive s-o port. Sunt convinsă că nu vrei să rămână la mine.

– Ești sigură că nu vrei să o păstrezi?

– Sunt sigură că o vrei înapoi și că nu trebuia să mi-o dai niciodată!

– Asta crezi?

– Asta simt...

– Deci?

– Nu cred că mai e nimic de spus...

– Vreau să știu de la tine că e OK.

– Nu înțeleg de ce ai atâta nevoie să auzi asta, pentru că nu o voi spune! Ar însemna să te mint. Nu e nimic OK! M-ai acuzat că te fac gelos... îmi cunoști prietenii, sunt și prietenii tăi și știai că nu era cazul să spui tâmpenia asta. Dacă ție ți se pare normal ca atunci când ai o relație să nu poți dansa cu prietenii, să știi că mie mi se pare absurd! Tot timpul te plângi de ceva și exagerezi. Ale mele nu au contat niciodată... am fost oarecum inexistentă. Niciodată nu ți-am spus durerile mele, în schimb eu ți le știu ție pe toate. Nici nu m-ai întrebat vreodată... M-ai stresat cu același subiect de prea multe ori și ai ridicat tonul la mine... dar vinovată sunt eu pentru că ți-am închis poarta în nas. Minunat!...

– Păi și ce vrei să fac acum?

– Nimic... stai liniștit. O să-mi treacă! m-am ridicat și am plecat.

M-am retras afară într-un loc unde nu era nimeni și am izbucnit în plâns. Nu puteam să implor un om să rămână lângă mine, dar mă durea abandonul lui. Nu aș fi crezut niciodată că se va termina totul dintr-o prostie și atât de repede. Nu era prima dată când mă făcuse să plâng, poate că nici nu merita lacrimile mele. Mi-am revenit și am intrat, am mers lângă prietenii mei și am încercat să fiu indiferentă. El mă ignora total. La un moment dat m-a întrebat dacă sunt bine, dar nu i-am răspuns. Atunci am creat un zid imens între noi doi, ne limitam la un simplu salut.

Faptul că l-am văzut după două săptămâni în brațele alteia m-a convins că nu merita lacrimile mele. Nici nu știam dacă mă iubise, măcar puțin. I-am trimis un mesaj în care i-am mulțumit pentru toată durerea pe care mi-o lăsase în suflet și pe care nu o meritam. Ne-am certat din nou pentru că el considera că nu greșise cu nimic. De atunci nu am mai vorbit deloc, ne aruncam câte o privire scurtă și cam atât. Am trăit mult timp cu acea durere în suflet, fără să o arăt. Nu a știut nimeni, nici măcar el, cât de mult îl iubisem! Nici eu nu știam de ce. Nu înțelegeam de ce era atât de puternic acel sentiment. Avusesem frica unei dezamăgiri pe care o trăiam din nou și era tare greu de dus.

*Să mă bucur că mi-ai fost sau să plâng că nu-mi mai ești? Poate teama c-am să sufăr mi te-a luat sau poate că mai am multe de învățat despre iubire. Cert e că o durere în plus nu era în plan. Nici nu mai contează cine a greșit... iubirea trece prin toate, iar atunci când drumurile se separă înseamnă că nu a fost iubire reciprocă.*

Gânduri printre rânduri

Am revenit la ale mele şi mă concentram pe proiectele alături de grupul „Zâmbet". Atât a fost să fie atunci. Gabriel depăşise foarte repede acel moment, a avut chiar nesimţirea să se cupleze cu una dintre cele mai bune prietene ale mele. Ce drăguţ... ea mă întrebase dacă mă deranja că erau împreună, iar eu i-am spus doar că nu îmi pasă, erau liberi să facă ce vor. Mi se părea incredibil. Ştiam să pierd şi să accept ce nu pot schimba, dar era destul de dureros. După un timp, el credea că o influenţam să stea departe de el pentru că ea rărise întâlnirile, dar de fapt se întâlnea cu altul. Nu puteam să îi spun asta lui Gabriel şi oricum nu era treaba mea. La un moment dat el a rupt tăcerea dintre noi pentru că nu înţelegea ce se întâmpla şi spera să afle ceva de la mine.

– Îmi spui şi mie ce se întâmplă?

– Parcă nu mai vorbeai cu mine, i-am răspuns ironic.

– De fapt, tu nu mai vorbeai cu mine.

– O luăm de la capăt... ce vrei?

– De ce te bagi tu în viaţa mea? Între noi s-a terminat totul de mult.

Vorbea cu mine de parcă nu aş fi contat niciodată pentru el, îmi rupea sufletul în bucăţi.

– Nu e nevoie să îmi spui asta, ştiu. Am stat foarte departe de tine, păcat că nu ai observat. Şi nu înţeleg întrebarea...

– Te faci că nu ştii! Îi bagi numai prostii în cap iubitei mele, sunt convins.

– Te înşeli! Şi o să îţi pară rău că mi-ai spus asta. Nu pot să spun mai mult de atât.

– Zi-mi ce ştii.

– Nu e treaba mea!

Avea nevoie de mine doar să se lămurească el, îl frământa faptul că nu ştia adevărul şi ştiam asta. Dar adevărul l-ar fi durut şi nu voiam să-l văd suferind. Mă durea şi faptul că doar se folosea de mine să afle ceva, iar asta era greu de dus. Am plecat şi l-am lăsat nelămurit, deşi ştiam că nu suporta asta, fiind curios şi orgolios de felul lui. Puteam să îi spun, dar voiam să afle singur. Ea evita să îi spună şi era foarte încântată de noua ei cucerire. Practic, îl abandonase pe Gabriel şi aştepta ca el să înţeleagă singur. După o perioadă scurtă, ne-am întâlnit iarăşi şi nu s-a putut abţine să nu mă întrebe din nou de iubita lui de care nu mai ştia nimic.

– Spune-mi ce ştii! Îţi promit că doar te ascult şi nu mai comentez.

– Oare?

– Nu mă mai ţine aşa!

– Nu vreau să vorbesc pentru că nu am niciun drept să mă bag şi nici nu vreau să îţi fac rău.

– Aahh... e clar. Ştii!

– Ştiu. Şi mai ştiu şi că interpretezi aiurea şi eu chiar nu am nimic de-a face cu povestea asta.

– Unde e?

– Ştiu că o să afli oricum, dar nu vreau discuţii dacă vorbesc.

– Promit! Vreau doar să ştiu.

– Nu eu trebuie să fac asta, ci ea.

– Eu am crezut că tu eşti de vină, dar acum mă îndoiesc, nu cred că ai fi în stare să faci lucruri din astea.

– Credeai că dacă nu mai sunt cu tine o să gonesc toate femeile din viaţa ta?! am râs sarcastic.

– Nici chiar aşa...

– Hmm, nu mă cunoşti deloc.

– Am glumit, ştiu că eşti fată bună. Spune-mi unde e...

– E cu iubitul ei şi ăla nu eşti tu!

– Tu vorbeşti serios? m-a întrebat şocat.

– Vezi? Ţi-am zis că nu trebuie să vorbesc.

– Ba da. Cine e?

– Nu vreau să spun mai mult pentru că nu e cazul. E suficient să ştii că şi-a găsit altul şi o aştepţi inutil.

– Şi eu ca prostu' am crezut că are probleme acasă şi îmi făceam tot felul de idei... ce fel de om e, măi?

– Cred că nu are rost să vorbim mai mult pe tema asta. Nu e treaba mea, ţi-am zis...

– Merci! Ai dreptate, nici nu e nevoie să îmi spui mai mult...

A rămas uimit, apoi a plecat fără să mai comenteze ceva. Era rândul lui să piardă şi probabil nu îi pica bine.

Începeam să înţeleg că oamenii au multe feţe şi că unii dintre ei îşi bat joc de iubire fără să conştientizeze faptul că ce oferi primeşti mai târziu înapoi. Deşi mă duruse acea poveste, înţelesesem că trebuia să merg mai departe. În mine era haos, aş fi urlat pur şi simplu să mă eliberez de acea povară, dar trebuia să îmi păstrez zâmbetul pe buze, altfel nu eram eu. Mă adunasem şi păşisem mai departe. Încă îl iubeam şi nu înţelegeam de ce.

Se apropiau sărbătorile de iarnă. Timpul trecea repede, iar singurul lucru care m-a bucurat a fost încă un spectacol cu cei mici. Erau adorabili şi nu puteam sta departe de ei. Îmi amintesc că era o fetiţă de patru anişori în grup, care nu putea să stea la repetiţii decât dacă o ţineam în braţe sau dacă o aşezam pe un scăunel lângă mine. Zâmbetul ei era minunat. Aveam şi copii mai năzdrăvani în grup, de care părinţii se plângeau că acasă erau foarte neastâmpăraţi şi nu ascultau. Îmi venea greu să cred, la repetiţii erau foarte atenţi şi se străduiau enorm să le iasă totul bine. M-a marcat reacţia unei fetiţe la un spectacol: a coborât de pe scenă, a intrat în culise şi a izbucnit în plâns. Am luat-o în braţe şi am mângâiat-o. Fără să apuc s-o întreb ceva, mi-a spus că a auzit pe cineva care a huiduit-o, lucru care era într-adevăr posibil.

– Să ştii că nu am încetat să zâmbesc. Am ţinut capul sus tot timpul, deşi îmi venea să plâng, dar nu m-am lăsat!

Am făcut așa cum m-ai învățat tu! Am reușit, nu-i așa? Sunt o luptătoare! Nimeni nu știe cât muncim noi aici... mi-a spus, plângând.

Plângea din tot sufletul și mă privea în ochi, avea nevoie de încurajările mele pe care toți le primeau cu drag, întotdeauna. Era o fetiță sensibilă și grațioasă în tot ceea ce făcea.

– Of... nu mai plânge! Tu ești minunată și știi asta! Nu ești doar o luptătoare, acum te poți numi învingătoare! Ai reușit să faci față unui moment dificil! Sunt tare mândră de tine! De voi toți! Am continuat s-o îmbrățișez și s-o mângâi.

– Sunt, știu că sunt! Ai văzut? Am reușit să zâmbesc în fața lor! Și o să merg până la capăt!

Era foarte motivată de tot ce le spuneam eu la repetiții, toți erau convinși că erau mici artiști și că pot reuși dacă vor. Și așa era, iar eu credeam foarte mult în ei! Ea înțelesese excelent mesajul meu și, deși mă dureau lacrimile ei, mă bucurase enorm faptul că era încrezătoare. Le vorbeam deseori copiilor despre voință și curaj, despre iubirea și frumosul din viața noastră. Îmi plăcea să îi învăț să fie pozitivi și, chiar dacă erau mici, pricepeau tot. Atunci am înțeles cât era de important să existe o persoană în viața lor care să îi învețe să lupte în viață, să nu renunțe la primul obstacol.

– Tu ești frumoasă și când plângi, dar vreau să te văd zâmbind. Și să știi că mulți oameni te admiră și vor să te vadă din nou pe scenă. Ai văzut cum te-au aplaudat? Doar asta trebuie să auzi pe scenă, restul nu contează. Hai, capul sus, iubita mea! Important e cum te vezi tu, nu cum te văd cei din jur! Trebuie să ai mereu încredere în tine! Nu toți oamenii ne apreciază, dar noi suntem aici pentru cei care ne iubesc și se bucură că ne văd pe scenă!

Îmi erau tare dragi copiii. Le spuneam mereu lucruri frumoase pe care mie nu mi le adresase nimeni și știam cât de mult contau. Nu îi certam niciodată și, deși erau niște copii, înţelegeau perfect când le explicam ceva, pentru că o făceam cu multă iubire, iar ei o simţeau. Acesta era secretul nostru pentru o relaţie reuşită. Aveam şi reguli pe care le respectau, iar la încălcarea vreuneia primeau o amendă. Era mai mult un joc, astfel nu se simţeau pedepsiţi şi învăţau să fie mai disciplinaţi. A funcţionat de minune ideea mea cu amenda şi nu am avut niciodată neplăceri cu cei mici, ci doar neînţelegeri mărunte. Erau atât de fericiţi că nu îi certa nimeni, deseori îmi spuneau că părinţii lor ţipau la ei şi îi pedepseau chiar şi pentru greşeli mici. Eu încă mă simţeam copil şi ştiam ce îşi doreau copiii şi mai ales ce simţeau. Uram să aud părinţi spunând „mă faci de râs dacă nu înveţi", „nu mai plânge, că mă enervezi", „lasă că ajungem noi acasă, să vezi ce bătaie îţi iei", „de ce nu eşti cuminte ca ceilalţi?" sau „nu eşti în stare de nimic"... Adesea le spuneam părinţilor că cei mici nu reacţionează la mustrări, ci doar la încurajări, dar ei spuneau că aşa devin răsfăţaţi. Cât puteau să greşească... nici nu îşi dădeau seama cât sufereau copiii din cauza acelor vorbe. Pentru ei sunt nişte umilinţe greu de suportat mai ales când vin din partea părinţilor, cei care nu ar trebui niciodată să se comporte aşa cu ei şi mai ales în faţa celorlalţi. Insistam cu riscul de a deveni stresantă, dar nu renunţam, uneori chiar reuşeam să schimb câte ceva. Relaţia dintre părinţi şi copii trebuie să fie specială. Copiii sunt oglinzile părinţilor, iar atunci când nu le place ceea ce văd, ar trebui să înţeleagă că eşecul este, de fapt, al lor. Ei au nevoie să înveţe cum să se comporte cu copiii, nu cum să le impună copiilor să îşi schimbe comportamentul, pentru că aceştia reacţionează la stimuli externi şi mai ales la exemple. Dacă îi răspunzi agresiv unui copil, la fel va reacţiona şi el, nu va şti niciodată să fie blând.

Iuliana mă susţinea mereu şi era bucuroasă că şi eu îi eram alături. De când divorţase îi era foarte greu, mama ei nu o ajuta aproape deloc şi uneori lipseam chiar şi de la şcoală să pot sta cu fetiţele ei. Le iubeam ca şi cum erau ale mele şi orice minut petrecut cu ele era un fel de evadare din realitate. Acasă era la fel, tata continua să bea, iar noi simţeam nevoia să stăm departe de el, fiecare se agăţa de ce putea. Sora mea mai mare muncea şi mergea şi la facultate. Eram mândră de ea, dar simţeam că îi era greu. Făcea eforturi mari să poată studia, uneori mânca doar un covrig pe zi, să îi ajungă banii de drum. Nici relaţia cu iubitul ei nu era minunată, era genul de om care nu ştia ce voia de la viaţă şi care nu făcea altceva decât să o ţină pe loc. Mi-era teamă că nu o va ajuta să evolueze, văzându-l cum renunţa la tot ce începea. Se certau des şi se împăcau. Când o întrebam de ce, îmi spunea că îi era milă de el. Nu puteam şi nu voiam să o influenţez, dar îi spuneam mereu să nu renunţe la drumul ei, să lupte cât poate. Aveam încredere în ea, era ambiţioasă şi ştiam că o să ajungă bine. Sora cea mică a fost mai norocoasă de felul ei, dar era şi foarte sensibilă. Se ataşa repede de oricine şi toată lumea o iubea, în schimb Ana era mai rece de felul ei, uneori glumeam cu ea şi o ţineam cu forţa să o pupăm. Pe Ady o luam deseori cu mine la repetiţii, mă ajuta şi la spectacole. Crescuserăm, eram deja domnişoare şi eram mai atente la felul în care arătam, vorbeam lucruri pe care ne era ruşine să le discutăm cu mama, aveam deja secretele noastre şi ne acopeream reciproc. Ne iubeam mult şi ne ajutam, chiar dacă ne mai şi certam. Deşi nu prea ne arătam foarte mult iubirea, noi ştiam cât de importante eram una pentru cealaltă. Certurile părinţilor şi mai ales comportamentul tatălui nostru creaseră nişte bariere între noi, parcă ne era teamă să vorbim despre iubire şi să ne-o manifestăm. Speram ca timpul să le aşeze pe rând pe toate.

După Anul Nou, oriunde m-aş fi dus, dădeam de Gabriel, îl vedeam mai des ca niciodată şi mi-era greu să îl ignor. Deşi erau şi alţi băieţi interesaţi de mine, mie nu îmi păsa, îmi luasem gândul de la iubire. Gabriel schimba iubitele foarte des, îmi dădea impresia că se distra aşa, că pentru el iubirea era o glumă. La un moment dat, însă, începusem să vorbesc cu un băiat care mă plăcea şi de care chiar mă simţeam atrasă. Nu reuşeam să îmi iau gândul de la Gabriel, el rămăsese în sufletul meu, dar trebuia să accept că viaţa mi l-a scos în cale doar pentru puţin timp. Aveam să descopăr sărutări mai dulci ca ale lui Gabriel şi îmbrăţişări mai pasionale. Eram confuză şi totuşi conştientă că fără iubire nu se poate, dar aveam nevoie să uit şi să-l înlocuiesc pe cel pe care îl iubeam atât de mult, iar lucrul ăsta era atât de greşit! Am ieşit repede din acel joc, cu promisiunea că nu voi mai încerca să înlocuiesc pe nimeni niciodată.

– *Nu mereu înţelegem ce facem şi de ce o facem. Ne rătăcim pur şi simplu,* mi-a spus El, trezindu-mă din poveste.

– *Mă simţeam confuză. Îmi doream să fiu iubită, dar nici eu nu ştiam să iubesc. Nu mi-a vorbit nimeni despre iubire, despre relaţii... a trebuit să înţeleg singură totul şi de cele mai multe ori am învăţat din greşeli.*

– *Important este că ai învăţat. Experienţele sunt cele care ne formează. Nu ai de unde să ştii ce gust are un măr dacă nu îl guşti.*

– *Şi am avut grijă să le gust pe toate...*

– *Nu chiar. Tot ce trebuia să nu guşti nu ai gustat pentru că ai ştiut la ce să spui NU.*

– *Tutun, alcool, droguri...*

– *E uşor să pici în capcană. Tu ai fost şi eşti puternică!*

– *Din fericire, da. Doar cu timpul nu am ştiut ce să fac. Am irosit atâţia ani pe care nu îi pot recupera.*

– *Nu. Dar ţi-ai recuperat sufletul.*

– *Târziu, după ce l-am distrus...*

M-a luat în braţe şi m-a strâns puternic ca şi cum încerca să-mi aşeze şi ultimele bucăţele la locul lor. Toţi m-au judecat, mai puţin El. Toţi m-au rupt, dar numai El a ştiut să mă reîntregească. Ce lung îmi era drumul înapoi... Trecând pe acolo, le-am resimţit pe toate şi nu eram nici măcar la jumătatea drumului. Răsfoiam ultimul an de liceu, când l-am cunoscut pe cel care avea să-mi dea viaţa peste cap. Se transferase înainte de Bacalaureat şi venise cu o situaţie şcolară dezastruoasă. Era corigent la majoritatea materiilor și deja pierduse un an, însă eu am aflat târziu aceste lucruri. Care era povestea lui, oare? Aveam să aflu destul de repede că noul venit mă plăcea și își dorea să mă cunoască, dar mie mi se părea un tip ciudat. Colegii lui spuneau că era un băiat bun, totuși mie nu îmi inspira asta, era mereu încruntat și își rodea buzele, era foarte slab și părea arogant. Devenise umbra mea, se ciocnea de mine pe hol și căuta să intre în vorbă. Cu prima ocazie m-a invitat la un suc, dar l-am refuzat. Nu-i venea să creadă. A insistat până am acceptat să ne plimbăm în curtea școlii, doar să scap de el.

Aparențele înșală adesea și am descoperit în acel băiat ciudat un altul sensibil, cu o poveste de viață asemănătoare cu a mea. Fusese dezamăgit în dragoste și își dorea o fată echilibrată în viața lui, care să nu se joace cu iubirea. Mi-a mărturisit că era convins că a găsit acea persoană și că eu eram aceea. Era foarte emoționat, îi tremurau mâinile și încerca să își ascundă starea, fumând o țigară. Uram fumătorii și nici nu eram încântată să fiu cocoțată pe un piedestal fără să mă cunoască. Nu știa nimic despre mine, nu mă cunoștea nimeni cu adevărat. Eu nici nu mă consideram o fată liberă, eu iubeam un alt om și simțeam că-i aparțineam lui, dar nu puteam să îi spun asta, deși ar fi trebuit. Mi-a spus fără să stea pe gânduri că vrea să fim împreună. Ca să evit orice discuție sau explicație, i-am spus că e prea devreme și că o să mă mai gândesc, deși nu aveam la ce. Știam ce îmi doream, ar fi fost o nebunie să repet greșeala și să mă arunc într-o relație fără să iubesc. L-am lăsat să vorbească, dar mi-era clar că nu se va opri până nu va auzi un „da". Eu îl analizam și încercam să caut motive să îi spun acel „da", însă nu înțelegeam de ce. Îmi amintisem că atunci când vorbeam despre băiatul ideal, îl vedeam cam așa: brunet sau șaten, ochi căprui sau negri, să aibă aceeași vârstă ca mine și, conform zodiacului, să fie Vărsător. Deci se încadra în cerințe. M-a impresionat tot ce mi-a spus, dar nu îmi ajungea la inimă. Dar dacă intențiile lui erau sincere și mă putea face să uit de Gabriel? Și dacă mă făcea să mă îndrăgostesc de el? Poate că aveam nevoie doar să fiu iubită, ca să pot iubi din nou. Raţiunea îmi spunea ceva ce inima mea refuza şi totuşi i-am spus „da". Ce nebunie! Ştiam că o iubire nu putea fi înlocuită pur şi simplu cu alta, dar îmi plăcea ideea de cuplu şi îmi doream să îmi împart timpul cu cineva.

Eric era foarte fericit, mi-a mărturisit că, de când venise acolo, mă urmărise şi se interesase de mine zilnic, dar nimeni nu îi dăduse nicio şansă să fie cu mine. De ce oare? Aveam să descopăr în el un om bun, era foarte deschis cu mine, suferise mult, acasă se confrunta cu aceeaşi problemă ca şi mine, tatăl lui era mai rău ca tata. Mi-am dat seama că ne uneau multe lucruri, cu el reuşisem să vorbesc despre asta, deoarece el îmi mărturisise prin ce trecea şi am simţit că puteam avea încredere în el. Până la el nu mai discutasem cu nimeni acea problemă şi dacă el nu mi-ar fi spus-o pe a lui, eu aş fi ascuns în continuare acel adevăr dureros.

A urmat o perioadă frumoasă în care mă ocupam de grupul „Zâmbet" şi mă dedicam relaţiei cu Eric, încercam să învăţ să îl iubesc. Îi făcusem loc în inima mea pentru că era foarte atent şi iubitor cu mine, îmi scria versuri şi îmi făcea mici cadouri, iar eu iubeam asta la un băiat, însemna că era sensibil şi capabil să iubească sincer. Totuşi, un băiat nu trebuie să fie nici prea sensibil, uneori mi se părea penibil şi chiar exagera doar ca să mă impresioneze. Şi mie îmi plăcea să îl surprind la fel, cu mici detalii care îl emoţionau foarte mult şi asta îl făcea să mă iubească şi mai mult. Ne înţelegeam bine, nu ne certam niciodată şi, chiar dacă lipsea scânteia dintre noi, eram aproape convinsă că nu trebuia să fii neapărat îndrăgostită să poţi avea o relaţie frumoasă. Continuam să mă amăgesc că era bine aşa, dar sentimentele lipseau. Fluturii se lăsau aşteptaţi. El era fericit, eu încercam să fiu. Practic, trăiam o prietenie frumoasă şi atât. Îngropasem iubirea pentru Gabriel, deşi încă nu se stinsese, mi-era teamă ca nu cumva jarul rămas în suflet să se reaprindă cândva, deşi ştiam că el aparţinea trecutului.

În vacanţa de vară m-am hotărât să închei activitatea cu grupul „Zâmbet", dar a fost o decizie grea, care mi-a sfâşiat inima. Urma să mă pregătesc pentru cel mai important examen din viaţa mea de până atunci. Nu îmi permiteam să fac meditaţii, trebuia să învăţ foarte mult să obţin rezultate bune, ca apoi să urmez facultatea de asistenţă socială. Era visul meu atunci. Eric încerca să ţină pasul cu mine şi să îşi rezolve situaţia şcolară. Nu îl interesa şcoala, deşi era un tip inteligent şi ambiţios. În scurt timp îşi îndreptase mediile şi îmi spunea că nu meritam un iubit prost, voia să mă facă mândră de el. Venea des la mine acasă, familia mea îl îndrăgise, iar în zilele în care tata era băut ştia că nu ieşeam şi îi lăsam un bileţel agăţat la stâlpul de la colţul străzii mele. Ne făcusem un obicei din asta şi ştia că înainte să vină la mine trebuia să caute acolo. Încă aveam ghinionul ca tata să facă scandal acasă. Eric îmi povestise nişte episoade cu tatăl lui care era mult mai agresiv. El şi fratele lui fuseseră bătuţi în nenumărate rânduri, la fel şi mama sa, în timp ce tata pe noi nu ne atinsese niciodată. Mama lui Eric mă suna des să vadă dacă era la mine, îl verifica tot timpul şi nici nu era încântată de relaţia noastră. Nu îşi dorea o fată de la ţară pentru băiatul ei, uitase între timp că şi ea era de la ţară, la fel şi soţul ei. Ce-i drept, Eric îi minţea foarte des pe părinţii lui pentru că îl sufocau şi nu ţineau cont de ceea ce îşi dorea el, încercau mereu să se impună şi erau foarte severi. Nu îmi plăcea faptul că minţea, ştiam că mai devreme sau mai târziu o va face şi cu mine. El lua prea în serios relaţia noastră şi îi spusese mamei lui că voia să se însoare cu mine. Mă ceruse de soţie după trei zile de relaţie, dar nu i-am dat importanţă, am luat-o ca pe o glumă. La fel de mult îşi dorea să plece în străinătate după terminarea liceului, voia să strângă bani şi să îşi facă o afacere a lui, dar nimeni nu îl susţinea să îşi împlinească visul. Deşi mă iubea şi îmi făcea toate poftele, simţeam că era egoist, vorbea doar de planurile lui şi, dintr-odată, eu eram undeva în lumea lui fără să mă întrebe dacă asta îmi doream şi eu.

În timp ce eu am preferat să învăţ pentru Bacalaureat, Eric a muncit toată vara ca ospătar, iar sora mea mai mică începuse să muncească cu el pentru că îşi dorea să aibă banii ei. Era bucuroasă că putea să îşi facă poftele, însă efortul era foarte mare şi avea un program prea încărcat pentru un copil de şaisprezece ani. Îi admiram pe amândoi pentru asta.

Când am împlinit optsprezece ani, am făcut o mică petrecere acasă cu prietenii apropiaţi şi familia. Mă aşteptam să fie o petrecere reuşită, ţinând cont că tata nu băuse, însă surpriza neplăcută a venit tocmai din partea lui Eric. A fost foarte deranjat de faptul că cineva îmi adusese un buchet de flori mai mare decât cel pe care mi-l dăruise el, începuse chiar să plângă şi asta m-a scos din sărite. Nu aveam nevoie de un copil lângă mine, pentru mine orice cadou era la fel. Important era gestul şi faptul că cineva se gândea să mă bucure. Era mai degrabă vorba despre orgoliu, nu ar fi vrut să fie nimeni mai presus decât el cu nimic şi asta nu îmi plăcea deloc la el.

Urma să terminăm liceul şi, ca în fiecare an, „Balul Bobocilor" era organizat de clasele terminale. Mi s-a propus să fiu una dintre prezentatoare, lucru care m-a bucurat enorm. M-am implicat foarte mult în organizare şi, deşi aveam emoţii, seara balului a fost una reuşită. Şi Eric a fost unul dintre prezentatori, profesorii îl apreciau pentru ambiţia lui, reuşise să îşi îmbunătăţească situaţia şcolară foarte repede. Relaţia noastră, însă, nu era aşa cum îmi doream eu, pentru mine era mai degrabă o relaţie de prietenie, dar pentru el era un vis împlinit, îşi trăia iubirea şi era fericit. La un moment dat, am simţit nevoia de o pauză, speram chiar ca acea pauză să îl facă să înţeleagă că nu am reuşit să mă îndrăgostesc de el. Îmi era drag, ţineam la el, dar nu îl iubeam. Când i-am spus că îmi doream o pauză, a izbucnit în plâns şi nu mi-a dat nici măcar timp să îi explic de ce. Mi-am dat seama că iubirea lui era egoistă, mă voia lângă el cu orice preţ, iar eu nu concepeam iubirea aşa. Când iubeşti, oferi libertate, iar cel care te iubeşte rămâne lângă tine fără să i-o ceri. El ar fi plâns şi trei zile doar să mă convingă să rămân cu el, nu voia să mă piardă şi nici nu m-a întrebat de ce voiam acea pauză. Continua să îmi spună că el mă iubeşte, că nu poate să trăiască fără mine şi am renunţat la idee. Mi-era milă de el, dar speram că va înţelege în timp. Nici eu nu aveam forţa să îl las, nu voiam să îl rănesc şi totuşi mă răneam pe mine, dar eu ştiam să duc durerile. Într-o zi mi-a scris un bileţel, să nu cumva să uit cât de importantă eram pentru el:

*„Tu, puiule, eşti totul pentru mine, mulţumită ţie trăiesc, iubesc, sunt fericit şi vin şi la şcoală. Dacă până acum ceva timp viaţa mea nu mai reprezenta nimic, după ce ne-am cunoscut, viaţa mea ai devenit TU, iar eu, un simplu suflet pierdut în durere, am găsit fericirea şi pentru nimic în lume nu o voi lăsa să dispară! Deşi iubirea e cel mai frumos sentiment, am vărsat multe lacrimi de durere şi cel mai tare doare când simt că mă respingi şi, astfel, mă răneşti. De multe ori ţi-am spus că sunt lângă tine să fii fericită, dar eşti oare? Este posibil să simţi altceva? Dacă da, atunci eu sunt singurul vinovat! Te supăr şi te fac să suferi, deşi te iubesc mai mult decât orice! O să fac tot ce îmi stă în putere să fii fericită!”*

Nu înţelesese nimic, nu voia să vadă alt drum fără mine, totuşi eu simţeam că ceva nu se aşeza între noi. El mă vedea cu alţi ochi, iar eu pe el atât de diferit. Uneori mergeam la el acasă, voia ca familia lui să mă cunoască mai bine, dar eu nu mă simţeam confortabil în acea casă. Mă simţeam chiar nedorită când observam zâmbetele chinuite de pe feţele părinţilor lui. Într-o zi am mers acolo înainte ca ei să ajungă acasă, am stat singuri aproximativ o jumătate de oră, timp în care am vorbit şi am ascultat muzică. Apoi a venit tatăl lui care a făcut un scandal monstru, părea băut şi avea chef de ceartă. Am rămas şocată, ne-a strigat în gura mare să ne fie ruşine că ne vedeam pe ascuns. M-am simţit foarte jignită şi umilită, drept urmare nu m-am mai dus acolo mult timp. Am rămas dezamăgită de faptul că nimeni nu a avut nimic de spus după, nici măcar Eric, iar scuzele de rigoare nu le-am primit niciodată! Nu-mi plăcea acolo pentru că ei se certau între ei tot timpul. La mine acasă se întâmpla asta doar când bea tata, în rest era linişte şi pace.

Timpul trecea, dar în sufletul meu nu se schimba nimic, nu mă mai gândeam nici la Gabriel şi nici nu-l mai văzusem, mă concentram asupra Bacalaureatului pe care l-am trecut cu brio. Zilele de examene au fost obositoare şi pline de emoţii, dar au meritat efortul. Când m-am văzut cu diploma în mână, mi-am dat seama că urma să încep o nouă etapă din viaţa mea, ştiam ce îmi doream şi voiam să îmi urmez visurile, dar – din nou – viaţa avea alte planuri pentru mine.

– Nici nu-mi vine să cred cum a zburat timpul! i-am spus lui Eric după examene.

– Eu abia aşteptam să treacă. Acum pot să plec să-mi împlinesc visurile, în sfârşit. Promite-mi că, dacă o să fie bine, o să vii şi tu cu mine, mi-a spus el ca şi cum era singura variantă de luat în calcul.

– Am mai vorbit despre asta. Ştii că îmi doresc să merg la facultate, nu să plec în străinătate.

– Am prieteni acolo, o să fie bine, m-au asigurat că e OK.

– Poate că tu eşti pregătit pentru asta, dar eu nu, i-am spus puţin iritată de faptul că insista de ceva timp să merg cu el.

– Vreau să fiu independent, m-am săturat de ai mei. Nimeni nu crede în mine. M-au subestimat tot timpul. Mi-ar fi plăcut ca tu să crezi în mine.

– Nu am spus că nu cred, dar e visul tău! Eu le am pe ale mele.

– Fără bani nu vei reuşi nici tu, şi nici eu. Mergem acolo câţiva ani şi strângem suficient cât să ne deschidem o afacere a noastră.

– Nu zic că e imposibil, dar eu nu mă văd în visul tău, înţelegi?

– O să plec în august şi, dacă reuşesc, te aduc şi pe tine într-o lună maximum.

– Ai hotărât deja pentru amândoi, văd.

– O să fie bine! Ai încredere în mine!

Nu mă asculta. Visul lui era prea puternic, iar eu devenisem omul de care avea nevoie pentru a-şi îndeplini acel vis. Intrase la facultate la buget, fusese regula impusă de părinţii lui pentru a-l lăsa să plece în Italia peste vară. Îmi mărturisise că a copiat şi ar fi fost în stare de orice pentru a obţine acel rezultat. Avea acolo un prieten care îi povestise atâtea lucruri frumoase despre viaţa din afară, încât abia aştepta să plece. Părinţii lui sperau că se va întoarce în octombrie, când începea facultatea şi i-au cumpărat bilet doar pentru că nu au reuşit să îl convingă să renunţe la idee. Drumurile noastre urmau să se despartă, lucru care pe mine nu mă speria deloc, chiar mă gândeam că o să pot merge liniştită să îmi văd de viaţa mea, să fac facultatea şi apoi să salvez copiii abandonaţi. Deja mă vedeam schimbând viaţa prichindeilor din centrele de plasament, nu mă vedeam făcând altceva. Mă gândeam şi la faptul că nu era o idee rea să cunosc o altă ţară, alţi oameni şi un alt stil de viaţă, ar fi fost o experienţă frumoasă, dar asta însemna să renunţ la visul meu sau să îl amân şi era unicul vis pe care îl aveam atunci. Şi totuşi ce aveam de pierdut? Mă molipsise Eric cu fericirea lui, era nerăbdător să ajungă în Sicilia şi nu mi-a mai rămas decât să îl susţin şi să îi împărtăşesc visul.

În august 2004 l-am condus pe Eric la autocar, împreună cu familia lui şi mama prietenului la care mergea.

S-a vorbit puţin, iar atmosfera a fost tristă. Înainte să urce m-a îmbrăţişat şi m-a sărutat ca de obicei, ne-am propus ca în acel moment să ne spunem că ne vedem mâine, să ne fie mai uşor. Mă bucuram că pleca să îşi urmeze visul, dar eram şi tristă pentru că mă obişnuisem cu el, era singurul care mă răsfăţa şi avea grijă de mine. Îl iubeam, dar nu aşa cum iubeşte o femeie un bărbat, ci doar îl iubeam... Poate că nu eram încă destul de matură să pot înţelege iubirea cu adevărat, în mine era doar un copil rătăcit care învăţa să crească. Eric se uita pe geam către noi şi încerca să îşi ascundă lacrimile şi atunci am început să plâng şi eu. Pleca cel mai bun prieten al meu, omul care mă iubea aşa cum eram şi nu îi păsa că eram de la ţară sau că tata era alcoolic, nu îi păsa dacă familia lui mă accepta sau nu, el mă iubea aşa! Când a ajuns în Sicilia, mi-a spus că a plâns aproape tot drumul şi de multe ori a vrut să coboare şi să se întoarcă. Timp de un an şi jumătate fuseserăm mereu împreună, iar relaţia noastră de până atunci fusese lipsită de probleme, dar îşi lăsase iubirea pentru a-şi împlini visul. Timp de o lună, Eric mă sunase aproape zilnic şi încercase să mă convingă că acolo e locul ideal pentru noi doi, era fascinat de Sicilia şi de nivelul de trai de acolo. Mi-am luat inima în dinţi şi m-am hotărât să plec şi eu, nu aveam nimic de pierdut. Familia mea m-a susţinut, chiar dacă toţi îşi făceau griji pentru mine. Hotărâsem să nu-mi urmez visul, să-l amân şi să accept provocarea lui Eric, deşi mi-era teamă. Nu voiam nici să îl rănesc, dar cumva renunţasem la mine. Cine iubea în realitate? El sau eu? Mă întrebam dacă adevărata iubire oare asta însemna sau, de fapt, nu o simţea niciunul dintre noi. Poate plecam pentru mine, nu pentru el. Poate doar evadam. Eram confuză şi nu ştiam ce cale să urmez, nu ştiam să îmi ascult inima şi cedam insistenţelor celor din jur doar ca să nu îi rănesc, fără să mă gândesc vreo secundă că vorbea egoismul din ei.

În ziua plecării mele am trăit o mare dezamăgire, nici nu mă mai puteam bucura de pasul pe care îl făceam. Tata băuse şi dintr-odată nu mai era încântat de plecarea mea, mi-a spus că n-o să fiu în stare să fac nimic, că o să mă mănânce câinii printre străini, că o să mă întorc acasă plângând și că o să ajung iar la mâna lui. Râdea de mine ca și cum eram o oarecare, nu copilul lui. Îmi făcuse sufletul bucățele și mă chinuiam să le târăsc după mine, dar voiam să îi demonstrez că nu avea dreptate. M-am încăpățânat să plec și să le demonstrez tuturor că puteam să fac ceva cu viața mea. Totuși, gândul meu era blocat într-un alt vis. M-au condus la autocar mama, Ady și mama lui Eric. Era pe la jumătatea lui septembrie, aveam un zâmbet înghețat pe față, care nu convingea pe nimeni că mi-era bine. Mi-au dat lacrimile înainte să plec, dar cu ultimul strop de putere pe care îl mai aveam în mine am reușit să mă despart frumos de ele. Le priveam cu greu pentru că nu suportam să le văd tristețea din ochi. Trebuia să ajung la Roman, să mă întâlnesc cu o altă fată cu care urma să plec spre Italia. Și ea locuia în casă cu cei la care mergeam. M-am frământat tot drumul, nu știam ce căutam acolo, de ce plecam, ce voiam de la viața mea și mă bufnea mereu plânsul. Mă gândeam că așa era normal, că nu mai eram un copil și era timpul să îmi port singură de grijă, dar mi-era teamă. Nu aveam nici măcar un telefon mobil, să pot să contactez pe cineva în caz de nevoie, iar asta îmi făcea nesiguranța să crească. În jurul meu se aflau doar oameni necunoscuți, iar în sufletul meu era o tristețe în care mă rătăcisem și nu știam de ce să mă agăț să pot să scap de starea aceea. Încercam să mă conving că făceam ceea ce trebuia, dar până să cred asta deja mă răzgândeam și ajungeam în aceeași ceață deasă din care nu știam să ies. Îmi dădeam seama că nu știam nici măcar cine eram eu și simțeam o nevoie disperată de cineva lângă mine, eram dependentă de oameni și uram singurătatea. Încercam să mă calmez cu gândul că oricând mă pot întoarce acasă, dar după ceea ce îmi spusese tata trebuia neapărat să mă întorc învingătoare, nu suportam să râdă de mine. Era prima dată în viața mea când eram singură și trebuia să mă descurc cum puteam și cum știam. Nu înțelegeam însă de ce îmi lipsea curajul şi de ce aveam nevoie de cineva lângă mine. Dar nu mai eram un copil, crescusem şi era firesc să îmi construiesc un viitor. Lăsam în urmă tot, deşi era puţin, dar mă simţeam prea legată de acel tot şi nu ştiam să îi dau drumul. Îmi doream ceva nou, dar îmi era frică. Se încheia un capitol din viaţa mea de care nu voiam să mă despart: adolescenţa!

Am ajuns în Roman târziu şi am fost singura care a coborât acolo. Era beznă, iar în autogară erau doar oameni dubioşi. Fără telefon nu o puteam suna pe fata care trebuia să mă ia de acolo şi a trebuit să aştept ora stabilită. Mi s-a părut că am stat o noapte întreagă. Pur şi simplu mi-era frică de tot! Sufletul meu urla, în minte îmi bântuia întrebarea „Ce naiba caut aici?" şi mă plimbam de colo-colo cu valiza după mine. Când a apărut Alina, parcă l-am văzut pe Dumnezeu... chiar dacă nu ştiam ce fel de om era, măcar mă lua de acolo. Părea o fată bună şi aşa s-a dovedit a fi, însă eu eram mult prea rătăcită şi speriată să înţeleg ceva. A doua zi am plecat cu autocarul spre Italia. Urma faimoasa călătorie spre aşa-zisul meu succes!

– *Frica este doar o iluzie, draga mea*, mi-a spus El, întrerupându-mi gândurile.

– *Mi-a fost tot timpul frică de ceva.*

– *Copiii se nasc curajoşi şi plini de iubire şi entuziasm. Însă toate acestea se pierd când adulţii le taie aripile. Nu poţi să faci asta, nu trebuie aşa, nu este bine aşa, nu e destul, nu e normal... şi lista e lungă.*

– *Mult timp am crezut că sărăcia e normală, că nu am dreptul să strălucesc, că nu sunt capabilă să zbor... dar în mine simţeam mereu un foc puternic care nu s-a stins niciodată!*

– *Dar tu te-ai stins de multe ori...* mi-a spus.

– *Şi am renăscut de multe ori.*

– *Pentru că eşti puternică!*

**– De unde vine această putere?**

– ***Din interior!***

– *Iar noi, oamenii, o căutăm de obicei în exterior.*

– *Până când priviți în interior...*

– *Doar când ești cu adevărat liber, o poți face. De câte ori a apărut frica, mi-am pierdut libertatea. Atunci puterea mea dispărea pur și simplu.*

– *Important e s-o regăsești!* ***Tu ești creatorul propriei tale vieți!***

– *Liberul arbitru... să alegi să zbori cu riscul să te prăbușești sau să alegi să renunți fără să fi încercat măcar.*

Adolescența nu a fost doar o etapă de transformare, de dezvoltare și schimbare, ci și perioada în care mi s-a zdrobit sufletul. Am cunoscut moartea după ce cunoscusem deja frica, neputința, disprețul și furia... Ce poți face împotriva acestora la o vârstă atât de fragedă? Fără sprijinul potrivit, te prăbușești, te izolezi.

M-am refugiat într-o lume paralelă în care a trebuit să mă descurc singură. Nu am avut o voce destul de puternică încât să-mi strig durerea, să mă pot elibera de ea. Nu am știut să protestez. Nu a avut nimeni răspunsuri la întrebările care mă frământau și nici mângâiere pentru durerile care mă apăsau. Fiecare le avea pe ale lui. Singura mea armă era zâmbetul meu cu care încercam să șterg orice urmă de tristețe, fie a mea sau a celor din jur. Am învățat să-mi acopăr rănile, neștiind că ele trebuie vindecate.

Am ales să plec departe, dar depărtarea nu era decât un pansament, iar în realitate nu depărtarea fizică era mare, ci depărtarea sufletului. El într-un colț, iar eu în altul. Mă rupeam zilnic de mine puțin câte puțin, până am învățat să trăiesc artificial. Încercarea mea de a-mi construi un viitor era, de fapt, o evadare din toate, chiar și din mine. Atunci am început să percep viața ca pe o luptă pentru supraviețuire dar, deși nu este deloc așa, pe atunci nu vedeam nimic altceva în jurul meu. Devenisem o furtună într-o furtună mai mare.

Adolescentul are în suflet o paletă de culori. Având îndrumarea potrivită, poate picta un întreg univers plin de lumină. Adolescența e perioada dezvoltării conștiinței de sine, a afirmării propriei personalități și a integrării sociale. Poate fi perioada cea mai frumoasă sau cea mai furtunoasă din viața omului. Ne dorim să aflăm cine suntem, să primim atenție și iubire. Avem nevoie de un exemplu și de sprijin pentru a ne forma o conduită corectă. Mulți adolescenți se rătăcesc, ca apoi să se regăsească târziu sau deloc.

Asumarea rolului de adolescent nu este ușoară. Din punct de vedere emoțional și social, ducem niște lupte grele încercând să ne construim identitatea. Unii ajung să strălucească, iar alții ajung niște umbre...

# O altă lume...

Emoţii... atât aveam în mine, o avalanşă de emoţii pe care nu o puteam opri. Erau prea multe lucruri noi dintr-odată, dar încercam să par liniştită şi bucuroasă de acea călătorie care, de fapt, mă speria îngrozitor. Lăsam în urmă nu doar strada, ci tot ceea ce credeam eu că ştiam despre viaţă. Aveam sufletul rătăcit între răsărit şi apus, între oameni şi amintiri şi nu ştiam încotro. Deşi mergeam înainte, mă prindea din urmă mereu o tristeţe inexplicabilă. Am întâlnit peisaje frumoase şi m-am războit cu gândurile mele tot drumul. Am stat lângă o necunoscută, iar Alina a stat lângă sora ei, care mergea şi ea cu noi. După trei zile şi două nopţi de mers cu autocarul, am ajuns în sfârşit la destinaţie: Sicilia! Eram nespălată şi ruptă de oboseală. Psihic, încercam să nu cedez. Auzisem atâtea poveşti de viaţă în autocar, încât începusem să mă consider norocoasă. M-au întristat toţi acei oameni care povesteau cum se chinuiau să supravieţuiască muncind printre străini, umilindu-se de multe ori pentru că nu vedeau altă cale. Mulţi erau lipsiţi de educaţie şi se mulţumeau cu orice. Unii erau pur şi simplu ignoranţi şi aroganţi. Am rămas marcată de acea călătorie care a fost o primă lecţie în noua mea viaţă.

Era două noaptea când am ajuns, venise cealaltă soră a Alinei să ne ia de la autogara din Catania. Eram foarte obosită şi abia aşteptam să mă spăl şi să mă odihnesc. În drum spre Fiumefreddo, am avut prima surpriză plăcută, o imagine cu care nu credeam să mă întâlnesc vreodată şi care mi-a alungat orice urmă de oboseală. Mi-am lipit ochii de geam să o pot admira şi nu îmi venea să cred că aveam în faţa ochilor erupţia vulcanului Etna. Era extraordinar! Era incredibil! Mă captivase complet, încă nu realizam că asistam la acest fenomen. Îl priveam lacomă, admirând lava care tăia muntele în două. Era o erupţie destul de mare şi se vedea ca un adevărat spectacol al naturii. Aşa am început să iubesc Sicilia încă din primele secunde şi simţeam că îmi ura bun venit şi că îmi luase puţin din teama pe care o aveam. Pentru câteva minute m-am simţit tare fericită! Trăiam ceva nou şi minunat, deşi aveam în faţă un fenomen care afecta natura şi locuitorii! N-aş fi crezut vreodată să ajung atât de departe de casă şi să văd aşa ceva.

Eric ştia că ajungeam dimineaţa, dar eu voiam să îi fac o surpriză şi nu l-am anunţat că am sosit mai devreme. La trei noaptea am intrat pe uşă şi l-am trezit din somn. Era şocat şi fericit în acelaşi timp, a început să plângă, mă îmbrăţişa atât de tare că abia respiram. Eu eram atât de obosită, încât nu mă puteam bucura de revederea noastră, am făcut un duş şi m-am aruncat în pat. Dimineaţa m-a trezit o muzică de fanfară, era o muzică tristă, parcă cineva își cânta o durere. Așa avea să înceapă noua mea viață, cu o muzică tristă care parcă îmi prevestea drumul pavat cu lacrimi. Am aflat apoi că fusese o înmormântare a unui tânăr și asta m-a întristat și mai mult. Îmi amintise de Paul.

Am încercat să mă acomodez în noua casă alături de ceilalți și am stabilit câteva lucruri împreună cu Eric, ca totul să decurgă bine. Mi s-a părut puțin ciudat faptul că totul era la comun și nu prea exista organizare în casă. Nu era nici foarte curat și nimeni nu se preocupa de asta. Am stabilit de la început să îmi văd de treaba mea, să nu mă amestec în viețile celorlalți și, evident, îmi doream în schimb același lucru. M-am împrietenit repede cu cei din casă, pe Alina o cunoscusem pe drum, era o fată bună și muncitoare, oricând dispusă să dea o mână de ajutor, mai era Luminița, care în ciuda numelui era întunericul întruchipat, era mai în vârstă decât noi și era foarte prefăcută, vorbea mereu despre bani, bărbați și sex și era foarte preocupată de aspectul ei fizic. Pe Vladimir și pe iubita lui, Mona, îi știam din țară, el era foarte nepăsător și arogant, mi se părea lipsit de personalitate și era complet dominat de iubita lui, o fată posesivă, vulgară, invidioasă și geloasă. Dacă lucrurile nu mergeau cum voia ea, făcea scandal. Îl manipula emoțional și începuse să facă asta cu toți ceilalți. Mi-era milă de ea, era atât de ignorantă, încât refuza orice fel de comunicare. Nu exista altă variantă decât a ei, ceea ce mi se părea absurd.

Am descoperit că lucrurile nu stăteau așa cum mi se povestise și că cei din casă abia supraviețuiau, câștigând puțini bani. Ne făcuseră să visăm la o viață extraordinară pe care ei, însă, nu o trăiau acolo, dar suna bine acasă și nimeni nu putea verifica acest lucru. Câte minciuni... spusele lor erau valabile pentru italieni și prea puțin pentru români. Majoritatea munceau din greu și nu erau plătiți corect. Am înţeles destul de repede cu ce fel de oameni aveam de-a face şi am stat departe de ei. Mă limitam strict la ce era nevoie şi aşa am ajuns să fiu acuzată de faptul că stricam armonia din casă. Eu aveam nevoie de timpul şi de spaţiul meu, iar Eric era dornic să stea cu mine, cum era şi normal. Noi eram acolo să ne construim o viaţă a noastră, nu o viaţă de grup cu alţi oameni care aveau alte visuri. Noi ieşeam la plimbare, stăteam împreună în camera noastră fără să-i deranjăm pe ceilalţi, însă absenţa noastră era de fapt o problemă. Nu-i ignoram, stăteam şi cu ei destul, dar ei nu înţelegeau că a locui împreună nu însemna a petrece tot timpul împreună. Nici în familie nu procedezi aşa, chiar şi acolo ai nevoie de timp, de intimitate şi de spaţiu personal.

Ne făcuserăm prieteni italieni cu care ieşeam în diverse locuri, dar eram tot timpul atenţionaţi de cei din casă să avem grijă cu cine umblăm. De fapt erau invidioşi, singura lor ocupaţie era să stea la masă în bucătărie, să fumeze, să-i critice şi să-i bârfească pe alţii, iar pe mine nu mă pasionau acele activităţi. Dacă eram acolo, nu aveam de gând să îmi irosesc timpul, ci să mă bucur de el. Treptat, am început să îi invităm şi pe cei din casă când ieşeam pe undeva, şi asta pentru că ei nu aveau cu cine să iasă şi nici nu prea ştiau unde. Mergeam în cluburi şi la karaoke, la restaurante şi la festivaluri de stradă. Atunci a revenit atmosfera veselă în casă, dar, cum era de aşteptat, cineva trebuia să strice ceva. Mona începuse să mă sufoce, îmi cerea haine, farduri, parfumuri şi genţi cu împrumut. Nu mă deranja că i le dădeam, dar ştiam că nu aprecia, ci doar se folosea de mine. Când avea nevoie de ceva de la cineva, era foarte drăguţă, dar când un lucru nu-i convenea era impulsivă şi vorbea foarte urât fără să îi pese că trăiam în aceeaşi casă. Lipsa ei de respect ne afecta pe toţi, dar – din păcate – nu ne permiteam încă să plecăm de acolo. Mâncam împreună mâncarea făcută de ea care era groaznică, până când am decis să ne gătim singuri, lucru care a deranjat-o foarte tare. Îi plăcea să dețină controlul, se comporta ca și cum era șefa noastră și asta ne împiedica pe toți să îi fim prieteni. Nu eram obligată să mănânc ce mi se dădea și nu era corect să nu pot propune măcar un meniu, mai ales că plăteam mâncarea. Acolo gătea ea, iar noi trebuia să mâncăm bucuroși chiar dacă nu ne plăcea și trebuia musai să îi lăudăm preparatele, altfel ne întreba de zece ori dacă au fost gustoase. Suferea de lipsă de atenție, lipsă de afecțiune, lipsă de orice! Pentru mine era o tortură.

Mă angajasem la un restaurant, dar nu prea vedeam pe nimeni bucuros. Zilnic mă loveam de priviri tăioase și glume piperate care mă dureau, iar eu nu eram suficient de puternică să le fac față. Nu se aștepta nimeni ca eu să îmi găsesc un serviciu atât de repede. Eu și Eric ne descurcam foarte bine, ba chiar îi ajutam și pe ceilalți.

La sfârșitul lui septembrie a fost ziua mea și am decis să dăm o mică petrecere la insistențele lui Eric. Am invitat câțiva prieteni italieni și pe cei din casă, am ascultat muzică și am luat cina împreună, după care am dansat. A fost o seară frumoasă, deși simțeam aceeași invidie în aer care mă sufoca. Încercam să ignor acel sentiment, dar îl regăseam pe fața fetelor. După petrecere am strâns tot ce a rămas și am făcut curățenie. Ne-am pus mâncarea și băutura rămase pe raftul nostru din frigider, dar, surprinzător, de dimineață i-am găsit pe toți la masă cu băutura în față ca și cum ar fi trebuit să sărbătorim până se termina totul. Nu întrebase nimeni nimic, s-au servit pur și simplu. Ne-am așezat și noi la masă, uimiți de atâta nesimțire, dar am ignorat gestul lor, evitând bineînțeles o ceartă. Nu era deloc plăcut ceea ce se întâmpla și, deși nu eram de acord să trăim așa, nu aveam încotro pentru început. Eric lucra la un atelier de termopane, însă după puţin timp s-a angajat la un bar. Era greu să obţii un contract de muncă în acea perioadă, România nefiind în Uniunea Europeană. Dacă erai prins la locul de muncă fără acte, proprietarul risca închisoarea, din acest motiv a fost nevoit să schimbe serviciul, dar a păstrat legătura cu şeful lui care era un om bun şi avea o familie minunată. Eric ar fi muncit oriunde, nu-i păsa, important era să facă bani, îl obseda ideea de a avea propria afacere şi ar fi făcut orice pentru asta. Îl admiram pentru ambiţia lui şi îl ajutam cu tot ce puteam şi eu. Era o perioadă destul de grea şi instabilă, dar eu eram optimistă. Era un proces care trebuia parcurs cu răbdare, iar răbdarea era primul lucru pe care trebuia să-l învăţ, apoi să fac faţă emoţiilor. Ştiind situaţia de acasă, sunam des să văd ce făceau ai mei. Le spuneam că eram bine, să nu-mi ducă grija aşa cum o făceam eu cu ei. De acasă, aceleaşi veşti mereu - certuri, lipsuri, tristeţe. Într-o zi am aflat că un tren îmi lovise câinele, iar acesta murise. A fost devastator să aud că Paula se stinsese. O luasem a doua zi după înmormântarea lui Paul şi fusese cea care umpluse acel gol, de aceea îi purta şi numele. Din păcate, şi ea a avut aceeaşi soartă, iar eu nu am fost acolo. Am plâns o zi întreagă.

După ceva timp, a trebuit să ne schimbăm amândoi serviciul şi ne-am angajat împreună la o firmă de publicitate. Nu era ceea ce speram noi, dar câştigam bine împărţind pliante în diverse oraşe. Aşa am cunoscut o parte din Sicilia, într-un fel mă bucuram să cunosc atâtea locuri, fiecare oraş era minunat, dar era şi foarte obositor. La scurt timp, i-am angajat acolo şi pe Mona şi Vladimir, care rămăseseră fără serviciu. Ea nu prea muncise, nu se descurca deloc cu limba italiană şi nu reuşea să îşi găsească un serviciu stabil, plus că nu era deloc sociabilă, ci mai degrabă ridicolă. Nici el nu vorbea prea bine, dar era mai descurcăreţ decât ea. Noi ne obişnuiserăm, ne plăcea acolo şi vorbeam destul de bine italiana pentru niște începători, chiar eram apreciați de italieni pentru acest lucru. Am muncit așa câteva luni, apoi am decis să renunțăm, venise iarna și era un anotimp ploios, care nu ne permitea să stăm afară să ne facem treaba. Găsiserăm locuri de muncă mai bune în alt oraș, la o pizzerie, unde puteam să mergem tot împreună. Ei au rămas acasă, iar noi ne-am văzut de viața noastră. Li se părea ciudat că eram acolo de puțin timp și ne găseam repede de muncă, în timp ce ei așteptau să le pice din cer. Îi împrumutam des cu bani și totuși nu apreciau. Mona era din ce în ce mai rea cu noi toți, iar Alina plecase în nordul Italiei. Aduceam acasă în fiecare seară pizza și preparate specifice zonei și le împărțeam cu cei din casă. În scurt timp, în frigider nu mai era nimic, în afară de ceea ce aduceam noi, toți erau bucuroși că nu mai cheltuiau banii pe mâncare, însă nimeni nu știa să spună un „mulțumesc". Eu mă bucuram că puteam să ofer ceva cuiva, dar eram și dezamăgită de lăcomia lor și de lipsa de recunoștință. Mă întrista faptul că mâncau tot ce era mai bun, iar noi, cei care aduceam alimentele, mâncam mereu ce mai rămânea. Luminița chiar făcea glume proaste, spunând că oricum noi mâncam bine la serviciu și mai și găteam acasă, lucru la care ei renunțaseră. Nu puteam să mănânc numai pizza, mi se părea absurd. Mă deranja atmosfera din casă, se făceau glume proaste și nu se respecta intimitatea nimănui. Pe deasupra mai descopeream și un Eric care nu se îngrijea, era dezorganizat și împrăștiat... În plus, nu simțeam că mă susținea suficient în fața celorlalți când erau discuții în casă, deși știa că nu aveau dreptate. Nu mai suportam să îi adun șosetele murdare de sub pat și să îi spăl încălțămintea. Nu se stresa prea tare de aspectul lui și i se părea normal să mă ocup eu de toate așa cum făcea mama lui acasă, doar că el nu înțelesese că eu nu eram mama lui. Mi se părea nesimțit și simțeam că deveneam menajera lui. Începuserăm să ne certăm din cauza celor din casă şi niciodată nu încheia o ceartă indiferent cine începea, continua la nesfârşit, relua acelaşi subiect şi devenea extrem de obositor. Nu-mi mai plăcea să stau acolo, îmi doream să plec, dar înainte de toate trebuia să înapoiez banii împrumutaţi ca să ajung acolo. Bunicii mei îmi dăduseră banii pentru bilet şi îmi propusesem să am răbdare, ştiam de la început că nu va fi uşor. Am discutat cu Eric despre ceea ce simţeam, mai ales că între noi doi nu se întâmplase nimic, constatasem faptul că nu îl doream ca bărbat, iar certurile ne îndepărtau, el fiind foarte preocupat de bani. Eram pur şi simplu doi colegi de cameră şi atât. Iubirea la care visam eu era departe, poate că nu ştia să se desprindă din visele mele.

După spusele lui Eric, trebuia să fiu fericită pentru că el era un băiat bun, nu mă jignea, deci ar fi trebuit să continui să mă mulţumesc cu o viaţă mediocră, deşi scopul meu era să scap de asta, să cresc, să evoluez! Am adormit plângând, mă simţeam a nimănui şi nu găseam în mine forţa de care aveam nevoie să pot continua. A doua zi i-am propus să ne mutăm undeva singuri, aveam amândoi venituri şi ne permiteam o chirie. Nu mai suportam să stau acolo şi eram convinsă că ar fi fost mai bine dacă plecam. Nu puteam să mă întorc acasă fără să îmi ating scopul. Eric a fost de acord şi am început să căutăm o casă. Atmosfera de acolo era din ce în ce mai tensionată, Mona se certa cu toţi pe rând şi ne jignea în continuare fără să îi pese. Îşi vărsa frustrările pe noi şi uneori mă trezeam cu ea la uşă urlând să-mi fac bagajul şi să plec. Rămâneam şocată de ţipetele ei şi de forţa cu care lovea cu pumnii în uşă. Nu îi răspundeam niciodată, dar nu de frică, ci pentru că mă blocam pur şi simplu la aşa reacţii. Vladimir îi spunea lui Eric că e mai bine să o ignorăm şi că nu era cazul să plecăm. Ei erau prieteni de mulţi ani şi ştiau că ea era o femeie ciudată, nu se certau niciodată din cauza ei, dar pentru mine era o tortură. Zilnic eram atacată fără motive şi deseori insultată de faţă cu toţi cei din casă. Nici nu ştiam să mă apăr, iar uneori mă izolam în camera mea şi plângeam ore în şir, simţindu-mă umilită.

Credeam că acolo, în Italia, aveam să-mi găsesc fericirea, plecasem de la rău sperând la mai bine, dar suferinţa era aceeaşi. Cu toate acestea, rămâneam optimistă, deşi speriată. Era şi normal, trăiam într-o ţară complet străină. Plângeam în sufletul meu şi totuşi hotărâsem să îndur, parcă eram oarbă şi nu vedeam altă cale să strâng bani pentru a-mi putea plăti datoria, iar în mintea mea răsunau neîncetat vorbele tatei – că nu voi reuşi. Nu, nu trebuia să renunţ şi nu trebuia să mă întorc acasă cu mâinile goale. Am decis să continui atât cât puteam. Cu toate problemele din casă, îmi plăcea stilul de viaţă de acolo, oamenii erau diferiţi, parcă nu li se citea pe feţe atâtea necazuri ca la noi. Păreau relaxaţi şi bucuroşi şi ştiau să îşi trăiască viaţa, chiar dacă munceau şi ei foarte mult. Îmi plăcea să mă plimb pe străzile curate şi fără câini vagabonzi, fără să îmi fie teamă de ceva, fără să mă fluiere careva. Mă simţeam bine acolo şi iubeam acea ţară din ce în ce mai mult, chiar dacă mulţi se temeau de Sicilia din cauza mafiei, dar mafia nu avea treabă cu străinii veniţi să muncească acolo, ci cu oamenii bogaţi.

Realizam, totuşi, că nu îmi cunoşteam ţara suficient, ştiam că România era frumoasă, dar eu nu o văzusem, apucasem să văd mai mult din acea ţară care nu era a mea. Mă îndrăgosteam tot mai mult pe zi ce trecea de Sicilia şi încercam să îmi găsesc echilibrul, să pot continua. Era pentru prima dată în viaţa mea când eram pe cont propriu şi mă simţeam bine. De acasă nu primeam veşti prea bune, problemele rămăseseră neschimbate, doar că eu eram departe de ele şi uneori le uitam. Nu le povesteam alor mei că nu mi-era chiar aşa de bine cum credeau ei, nu voiam să îşi facă griji pentru mine, mai ales că reuşeam să mă descurc. Îşi creaseră o părere greşită totuşi, aveau impresia că duceam o viaţă de vis, dar nu era deloc aşa. Singurul lucru frumos era că mă întreţineam singură şi că trăiam într-o ţară minunată. Şi eu, la rândul meu, avusesem acea impresie greşită despre cei care munceau în străinătate, dar abia acolo am înţeles că banii nu veneau atât de uşor şi de repede. Încă mă luptam cu situaţia urâtă din casă, toţi ne certam cu Mona sau, mai bine spus, ea ne lua pe toţi la rând din motive stupide. Era incredibilă. Făcea scandal din orice, dacă băgai la maşina de spălat înaintea ei, dacă intrai pe uşă înaintea ei, dacă foloseai orice lucru care îi trebuia ei... devenise insuportabil traiul acolo, iar noi căutam în continuare altă casă. Uneori ieşeam la plimbare cu Luminiţa, deşi ştiam că nu era tocmai un om bun, dar era mai bine decât să stau în casă, mergeam câţiva kilometri pe jos până la mare şi abia aşteptam vara să merg la plajă. Când ajungeam acolo, mă simţeam liberă şi mă deconectam pentru puţin timp de tot ce mă durea. Mă aşezam pe nisip şi închideam ochii, rămâneam doar eu cu marea.

*Îmi ești un val pe inima pustie, tu, mare albastră care pare că atingi cerul. Nu ai nicio cărare și nici eu nu o știu pe a mea... Ce muzică lină ai, cu note grele care se lovesc de stâncile din inima mea. În larg îți duci vapoarele, dar nu iei și durerea mea, poate că ea este prea greu de dus, poate că este mult prea multă, iar tu preferi dansul delfinilor și zâmbetul păsărilor care te traversează. Câte bătăi de aripi ai ascultat azi? O inimă în plus ce mai contează? Într-o zi, am să plec și eu în larg, când am să ies din strâmtoarea vieții.*

Gânduri printre rânduri

De sărbători venise fratele Monei care muncea în Firenze, dar nici cu el nu a fost mai drăguță. Eu nu mai vorbeam cu ea, sătulă fiind de insultele ei. Orice se întâmpla în casă era vina mea, avea o fixație cu mine, neavând altă ocupație, iar cu Luminița încerca să păstreze o relație cât de cât bună pentru că avea nevoie de ea să o împrumute cu bani. Nu muncea și avea timp destul să își bage nasul în viețile noastre, devenise hobby-ul ei principal. Uneori mă întrebam ce suferințe o făceau să se comporte așa, mi-era greu să-i înțeleg răutățile. Îmi povestise într-o zi că nu a avut o copilărie ușoară. Nici eu nu fusesem mai norocoasă, însă nu mă comportam urât cu ceilalți, nu avem niciun drept să-mi vărs frustrările pe ei. Când o vedeam așa revoltată, mă consideram un om frumos și puternic pentru că nu mă manifestam la fel. Eram foarte pacifistă, iar ea se situa la polul opus.

În casă s-a luat hotărârea să stăm împreună la masa de Crăciun și am acceptat. Speram ca măcar atunci să fie o atmosferă plăcută și poate să facem pace între noi, nu aș fi vrut ca lucrurile să degenereze, ci dimpotrivă, să ne liniștim cu toții. Mona nu își dorea ca fratele ei să ne fie prieten, deși el ne plăcea, era chiar simpatic și foarte diferit de ea. Era un om simplu și prietenos.

Cu o zi înainte de Crăciun, am încercat fiecare să pregătim câte ceva de mâncare. Ea nu a vrut la comun, deși înainte era regula de aur. Nici nu mai înțelegeam ce fel de masă de Crăciun urma să fie când fiecare își pregătea separat ce îi trecea prin cap. Luminița își pregătise totul de dimineață, să ne poată lăsa și nouă bucătăria liberă. Mona a venit imediat după și a avut grijă să folosească toate oalele, tăvile și tigăile, doar ca să nu am în ce să gătesc și eu. Îmi arunca niște priviri tăioase, pline de ură și aroganță și nu am înțeles niciodată de ce. Uram tipul acela de oameni, eu măcar fusesem sinceră și îmi păstrasem demnitatea. Nu aveam nevoie să lingușesc pe nimeni ca să îmi fie bine, iar ea avea o problemă cu toţi. În seara de Ajun ne-am aşezat împreună la masă, apoi am ieşit să ne plimbăm în centrul oraşului. Nu au lipsit comentariile răutăcioase, dar am încercat să rămân liniştită. Mi-am dat seama că noi pur şi simplu trebuia să plecăm cât mai repede de acolo. Nu mai era loc de nicio prietenie, ci doar de indiferenţă.

De Revelion, acelaşi scenariu ieftin. Deşi îmi căutam liniştea, ea era tot mai departe de mine. Mă rupsesem complet de toţi ceilalţi din casă şi vorbeam cu ei strict ce era necesar, într-un mod politicos. În martie 2005, ne-am găsit în sfârşit o căsuţă mică în oraşul în care munceam. Strânsesem atâta furie în suflet, încât mi-am făcut bagajele pe ascuns şi i-am anunţat pe cei din casă fix în ziua plecării. Au fost surprinşi. Am plecat de acolo fericită! Mi-am aranjat noua căsuţă pe gustul meu, Eric nu era interesat decât de serviciu și de bani. Îmi plăcea noul orășel, Linguaglossa, care era foarte aproape de Vulcanul Etna. Oamenii erau primitori şi locuiau foarte puţini români acolo. La scurt timp ne-am cumpărat un scuter, să ne putem deplasa unde aveam nevoie. Mi-am plătit datoria la bunici și mă simţeam din ce în ce mai liberă, dar nu și fericită. Credeam că, dacă plecam departe de ceilalţi, îmi va fi mai bine, dar nu îmi recuperasem decât liniştea. Îmi lipsea iubirea, acea iubire care să mă facă să simt că trăiesc. Dormeam în pat lângă un om pe care, deși îl cunoşteam mai bine decât oricine, nu îl iubeam. Mi-era drag, dar nu reuşeam să simt mai mult. Mă obișnuisem cu prezenţa și atenţia lui. El era fericit că mă avea lângă el chiar și așa, ca o simplă colegă de cameră, ca o prietenă bună care îl susţinea în toate și îl încuraja. Mă iubea din ce în ce mai mult și mă dorea, dar eu nu eram pregătită să devin femeie. Îl evitam mereu, iar el învățase să aştepte, mă avea doar pe mine, iar eu eram totul pentru el acolo, departe de toți.

*Tu oare cine-mi ești? Eu cine-ți sunt? Între noi doi e atâta drum necunoscut... îmi ții inima pe loc și nu înțeleg de ce! Atât de mult îmi doresc să te doresc, dar nu pot, nu știu să îți fiu! Mi-e inima atât de strânsă, nici tu nu ești fericit așa, dar aici, în lumea asta străină ne avem unul pe celălalt și trebuie să avem grijă de noi. Nu înțelegi multe din câte-ți spun sau poate că nu vrei, dar undeva în sufletul meu știu că nu sunt eu și nu ești tu.*

Gânduri printre rânduri

Începuserăm să trimitem cadouri acasă și uneori bani. Cei de acasă erau bucuroși că eram bine, deși nu știau cât de mult munceam și cât de greu era uneori. Eric lăsa impresia că o duceam foarte bine, de parcă eram într-o poveste, însă nu era chiar așa. Astfel au început să apară și alții care își doreau să vină acolo, crezând că totul era roz. Sora mea Ana a visat dintotdeauna să plece din România și m-a rugat să o aduc și pe ea. Apoi fratele meu a insistat să vină și el. Deși îmi doream să îi ajut, simțeam o ușoară presiune de acasă, ca și cum totul depindea de mine, dar nu le puteam promite că le va fi mai bine, puteam doar să le ofer un adăpost și, eventual, un sprijin financiar pentru o perioadă. Parcă toți încercau să fugă, să scape de ceva sau de cineva, așa cum făcusem și eu. După câteva discuții serioase, am hotărât să îi aduc și pe ei în Italia. Nu făceam mult, dar le deschideam o portiță așa cum mi se deschisese și mie cu câteva luni în urmă. Restul ținea de fiecare, nimeni nu putea garanta pentru altul.

Apartamentul în care stăteam era mic și a trebuit să stăm înghesuiți o perioadă, patru oameni în două camere mici. Au apărut conflicte între noi destul de repede pentru că toți aveam așteptări, însă acestea se rezolvau repede pentru că ne doream să fie bine. La început a fost destulă tensiune în casă, nu am găsit locuri de muncă foarte uşor şi pentru ceilalţi, mai ales că nu vorbeau încă limba italiană, dar în timp s-au acomodat şi s-au descurcat cum au putut singuri. În acea perioadă am descoperit cât de diferiţi eram şi cât de frustraţi, mă copleşea acea atmosferă în care fiecare avea o nemulţumire şi ceva de reproşat. Din fericire, ne salva mereu iubirea dintre noi şi nu ajungeam la conflicte mari, ci doar la scântei care tulburau liniştea.

Am început să căutăm o casă mai mare, în ideea că poate ne vom linişti dacă vom avea fiecare spaţiul lui. La sfârşitul lui septembrie am deschis uşile unei noi case şi ale unei noi poveşti. Trecuserăm de la două camere mici la o casă imensă, cu 3 terase şi curte, unde fiecare avea dormitorul lui şi baia lui. Împărţeam doar bucătăria şi era mult mai bine. Eram recunoscătoare pentru acea casă şi mă bucuram că în sfârşit aveau şi ceilalţi intimitate. Dar rănile din interior se făceau simţite chiar şi aşa, din când în când, prin diverse situaţii şi, din păcate, certurile încă se iscau între noi. Familia lui Eric nu era încântată de venirea fraţilor mei şi îi reproşau acest lucru fără ca ei să înţeleagă faptul că fiecare avea locul lui acolo şi viaţa lui. Îi tot sugerau că ideal era să stăm singuri şi astfel au început alte discuţii obositoare şi inutile între noi doi.

– *Erai prinsă la mijloc*, mi-a spus El, privind adânc în ochii mei.

– *Parcă eram surdă, oarbă...*

– *Ţi-ai ales singură modalitatea în care să-ţi înveţi lecţiile.*

– *Eu credeam atunci că Tu scrii destinele*, I-am răspuns, privind în gol.

– *Nu. Omul îşi alege singur calea.*

– *Dar Tu eşti calea!* I-am zis hotărâtă.

*– Eu sunt calea, adevărul și viața! Dar nu așa cum cred oamenii. Eu doar îi iubesc și le sunt un exemplu. Ei sunt liberi să-și aleagă drumul. Crezi că dacă le-aș scrie Eu destinele, ar fi atât de grele? Nu există iubire mai mare decât libertatea!*

*– Ai dreptate... și totuși noi, oamenii... nu știm să te urmăm.*

*– Voi, oamenii, veniți aici pentru lecții. Pentru tot ceea ce se poate experimenta pe plan fizic.*

*– Dar dincolo e liniște. La ce ne trebuie atâta zbucium?*

*– O să îți dai și acest răspuns la un moment dat.*

*– Dacă te-aș întreba acum totul, mi-ai răspunde?*

*– Ai înțelege?*

Nu am știut ce să-I răspund, poate că nu aș fi înțeles atunci. M-a îmbrățișat cu o căldură greu de descris. El știa mereu să fie acolo, dar eu nu mereu L-am văzut și nu mereu L-am auzit. Nu pleca niciodată, eu eram cea care se ducea departe, iar El îmi dădea libertatea să o fac. Rămăsesem cu gândul la perioada aceea în care, deși îmi doream familia aproape, parcă ne dezbinam mai mult.

Trecuse un an de când eram în Italia și, chiar dacă îmi era bine, lipseau multe. Mi-era dor de cei de acasă, îmi lipseau prietenii, locurile mele de suflet și armonia. O gustam rar și mă bucuram de ea chiar și așa, în doze mici. Cunoscusem locuri noi acolo și în fiecare zi liberă încercam să mă rup de toate și să mă relaxez puțin. Eric, însă, era foarte agitat, nu avea răbdare să se bucure de micile plăceri ale vieții, părea prins într-o lume în care era doar el și goana după bani.

– Hai să mergem! mi-a spus Eric într-o zi în care eram la mare, pe plajă.

– Unde? Am venit abia acum o oră, am adăugat nedumerită.

– La cumpărături.

– Tu vorbeşti serios?

– Da, hai că nu avem timp de pierdut! mi-a spus el serios.

– Nu înţeleg de ce am mai venit, sincer. Muncim non-stop! Lunea e ziua noastră de pauză de la tot. Nici cumpărături nu vreau să fac şi ştii asta. Ritmul ăsta nu ne ajută să ne odihnim.

– O să ne odihnim diseară.

– Putem merge mâine la cumpărături. Nu te înţeleg...

– M-am plictisit. Hai...

– Te-ai plictisit să te relaxezi? Să te odihneşti?

– Am zis că mergem. Punct.

– Minunat! Din şapte zile pe săptămână, avem liberă una singură dar nu facem nimic să ne bucurăm de ea. Alergăm pe drumuri între supermarketuri să-ţi satisfaci tu poftele. Eu vreau să mă odihnesc. Să mă uit la marea asta cât este de frumoasă! O vezi? O auzi? Tu eşti prezent vreodată?

– Sunt alte lucruri mai importante.

– Mai important decât să trăieşti? Pe bune?

– Nu începe...

– Mă simt ca un robot! Vreau să mă simt om măcar o zi pe săptămână.

– Termină cu discuţiile astea. O să avem timp pentru toate.

– La tine totul e pe repede înainte. Din cauza asta nu pot să simt mai mult...

– Să simţi ce? m-a întrebat nelămurit.

Îmi dădusem seama în acel moment că încă nu-l iubeam cu adevărat, pentru că el nu îmi dădea timp. Nici măcar nu știa să se comporte ca un iubit, de cele mai multe ori tot eu îl îmbrățișam pentru că aveam prea multe goluri de acoperit, aveam nevoie de afecțiune, iar el, deși spunea că mă iubea, nu îmi arăta niciun strop de iubire. Îmi făcea cadouri și credea că mă bucura cu ele, dar pentru mine nu erau atât de importante. Mi-am strâns lucrurile și am plecat fără să mai comentez ceva, dar în acele momente realizam că viața nu se trăia pe fugă și nici nu era bine să îți amâni bucuriile pentru că timpul este limitat. El doar trece... În timp ce eu îmi strecuram momente de fericire printre greutăți, Eric se grăbea să ajungă la marea fericire pe care credea că o putem atinge abia la final de călătorie, iar lucrul ăsta era atât de absurd! Îmi rămâneau doar visurile, care parcă și ele se ascundeau în ceață.

La un moment dat, fratele meu s-a mutat în altă casă și am rămas numai trei. În urma unor discuții cu soția lui geloasă, s-a hotărât să plece și să o aducă și pe ea acolo. Au fost niște neînțelegeri atât de grave, încât s-au rupt de tot legăturile între noi. Mi se părea absurd, dar nu aveam ce să fac, fiecare a luat-o pe drumul lui. Rămași în trei, aveam rar discuții, respectam niște limite și nu ne jigneam, rezolvam noi cumva toate problemele. Uneori simțeam că toate veneau de la Eric, care era foarte încăpățânat și mereu sfătuit de acasă ce și cum să facă, iar eu le suportam pe toate, eram mereu între două tabere și tare dificil îmi era.

La scurt timp, Eric l-a adus la noi și pe fratele lui, cu care nu se înțelegea mai deloc. Nu-mi plăcea relația lor și mă făcea să fiu rece cu Carol. Eram indiferentă, deși nu aveam nimic cu el, dar comportamentul lui față de Eric mă făcea să îl resping, să îl țin departe involuntar. Ana se înțelegea bine cu el. Eu căutam liniște și armonie între noi și propuneam mereu ca în timpul liber să ne jucăm ceva, să ieşim la plimbare sau să mâncăm în oraş. Uneori chiar ne distram şi lăsam problemele şi munca deoparte. Alături de alţii ne simţeam mai bine decât atunci când eram doar eu cu Eric – aveam rar momentele noastre de cuplu.

După doi ani ne-am întors în România, în concediu. Nu petrecuserăm niciodată atât de mult timp departe de familia mea. Revederea a fost cu bucurie şi cu multe lacrimi, ne-am dus acasă neanunţaţi, a fost o surpriză şoc pentru toţi. Le-am adus cadouri tuturor şi am stat o lună, care a trecut parcă prea repede. În acea perioadă, Eric m-a cerut de soţie, dar a fost un moment pe care nu mi-l amintesc cu drag. Deşi îşi dorea să fiu soţia lui, nu ţinea cont de faptul că eu visam să o fac cu acordul părinţilor, iar el îl avea şi fără să îl ceară oficial. Mi-am dorit însă o cină în familie, să le spunem tuturor ce planuri de viitor aveam, dar Eric nu a fost încântat de idee, cu toate că toţi ştiau ce ne doream şi ne susţineau. Nu era o întâlnire în care să cerem permisiunea, ci o întâlnire în care doar voiam să împărtăşim cu ei dorinţele noastre. Ne-am certat pentru simplul fapt că eu am vrut să-mi împart bucuria cu cei dragi, iar el a spus că nu era treaba lor şi că nu avea nevoie de acordul nimănui pentru ceea ce voia să facă. M-a dezamăgit foarte mult, în timp ce eu îi fusesem alături la orice şi nu îi refuzasem nicio bucurie. A fost un moment în care ar fi trebuit să constat multe lucruri, dar nu le-am văzut sau nu am avut curajul să le văd. Tot ce ştiam era că inima mea era în suferinţă. Am organizat, totuşi, cina în familie, însă Eric nu le-a spus ceea ce-mi spusese şi mie şi s-a prefăcut la masă tare bucuros şi mândru de faptul că mă avea lângă el şi că îşi realiza visurile încet-încet. Se simţea deasupra tuturor, deşi era departe de a fi acolo.

În acel concediu i-am cumpărat mamei o maşină de spălat rufe automată, ştiam cât de mult ar fi ajutat-o. S-a bucurat atât de mult, încât a plâns. Era modul meu de a-i mulţumi pentru tot ce făcuse ea pentru mine - şi făcuse destule, aşa cum a ştiut şi cum a putut. Am încercat să petrec cât mai mult timp cu familia şi prietenii şi am ieşit la plimbare. A fost o lună memorabilă. Am plecat înapoi, în Italia, cu lacrimi în ochi şi cu promisiunea că mă întorc cu fruntea sus.

Eu şi Eric eram extrem de diferiţi, ne doream lucruri diferite şi nu înţelegeam ce ne lega de fapt. El devenise dependent de mine, iar eu îmi pierdeam identitatea cu fiecare zi care trecea. Avea tot felul de metode să mă convingă să cedez, să rămân, să fac cum spunea el şi eu credeam că poate era mai bine aşa. Nu aveam destulă încredere în propriile forţe şi devenisem o victimă cu voia mea. Simţeam des ceva în interior, care îmi spunea să mă rup de el şi de câte ori încercam să o fac se termina cu drame. Nu concepea o despărţire, dar nici nu ştia să clădească o relaţie. Nici eu nu ştiam prea multe, însă eram un om pozitiv, cu dragoste de viaţă, şi simţeam că undeva în mine nu era doar o scânteie, ci un foc mare pe care trebuia să-l las să ardă. El îl stingea mereu fără să îi pese dacă era corect sau nu, fără să întrebe ce simţeam eu sau ce voiam, avea impresia că tot ce se afla în mintea lui era bine şi pentru mine. Mă resemnam de fiecare dată. Curajul mi-era un cuvânt străin!

*Aş vrea SĂ FIU pur şi simplu, să simt, să omor teama care mă omoară, care mă lasă fără mine. Uneori îmi vine să urlu să pot, să plec! Să fiu doar eu cu mine, fără umbre, fără nori. Nici nu mai pot să scriu, deşi mi-e călimara plină, iar amintirile se sting când se aprind altele. Nu vreau să le pierd. Dar la ce mă ajută atâtea bagaje de lacrimi? Îmi vreau curajul! Curajul la care visez! Şi dacă îl visez, înseamnă că undeva EXISTĂ!*

Gânduri printre rânduri

Munceam foarte mult şi aveam puţin timp liber pe care eu preferam să îl petrec afară, să cunosc oameni noi şi să văd locuri interesante. Adoram acea insulă, mă simţeam ca acasă şi uneori îmi doream să rămân acolo pentru totdeauna. Simţeam că aveam mai multe şanse să duc o viaţă mai bună, dar în acelaşi timp trebuia să mă mulţumesc cu munca de jos şi nu îmi doream acest lucru. Voiam să cresc şi profesional, nu uitasem că visam de mică să ajung „mare". Visam des cu ochii deschişi la cum ar fi fost dacă mi-aş fi ascultat inima şi, uneori, în visurile mele era un alt bărbat, unul care îmi respecta sufletul. Zâmbeam cu gândul la el, dar el nu apărea niciodată în viaţa reală, rămânea acolo, în vis. Probabil nu ştiam să îl aduc în viaţa mea, aşa cum nu ştiam nici să ies din acea poveste în care eram mai mult tristă. Mă gândeam că aş dezamăgi multă lume, fară să mă gândesc vreo secundă dacă alţii chiar îşi făceau griji pentru sufletul meu. Poate nu multora le păsa.

Timpul avea timpul lui, iar eu îl aveam pe al meu şi nu ne sincronizam niciodată. Era prea scurt când aveam o bucurie şi prea lung când aveam o durere. Deşi nu îmi lipsea nimic, îmi era străin totul, în mine simţeam goluri imense pe care banii nu le puteau acoperi. Îmi doream fericire, dar nu o cunoşteam prea bine şi nu ştiam cum era. Mă hotărâsem să ignor orice mă supăra, convinsă fiind că am deschis uşa spre fericire. Mă hotărâsem chiar să devin femeie, aveam 21 de ani şi nu ştiam cum era să primesc un bărbat în totalitate în braţele mele şi în inima mea. Visam la prima noapte de dragoste de mult, dar Eric nu mă făcea să mi-o doresc, era mai mult o curiozitate, iar timpul îmi şoptea că am aşteptat prea mult.

*Vreau să devin femeie, să îmi iau adio de la fetiţa plângăcioasă şi plină de temeri. Vreau să alunec tremurând în braţele unui bărbat care să mă iubească. Să îl iubesc și eu! Vreau să devin femeie, poate într-o zi chiar mamă. Vreau să vibrez învăluită de iubire, căci timpul îmi trece rapid și n-am să fiu tânără și frumoasă mereu. Vreau să devin femeie, pentru că asta e esența mea, iar în sufletul meu e un foc neaprins... să mi-l aprindă cineva!*

Gânduri printre rânduri

Cu puțin înainte de sărbătorile de iarnă, am trăit prima noapte de dragoste la care visam demult. Vorbisem despre asta cu Eric, să fiu sigură că o să fie bine. Nu știam nimic despre sex, poate puțin despre iubire. Am aprins câteva lumânări să-mi ghideze sufletul, dar el era departe. Am cunoscut câteva senzații noi, dar nu și acele emoții intense la care visam. Eram prezentă, deși ar fi trebuit să mă pierd. Eric era fericit, eu doar bucuroasă pentru o experiență nouă. Scânteia era slabă, iar fiorii prea puțini. Și cum aș fi putut să găsesc femeia din mine dacă nu știam nici măcar cine eram? Cum ar fi trebuit să fie o noapte de amor? Aveam sufletul gol... doar inima lui bătea fericită.

*Mamă, de ce nu mi-ai spus niciodată nimic despre iubire, ci doar despre cât de rușinos este sexul? A fost sec, mamă... nu a fost rușinos. Nu m-am pierdut în inima lui, iar tu nu m-ai învățat niciodată cum să devin femeie. Mi-ai spus doar că doare, dar nu m-a durut fizic, ci doar emoțional. Nu mi-ai povestit nimic despre atingerea sufletului, dar voi învăța în timp, știu că nu așa trebuie să fie!*

Gânduri printre rânduri

A urmat o perioadă în care parcă așteptam să simt ca prin minune acea iubire nebună, dar în același timp aveam toate sentimentele blocate. Aveam mii de gânduri şi dorinţe, dar nu mă regăseam nicăieri. Îmi plăcea să evadez uneori. Ieşeam la plimbare şi mă opream în parcul din apropierea casei. Aveam o băncuţă a mea de unde puteam să privesc vulcanul. Priveam în sus ca şi cum aş fi privit o scenă care mă aştepta să urc acolo. Tot ce trebuia era să merg spre ea.

– *Tu ştii ce nu uitam niciodată?* L-am întrebat, ieşind câteva secunde din amintirile pe care le retrăiam.

– *Să te rogi seara, înainte să adormi,* mi-a răspuns zâmbind.

– *Mă auzeai?*

– *Da.*

– *Nu mi-ai răspuns niciodată.*

– *Aşa spun toţi... dar când omul nu ascultă cu sufletul e ca şi cum ar fi surd. De câte ori m-ai auzit?*

– *Niciodată...*

– *De câte ori m-ai ascultat?*

– *Să te ascult?*

– *Vocea ta interioară...*

– *Eşti TU?*

– *E singurul meu mod de a ajunge la inima omului, dar omul e obişnuit să vadă ca să audă. De câte ori m-ai văzut?*

– *Niciodată...*

– *Pentru că nu ai privit cu ochii sufletului, iar atunci când nu o faci, oriunde te-ai uita e în zadar. Nicio cale nu are hartă dacă eşti orb. Bâjbâi în întuneric...*

– *Dar credeam... speram...*

– *Visai...*

– *Aşteptam o minune.*

*– Minunile și le face omul cu mâna lui, la fel și dramele.*

*– Cum reziști să vezi atâtea? Atâta... nu știu, nu știu cum să-i zic!*

*– Rătăcire...* mi-a răspuns oftând, privind pământul.

*– Poate că un singur cuvânt nu le cuprinde pe toate.*

*– Eu nu am altceva decât IUBIRE pentru oameni. Din iubire le ofer LIBERTATE, iar ei se rătăcesc. E dreptul lor să-și aleagă drumul.*

– *„Eu sunt calea, adevărul și viața”*, I-am spus cu jumătate de voce. Nu era prima dată când vorbeam despre acest lucru, dar simțeam nevoia să-l repet, să nu mai uit niciodată!

– *Fii omul pe care vrei să îl urmezi!* mi-a spus El.

Avea dreptate! Eu nu știam cine eram și nu știam încotro s-o pornesc, mă lăsam ghidată de alții și niciodată nu nimeream pe drumul meu. Apăreau astfel conflicte, reproșuri, dezamăgiri și rupturi. Deveneam străini printre străini, iar asta mă făcea să adorm aproape în fiecare seară lăcrimând. Mi-era dor de „acasă”, de căldura unui cămin și a unei familii. Mi-era dor de iubire! Dar oare iubirea cum era? Ce culoare avea? Ce gust? Ce senzații?

Cunoscuserăm oameni buni acolo care ne-au ajutat mult, cunoscuserăm români care se chinuiau să-și ducă zilele, puțini erau bine, am auzit povești triste și am înțeles, odată cu ele, că eram norocoasă. Trăiam într-o casă spațioasă, aveam un serviciu bun și nu îmi lipsea nimic. Reușeam să pun bani deoparte și să trimit și acasă sume la care nu visasem vreodată. Eram tare fericită că puteam să îmi ajut familia. Aproape în fiecare lună le trimiteam și lor o parte din ce câștigam eu, chiar dacă Eric nu era încântat de idee, dar aveam tot dreptul să-mi gestionez banii cum doream.

Îmi aduc aminte că peste drum de noi locuia o femeie, în casa unde am stat noi înainte să ne mutăm. Venise singură, apoi şi-a adus şi cei doi copii de cinci şi şapte ani. Era divorţată şi se lupta singură să îşi crească copiii. Avea o relaţie cu un tip dubios, de câte ori era plecată ea, auzeam copiii plângând. Cred că îi lovea. Într-o zi i-am spus şi am rugat-o să îi lase şi în grija mea. Uneori îi trimitea la mine, iar ei erau tare bucuroşi pentru că aveam o piscină pe terasă şi le făceam toate poftele. Preferam să îmi asum eu responsabilitatea decât să-i mai aud plângând. La un moment dat nu i-a mai lăsat, probabil din cauza lui şi am simţit asta în vocea ei când mi-a spus-o. Nu înţelegeam de ce stătea cu acel bărbat, se vedea pe faţa ei că era nefericită. Mi-erau tare dragi copiii, mai uitam şi eu de ale mele când stăteam cu ei. După ce şefa mea de atunci a născut, îşi aducea fetiţa la bar uneori şi mi-o lăsa mie, ea fiind foarte obosită şi stresată că nu dormea noaptea. La mine în braţe era tare liniştită. Mă bucuram că aveam copii aproape, îmi lipseau ai mei de la „Zâmbet" şi mai ales cei din familie. Uneori visam şi eu să am copiii mei, dar pentru acest lucru era nevoie de multă iubire. Încă nu o simţeam...

Timpul trecea, iar ambiţia lui Eric creştea zilnic, se înscrisese la şcoala de şoferi şi, pentru că nu mai avea răbdare, m-a convins să ne cumpărăm o maşină înainte să îşi ia permisul. Ne-am bucurat tare mult de ea, dar pe mine nu mă încânta să constat cât preţ punea el pe lucrurile materiale. Nu-l bucura nimic altceva atât de mult! Aveam des discuţii despre asta, el aştepta să fie fericit, nu putea să fie pur şi simplu, avea nevoie să ajungă la final pentru a-şi trăi emoţiile. Pierdea atâtea momente preţioase, atâtea apusuri, rata luna plină şi stelele pe care eu le admiram lacomă seara de pe terasă, pierdea soarele care strălucea deasupra mării şi muzica valurilor. Trăia pentru mai târziu...

În 2007 ne-am invitat familiile la noi pentru că aveam spaţiu suficient să îi cazăm. Au venit pe rând, fiecare cum a putut. Toţi au fost impresionaţi de cum trăiam acolo, de cât munceam şi mai ales de locurile în care i-am dus. Având maşină, aveam libertatea să mergem unde voiam. I-am dus pe toţi în cele mai frumoase locuri din Sicilia: Taormina, Giardini, Agrigento, Catania, Messina, în multe orăşele din zona unde locuiam, la mare, la Etnaland şi sus pe Etna, faimosul Vulcan de pe insulă. Au petrecut alături de noi vacanţe de neuitat! M-am bucurat din plin de acele momente, însă nu simţeam aceeaşi bucurie şi la Eric, părea că mai degrabă se lăuda cu viaţa lui şi devenise uşor arogant. Începuse să invite pe oricine la noi acasă, numai să se laude cu reuşitele care nu erau doar ale lui. Aştepta aprecieri din toate părţile, trimitea acasă filmări cu ce îşi cumpăra, cu plimbările noastre, dar în realitate nu se bucura cu adevărat de ele, ci doar încerca să demonstreze şi să arate ce făcea şi ce avea el. Mi se părea absurd. Şi eu mă bucuram de tot, dar nu simţeam nevoia să mă laud cuiva, dimpotrivă, mereu am fost discretă şi nu a ştiut nimeni, niciodată, ce aveam sau cât aveam.

Luna iulie a adus şi o veste tristă pentru mine şi sora mea. Bunicul nostru care suferea de cancer se stinsese din viaţă. Tocmai ce mă gândisem să mă duc acasă, să îl prind în viaţă măcar o zi, dar nu am apucat. Aşteptam vestea de ceva timp şi, deşi credeam că eram pregătiţi toţi pentru acel moment, nu a fost aşa uşor. Îl sunasem des în acea perioadă, dar el aproape că nu mai putea să vorbească, l-am simţit prin telefon cum se stingea puţin câte puţin, iar eu eram neputincioasă. Nu puteam să îl ajut cu nimic şi, chiar dacă abia lega două cuvinte, îi vorbeam eu, să ştie că îi eram alături, să simtă că îmi păsa de el. Mă durea depărtarea, dar locul meu era acolo. Încă o întâlnire cu moartea, care nu-mi mai era de mult străină, însă nu o puteam accepta atât de uşor. Am plecat în ţară cu primul avion să pot măcar să-mi duc bunicul pe ultimul drum. Aproape că nu l-am recunoscut, era atât de slab, încât părea alt om. A fost şocant. Am stat o săptămână acasă alături de familie, ne-am ajutat cum am putut, ne-am consolat între noi şi am încercat să nu o facem pe bunica să se simtă singură. M-am rugat pentru sufletul lui şi pentru toţi ceilalţi, să le fie bine, să-şi regăsească liniştea curând.

Am plecat tristă, cu zeci de rugăciuni în suflet şi cu speranţa că timpul ne va readuce armonia pierdută odată cu bunicul. Era o altă etapă a vieţii, una dureroasă şi greu de depăşit. Îmi rămăseseră însă amintirile din copilărie, amintiri pe care nu poate nimeni să mi le ia vreodată, ele rămân vii!

În 2008, ultimul an în care am stat în Sicilia am cunoscut mafia şi carabinierii, cele două tabere opuse. Eric se împrietenise cu capul mafiei din oraşul unde locuiam, iar eu uram asta, ne certam mereu când ieşea cu el. Era fascinat şi curios să cunoască lumea mafiei siciliene. Pe de altă parte, mareşalul carabinierilor încerca să ne convingă să fim spionii românilor. Ne-am trezit într-o zi cu trei maşini de carabinieri la uşă. Toată strada se uita pe fereastră şi probabil se gândeau toţi că am comis vreo infracţiune. Nu ne aşteptam să primim o aşa propunere stupidă, nu aş fi acceptat niciodată să-mi spionez semenii. Cunoşteam aproape toţi românii de acolo şi erau oameni simpli, care munceau. Mi se părea absurd! Era treaba autorităţilor, nu a noastră. Din fericire, mareşalul a înţeles că noi veniserăm acolo doar să muncim o perioadă şi preferam să stăm departe de activităţi care nu ne făceau cinste. Eric a profitat de acea situație și i-a spus surorii mele că era mai bine să se mute în altă parte, să nu avem probleme. Nu voia să își asume responsabilitatea pentru ea, deși nu era cazul. Cu fratele lui nu a procedat la fel, iar eu nu am putut să îi scot din cap acea idee. Ana s-a mutat într-un apartament mititel sub noi, însă îi era greu cu cheltuielile singură. S-a resemnat și s-a descurcat cum a putut, dar între noi se schimbase totul. Eram tot mai străini. La scurt timp, Carol a plecat și el înapoi în țară, pentru că rămăsese fără serviciu și nu mai găsea altul, iar părinții lui îl presau să meargă la facultate. Rămăseserăm într-o casă imensă doi oameni care nu împărtășeau aceleași sentimente și nici aceleași bucurii. Nici discuțiile nu luaseră sfârșit, așa cum speram eu. I-am spus lui Eric că nici atunci când rămâneam singuri nu se schimba nimic, așa cum îl făcea mama lui să creadă, dimpotrivă, chiar și el se simțea ciudat și căuta mereu motive să invite oameni la noi, să fie casa plină. Rareori stăteam singuri. Eu continuam să mă amăgesc că poate, în timp, o să ne fie mai bine tuturor, când ne vom așeza fiecare la locul lui. Mă mințeam singură.

Într-o zi am fost contactați de unchii lui Eric. Erau în faliment și riscau să piardă și casa. Aveau datorii imense și nu mai găseau nicio soluție în România. Aveau nevoie urgent de ajutor. Am încercat să-i ajutăm așa cum am făcut și cu ceilalți și i-am adus și pe ei la noi. Trecuți de 40 de ani, nu cunoșteau limba și erau disperați. Mătușa lui era o femeie extraordinară și se bucurase mult de ajutorul oferit, în condițiile în care ar fi putut să îi ajute chiar fiica lor care venise pe neașteptate acolo, înaintea lor. O adusese un prieten de-al nostru, italian, cu care avea o relație despre care noi nu știam. El era cu 22 de ani mai mare decât ea, dar nu conta, era bogat, iar ea era fericită că îi oferea o viață de lux. Au rămas împreună. Pentru unchii lui Eric găsiserăm niște locuri de muncă la o fermă, unde aveau şi cazare. Le-a fost greu o perioadă, dar s-au acomodat. După un timp s-au mutat la noi, au schimbat serviciul şi apoi s-au mutat singuri. O altă poveste cu peripeţii, dar fiecare îşi găsise locul. Când eram liberi ne întâlneam, mâncam împreună sau mergeam la plimbare să cunoască şi ei insula şi să se detaşeze puţin de problemele de acasă. Le-au rezolvat pe toate în timp, cu multă muncă şi multe lacrimi, dar au reuşit.

În 2008 ne-am hotărât să ne întoarcem în ţară. Eu nu mai voiam să muncesc ilegal, singurul care avea contract de muncă era Eric. Mulţi români munceau fără acte şi erau exploataţi, nimeni nu le apăra drepturile şi nici ei nu aveau încotro. Riscau pentru a strânge un bănuţ pentru familie. Era un lucru care nu îmi plăcea la Italia, faptul că se muncea mult ilegal. În rest mi se părea totul frumos şi liniştit. Puţini străini munceau legal şi, chiar şi printre italieni, se găseau angajaţi fără contracte. Şi ei se plângeau de acest lucru. Ana a vrut să rămână, din fericire ea reuşise să obţină un contract de muncă, deşi cu greu. O admiram pentru curajul ei, practic rămânea singură într-o ţară străină, unde avea doar câţiva prieteni şi atât. Eu şi Eric strânseserăm destui bani cât să pornim o mică afacere împreună, dar visurile noastre erau extrem de diferite. Deşi părea că era totul în regulă, nimic nu era la locul lui. El îşi cumpărase o parte din ce avea nevoie să putem deschide o pizzerie. Vândusem şi maşina, cumpărasem o dubă să putem transporta totul în România şi era foarte încântat. Visul lui era pe cale să se împlinească. Mă bucuram pentru el, dar nu şi pentru mine. Eu îmi doream altceva, dar pentru el nu conta. Plănuise deja totul, banii, locul, cum o să arate etc. Dacă nu i-aş fi dat şi banii mei, nu ar fi reuşit să-şi împlinească visul atunci şi nici eu nu puteam să fac ce îmi doream. Ar fi trebuit să mai muncim vreo doi ani. Am cedat eu, fiind convinsă că, după această perioadă, îmi va veni şi mie rândul. Visul meu avea răbdare, la fel şi eu, în timp ce Eric era nerăbdător. La sfârşitul lui noiembrie am plecat definitiv din Sicilia. Ne-am luat bagajele şi visurile şi am pornit spre casă.

– Doamne... au trecut patru ani, i-am spus lui Eric, privind în urmă.

– S-au dus repede, da.

– S-au întâmplat atâtea în patru ani... oare ce ne mai aşteaptă?

– Succesul! Ţi-am promis că la întoarcere o să fie altfel. Nu mai suntem mici şi săraci. O să ne meargă foarte bine, o să vezi.

– Avem multe de învăţat. E ceva nou şi nu tocmai uşor, ştii da?

– Ştiu, nu-ţi face griji! mi-a spus el convins.

– Îmi doresc doar să trăim în linişte, atât.

– Ştiu că în cei patru ani nu a fost totul roz, dar ne-am mai maturizat şi noi între timp. Am crescut împreună.

– Şi totuşi nu uita că încă avem viziuni diferite şi visuri diferite.

– Toate la timpul lor. Începem cu ce am stabilit.

– O să te ajut la fel ca până acum, dar sper să înţelegi că eu vreau altceva şi nu mereu o să fim împreună să facem aceleaşi lucruri. Nu vreau să ne pierdem visul pentru care am plecat. Al tău e aproape împlinit.

– Ştiu şi îţi mulţumesc pentru tot! Să nu crezi că nu văd efortul pe care l-ai făcut în aceşti ani. Poate că nu am ştiut să-ţi arăt recunoştinţa şi nici aprecierea mea, dar ele există. Eşti singura care mi-a fost alături şi m-a sprijinit, singura care crede în mine. Sunt cel mai fericit om că te am!

– Poate că ar trebui să înveţi să arăţi că te bucuri, să o spui. Să fii mai prezent.

– O să am timp şi pentru asta când o să mă văd acolo unde mi-am propus să ajung. O să fim fericiţi cu adevărat.

– Nu trebuie să-ţi amâni fericirea clipelor mici pentru cele mari, Eric. Când o să înţelegi asta? Nici nu ştii câte ratezi...cele mai multe bucurii sunt fix cele mici. Adunate, ajungi la fericirea aia mare.

– Eşti tu mai visătoare şi mai sensibilă.

– Sunt mai prezentă, atât. Ştiu că fiecare lucru are timpul lui şi nimic nu se trăieşte de două ori. Eu m-am bucurat de insula asta la maximum pentru că nu ştiu dacă o să am ocazia să o revăd.

– Când o să avem mulţi bani, o să ne plimbăm în toată lumea.

– Cine e visător acum?

Nu a răspuns. Am mers trei zile aproape fără să ne oprim. Luam pauze mici ziua, iar în cele două nopţi am dormit doar câteva ore, în maşină. A fost extrem de obositor, dar entuziasmul era mai puternic şi dorul de casă ne grăbea. Am vorbim multe şi ne-am făcut planuri pentru tot ce urma să se întâmple. În Austria am prins vreme frumoasă, dar în Ungaria a plouat foarte tare şi am fost nevoiţi să mergem foarte încet. Când am intrat în România, abia mai ţineam ochii deschişi, dar Eric nu a vrut să ne oprim să dormim undeva şi nu se dezlipea de maşină, ştiind că avea totul acolo. Am ajuns acasă epuizaţi. Era sfârşitul lui noiembrie şi începutul unei noi etape.

– *Ţi-a rămas un vis neîmplinit în Italia*, mi-a spus El, privindu-mă în ochi.

– *Roma! Am ocolit-o de două ori*, I-am răspuns râzând.

– *Ce entuziasmată erai cu gândul la ea...*

*– Daaaa! Prima dată când am plecat să cumpărăm duba dintr-un orășel învecinat. O luasem și pe mama, care era în vizită la noi. Venise și unchiul lui Eric. Ar fi fost frumos să o vizităm împreună, dar el nu a vrut, a zis că nu avem timp. Așa făcea mereu. Tăia toate bucuriile de pe listă chiar și atunci când ele erau la un pas de noi. Iar a doua oară am trecut pe lângă ea când ne-am întors în țară și nici atunci nu a vrut să o vizităm, a zis să ne grăbim spre casă. Ploua și avea o scuză în plus. Nu înțelegeam niciodată de ce atâta grabă și de ce se lipsea de atâtea bucurii. Îmi tot spunea că e timp... dar el nu știa că timpul nu se întoarce niciodată!*

*– Spera ca visul lui să prindă viață cât mai repede...*

*– Stai puțin! Tu ai fost și în sufletul lui, I-am spus, fără să-i dau voie să-și termine fraza.*

*– Un suflet cusut și peticit pe care îl poartă și azi.*

*– Încă are rănile deschise, așa-i?*

*– Aproape toate...*

*– Of... nu m-a ascultat niciodată.*

*– Nici pe mine...*

Sufletul găzduiește un entuziasm greu de măsurat sau de imaginat și, chiar și atunci când îl mistuie frica, el merge înainte.

Sufletul are o forță incredibilă!

Visând, el poate călători neobosit. Aleargă și, dacă nu poate, se târăște, dar nu se oprește niciodată! Visul este cel care ne dă puterea să zburăm oricât ar fi de greu! Visul ne luminează și calea cea mai întunecată.

Am cunoscut o altă lume, iar acolo alte dureri, dar și alte bucurii. Am plecat copil și m-am întors adult, sau cel puţin aşa am crezut. Am învăţat să am grijă de mine, dar nu şi de sufletul meu, lucru pe care l-am înţeles aproape prea târziu. Schimbările sunt dificile, dar fără ele stăm pe loc.

Ceea ce am numit eu curaj în acei ani a fost o simplă evadare din viaţa care nu mi-a surâs prea mult şi, mai ales, a fost o demonstraţie. Am vrut să le arăt tuturor că pot fără să ştiu ce vreau. Am plecat spre libertate, dar m-am închis singură într-o colivie de aur care strălucea frumos. Înăuntru se stingea lumina încet-încet.

Am învăţat să fiu responsabilă, dar nu să îmi asum. Am învăţat că ceea ce ai nu te defineşte ca om, iar lucrurile nu au preţ, ci valoare, cea pe care tu o dai. Mi-am păstrat iubirea pentru viaţă şi bucuria pentru lucrurile mici şi oriunde aş fi în această lume voi pune accentul pe sufletul omului. Lucrurile sunt doar lucruri.

O altă lume înseamnă un alt om. Uneori mai bun, alteori nu.

O altă lume însemnă să creşti, să înveţi să zbori, dar mai ales să cazi! Înseamnă să înveţi să te ridici fără să te uiţi în jurul tău, pentru că ştii că eşti doar tu cu tine.

O altă lume mi-a fost o călătorie spre necunoscut, care m-a dus şi mai departe de mine. Mi-a rămas recunoştinţa pentru oamenii întâlniţi, pentru locurile vizitate şi, mai ales, pentru lecţiile învăţate!

# Succesul

Iarna bătea la uşa sufletului meu, care era deja îngheţat şi speriat de noul început. Îmi doream o pauză, însă nu era timp pentru ea, îmi doream să-mi odihnesc fiinţa obosită de atâtea schimbări şi emoţii. Voiam un colţişor de linişte să mă adun înainte să mă arunc în noua etapă despre care nu ştiam ce-mi va aduce. Tot ce ştiam era că mă întorsesem acasă, dar acasă era totul diferit. Casa părintească fusese renovată între timp, iar oamenii pe care îi lăsasem în urmă parcă nu mai erau la fel. Sau mă schimbasem eu...

– *Erai tu altfel*, mi-a spus El, făcându-mi semn să Îl urmez.

– *Încotro?* L-am întrebat nedumerită.

Nu mi-a răspuns. Am ieşit din curte şi am mers în urma Lui fără să mai pun întrebări. Ne-am oprit într-un loc pe care nu-l cunoşteam şi nu înţelegeam ce căutam acolo. Eu nu-mi doream decât să îmi aşez trecutul la locul lui. Era o grădină cu multe flori şi cărări înguste. În centrul ei se aflau o fântână arteziană şi o băncuţă de lemn. Nu era nimeni.

– *Ce facem aici?* L-am întrebat, privind curioasă în jurul meu.

– *Ai vrut linişte.*

– *Am vrut atunci.*

– *Şi acum nu mai vrei?*

– *Acum e linişte,* I-am spus.

– *Şi în tine cum e?*

Nu am ştiut ce să Îi spun, în mine era gălăgie, iar eu ştiam, dar nu aveam încă puterea să o recunosc. Liniştea mea era departe.

– *Cum a fost revenirea acasă?* m-a întrebat.

– *„Acasă”... Nu mi-am regăsit nici casa şi nici locul mult timp după ce m-am întors. Parcă mă rătăceam pe zi ce trecea. Eric se mutase la mine pentru că nu aveam un alt loc unde să stăm şi mi s-a părut totul foarte ciudat. Îmi doream o pauză. Un colţ al meu. Timp pentru mine să mă regăsesc.*

– *Îţi era teamă, de fapt.*

– *Teamă?*

– *Teamă de eşec, să nu fi umilită iar...*

– *Am simţit multe presiuni atunci. Toţi aveau aşteptări de la noi, iar Eric vorbea despre lucruri greu de realizat. Aproape toţi se îndoiau că vom reuşi, chiar şi familiile noastre. Mă dobora descurajarea lor, iar eu mă prefăceam că sunt puternică şi că pot, că nu era greu deloc şi că ştiam ce aveam de făcut, dar în realitate sufletul meu plângea şi tânjea după sprijin. Eric părea de fier, dar eu îl cunoşteam mai bine decât oricine şi ştiam că şi lui îi era teamă. Nu am vrut să-mi simtă nesiguranţa, pentru că el simţea că se putea baza doar pe mine. În faţa celorlalţi adoptasem o atitudine de gladiator, dar în faţa mea eram pierdută.*

– *Erai, totuşi, puternică în fața fricii*, mi-a spus El, zâmbind.

– *Nu am avut de ales. A trebuit să mă acomodez repede cu noua casă, cu oamenii din viața mea pe care nu îi mai vedeam la fel. A trebuit să învăț să construiesc cu mâinile goale.*

– *Cu sufletul mai mult.*

– *A rezistat săracul... lucrurile s-au întâmplat repede. Ne-a ajutat foarte mult faptul că aveam bani şi un plan, dar am primit şi ajutorul familiei. Într-un final au înțeles că noi voiam altceva şi că a fi diferit nu înseamnă greşit. Fiecare zi era o provocare, o cursă nebună contracronometru în care trebuia să bifăm câte ceva din planul stabilit. Trebuia să construim un imperiu, asta era tot ce ştiam şi ne motiva foarte mult. Deşi eu visam la altceva, îmi pusesem toată pasiunea în visul lui Eric în care investisem şi eu mulți bani şi multă energie. Dormeam puțin, munceam mult la amenajarea spațiului şi alergam după acte şi aprobări. O nebunie, dar am decis atunci să fie şi visul meu, să mă simt parte din el, să pot rezista.*

– *Ai fost deschisă, gândindu-te că, dacă lupți pentru visul altuia, şi altul va lupta pentru visul tău. E o zicală care spune aşa: „Ajută-l pe altul să-şi construiască visul şi se va împlini şi al tău!”*

– *Nu regret că l-am ajutat pe Eric. Ştiam cât de mult îşi dorea şi cât de mult muncise patru ani pentru acel vis. A plâns de multe ori de oboseală, de frustrare, de neputință, iar eu i-am fost alături, nu l-am lăsat singur. De câte ori îi pierea entuziasmul, eu îi aminteam pentru ce lupta. Îl admiram pentru curajul lui şi pentru dorința lui atât de puternică de a construi ceva atât de mare. Odată cu el am învățat să visez şi eu. Visul meu era mic, îmi doream să merg la facultate şi apoi să lucrez cu copiii abandonați.*

– *Nu era un vis mic, ci unul măreţ. Tu nu visai să faci bani, tu visai să ajuţi alte suflete, în timp ce alţii sunt prinşi în goana după averi.*

– *A rămas un vis...* am spus resemnată.

– *Nu poţi salva o lume întreagă singură, dar poţi face o diferenţă şi poate o vei face altfel. Poate că alta e misiunea ta.*

– *Eric a ştiut dintotdeauna ce vrea şi a luptat pentru acel lucru.*

– *Fără sprijin nu face nimeni nimic. Oricât ai fi de hotărât şi de puternic, nu poţi construi un imperiu singur.*

– *Uneori vorbea despre visul lui ca şi cum era doar al lui şi îl construia singur. Dar în jurul lui era o armată de oameni care munceau. Mi se părea egoist. Începuse să se laude înainte să termine, dar eram obişnuită cu felul lui de-a fi, în fond nu era un om rău. Cumva, prin aroganţă, îşi masca suferinţa pe care doar eu o cunoşteam. Eram femeia care avea grijă de sufletul lui mereu.*

– *Era un om rănit care încerca să se elibereze de închisoarea trecutului. Îşi dorea să se afirme pentru că mereu fusese aruncat într-un colţ unde trebuia să tacă. A fost ca un leu într-o cuşcă.*

– *Ştiu. Tânjea după libertate, dar niciunul dintre noi nu ştia mai nimic despre viaţă. Eu mă chinuiam să mă bucur de prezent, iar el alerga după viitor. Nu ne sincronizam aproape niciodată.*

– *Dar tu aveai o doză în plus de armonie pentru toţi.*

– *Pentru că aveam nevoie să râd. În mine plângeam destul. În orice găseam ceva de râs, făceam glume mereu, indiferent cât eram de obosită. Învăţasem să preţuiesc timpul la paisprezece ani, odată cu pierderea lui Paul. Încercam să alung tristeţea, stresul, oboseala. Apăreau des momente de tensiune, când nu ştiam cum să facem un lucru. Eric se enerva repede, iar eu a trebuit să învăţ să fiu cea care liniştea mereu apele. Mă iubea pentru asta şi mi-o spunea mereu. Eram motorul lui.*

*– Lumina lui!*

*– Lumina?*

*– Se ghida după tine, dar nu o spunea. Entuziasmul tău în orice era hrană pentru sufletul lui. Îşi dorea şi el să se bucure ca tine, dar nu reuşea. Era într-o fugă continuă după succes,* mi-a spus El cu un ton trist.

*– L-a atins la un moment dat. Îmi amintesc ziua în care am terminat totul, era primăvară. Visul lui a prins viaţă odată cu natura, am înflorit împreună. Era martie, în 2009. Ne aşezasem la o masă în pizzeria la care munciserăm atât de mult, timp de trei luni, şi nu ne venea să credem că am reuşit. Eram mândri de noi! A fost un moment de triumf, deşi încă nu ştiam ce va urma, cum va merge şi cum ne vom descurca. Visul lui Eric era real în sfârşit. Avea lacrimi în ochi. Mă bucuram pentru el, dar şi pentru mine, pentru că şi eu eram parte din el. Nu mai eram doar iubiţi, ci şi parteneri de afacere. Ne aştepta o etapă nouă şi complet necunoscută. Pe 8 martie am deschis uşa clienţilor care au fost încântaţi. Am pornit cu dreptul în acea călătorie, veniserăm cu idei noi şi un concept diferit. A urmat multă muncă, stres, oboseală şi multe certuri. Am cunoscut lucruri despre noi pe care nu le ştiam. Fiecare zi venea cu noi calităţi şi defecte, cu noi provocări, dar şi satisfacţii.*

*– Eraţi pe cont propriu, dar nu eraţi încă liberi.*

*– Nu. Abia în acea perioadă mi-am dat seama că ratasem o etapă importantă a vieţii: adolescenţa. Nu am avut parte de ea, nu m-am plimbat, nu am experimentat nimic din frumuseţea ei, dar o vedeam la cei care veneau la noi în local şi povesteau despre aventurile lor. Mă bucuram prin ei. Mă împrietenisem cu toată lumea, clienţi, furnizori, colaboratori, angajaţi. Îmi erau dragi toţi. Eric, în schimb, adoptase o atitudine autoritară şi ne certam des din acest*

*motiv. Devenise un şef care dădea doar ordine şi era extrem de dur, avea impresia că i se cuvenea totul. Lăsase pe umerii mei multe responsabilităţi care îmi ocupau întreaga zi. Era foarte obositor, însă eu încercam să văd mereu partea bună în ceea ce făceam. Nu mă speria munca, dar îmi displăcea modul în care decurgeau lucrurile. Îmi doream să văd mai multă pasiune şi entuziasm din partea tuturor, nu doar satisfacţia financiară.*

*– Tu eşti un om prea blând pentru societatea din care faci parte. Din păcate, mulţi caută confort, nu iubire, deşi toţi o vor.*

*– Toţi vrem iubire, dar nu o înţelegem, şi probabil din acest motiv o ocolim cu succes şi, de cele mai multe ori, o confundăm cu altceva.*

*– Iubirea e atât de simplă...*

*– Mda... noi oamenii o complicăm pentru că nu o lăsăm să se manifeste în adevărata ei formă şi o îmbrăcăm cu cele mai stupide haine.*

*– Haine care strâng şi dor.*

Mi-am aşezat capul pe umărul Lui, iar El m-a îmbrăţişat călduros. Simţeam cum mă năpădeau emoţiile şi valuri de amintiri îmi treceau pragul sufletului care se strânsese ghemotoc. El îmi ştia toate slăbiciunile şi durerile, toate bucuriile, la fel cum îmi ştia şi visurile. Mă bucuram că îmi era alături în acea călătorie în trecut, fără El nu aş fi reuşit să îi fac faţă. Ştiam că erau perioade pe care nu puteam să le retrăiesc cu bucurie, ci doar cu lacrimi, iar scopul meu era să-mi amintesc totul zâmbind, să vindec rănile încă deschise. Eram atât de prinsă în trecut, încât nu observasem câte flori frumoase erau în acea grădină, câte culori... dar Îi simţeam îmbrăţişarea ca pe un balsam care îmi înmuia şi îmi reîmprospăta fiinţa.

– *Hai, mergi la pagina următoare!* mi-a spus, dezlipindu-mă de El.

*– Primul an în care am fost antreprenor. Credeam că propria afacere aduce mulți bani și multă libertate, dar mai ales mulți prieteni.*

*– Și ce ți-a adus de fapt?*

*– Totul. Succesul și opusul lui. La început a fost frumos, învățam în fiecare zi ceva nou și lucrurile mergeau bine, chiar dacă ne era greu. Am avut multe satisfacții care ne motivau să mergem mai departe, să ne extindem și să visăm la mai mult. Ne construiserăm o imagine frumoasă, unii ne admirau că am reușit singuri, iar alții ne invidiau. Micile bârfe și răutăți au fost inevitabile, pentru unii era mai ușor să arunce cu noroi decât să aprecieze efortul nostru, iar pe mine mă dureau acele lucruri. Mă simțeam nedreptățită. Atunci a fost momentul în care Eric a pierdut controlul. Se revolta la orice vorbă, deși nu avea sens. Asocia banii cu puterea și avea impresia că fără bani omul nu valorează nimic, în timp ce eu îi vedeam doar ca fiind o sursă care ne aducea satisfacții în plus și ne împlinea niște nevoi. Începuse să privească oamenii de sus, iar eu mă apropiam de ei tot mai mult și ajutam în jurul meu cât puteam.*

*– Tu te bucuri mai mult când împarți propria bucurie.*

*– Neîmpărtășită e incompletă, I-am spus zâmbind.*

*– Așa este.*

*– Deși încercam să mă regăsesc în ceea ce făceam, nu-mi plăcea și, mai ales, nu-mi plăcea să văd cum, pe zi ce trecea, Eric se transforma în alt om, din ce în ce mai încrezut și mai dur. Nu mai avea niciun strop de blândețe sau înțelegere. Mulți îmi spuneau că e arogant și că atitudinea lui îl va duce la sapă de lemn. Ne certam foarte des din motive stupide. Nu mai vedeam nimic frumos în el și parcă ne îndepărtam tot mai mult unul de celălalt. Munceam foarte mult și neglijam relația noastră care se stingea puțin câte puțin.*

*– Şi, totuşi, te-a cerut de soţie. Din nou.*

*– Da, dar nu m-a bucurat acel gest pentru că mi s-a părut că a venit ca un colac de salvare. Nu simţeam că îl iubeam suficient cât să fac acel pas, dar mi se părea firesc să îl fac după şase ani în care am avut grijă unul de celălalt aşa cum am ştiut. Credeam că, într-un fel, despre asta era iubirea, despre protecţie, sprijin, încurajare şi muncă. Dar iubirea cuprindea mult mai multe lucruri pe care nu le simţisem încă. Îmi lipsea dorinţa şi deseori mă gândeam că aveam mai mult un rol de mamă decât de femeie pur şi simplu. Au venit şi presiuni din exterior, de la mamele şi bunicile noastre care spuneau că fără cununie religioasă nu o să ne fie bine niciodată. Mi se părea absurd pentru că nici ele nu erau fericite, deşi erau căsătorite religios. Nu prea cunoşteam cupluri căsătorite şi fericite cu adevărat. Nu cred că fericirea poate veni odată cu o slujbă religioasă. Eu cred în uniunea sufletelor la un alt nivel, pe care nu am simţit-o niciodată între noi doi.*

*– Despre asta este vorba. Despre unirea sufletelor în iubirea divină, nu despre un compromis făcut într-un ritual omenesc. Oamenii au inventat multe, începând cu religia...*

*– Tocmai Tu spui asta?*

*– Eu v-am lăsat CREDINŢA, nu religia! Voi aţi tradus-o cum aţi putut şi cum aţi crezut că e mai bine pentru voi aici.*

*– Dar preoţii ne spun atâtea...*

*– Ei spun ce ştiu, ce au fost învăţaţi şi ei de alţii la rândul lor.*

*– E posibil să ajungă la noi altceva decât ceea ce Tu ai vrut să ne oferi nouă?*

*– Eu v-am dat trei lucruri importante: IUBIREA, CREDINŢA şi LIBERTATEA! Voi le-aţi atribuit semnificaţii*

*pământene aşa cum aţi făcut şi cu Mine. Nu voi, oamenii, spuneţi că Eu pedepsesc?*

*– Aşa suntem învăţaţi de mici, că Dumnezeu ne pedepseşte dacă greşim. Şi eu am crezut asta mult timp, până când am înţeles că eu sunt cea care îşi creează singură realitatea prin alegerile mele.*

*– Voi nu greşiţi faţă de Mine, ci faţă de voi! Vă pedepsiţi singuri în momentul în care alegeţi să încălcaţi legile universale care sunt atât de simple.*

*– Mulţi nu cunosc aceste legi...*

*– Şi cum poţi să respecţi ceva ce nu cunoşti?*

*– Ai dreptate... aşa apare haosul.*

*– Voi, oamenii, aveţi nevoie să vedeţi ca să credeţi, să puteţi atinge ca să fiţi convinşi că e real şi, astfel, aţi creat multe ritualuri şi obiecte care să vă ajute în viaţă, deşi nu aveţi nevoie de ele.*

*– Avem nevoie doar să simţim, să ne bucurăm de libertatea noastră şi să credem în conexiunea sufletelor care se creează prin iubire divină, iar aceste lucruri nu se văd.*

*– Exact! Dacă te îndoieşti de aceste trei daruri de la Mine, e ca şi cum te îndoieşti de propria existenţă!*

*–* ***Eu SUNT!*** *Doamne... te iubesc!*

*–* ***EŞTI!*** *Pur şi simplu,* eşti!

*– Fără Tine nu am simţit că SUNT. Iartă-mă! Acum îmi dau seama că, de fapt, nu de Tine mă îndoiam, ci de mine...*

*– Te iert! Mulţumesc! Te iubesc!*

*– Adevărata cunoaştere vine atunci când vezi cu ochii sufletului tău, nu cu ochii altuia, iar eu Te-am văzut prin ochii altora mulţi ani.*

*– E firesc să fie aşa. Copiii învaţă de la cei din jurul lor până ajung la maturitate şi înţeleg singuri. Majoritatea...*

*– Când se trezesc.*

*– Da!* ***Atunci când te trezeşti, te conectezi cu adevărat la sursa divină, la esenţă!***

*– Cât este de simplu...*

*– Doar că voi alegeţi modul complicat.*

*– Da. Aşa am acceptat eu să mă căsătoresc, cu speranţa că poate se vor schimba lucrurile şi se vor aşeza toate, dar nu am simţit acel entuziasm pe care îl simte o viitoare mireasă.*

*– Ai simţit bine, erau primele semne că începeai să te trezeşti, dar vocea ta interioară nu era prea puternică atunci.*

*– Acea voce a început să strige când am revăzut omul pe care îl iubisem înainte să-l cunosc pe Eric. Venise cu nişte prieteni la noi la local. Nu-l mai văzusem de aproape cinci ani. Am simţit cum mi s-a topit sufletul. M-a salutat zâmbind, privindu-mă fix în ochi. Nu mai era un puştan de şaptesprezece ani, tocmai întâlnisem bărbatul din el. Mi-a rămas în gând zile în şir şi îmi doream să-l revăd.*

*– S-a reaprins scânteia într-o clipă, scânteie pe care Eric nu a reuşit să o aprindă nici în şase ani.*

*– A fost tare ciudat, dar mi-era dor să simt acea scânteie. Am păstrat-o în tăcere, sperând ca el să revină şi poate să schimbăm câteva vorbe. Crescuserăm amândoi şi eram curioasă să aflu câte ceva despre el.*

*– Şi ai aflat.*

*– Da. Avea iubită şi o viaţă simplă. Se bucura de tinereţe, experimenta lucruri noi, aşa cum făcuse mereu. M-am bucurat să îl văd fericit. Începuse să vină tot mai des, suficient cât să-mi dau seama că îmi era dor de el.*

*Începuserăm chiar să stăm de vorbă dimineața, la cafea, ca și cum de abia atunci ne cunoscuserăm. Era plăcut. Niciunul dintre noi nu pomenise de trecut, iar Eric nu știa cine era el, altfel ar fi făcut o criză de gelozie.*

– Și nunta se apropia cu pași repezi...

– *Cu trei luni înainte m-am trezit asaltată cu întrebări din toate direcțiile și era de înțeles. În afară de salon și muzică, nu era nimic pregătit. Am avut o discuție cu părinții lui Eric, în care mi-au reproșat că nu fac nimic și că ar putea să se ocupe ei; încercau să ne impună ce să facem, iar acest lucru m-a trezit. Le-am spus că nu voi face pasul și că orice discuție pe tema nunții e inutilă. Au fost șocați toți. Nu am avut energia să dau explicații nimănui, pur și simplu le-am spus că nu sunt pregătită și nu iubesc suficient cât să mă căsătoresc. Era o hotărâre serioasă, un pas extrem de important pentru mine, iar eu încă nu puteam să îl fac. Relația cu Eric nu mă împlinea, mi se părea o luptă continuă și o muncă grea, fără prea multe bucurii. Parcă tot timpul reparam ceva în loc să construim, plângeam mai des decât râdeam, dar nu aveam nici puterea să îl las. El avea nevoie de mine, iar eu nu știam să fiu singură. Mi-era teamă că nu mă descurc, iar el avea grijă să sublinieze acest lucru. Nu aveam încredere în mine că pot și singură. Trăiam un haos emoțional greu de descries, iar în paralel simțeam că mă reîndrăgosteam de Gabriel, dar nu puteam să vorbesc despre asta nimănui. Aveam sufletul vraiște, însă îmi continuam activitățile zilnice fără să mă gândesc la ceea ce simțeam. Nu înțelegeam nici eu prea bine.*

– Eric a rămas profund dezamăgit de hotărârea ta de a nu te căsători cu el atunci.

– *Da, dar a trebuit să înțeleagă. Era prea mult pentru mine. Munceam 14-16 ore pe zi fără pauză, nu aveam nicio zi liberă, iar în sufletul meu se reaprinsese o scânteie pe care o credeam stinsă demult și care mă bulversa. Aveam un ritm de viață care nu îmi permitea să trăiesc. Ca să pot rezista, mă hrăneam din vizitele prietenilor mei care erau minunați! După miezul nopții, mă ajutau mereu să aranjez localul ca să termin mai repede, să putem sta puțin timp împreună. Mă bucurau tare mult! Uneori făceam mici petreceri private după ce plecau toți clienții, care îmi dădeau energia să continui. Acolo ne făceam toți zilele de naștere și orice era de sărbătorit se sărbătorea tot acolo, pentru că ei știau că nu puteam pleca. O dată pe săptămână mergeam în club și uneori la film. Eric, însă, nu-mi agrea prietenii, deși erau oameni simpli și sinceri, oameni pe care mă puteam baza dacă aveam o problemă. El se împrietenise cu oameni mai puțin plăcuți, care se ocupau cu lucruri dubioase și prefera să petreacă mult timp cu ei jucând poker. Aveam grupuri diferite și ieșeam mai mult separat. Gabriel se alăturase grupului meu și începuseră să iasă zvonuri cum că ar fi ceva între noi. El se despărțise între timp de iubita lui, dar relația noastră era o simplă prietenie. Ce-i drept, ne priveam diferit când vorbeam și aveam în ochi o bucurie specială, care se vedea din exterior. Eu eram fericită pur și simplu pentru că îl aveam aproape, fără să mă gândesc la altceva, dar el reușea să îmi trezească emoții nebănuite. În perioada aceea îmi vedeam de viața mea, care era destul de haotică. Eric devenise extrem de gelos și posesiv, i se părea că îi ascundeam mereu câte ceva. Punea diverse persoane să mă urmărească și mă suna non-stop dacă plecam undeva. Mă sufoca. Nici nu înțelegeam de ce reacționa așa, eram mai tot timpul împreună, pentru că trebuia să muncim, să avem rezultate bune. El insista să ne extindem afacerea, dar mie nu mi se părea o idee bună fără să punem ceva bani deoparte. Aveam nevoie de o rezervă pentru a face o nouă investiție.*

*– Și totuși a riscat.*

*– Da. Cumva se simțea într-o competiție cu ceilalți și voia să facă mai mult și să aibă mai mult. Era normal*

*să viseze și să își dorească să avanseze, dar trebuia să învețe să aibă și răbdare. Fiecare etapă avea timpul ei, iar el parcă nu avea timp deloc. Voia totul imediat. După un an aveam deja al doilea local care mie îmi displăcea total: o sală de jocuri. Eric trecuse la al doilea vis și uitase de al meu, insista că atunci era momentul să profităm pentru a face bani. La câteva luni după, avea încă un vis: o rotiserie. Eric cunoscuse succesul la care visa din liceu. Visul meu încă aștepta, pentru el nu erau încă bani și nici timp, iar eu îmi pierdusem speranța.*

*– Uneori oamenii uită de promisiunile făcute, iar Eric avea impresia că tu poți să aștepți oricât. Își crease o lume a lui în care trebuia să evolueze cât mai mult și cât mai repede, cu orice preț. Voia să fie deasupra tuturor. Uitase să fie om, își dorea să pară puternic, deși era slab. Avea prea multe măști, să își mai dea seama cine era.*

*– Mă dezamăgea prin atitudinea lui, prin comportamentul lui și, mai ales, prin hotărârile pe care le lua. Era foarte impulsiv, nu gândea înainte să facă un lucru nou. Dacă lui i se părea o idee bună, o făcea pur și simplu fără să ia în calcul consecințele. Zilnic încercam să îi explic că trebuie să construim puțin câte puțin, cu răbdare și calm. Începuse să se poarte urât cu mine, iar asta m-a rupt definitiv de el. Într-o zi am prins curaj și i-am spus că vreau să ne despărțim, l-am rugat să plece. A crezut că glumesc, dar eu chiar îmi doream să ne despărțim. Nu ne mai înțelegeam nici acasă și nici cu afacerile, începuse să ia hotărâri fără să mă consulte și să gestioneze prost banii. Avea un anturaj urât, care îl influența negative, și am cedat. M-am revoltat și am prins curaj.*

*– Atunci ți-ai ascultat pentru prima dată vocea interioară.*

*– Pentru că nu mai puteam să le duc pe toate. Începuse să doară prea tare și nu-mi mai doream nimic, nici măcar să-mi îndeplinesc visul. Voiam doar liniște. A*

*plecat de la mine de acasă, dar am continuat să lucrăm împreună. Din păcate, era insuportabil şi nici angajaţii nu-l mai tolerau, se plângeau la mine că nu îi respecta deloc şi îi umilea ori de câte ori era nervos. La scurt timp am renunţat şi eu şi am rămas acasă câteva zile, să mă odihnesc şi să mă regăsesc. Nu-mi doream să mă întorc chiar dacă asta însemna să pierd tot ce aveam.*

*– Şi, totuşi, cineva te-a adus înapoi.*

*– Eric nu a reuşit, deşi insista zilnic să mă întorc pentru că nu se descurca fără mine şi nu ştia să facă totul. Abia atunci şi-a dat seama cât de puţin făcea el şi cât de multe făceam eu. Dar obosisem... mai ales sufletul meu era epuizat.*

*– Ai fi putut să schimbi totul atunci şi să începi o nouă viaţă. Cea pe care o visai de mică.*

*– Aş fi putut oare?*

*– Nu erai pregătită încă să călătoreşti singură.*

*– Un simplu apel telefonic m-a adus înapoi în furtună. Într-o seară, zăceam în pat ascunsă într-un colt, când a sunat telefonul. Era Gabriel care îmi remarcase lipsa dimineaţa, la terasă, când venea la cafea. M-a întrebat ce se întâmplă cu mine şi i-am spus că nu mai pot. I-am povestit totul, iar el mi-a zis că nu e cazul să renunţ, că nu am muncit atât de mult să pierd totul doar pentru că am obosit. Mi-a spus că sunt puternică şi că trebuie să revin să-mi reiau poziţia, apoi mi-a zis că acolo era totul vraişte fără mine. Mi-era groază să mă întorc, dar mi-era şi mai greu să las totul să se prăbuşească după atâtea sacrificii. Ai mei insistau că nu era normal să pierd banii investiţi, dar Eric nu avea nicio rezervă să îmi dea partea mea şi să-i cedez lui totul. Am decis să revin. Era dezastru. Eric era fericit, dar mie îmi venea să plâng. Atunci mi-am dat seama de valoarea muncii mele, de cât de mult mă implicam şi cât de mult conta modul în care lucrai cu oamenii. S-au bucurat toţi când m-am*

*întors, iar lucrurile au revenit la normal încă din prima zi. Eric încerca să fie drăguț, să fie mai calm și să comunice altfel cu mine. Își dorea să ne împăcăm, dar eu nu, am preferat doar să lucrăm împreună. O perioadă a fost bine, așa cum ar fi trebuit să fie în mod normal. Munceam cu drag, în sfârșit, chiar dacă Eric tot insista să ne împăcăm. Recurgea mereu la lacrimi și se victimiza cum știa el mai bine, doar să mă convingă. Ceva din mine îmi spunea să-l iert, dar aveam o barieră. Apoi am aflat că el deja umbla cu o altă femeie, în timp ce îmi făcea atâtea drame. A negat că exista o alta, dar era adevărat. M-a durut și nu îmi dădeam seama de ce. Poate că nu știam să pierd, chiar dacă nu-l iubeam cu adevărat. Îl iubeam în felul meu. Probabil voia să mă rănească și a reușit. Sau își dorea și el, ca și mine, să trăiască iubirea. M-am simțit umilită și nedreptățită, deși eu renunțasem la el. Nu înțelegeam cum putea să plângă în fața mea, să mă implore să ne împăcăm și, în același timp, să se arunce în brațele altei femei. Ce fel de om era?*

*– Și tu îi ascundeai ce simțeai.*

*– Ce simțeam eu pentru Gabriel era secretul meu și îl păstram pentru mine. Nu simțeam nevoia să-i spun nici lui. Nu știu de ce, dar eram fericită pentru simplul fapt că îl știam aproape. Nu mințeam pe nimeni cu nimic, ci pur și simplu aveam un secret al meu, care mă făcea fericită.*

*– Îți dădea aripi ori de câte ori simțeai că te prăbușeai.*

*– Da... începuserăm să ne vedem pe ascuns și mi se părea atât de frumos să am acele momente despre care știam doar noi doi. Ne întâlneam să povestim, să bem ceva sau să vedem un film, nimic mai mult. Uneori ne îmbrățișam. Era lumea mea ascunsă, care mă ajuta să rezist în acea furtună. Se schimbase, nu mai era același copil nemulțumit de viață care se certa din orice cu mine, dimpotrivă. Ne înțelegeam foarte bine, iar el devenise un*

*tip vesel, cu poftă de viaţă. Într-o zi mi-a adus flori, era ziua mea de nume. Mă aflam la local şi erau mulţi clienţi. A intrat pur şi simplu cu aceeaşi sclipire în ochi şi mi-a dat florile fără să-i pese de privirile celorlalţi şi, mai ales, de ale lui Eric care a făcut scandal după şi m-a acuzat că am amant. Absurd. Începuse să fie extrem de gelos şi să mă urmărească. Nu ştiu cât timp a umblat cu acea femeie, dar eu nu puteam să-l iert şi nici să-i mai suport crizele.*

*– Simţea că te pierde definitiv...*

*– Nu m-a avut niciodată cu adevărat. M-a avut în multe roluri, dar nu ca femeie. Şi, totuşi, i-am stat alături atâţia ani în care nu am simţit că m-a preţuit sincer. Am avut mereu impresia că sunt un trofeu.*

*– Ai fost! Rămâi trofeul lui cel mai de preţ.*

*– Şi iubirea?*

Nu mi-a răspuns. S-a ridicat, s-a strecurat printre flori şi s-a îndepărtat. M-am aşezat apoi lângă un trandafir roşu căruia i-am admirat frumuseţea. Dar avea spini, parcă-mi spunea să stau departe de el. Aşa îl priveam pe Gabriel, mereu de departe, fără să-l ating, de teamă să nu doară. Oricum durea. Durea totul, iar eu eram din ce în ce mai confuză. Plecasem de acasă copil cu ani în urmă şi acum eram o femeie care gestiona trei afaceri. Îmi ajutam familia în continuare şi eram admirată de oamenii din jurul meu. Aveam prieteni extraordinari şi, când se putea, evadam câteva ore cu ei să mă relaxez puţin. Încă nu-mi împlinisem niciun vis, dar învăţasem multe. Îmi lipsea iubirea, deşi o simţeam. Iubeam, dar nu eram fericită, nu-mi trăiam nici iubirea şi nici nu eram în drum spre visul meu. Munceam pentru bani, nu din pasiune. Mă bucuram că puteam să-i ajut pe alţii, dar pe mine nu mă ajutam cu nimic. Visam, însă nu aveam puterea să merg spre visul meu. Mi-era frică să nu pierd, mi-era frică să pornesc singură pe un alt drum. În sufletul meu se pornise un război în acea perioadă, dar zâmbetul meu îl ascundea foarte bine. Păream puternică pentru că eram prea slabă să-mi recunosc durerile în fața celorlalți. Și, mai ales, voiam să par puternică în fața tatălui meu. În sfârșit, îi demonstrasem cât de sus pot să ajung.

*Cu tine, totuși, ce fac? Ce fac, măi suflete? Mereu te lupți și te adun de pe frontul ăla nenorocit, unde parcă ți-ai făcut casă. Te cos, te lipesc, te leg, nici nu mai știu ce să îți fac. Ești plin de cicatrici, pari un sac cârpit care o să cedeze dacă o să mai care atâta greutate. Mai pot să o duc? Dumnezeu știe... Eu Îl urmez și merg fără să mă mai întreb unde ajung. În vârful picioarelor simt o forță nebună și îmi vine să alerg fără să mă uit în urmă. Vreau să scap de tot, de toate, de toți, de mine... Aș evada pur și simplu din mine! Nu știu unde m-aș duce, dar să fie undeva unde să nu mai întâlnesc privirea mamei care e mereu tristă și plină de povara trecutului, unde să nu-i mai aud vocea plină de regrete și reproșurile născute din amărăciune și neputință. Undeva unde să nu existe tata! Undeva unde să fie liniște, lumină și pace! Am vrut să mor de multe ori și mi-am imaginat moartea în fel și chip, dar a rămas un simplu gând. În același timp, m-am gândit că nu pot să fac asta, aș fi prea lașă să renunț și ar suferi mulți oameni din cauza mea. Totuși, știu că le-ar trece durerea. Timpul ajută, șterge amintirile, emoțiile, rămân doar imagini întipărite în minte, atât. Am murit de prea multe ori pe dinăuntru și nu mi se mai pare interesant să mori. Cert e că viața rămâne surprinzătoare! Am fost ascunsă mulți ani într-o floricică veselă, dar am ajuns un sac cârpit și totuși plin de putere! L-am îmbrăcat în cea mai scumpă haină și toți mă admiră, însă nu văd dincolo de ea. Nici eu nu mă mai recunosc.*

Gânduri printre rânduri

A urmat o perioadă în care toată lumea insista să mă împac cu Eric, toţi susţineau că despărţirile sunt fireşti şi că trebuie să îi mai dau o şansă. El îmi spunea zilnic că nu vede viaţa fără mine şi că tot ce a construit nu îl mai bucură cu nimic dacă eu nu îi rămân alături... îi eram parte din vis şi fără mine se simţea incomplet. Iar eu mă gândeam că, dacă mă împăcam cu el, trebuia să-mi iau adio de la escapadele cu Gabriel şi erau singurele mele bucurii. Aveam două voci în mine care strigau cât puteau de tare, una să fug şi alta să mă întorc. Ştiam de ce să fug, dar nu ştiam de ce să mă întorc. Până să iau o hotărâre, Gabriel a cunoscut o femeie cu care începuse să iasă şi atunci mi-am dat seama că noi doi nu vom avea niciodată un alt fel de relaţie. Nu m-a afectat cu nimic faptul că el alesese altă femeie, noi eram doar prieteni de suflet şi atât, însă el a continuat să vină pe ascuns la mine. Aveam o relaţie greu de definit şi nu era una fizică, ci sufletească. Uneori mergeam la aceleaşi petreceri unde ne priveam pe ascuns cu mister, ne atingeam delicat cu un vârf de deget şi ne hrăneam cu asta. Era ceva ce ştiam doar noi şi o trăiam intens. Nu simţeam nevoia să schimb ceva, îl voiam aşa, îl doream în secret şi îmi plăcea să visez la el. Era bărbatul de neatins, iar eu femeia pe care nu putea să o aibă. Deşi nu vorbiserăm niciodată despre ceea ce simţeam, ştiam amândoi ce se ascundea dincolo de priviri şi atingeri. Îl iubeam în aşa fel încât nu îmi doream să fie al meu, ci doar să-mi fie. Într-o seară m-am trezit cu el la poartă. Era două noaptea. M-a sunat să ies şi să-i deschid.

– Eşti nebun! Ce cauţi aici aşa târziu?

– Mi s-a făcut dor de tine şi m-am gândit să vin.

– De unde vii? l-am întrebat nedumerită.

– Mi-am dus iubita acasă şi pur şi simplu am vrut să vin la tine. Mă primeşti?

– Te primesc. S-a întâmplat ceva?

– Nimic deosebit.

– Sper să nu afle că ai trecut pe la mine. În ultimul timp toată lumea ne urmăreşte şi ştii câte zvonuri au ieşit despre noi...

– Nu mă interesează. Ţi-e frică de Eric?

– Nu am de ce. Sunt liberă.

– Dar te terorizează oricum.

– Cât timp vom lucra împreună, niciunul dintre noi nu va fi liber complet. Eric e un tip care renunţă greu, nu ştie să piardă.

– Prea târziu. Te-a pierdut deja.

– Mda...

– Vrei să ne uităm la un film?

– Hai! În rest, eşti bine? Cum merge cu iubita?

– Aşa şi aşa. E cam posesivă şi nu cred că va dura. Mi-ar fi plăcut să fie ca tine. Veselă, comunicativă şi înţelegătoare.

– Hmm... te-ai gândit că are nouăsprezece ani şi că este încă o copilă?

– Părea altfel la început. Acum nu mă mai atrage, nu e ce îmi doresc eu.

– Atunci va trebui să îi spui.

– O să se prindă singură.

– Tipic bărbaţilor care nu ştiu să-şi asume un final. O laşi pe ea. Urât...

– Hai nu mă certa, ştii că nu sunt un om rău. Era firesc să încerc şi nu e OK. Poate că ar trebui să încerci şi tu cu altcineva, să vezi cum e. De ce nu o faci?

– Nu ştiu... eu pur şi simplu nu mai ştiu ce vreau.

M-a luat în braţe şi m-a strâns la pieptul lui. Îi simţeam căldura care mă bucura de câte ori aveam acele întâlniri secrete şi mă abandonam în ea. Era medicamentul meu. Era linişte, iar lumina era stinsă. Am aprins o veioză care ne reflecta umbrele îmbrăţişate pe pereţi. L-am simţit altfel, iar corpul meu vibra într-un fel necunoscut, atinsesem o stare nouă în care mă simţeam femeie. Era pentru prima dată când îl vedeam şi îl simţeam altfel. Îmi doream să-l am. Eu eram liberă, dar el nu, şi asta mă oprea. Am rămas în tăcere. Mă strângea în braţele lui din ce în ce mai puternic, iar eu mă pierdeam din ce în ce mai mult. Ne-am aşezat pe pat în aceeaşi linişte şi ne-am privit în ochi câteva minute.

– Ţi-e somn? m-a întrebat.

– Puţin.

– Întinde-te, oricum erai deja în pat până să vin eu să te scot.

– Aproape adormisem.

– E târziu. Hai să ne întindem împreună.

Ne-am întins îmbrățișați. Îmi lăsasem capul moale pe pieptul lui iar el mă mângâia pe păr. Rămăsesem neclintită, iar în cameră nu se mai auzea decât respiraţia noastră. A continuat să mă mângâie pe spate, apoi şi-a strecurat subtil mâna sub bluza mea. Începusem să tremur sub atingerea lui delicată şi să-l doresc tot mai mult. Era prima dată când mă simţeam aşa, prima dată când mă atingea un alt bărbat şi era cel pe care îl iubeam. Îl simţeam în suflet cu totul.

– Ai încredere în mine? m-a întrebat la un moment dat.

Atunci mi-am dat seama ce făceam şi nu am ştiut ce să-i răspund.

– Tremuri... mi-a şoptit la ureche.

L-am strâns în braţe pentru că nu-mi găseam încă cuvintele. Era frumos, era plăcut, dar mi se părea atât de greşit. Exista o altă femeie în viaţa lui, iar eu îmi pierdusem puterea în braţele lui. Tot ce ştiam era că, pentru prima dată, simţeam că eram femeie în braţele unui bărbat. Mă dorea şi el. Pentru câteva clipe am fost fericită şi lipsită de gânduri. Despre asta era iubirea. Sau o parte din ea... Mi-am dat liber să simt, să gust din ea. Mi-a atins buzele după ce m-a privit adânc în ochi şi apoi m-a sărutat. Atunci ar fi trebuit să mă pierd cu totul, dar nu a fost aşa. Sărutul lui nu mi-a atins inima deloc, deşi îl mai sărutasem cu ani în urmă şi tânjeam după buzele lui. Am simţit cum brusc s-a stins focul care îmi cuprinsese întreaga fiinţă şi m-am oprit. Nu puteam să mă dăruiesc mai departe. Privirile lui m-au atins mai mult decât acel sărut care m-a trezit din vis.

– Nu pot să fac asta... i-am spus, îndepărtându-mă puţin de el.

– Dar amândoi ne-o dorim.

– Aşa am crezut şi eu, dar nu...

– Nu ai încredere în mine.

– Nu ştiu ce e, dar e mai bine să ne oprim aici.

– Cum doreşti. Poate că nu vom avea o altă ocazie...

– Tocmai. Am înţeles ce îmi doresc. Îmi pare rău...

– Atunci e cazul să plec.

El îşi dorea doar o noapte, în timp ce eu îmi doream totul. Şi totuşi, în acel sărut nu am simţit acel tot pe care îl regăseam în priviri şi atingeri. Focul pentru el a rezistat înăbuşit ani de zile, s-a reaprins când l-am revăzut şi s-a stins într-o clipă după un sărut. Nu am înţeles de ce. M-am gândit toată noaptea şi mi-am dat seama că-mi va rămâne doar o iubire neîmplinită pe care nu mai simţeam nevoia să o trăiesc. A fost o iluzie şi era momentul să mă eliberez de ea. Seara aceea a rămas un secret al nostru despre care nici noi nu am mai vorbit vreodată. I-am rămas singura femeie care nu a cedat în braţele lui.

Am hotărât să rămân în tăcere şi să mă întorc la Eric care făcea eforturi să mă recupereze. Gabriel cunoscuse o altă femeie şi îmi povestea foarte deschis tot ce făcea cu ea şi ce simţea. Nu iubea, ci doar experimenta, încă era în etapa în care avea nevoie să cunoască şi să simtă diferite lucruri. Eu îmi negasem acea etapă. Eric se întorsese acasă şi încercam să ne reparăm relaţia. Nu mă mai întâlneam pe ascuns cu Gabriel şi nici nu-mi mai doream, ne vedeam doar când venea la local, iar privirile noastre îşi pierduseră scânteile, apoi prietenia noastră s-a răcit. Începuserăm să ne certăm până când nu am mai vorbit deloc. Redeveniserăm doi străini.

Îmi rămăsese succesul profesional. Un vis care nu era al meu, dar care îmi era singurul refugiu. Refugiu care îmi aducea bani. Mă bucuram că puteam fi astfel de folos, ajutând uneori oameni nevoiaşi. Acele momente mă împlineau, când aduceam un zâmbet pe chipul cuiva. Mă binecuvântau cu simple priviri în care regăseam multă recunoştinţă. Aşa am învăţat să apreciez banii şi să înţeleg că ei sunt de ajutor. Am învăţat să fiu acolo unde este nevoie şi să ofer speranţă. Începusem să uit de mine, dar aveam acele satisfacţii sufleteşti care nu se compară cu nimic. La un moment dat, tata a avut nevoie de o operaţie la ochi care costa destul de mult. M-am oferit să îl ajut, să merg cu el la spital şi să o plătesc eu. Voiam să uit momentele urâte pe care le trăisem din cauza lui. S-a bucurat. Mi-am dat seama atunci că în sufletul meu încă mai exista iubire pentru el, dar nu şi iertare. Mi-era greu să depăşesc suferinţa prin care trecusem. Şi-a revenit repede, deşi a fost la un pas să îşi piardă vederea.

Rămăsesem o femeie simplă, nu purtam haine scumpe şi nici nu pierdeam vremea prin saloane. Nici nu aş fi avut timp. Aşa au trecut aproape doi ani... În 2010 am luat prima şi singura pauză. Eram foarte obosiţi şi aveam nevoie să ne relaxăm puţin. Ne era dor de Sicilia şi ne-am întors acolo să petrecem câteva zile. Ne-am bucurat din nou de acea insulă minunată şi am încercat să ne apropiem puţin mai mult, dar Eric a fost foarte rigid. S-a comportat destul de urât, cât să mă facă să regret că acceptasem să ne împăcăm. Nu putea să întreţină o relaţie, mai degrabă ştia să rănească. Nu-l mai înţelegeam. Ne-am revăzut cu prietenii de acolo şi s-a lăudat tot timpul cu realizările lui. Era ridicol. Suna tot timpul acasă să verifice cum mergea treaba, lăsaserăm doar sala de jocuri deschisă pentru că era uşor de gestionat sau cel puţin aşa credeam noi. Nu m-a încântat ideea, aş fi preferat să închidem tot, să pot sta liniştită. Când ne-am întors, era totul pe minus, iar explicaţiile primite de la angajaţi au fost total stupide. A trebuit să recuperăm.

Deschisesem o nouă poartă pe care scria „SUCCES". Am intrat într-un spațiu necunoscut, unde a trebuit mai întâi să învăț.

Succesul nu este greu de obținut, ci doar dificil de menținut. Succesul nu reprezintă o poziție în fața altora, ci o stare care pleacă din interior spre exterior și vine la pachet cu multă recunoștință și simplitate. Înseamnă valori personale și multă muncă pentru a le fructifica.

Succesul poate fi personal sau profesional. Tu decizi spre care mergi. Ideal este spre ambele, pentru că, avându-le pe amândouă într-un echilibru perfect, poți atinge o fericire rar întâlnită.

Succesul are nevoie de curaj și de mult entuziasm. Doar atunci când crezi în el se întâmplă. Și, mai ales, când crezi în tine.

Succesul nu te schimbă, ci te construiește sau tu îl construiești pe el. Important este să nu îți pierzi niciodată valorile de om în fața lui! Succesul trebuie să-ți fie prieten, aliat!

Visam de mică să fiu „mare", să fiu „sus", dar nu în visul altuia, ci în visul meu. Mi-a lipsit curajul să mă aleg pe mine și totuși am atins succesul. Cel profesional. Pe cel personal l-am alergat ani la rând până când am obosit și am rămas privind în urma lui. Nu știam cum să-l ating. Nu mă învăța nimeni cum să fac liniște în mine. M-am bucurat de un succes care nu mă împlinea sufletește, era doar financiar.

Eu îmi doream să câștig iubire și prietenie indiferent de scara socială pe care mă aflam. Cu bani sau fără, pentru mine oamenii sunt la fel.

Succesul înseamnă să știi să câștigi și să accepți să pierzi.

Dar oare știam?

# Declinul

Viața curgea ca un râu, fără opreliști, iar eu o urmam. Săpa același drum, care se adâncea cu fiecare zi care trecea. Din afară, viața mea părea frumoasă: o femeie tânără, la 25 de ani, deținătoare a trei afaceri și înconjurată de oameni minunați. Din interior, însă, vedeam totul în ceață: munceam într-un mediu care nu-mi plăcea și nu eram fericită lângă omul cu care îmi împărțeam viața. Eram obosită și sătulă să aștept până noaptea târziu după toți cei care aveau chef de stat la taclale și la băutură. Începusem să îi cunosc pe toți, să le știu viețile și obiceiurile, unora chiar și secretele. Atunci am înțeles că exista și o lume ascunsă în care soții au amante, o lume în care unii bărbații ies noaptea pe ascuns și petrec timpul la jocuri de noroc ca să nu-și strice reputația, o lume în care femeile nefericite înșală ocazional și cu frică. Mi se părea ireal, dar se întâmpla sub ochii mei. Începusem să nu mă simt bine în prezența unor persoane despre care știam că erau trădate sau furate pe ascuns, dar nu puteam să fac nimic. Erau prea puțini cei corecți și ar fi însemnat să răscolesc o comună întreagă, așa că m-am resemnat și am învăţat să trăiesc cu acea lume ascunsă despre care nu se vorbea. Trăiam într-un univers al măştilor, mă simţeam ca la un bal mascat. Eram un simplu spectator care privea tăcut şi neputincios. Ce cuvinte calde ar fi trebuit să-mi pun în suflet când simţeam cum răceala lor mă despica până în măduva oaselor? Tot ce aveam în minte era să fug. Voiam pur şi simplu să evadez şi să revin la visul meu. La lucruri bune şi frumoase.

Între timp, începusem să simt gustul antreprenoriatului şi îmi venise în minte o idee pe care voiam să o pun în practică. Deşi suna ciudat, îmi doream să pun pe picioare o firmă de servicii funerare pentru că, în acel moment, lipsea acest lucru în zona unde locuiam şi eram de părere că ar fi fost util. Aveam o imagine clară despre cum ar fi trebuit să fie şi i-am spus lui Eric. Iniţial, s-a bucurat că trecusem de la ideea de angajat la stat la cea de antreprenor, însă nu aveam fonduri pentru o nouă afacere, investisem totul în ideile lui. Deşi nu aveam banii, începusem să mă informez şi să caut ce era necesar să pornesc. Nu aveam nevoie de mult, dar nu deţineam nici măcar puţin, iar lucrurile nu mergeau prea bine de ceva timp. Trebuia să mă fi gândit de la început să îmi fac ceva doar al meu, iar acea idee necesita cam cât investisem eu în visul lui Eric. Mi-a lipsit iniţiativa, dar speram să reuşesc cumva. Ar fi fost ideal să mă rup de acele activităţi care începuseră să mă streseze şi să mă epuizeze din toate punctele de vedere. Făcusem deja un credit la bancă pentru finalizarea ultimului proiect şi nu aveam nicio variantă să îmi pun ideea în practică.

Am visat o perioadă cu ochii deschişi şi tot aşa m-a găsit şi criza financiară din acea perioadă. Ne-a prins fără rezerve şi cu rate la bancă. Mi-era clar că nu puteam să-mi realizez nici acel vis, pentru că trebuia să le susţin pe cele existente deja. Eric nu era conştient de situaţie şi continua să gestioneze prost banii. Ba chiar pusese ochii pe un loc nou pe care voia să-l închirieze cu pretextul că e poziţionat bine. M-am opus categoric, era prea mult. Vânzările scădeau zilnic şi aveam o listă cu oameni apropiaţi care consumau fără să plătească pe loc. Veneau zilnic şi acceptaserăm să plătească săptămânal, dar nu au mai făcut-o. Datoriile lor erau mari, iar noi aveam de plătit furnizori, utilităţi, angajaţi, taxe şi chirie. Aproape că nu ne ajungeau banii. Am făcut faţă vreo două luni, după care nu s-a mai putut. Eram pe minus. Întârziam cu toate plăţile, iar eu mă simţeam foarte stresată. Eric părea inconştient, nu căuta nicio soluţie, tot ce îi venise în minte a fost să se împrumute de undeva. Eu am propus să renunţăm la una dintre activităţi, dar el s-a opus. Nu accepta să cedeze şi să piardă aşa uşor, însă era singura soluţie. Nu îmi plăcea să împrumutăm bani, pentru că nu aveam garanţia că îi puteam returna. Atunci şi-a dat seama şi el cât de importantă era o rezervă. Eu pusesem ceva deoparte fără ca el să ştie şi ne-am ajutat de acei bani la primul impas, dar după asta ne-am văzut încolţiţi de facturi. Era oribil. Renunţaserăm la o parte dintre angajaţi, dar nu ne-a fost de ajutor.

Într-o zi, Eric a venit la mine şi mi-a spus să stau liniştită că problema e temporară şi că el va rezolva totul. Nu ştiam ce avea în minte... epuizaserăm deja toate sursele de unde ne puteam împrumuta. Familia lui nu ştia nimic, în timp ce toţi ai mei ne dăduseră tot ce aveau. După o discuţie serioasă pe tema banilor, a doua zi a venit la mine bucuros cu 2 000 de euro.

– Iubita mea, s-a terminat cu criza. Am rezolvat problema.

– Aşa din senin? l-am întrebat mirată.

– Stai liniştită. E totul în regulă.

– Nu e nimic în regulă. Cum ai rezolvat tu problema?

– Am împrumutat nişte bani. Ştiu că nu eşti de acord, dar o să vezi că ne revenim imediat, mi-a spus el, aparent liniştit.

– Eric... degeaba vine lumea, că se consumă puţin. Nu te păcăli singur! Toată lumea stă prost financiar. De unde ai luat banii?

– De la Dorin.

– Eşti inconştient! Ăsta e finalul. Ştii nu?! Dorin e cămătar!!! i-am spus furioasă şi ridicând tonul.

– E prietenul meu şi nu vom avea probleme.

– Dorin nu e prieten cu nimeni! I se rupe de tine şi abia aşteaptă să-ţi ia tot! Nu cred că ai făcut asta!!! Te duci şi îi dai banii înapoi. Acum!

– Nu mă duc să mă fac de râs. Ai încredere în mine!

– Nici nu ştii în ce te-ai băgat! i-am spus şi mai furioasă.

– Nu exagera!

– Singura soluţie corectă era să renunţi la ceva. De ce nu poţi să faci asta? E aşa de greu? De ce să te afunzi mai mult în rahat?

– Calmează-te!

– Nu pot şi nu vreau! Ştii bine că familia nu ne poate susţine cu bani şi tot ce au avut ne-au dat deja. Am ajuns să îi cer pensia mamei pentru că eşti tu încăpăţânat. De ce nu te duci la ai tăi să le ceri şi lor?

– Nu-i amesteca pe ei! a rostit iritat.

– Aaa... doar mama să plângă noaptea de griji. Minunat! Eşti foarte matur şi corect. Tocmai ai făcut „afacerea” vieţii tale! O să fie nevoie să-ţi vinzi şi sufletul să scapi de ăsta. Să nu spui că nu te-am avertizat. Mi-e scârbă de el şi de toţi prietenii tăi mizerabili!

– Lasă că sunt ai tăi mai buni. Nişte săraci care nu au cu ce să te ajute!

– Săraci, dar cinstiţi! O să te lămureşti singur. Tu tocmai te-ai vândut...

– Nu m-am vândut. Am primit ajutor de la un prieten.

– Aşa crezi tu! Bagă-ţi minţile în cap şi gândeşte-te la ce ţi-am propus. Renunţăm la sala de jocuri sau la rotiserie şi am rezolvat problema. Asta e... în afaceri mai şi pierzi. Important e să nu pierdem totul. Nu mă face să regret că te-am ajutat!

– Nu începe cu reproşuri! mi-a spus, ridicând tonul la mine.

– Doamne... tu înţelegi ce vorbesc aici? Ai făcut o gafă mai mare decât tine şi o să pierdem tot! Cât ţi-a cerut înapoi? Şi în cât timp îi vrea?

– 3 000 de euro. Îi vrea într-o lună.

– Faliment! Poţi să scrii pe uşă deja!

Începusem să râd ironic, în timp ce mă plimbam nervoasă în faţa lui. Îmi venea să-l plesnesc.

– Termină, că deja mă scoţi din sărite! Până acum ai mers pe mâna mea şi acum faci crize? mi-a spus nervos, conştient că nu avea dreptate, deşi nu voia să recunoască.

– Mare greşeală am făcut! Trebuia să stau în banca mea. Dacă nu înţelegi că soluţia ta nu e bună, va trebui să suportăm consecinţele amândoi!

– Nici soluţia ta nu e bună. Fiecare loc ne aduce bani şi nu renunţăm la niciunul! De unde vrei să plătesc după?

– OK. Nu ne înţelegem... Nici nu mai vreau să aud. Ştiu ce urmează... Să nu vii la mine să-mi spui că am avut dreptate! Descurcă-te dacă le ştii pe toate!!!

– Întotdeauna m-am descurcat!

– Nu singur!

– Au dreptate prietenii mei când spun că femeile nu au ce căuta în afaceri.

– Asta înveţi tu de la ei? l-am întrebat ironică.

– Femeia ar trebui să stea acasă la cratiţă.

– Dacă aş fi făcut asta, tu astăzi nu erai aici! Să te văd de acum încolo singur... cu mintea ta briliantă.

– Stai liniştită că nu pierd eu atât de uşor.

– Încasările sunt foarte mici şi cheltuielile foarte mari. Soluţia e una singură. Ţi-am spus deja care este. Problema ta este că nu accepţi să nu ai dreptate şi nici să pierzi. Crezi că mie mi-e uşor? Crezi că îmi place să le cer bani părinţilor? Ştii foarte bine cât îmi este de greu să apelez la tata!

– Ai tăi oricum sunt nişte săraci şi nu ne vor scoate din impas. Ai mei au rezerve şi, dacă le cer ajutorul, sigur mă ajută.

– Săraci? Săracii ăia te ţin în casa lor de doi ani şi de aproape trei luni te ajută cu bani! Eşti orb? Surd?... Cum poţi să ai atitudinea asta? i-am spus dezgustată şi foarte nervoasă.

– Nu am nevoie de ei! Mă ajut singur.

– Văd... cu cele mai bune soluţii. Mi-e greaţă! Sunt curioasă... ce ar spune ai tăi dacă te-ar vedea în situaţia asta?

– Să nu îndrăzneşti să sufli o vorbă!

– Altfel ce?

– Nu e problema lor!

– Ţi-e greu să recunoşti în faţa lor că eşti în plină cădere şi că nu accepţi să pierzi? Ai mei de ce trebuie să ştie şi să le suporte pe toate? Unde e dreptatea? Şi tu? Unde te-ai pierdut? Nu te mai recunosc...

– Aşa mă susţii la greu?

– Nu pot să susţin un om care nu vrea să înţeleagă că există o soluţie şi nu e cea a lui. Mi-ai luat singura modalitate de a face ceva. Ai zis că te descurci. De azi mă găseşti la cratiţă!!! Să te ajute prietenii tăi cu sfaturi!

– Eram sigur că nu-ţi pasă!

– Te-am avertizat de la început cu totul. Ai făcut ce ţi-a trecut prin cap. Am ajuns să ascund bani, să pot să am o rezervă. S-a dus şi aia. Tu ce ai pus deoparte? Ce ai făcut în afară de a gestiona totul prost?

– Bine că ești tu deșteaptă... mă duc să rezolv problemele.

– Nu înțelegi! Aici nu e o competiție între mine și tine, dar tu mereu ai avut o problemă când dreptatea era a mea. Nu am nevoie să-ți demonstrez ce pot și cât pot eu, ar fi trebuit să fim o echipă, dar nu am fost niciodată! Știi de ce? Pentru că tu nu știi să apreciezi oamenii care au idei mai bune decât tine! Ai impresia că le știi pe toate. Nici eu nu le știu! Și mie mi-e greu cu situația asta, dar trebuie să găsesc o soluție, nu nod în papură! Nu am muncit patru ani printre străini să ajung aici...

– Atunci lasă-mă să fac așa cum știu eu.

– Tu nu mai știi ce faci de multă vreme. Dar să ții minte un lucru: orgoliul e al oamenilor slabi, iar aroganța a oamenilor proști!

– Așa mă vezi tu?

– Nu. Așa ai devenit și te comporți ca atare. Doar tu nu te vezi.

– Nu am nevoie să mă placă țăranii ăștia de aici, sunt mult deasupra lor!

– Câtă înțelepciune... mă uimești!

– Câți au ajuns unde sunt eu?

– Ești în plină cădere! Aici voiai să ajungi?

– E doar o perioadă proastă. Atât.

– Te minți singur!

– E problema mea, mi-a spus, strângând din dinți, apoi a plecat.

Eric ne semnase sentința la faliment. El încă mai credea într-o minune, dar era imposibil. Nu voia să-și recunoască eșecul. Eu știam unde am greșit și știam că nu mai puteam salva nimic, speram doar să acoperim cheltuielile și să închidem acea etapă. Eram cu moralul la pământ și acceptam cu greu înfrângerea, însă nu aveam ce să fac. Încercam să-mi păstrez calmul și optimismul, dar stresul era extrem de mare. În doar câteva luni ajunseserăm pe minus, iar Eric nu voia încă să conştientizeze realitatea. Eram în plin declin. Trecuse o lună şi trebuia să returneze banii împrumutaţi de la prietenul lui cămătar. Nu aveam nimic, abia reuşeam să ţinem uşile deschise. L-a amânat o lună, dar cu o dobândă în plus. Suma se dublase şi Dorin începuse să facă presiuni. Abia atunci şi-a dat seama Eric ce greşeală făcuse.

– Ai avut dreptate... mi-a spus, umilit, într-o zi.

– Nu am vrut să am dreptate. Nu mă încălzeşte cu nimic asta.

– Nu ştiu cum reuşeşti să fii mereu atât de calculată. Mereu ai dreptate...

– Şi tu ai o problemă cu asta.

– Eu de ce nu reuşesc să fiu ca tine?

– Nu trebuie să fii ca mine, ci doar mai sincer cu tine, mai atent cu ceea ce faci. Nu te ajută la nimic aroganţa şi orgoliul. Nu te mai vede nimeni ca fiind un om frumos care încearcă să-şi depăşească condiţia. Le eşti antipatic tuturor şi nimeni nu ţi-o spune în faţă. Uită-te şi tu ce oameni ai în jurul tău. Suntem în tabere diferite, Eric...

– Văd... nu credeam că unii pot fi atât de mizerabili.

– Ai fost avertizat.

– Nu ştiu cum să o scot la capăt... mi-a spus cu lacrimi în ochi.

– O să fie greu. E momentul să laşi garda jos. Punem rotiseria în vânzare şi scăpăm de Dorin pentru început.

– Bine... sper să salvăm, totuşi, ceva.

– Dacă te trezeşti puţin, poate reuşim. Deşi nu cred...

– De ce mă descurajezi? Tu mereu m-ai susţinut.

– Sunt realistă. Fă nişte calcule şi îţi vei da multe răspunsuri singur. Plus că eu nici nu-mi mai doresc să continui, poate că e momentul să schimbăm direcţia.

– Nu știu încotro...

– O să vedem. Important este să scăpăm de datorii. Nu e musai să avem același drum și ți-am spus asta mereu. Niciodată nu am avut același vis.

– Îmi pare rău că am ajuns aici, poate că am fost prea egoist. Te simt noaptea când plângi, să știi...

– Și preferi să mă ignori... i-am răspuns, dezamăgită.

A tăcut... Eric se simțea încolțit. Eu abia mai aveam energie să merg înainte. Trăiam cu frică, cu stres, cu rușine și cu dezamăgire. Adormeam plângând zilnic, iar el mă ignora. Încercam să par liniștită, dar duceam cu greu acea situație, mă depășea pur și simplu. Am vândut rotiseria după trei săptămâni, suficient cât să mai crească dobânda și să nu putem acoperi suma împrumutată. Între timp, se strânseseră alte chirii și facturi. Trebuia să renunțăm la tot, dar Eric nu accepta să își piardă visul, deși stătea și îl privea cum se prăbușea. Au fost câteva luni extrem de grele și tensionate. Eu nu mai puteam și nu mai voiam să continui acolo. Poate că acel refuz făcea ca lucrurile să se prăbușească tot mai mult. La un moment dat, Eric s-a hotărât să încerce încă o dată să își salveze visul. M-a rugat să îl ajut pentru ultima oară și să îl sprijin. Am renunțat și la sala de jocuri și am făcut niște modificări în pizzerie. Acela fusese primul lui vis și voia să îl păstreze. I-am dat o altă imagine și, pentru o perioadă scurtă, au crescut vânzările, dar nu suficient cât să ne salveze. Rămăseserăm doar noi doi și o singură angajată. Era din ce în ce mai greu să fac față stresului și mă simțeam slăbită. Eric începuse să bea cu prietenii lui și stătea în fiecare noapte până târziu să joace poker cu ei. Avea impresia că așa câștiga bani. Se întorcea foarte târziu și amețit bine. Apoi au început bețiile adevărate, până când a pierdut controlul. Parcă îl vedeam pe tata și începusem să simt repulsie față de el. L-am amenințat că îl dau afară din casă dacă mai continuă dar nu i-a păsat. Într-o zi, când am simțit că se umpluse paharul, i-am spus mamei lui tot adevărul, mai puțin că avea datorie la un cămătar. Nu ştiam decât noi doi. Mi-era ruşine să spun aşa ceva, era cel mai umilitor lucru posibil, deşi nu îl făcusem eu, dar eram cumva complice, atâta vreme cât tăceam. Mama lui a rămas şocată, nu m-a crezut, însă eu eram disperată şi nu ştiam cum să evadez din acel coşmar. A dat vina pe mine, credea că se ajunsese acolo pentru că locuiam cu părinţii mei şi îmi cheltuiam banii cu ei. Aveau impresia că făceam investiţii acasă, deşi nu cumpărasem nici măcar o perdea nouă, chiar ea ne făcuse una cadou la un moment dat, pentru că Eric nu voia să investească într-o casă care nu era a lui. Dacă nu aş fi locuit în aceeaşi curte cu părinţii mei, situaţia ar fi fost mult mai gravă. Ei ne-au ajutat foarte mult. Mama ne dădea mâncare de la ea şi tot ea ne plătea şi facturile pentru utilităţi, dar el nu vedea aceste lucruri, iar părinţii lui refuzau să vadă adevărul, susţineau că familia mea a tocat o mare parte din bani, ceea ce era aberant. Mi-am dat seama că vorbeam inutil şi că nu am cu cine să mă înţeleg. Nu îmi venea să cred că erau toţi atât de orbi şi reci.

Mă simţeam a nimănui, singură împotriva tuturor şi cu o povară grea de dus. Nu mai vedeam nicio portiţă de ieşire şi abia mai reuşeam să dorm noaptea. Eric îşi continua beţiile şi începuserăm să ne certăm foarte urât. Mă jignea şi mă acuza de multe lucruri stupide şi neadevărate. În cele mai grele momente, când ar fi trebuit să fie bărbat cu adevărat, a ales să fie un laş. Să fie la fel precum ceilalţi!

Nu mai aveam nimic în afară de reproşuri şi datorii. Lumea nu mai venea la local din cauza lui şi o spuneau la toate colţurile. Nu îi mai suporta nimeni aroganţa, doar eu îi rămăsesem şi îmi era milă de el să-l las cu toate. Făceam eforturi să-l fac să înţeleagă că am pierdut tot şi că el a luat-o razna, dar refuza să vadă realitatea până în ziua în care Dorin l-a ameninţat că îi ia maşina. Mi s-a părut umilitor şi m-am revoltat. Îmi venea să-i strâng de gât pe amândoi. Îi uram! Mă uram pe mine că ajunsesem atât de jos. Atunci am făcut o nebunie. Am luat tot aurul din casă şi l-am amanetat fără să ştie ai mei... 80 de grame de aur cumpărate cu greu şi muncă cinstită în ani de zile. Am crezut că era de ajuns, dar Dorin a spus că mai trebuia. Nu mai aveam de unde să scot alţi bani, iar Eric aştepta de la mine să fac minuni.

– Am ajuns la capătul puterilor. Mă simt ca o cerşetoare. M-am săturat să îţi acopăr prostiile, i-am spus plângând.

– Iartă-mă... ştiu că ţi-am promis că o să te fac fericită, mi-a spus dezamăgit.

– Nu te mai rog nimic şi nu îţi mai explic nimic. Azi doar îţi spun: termină cu totul! Închidem tot! Azi! Dacă nu înţelegi, te las cu totul!

– Cum adică?

– Adică te descurci. Aşa cum ai ştiut să cazi, va trebui să te ridici, dar singur!

– Nu poţi să mă laşi acum! mi-a răspuns furios.

– Ba pot! Şi vorbesc serios. Suntem prea jos, eu nu mai vreau să merg pe un drum care nu mă duce decât în noroi. Iar tu ai ajuns un beţiv notoriu! Nu mai suport să te văd aşa!!!

– Şi ce vrei să fac?

– Să facem. Închidem tot şi vindem pe bucăţi. Plătim ce putem şi ne construim altă viaţă. Una normală, nu aşa!

– Ai şi tu dreptate... din nou. Nu ştiu cum reuşeşti. Dacă ar mai trebui să plătim încă o chirie, mă sinucid direct. Dorin mă sună zilnic să-i dau restul de bani şi nu mai pot nici eu.

– Ţi-am zis că nu e prieten cu nimeni. Te sună şi noaptea când dormi, să bage frica în tine pentru că nu îi pasă! De unde credeai că are atâţia bani? De la fraieri ca tine!

– Am crezut că nu face la fel cu prietenii, ci doar cu necunoscuţii...

– Îţi dădea impresia că ţi-e prieten, dar nu îţi este. Nu ţi-e clar încă?

– Nu ştiu... nu pot să accept înfrângerea asta! Ce vor zice ceilalţi despre mine? Vor râde toţi că am ajuns un ratat, exact cum spunea tata în liceu. Că sunt un ratat şi asta am ajuns... a început să plângă.

– Ai încercat să faci ceva. N-a fost să fie. Punct! Nu e sfârşitul lumii. Adună-te, că mai avem de tras!

– Tu cum poţi să fii atât de puternică?

– Nu sunt, dar nu am încotro. Mie mi-a spus tata zilele trecute că sunt o ratată şi că nu ştiu decât să toc bani. Cum crezi că m-am simţit? Plecasem în Italia să-i demonstrez că pot să ajung cineva. Uite-mă unde sunt! Jos, lângă tine... îmi vine să urlu!

– E numai vina mea! Plângea în hohote.

– E vina amândurora. A ta pentru că ai fost prea orgolios şi a mea pentru că am fost prea slabă. Nu am ştiu să spun „NU”, dar azi spun „STOP”!

– Ai dreptate! Drumul ăsta nu mai duce nicăieri.

– Şi chiar dacă ar mai avea vreo ieşire, eu nu mai vreau să continui aici. Ori îl urmezi singur, ori renunţi. Dar ştii că e un drum închis demult.

– Închidem, mi-a spus cu jumătate de gură.

– Bun. Nu mai vreau să pierd nicio secundă. Ne apucăm să strângem.

Deşi îmi venea să plâng în hohote, mi-am şters lacrimile şi m-am apucat să fac un plan pe hârtie. Eric se aştepta să-l consolez cumva, dar nu am vrut. L-am lăsat să simtă şi el gustul amar al lacrimilor şi răceala. Nici eu nu primeam mângâierea lui când mă durea. Trebuia să se trezească cumva.

Am închis localul și am pus la punct tot ce se putea. Pe listă erau multe datorii, furnizori neplătiți, taxe amânate și facturi de utilități. Am încercat să vindem ce aveam, dar nu a fost suficient. Dorin ne sechestrase o parte dintre lucruri și am fost nevoiți să mințim că era un prieten care le pune în vânzare pentru noi. A fost oribil. Într-un final, am făcut un ultim împrumut la un vecin care vânduse un teren și am scăpat de toate. Rămăseserăm cu datoria la el și cu creditul de la bancă, dar măcar dormeam liniștiți noaptea. Se încheiase un capitol foarte greu și bulversant. Simțeam că îi dezamăgisem pe toți, dar mai ales pe mine. Eram epuizată de gânduri și frustrări, mi-era greu să ies din casă. Nu voiam să fiu privită cu milă și nici nu suportam întrebările indiscrete ale oamenilor curioși. Simțeam zilnic arsuri în capul pieptului și nu știam cum să mă adun. Nu mai aveam chef de nimic, îmi dispăruse pofta de viață. Pierdusem tot! Pierdusem și ce nu aveam. Era dureros că rămăsesem doar cu minusuri după aproape șapte ani de muncă.

Eric începuse să-și caute un job, iar eu aveam nevoie disperată de o pauză. Simțeam că cedez. Își găsise ceva pe placul lui și câștiga bine. Eu am rămas mult timp ascunsă într-o lume din care nu vedeam nicio ieșire. Prietenii mei se îndepărtaseră din cauza lui Eric care continua să se poarte la fel de ciudat. Știam că o făcea din cauza rănilor, dar nu era o scuză, trebuia să accepte și el înfrângerea și să se liniștească. Prietenii lui dispăruseră, nu-l mai băgau în seamă decât dacă îl vedeau întâmplător. După câteva luni a început să câștige mult mai mult decât și-ar fi imaginat și era foarte bucuros, pe el doar banii îl făceau fericit cu adevărat, simțea că își recăpătase puterea și din nou căzuse în capcana aroganței. Nu se mai îmbăta zilnic pentru că nu mai avea cu cine și nici nu mai pierdea nopțile. Își recăpăta încrederea în el cu fiecare zi care trecea. Înțelesese că prietenii lui nu erau sinceri și își petrecea tot timpul liber cu mine, uneori și cu familia mea. Mergeam rar în vizită la familia lui, ca să evităm reproșurile.

După aproximativ un an, lucrurile se aşezaseră puţin. Eram mai liniştiţi, plăteam lunar ratele şi reuşiserăm să rupem legătura cu oamenii nepotriviţi. Aveam impresia că Eric încerca să-şi repare greşelile, să redevină un om simplu şi ambiţios, se purta mai frumos cu mine şi îşi dorea din nou să ne căsătorim. Făcea eforturi să-mi ajungă la inimă după atâtea furtuni, dar mi-era greu să le depăşesc pe toate. Rămăsesem blocată printre ruine şi, deşi zâmbeam, nu eram eu. Nu îmi recăpătasem pofta de viaţă şi nu mai aveam niciun vis. Îmi petreceam aproape tot timpul acasă şi începusem să scriu din nou, să-mi golesc sufletul. Mă uitam în urmă şi realizam că nu trăisem multe, în schimb pierdusem multe. Nu ştiam să iert şi nici să accept realitatea, chiar dacă păream împăcată. În sufletul meu era vraişte.

*Străină... de mine şi de toţi! Străină rătăcită prin viaţa ofilită. De ce nu mi-a fost drumul aşa cum l-am visat? De ce a trebuit să plâng atât de mult? De ce a trebuit să pierd? Parcă nici nu mai sunt om... doare totul şi totul mi-e nimic. Aş vrea un strop de iubire, dar nu să îl primesc, ci să îl simt. Să simt din nou cum curge iubirea prin mine, să mă trezesc zâmbind... Ştii ceva, străino? Dincolo de ruinele sufletului se află adevărata iubire. Mergi spre ea! Adu-ţi aminte că iubeai viaţa cândva şi ea te iubea pe tine. Hai acasă!...*

Gânduri printre rânduri

Îmi rămăseseră rugăciunile şi dorinţa ascunsă de a trăi din nou. Aveam nevoie de câteva raze de soare care să mă agaţe şi să mă ridice spre cer. Ele erau în privirile calde ale oamenilor care îmi erau aproape. Îi minţeam zilnic că mi-era bine, dar sufletul meu plângea. Abia când mi-au secat lacrimile, am revenit la mine. Mi-am spus că trebuie să mă ridic din nou şi am făcut-o.

*Fă-mi, Doamne, drum printre ruine și du-mă înapoi la mine. Du-mă unde apa cântă, unde soarele zâmbește, unde noaptea odihnește, unde ziua bucură și mâinile mângâie. Du-mă, Bunule, printre oameni sinceri și adevărați și fă-mi cărarea ușoară. Ia-mi pietrele de pe inimă și cenușa din suflet!*

Rugăciunea mea - Gânduri printre rânduri

Au apărut oameni noi în viețile noastre, oameni simpli care îmi erau dragi. Cel mai drag îmi era *Alin*, un puști de trei anișori, care a retrezit copilul din mine. Aveam nevoie să revin la copilărie. Învățam împreună lucruri noi, el pentru prima dată, eu pentru a doua oară. Era copilul unor prieteni. Ascundea în ochi albastrul cerului și în zâmbet lumina zilei. Avea o voce care îmi mângâia sufletul și mă făcea să uit cât de grele mi se păreau toate. Ne-am atașat foarte repede unul de celălalt, iar mie îmi fusese dor de lumea copiilor în care revenisem cumva.

Nu știu cum e să zbori, dar știu cum e să cazi în gol! Nici nu am apucat să-mi desprind bine aripile, că m-am făcut una cu pământul. Oare chiar am pierdut sau am învățat?

În drumul meu au apărut nenumărate semne că nu merg în direcția potrivită, unde-mi doream cu adevărat să ajung, dar eu m-am pornit prin furtună, crezând că voi putea s-o înving. Atunci când mergi greșit, apare eșecul. El te întoarce la tine pentru a te ajuta să-ți găsești adevărata misiune personală. A mea era cu totul alta...

Înfrângerea nu este altceva decât o formă de înălțare, un mod de a învăța să faci lucrurile mai bine și să le vezi pe cele nevăzute. Este modul perfect de a te cunoaște și de a cunoaște oamenii din viața ta. Eșecul te deschide.

Dar înainte, te rupe! Te face bucăți și te învață să te aduni. Eșecul este o etapă de dezvoltare!

Cea mai mare pierdere este să nu încerci! Să rămâi cu regrete.

Toate au un preț, iar eșecul este poate cel mai scump, mai ales atunci când te costă tot ce ai! Îți lasă urme mari de frică și de multe ori nu vrei să mai încerci, însă doar încercând din nou poți face lucrurile mai bine. Succesul și eșecul sunt doar niște cuvinte, în fond sunt niște experiențe fără de care nu poți învăța. Și cum ai ști să faci diferența între ele dacă nu le-ai cunoaște pe amândouă?

Nu am vrut să mă număr printre cei care își spun „Cum ar fi fost dacă?", am vrut să fiu printre cei care își spun „Am încercat!" sau „Am reușit!". Le-am făcut pe amândouă, ca la final să învăț să spun și „Am pierdut!". Acel „Am încercat!" m-a costat tot ce aveam, tot ce eram, dar m-a făcut să înțeleg că alesesem greșit. Nu era drumul meu!

Nu încerca să faci un lucru dacă nu simți acel ceva puternic în tine, nu-l face dacă nu te regăsești în el! Fă acel ceva la care visezi și pe care l-ai face oricând, oriunde, fără să fii plătit. Păstrează-ți simplitatea! Nu lăsa banul să te conducă! Lasă-l să-ți fie o energie bună care îți aduce satisfacții, nu dureri de cap.

Faptul că nu am știut să îmi exprim durerea, furia și dezamăgirea m-a aruncat într-o colivie din care am ieșit cu greu. Învățasem să pun lacăte și târziu am înțeles că, de fapt, trebuia doar să deschid ușa și să ies. Asta se numește ACCEPTARE!

Eșecul nu este o sentință, ci doar o schimbare spre mai bine sau mai rău și, probabil, este cel mai bun profesor. Ce trebuie să faci când un om eșuează? Să nu-l judeci! Să-l lași să-și învețe lecția și, dacă știi cum, să-l susții și să-l îndrumi!

# Războiul sufletului

2012... anul care m-a dus pe un alt drum greșit. Auzeam toate vocile din jurul meu, mai puțin pe a mea. Sufletul meu striga, dar eu eram surdă. Mi-era frică de orice: de un alt eșec, să nu rămân singură și multe altele. Devenisem dependentă de oamenii din jurul meu, chiar dacă nu eram pe aceeași frecvență. Mă simțeam atât de diferită și, mai ales, rătăcită. Îmi doream liniște și începusem să mă gândesc la faptul că eu nu aveam încă o familie a mea, cea la care visam de mult. Eric insista să ne căsătorim, să avem copii. La fel și ceilalți din familie, care continuau să spună că nu ne mergea bine din cauza faptului că nu eram căsătoriți în fața lui Dumnezeu și fără binecuvântarea Lui necazurile se țineau lanț, dar eu nu credeam în această teorie. Iubirea în sine era o binecuvântare, însă eu nu o simțeam. Mi-am pus întrebarea dacă nu cumva o așteptam inutil sau poate că ea așa era. Dar cândva o gustasem, avea fiori și dorință, avea bucurie, avea simplitate, avea dor și entuziasm. Avea mister... Poate că doar o dată în viață se simțea așa și se stinsese, mă gândeam că alta n-am să mai cunosc și am acceptat să mă căsătoresc cu Eric. Cu el trecusem prin toate şi le depăşisem pe toate.

Am început să mă ocup de organizarea nunţii singură, cu condiţia să nu se bage nimeni. Ştiind antecedentele mele, nu s-a implicat nimeni de teamă să nu mă răzgândesc iar. Eric nu avea timp să participe la pregătiri, dar avea încredere în mine că voi face cele mai bune alegeri, mă consultam cu el la deciziile finale. Pe el nu-l interesa decât să se căsătorească şi să aibă o petrecere mare. Plănuisem o petrecere frumoasă, deosebită, într-un salon superb, la sfârşitul lunii iulie. Am amenajat curtea şi am renovat casa pe exterior, astfel încât totul să fie perfect. Cu două zile înainte de nuntă, am avut o surpriză neplăcută. Am aflat că Eric împrumutase bani pe ascuns de la mama lui şi nu a ştiut să spună de ce şi pentru ce. Nu găsea nicio justificare. M-am simţit trădată. După tot ce se întâmplase, nu putea să mă mintă aşa, nu avea niciun drept; în plus, m-a dezamăgit mama lui. M-am supărat foarte tare şi m-am certat cu ei. Nu-mi mai doream să mă căsătoresc cu un om care juca murdar, iar pe deasupra rochia mea de mireasă nu ajunsese încă. Era joi. Aveam un motiv în plus să renunţ. Eram furioasă şi aveam dreptate, după toate sacrificiile făcute nu puteam să permit să fiu tratată aşa. Le-am spus că vreau să anulez nunta. Ceva din mine îmi spunea să nu mă căsătoresc. S-au revoltat toţi de la mic la mare şi mi-au reproşat că nu pot să fac asta din nou, dar eu vorbeam serios. Vineri am avut o discuţie serioasă în familie după care m-am întrebat ce să le spun naşilor. Nu voiam să-i supăr şi nici să-i dezamăgesc. Mi-am adus aminte că, în urmă cu câţiva ani, au avut parte de un moment similar în care mireasa a fugit cu un alt bărbat cu două săptămâni înainte de nuntă. Nu puteam să renunţ şi eu, erau nişte oameni deosebiţi care ne ajutaseră mult şi ţineam enorm la ei. La ora şase după-amiaza a ajuns şi rochia mea de mireasă. Nu era chiar ce comandasem eu, dar era în regulă. A trebuit să mă hotărăsc repede ce fac, toţi aşteptau cu sufletul la gură. Nu-mi doream să o fac, dar refuzul meu ar fi dezamăgit 120 de oameni. Era o tensiune în casă greu de suportat. Mi-am luat puţin timp şi m-am retras într-un colţ. Nu ştiam ce era mai bine pentru mine să fac, dar nu mă puteam gândi decât la ceilalţi. Mi-am călcat pe suflet şi le-am spus că merg înainte, naşii încă nu ştiau nimic şi nici nu au aflat atunci. Nu aveam sufletul împăcat şi nu mă bucuram deloc, aveam o senzaţie ciudată care nu îmi dădea pace. Era durerea că nu ştiam să spun „NU". Era frică, neputinţă. Era lipsă de curaj. Nu eram atât de puternică precum mă credeam. I-am spus lui Eric că singura continuare după nunta noastră va fi un divorţ. Îmi venea să evadez pur şi simplu pe altă planetă, dar luasem hotărârea să fac pasul şi nu mai aveam cale de întors.

*Nu te mai gândi... poate că o să fie bine. Poate că e pasul spre liniştea pe care o cauţi, spre fericire... ridică-te deasupra fricii! Pune-ţi cununa la care visai şi nu te mai uita în urmă. Iartă... uită... fă-ţi curaj să atingi cerul! Şterge-ţi lacrima amară şi pune-ţi zâmbetul cel mai frumos! Mâine vei fi mireasă...*

Gânduri printre rânduri

Îmi lipsea voalul, poate că era un semn că nu trebuia să mi-l pun pe cap, dar sâmbătă dimineaţa, fix în ziua nunţii, m-am dus să-mi cumpăr unul. Era totul pregătit aşa cum plănuisem, iar lumea aştepta cu nerăbdare evenimentul. Nu aflase nimeni despre neînţelegerile de dinainte, doar cei din familie aveau emoţii mari. Eu nu aveam deloc, eram goală. Mi-am propus să port cea mai frumoasă mască pe care o aveam şi am fost o mireasă splendidă. Mi-am zis că poate ar trebui să mă bucur măcar de petrecerea pentru care făcusem atâtea eforturi. A fost o seară deosebită, cu oameni frumoşi, cu muzică de calitate, cu mâncare bună, cu surprize pentru invitaţi, dar şi pentru noi, mirii. Am lansat lampioane pe cerul înstelat şi am dansat toată noaptea. Mi-a lipsit doar iubirea...

*Dar tu? Tu unde-mi eşti, iubire? Cui mă laşi? Încă îţi aştept fluturii şi mângâierea braţelor calde. Iar omul de lângă mine cine e? Pare fericit, dar nu ştiu dacă este. Are răni adânci... De acum sunt soţie, dar nu mă regăsesc în acest rol, deşi l-am îndeplinit şi înainte. I-am fost şi mamă, şi soţie, dar mai ales, prietenă. Nu ştiu, el ce îmi este mie? Poate prieten... poate omul care mi-a umplut anumite goluri, dar mi-a făcut altele în acelaşi timp. Am ales acelaşi drum, totuşi nu simt că mergem împreună. Parcă am fi străini...*
*Tu, suflete, ce zici? Ce doare? Poate că ar fi mai bine să nu mai simţi...*

Gânduri printre rânduri

Mi-am continuat viaţa cu noul rol, cel de soţie. Nu se schimbase mai nimic pentru mine, doar numele care nu îmi plăcea şi nu mă reprezenta deloc. Nu mă conectasem cu noua identitate şi în sufletul meu o respingeam. Din afară eram văzuţi diferit, intraserăm în rândul lumii cum se spune, eram o familie şi eram trataţi ca atare. În septembrie am cununat nişte prieteni, iar Eric a fost un naş tare mândru. Nu mi-a plăcut atitudinea lui, dar am făcut acel gest doar pentru că naşii tinerilor îi lăsaseră baltă cu câteva luni înainte de eveniment. Am vrut să îi ajut şi m-am bucurat că am putut să o fac.

În noiembrie am primit un apel telefonic în care am fost informată că soţul meu avea o aventură extraconjugală cu o femeie de la el de la birou. Am rămas surprinsă, convinsă fiind că mă iubea enorm, aşa cum spunea el. Am preferat să tac și să încerc să aflu dacă era adevărat. Nu-l controlasem până atunci, dar începusem să simt că îmi ascundea ceva. Nu mi-a plăcut niciodată să scotocesc oamenii, le-am oferit tuturor încredere pentru că mi se părea normal aşa. Am aflat destul de repede că era adevărat... soţul meu mă înșela cu o colegă de serviciu. M-am simţit trădată ca om și umilită ca femeie, dar nu i-am reproşat nimic. Nu i-am arătat că mă durea, i-am spus doar că am aflat de amanta lui și că aveam dovezi, însă el chiar și așa a negat. Era absurd. Mă prostea în față și uram să fiu tratată așa. Nu avea curajul să recunoască, m-ar fi pierdut. Credea că-l vor salva minciunile, dar abia atunci am înțeles eu ședințele care durau până la unu noaptea aproape zilnic. Am înțeles de ce avea telefonul închis în timpul acelor ședințe și de ce mă ținea departe de activitățile lui. Nu trebuia să aflu. Adevărul, însă, își găsește mereu calea să iasă la suprafață. Într-un fel, asta era salvarea mea, puteam să pun capăt acelei căsnicii nefericite fără ca cineva să se opună.

– M-ai dezamăgit profund! Ca om... Ca bărbat, ce să zic? Nu cred că ai fost vreodată bărbat. Am toate dovezile că mă înșeli.

– Ești nebună! Nu știu de unde ai scos tu prostiile astea.

– Ești ridicol! Nu te mai salvează nimic de data asta. Poate să coboare și Dumnezeu pe pământ, că eu nu te mai cred!

– Tu ești ridicolă că mă acuzi aiurea!

– Eric... am dovezi! De ce ai făcut-o? După atâtea sacrificii și eforturi pe care le-am făcut pentru tine, asta merit eu? E tot ce puteai tu să faci pentru mine? l-am întrebat revoltată.

– Repet: ești nebună!

– Mă simt exact ca toate nevestele de pe aici, care sunt înșelate. Nici nu m-aș mira să nu fie prima dată când o faci.

– Chiar dacă greșește, bărbatul e bărbat. Femeia trebuie să-l ierte.

– Hai că mă faci să râd... fă-ți bagajul, că pleci.

– S-o crezi tu!

– Nu glumesc, i-am spus calmă.

– Nu poți să hotărăști tu asta.

– Ba pot pentru că tu stai la mine acasă, nu eu la tine.

– Abia aşteptai momentul! Dacă stăteam la ai mei acasă, nu se ajungea aici, să mă dai afară ca pe un câine.

– La ai tăi unde am fi putut să dormim? Sunt curioasă. În dormitor, cu părinţii tăi în pat, sau în sufragerie, lângă Carol, pe canapea?

– Se găsea o soluţie.

– Eu am casa mea şi nu am de ce să plec de aici. Faptul că stau în aceeaşi curte cu părinţii mei nu e o tragedie. Ei oricum îşi văd de treaba lor.

– Îşi bagă nasul în toate, dar nu vezi tu.

– Dacă nu erau ei, nu avea cine să te întreţină la un moment dat. Văd că ai uitat deja. Interesant...

– Cât timp o să-mi reproşezi asta? Toată viaţa?

– Doar atunci când vorbeşti urât despre ei şi eşti nerecunoscător şi văd că eşti mereu.

– Şi câte am făcut eu nu vezi?

– Evident că văd, dar este prea puţin. Mai multe probleme ai creat... Fă-ţi bagajul şi nu mai pierde vremea, altfel ţi-l fac eu!

– Mi-l fac singur, dar o să regreţi că faci asta! mi-a spus furios.

Şi-a strâns hainele muşcându-şi buzele de nervi, aproape îşi dăduse sângele. Nu îi venea să creadă. Nu am mişcat niciun deget, ci doar l-am privit cum se frământa. După o oră era gata de plecare.

– Atât am eu? m-a întrebat nedumerit.

– Ce ai vrea să ai mai mult decât nişte haine? Mai sunt datoriile de împărţit şi cam atât. Maşina poţi s-o păstrezi, nu vreau nimic în afară de linişte.

– După zece ani, am doar o valiză cu haine?

Încă era uimit de lucrurile lui, atât de puţine.

– Exact! Şi minusuri. Şi ştii de ce? Pentru că nu ai vrut să construieşti decât afaceri, nu şi un cămin. Tot ce ai avut e la prietenul tău cămătar.

A început să plângă, dar nu m-a mai impresionat ca alte dăţi, mă rănise suficient cât să nu mai cred în lacrimile lui. Nu ştia unde să se ducă şi nu voia să apeleze la părinţii lui, dar nu a avut încotro. L-am ignorat câteva zile, timp în care m-am gândit la ce trebuia să fac. Tot ce mi-a venit în minte a fost să mă răzbun pe el. A fost singura dată în viaţa mea când mi-am dorit să mă răzbun pe cineva. Aveam o furie de nedescris, îl uram pur şi simplu! Nu puteam să accept să fiu călcată în picioare de omul pentru care îmi sacrificasem ani de zile şi toţi banii munciţi în străinătate. În acelaşi timp, mă simţeam în sfârşit liberă şi liniştită, nu-mi doream să se întoarcă, nu-mi lipsea deloc. Mă durea doar trădarea lui. Într-o seară am pus mâna pe telefon şi l-am sunat.

– Bună seara, străine! i-am spus.

– Străine?!... Asta sunt acum?

– Probabil că asta ai fost mereu...

– De ce m-ai sunat?

– Să-ţi transmit că ai maximum trei zile la dispoziţie să te întorci acasă.

– După ce m-am certat cu ai mei? Eşti nebună! Abia m-au primit. Au zis că nu mai am ce să caut acolo.

– Of, sărăcuţul de tine... ai ajuns sub papucul lor. Aşa bărbat eşti? Nu poţi să hotărăşti pentru tine?

– Nu-i treaba ta!

– Ba este! Încă sunt soţia ta şi tocmai din acest motiv te-am sunat.

– Ah... acum eşti soţia mea, după ce m-ai dat afară din casă?

– În acte aşa scrie. Nu mi-ai cerut divorţul încă.

– Păi tu vrei să divorţezi, nu eu.

– M-am răzgândit.

– Aşa peste noapte?

– Se pare că da. Atât am avut de spus. O seară bună!

Am închis fără să mă gândesc la ce hotărâre va lua. Ştiam că se va întoarce. După două zile era cu bagajul la uşă, aproape că zâmbea. Eu mă uitam la TV. M-a salutat din uşă, dar eu nu m-am mişcat din pat.

– Ah, ce bine că ai venit! i-am spus.

– Nu-i aşa? mi-a răspuns el.

– Da, acum poţi să pleci! i-am spus ironică.

– Glumeşti... mi-a spus, intrând pe uşă cu valiza.

– Nu, nu... nu glumesc! Poţi să pleci! Aici nu eşti binevenit! Am vrut doar să-ţi arăt că vii şi pleci când vreau eu! Pentru că nu mai valorezi nimic!

– Tu îţi baţi joc de mine?

– Tu nu asta ai făcut cu mine până acum?

– Şi acum te răzbuni?

– Nu, doar îţi arăt cât eşti de prost. Nu mai ai pic de demnitate.

– Nu pot să plec iar la ai mei. M-au avertizat că, dacă vin înapoi la tine, nu mai am ce discuta cu ei.

– Perfect! Du-te la amanta ta!

– Nu eşti normală!

– Tot eu... of... am rostit ironică.

– Tu nu înţelegi că nu mai pot să plec şi nu am unde să mă duc?

– Deci eşti la mila mea. Ce trist...

– Ce-ţi mai place...

– Mmm... nu e chiar stilul meu, recunosc, dar nu mi-ai dat altă variantă. Hai, du-te, că aici nu ai ce căuta.

– Serios vorbesc. Nu plec! mi-a răspuns plângând.

Se simţea umilit, aşa cum mă simţisem şi eu când am aflat despre trădarea lui.

– Atunci avem o singură soluţie. Poţi să rămâi ca un animăluţ de companie până ne rezolvăm problemele şi până plătim toate datoriile. Apoi suntem liberi!

– Ce soluție minunată...

– Da sau nu! E singura.

A tăcut. S-a așezat pe marginea patului plângând, dar nu m-am apropiat de el. Îl uram și mă bucuram că suferea. Dar mai ales mă uram pe mine pentru că ajunsesem să urăsc atât de mult. Războiul din mine lua amploare cu fiecare secundă și nu puteam să îl opresc. În același timp, mă uitam la el și mă durea, dar mă durea mai mult pentru mine. Eu nu-l rănisem intenționat niciodată. Atunci a fost prima și singura dată. Aveam încă multe probleme de rezolvat, iar Eric le tot amâna. Singură nu voiam să o fac, erau multe din vina lui și nu-mi mai plăcea să fiu eu cea care salva situația. Obosisem.

Începusem să lucrez la birou, la nașii mei, și evitam să îl văd pe Eric. Cu cât ne intersectam mai puțin, cu atât era mai bine. El își continua aventurile și începuse să lipsească nopțile de acasă. Îmi spunea că iese singur, să se regăsească. Nu înțelegeam de ce continua cu acele minciuni, începuse din nou să bea și atunci m-am revoltat din nou.

– Dacă vrei să rămâi în casa mea, va trebui să o respecți! Nu mai accept să lipsești nopțile și nici să vii băut, altfel pleci! i-am spus furioasă.

– Am stabilit că plec când terminăm de rezolvat toate problemele.

– Le înmulțești pe zi ce trece și nu tolerez atitudinea ta și, mai ales, lipsa de respect. Știu pe unde umbli nopțile, are grijă soția șefului tău să mă informeze. Și ea e în aceeași situație. Tu și șeful tău sunteți doi mizerabili!

– Am avut treabă când am lipsit.

– Da, știu unde și cu cine. Nu e nevoie să fii ipocrit.

– Ai detectiv particular?

– Nu, nu am nevoie. Nici măcar nu știi să te ascunzi. Ești penibil. Nu înțeleg de ce minți, oricum între noi nu mai e nimic. Mai avem puțin și le rezolvăm pe toate. Abia aștept să ies din jocul ăsta de doi bani.

– O să-ţi treacă, mi-a spus el convins.

– S-o crezi tu! De mâine nu te mai duci la birou. Mă întreabă ai mei de ce vii aşa târziu şi ce se întâmplă cu tine de te-ai schimbat aşa.

– Nu e treaba lor.

– Nu e, dar stăm cu ei în curte şi trebuie să ne respectăm. Plus că au văzut că avem probleme, dar cum tu nu eşti niciodată acasă, trebuie să suport eu întrebările. Asumă-ţi partea!

– Nu am de ce să renunţ. Câştig bani frumoşi acolo.

– Pleci la nouă dimineaţa şi vii noaptea la ora unu-două. Ce serviciu e ăsta? Cât timp crezi că mai poţi să ne prosteşti?

– Mă laşi în pace?

– Nu te mai duci, punct!

– Altfel ce?

– Altfel pleci în secunda următoare şi te descurci singur cu toate.

– Nu am motive să-mi dau demisia şi nu ştiu cum să fac. Unde mă duc?

– Undeva unde să munceşti, nu să umbli nopţile şi să cheltuieşti banii aiurea. Mai avem datorii de plătit. Ideea era să le achităm, nu să te distrezi nopţile cu alte femei. În cazul în care preferi asta, poţi pleca cu totul, nu am nimic de obiectat. Dacă nu respecţi înţelegerea, va trebui să pleci! i-am spus hotărâtă.

– Nu mă interesează. Nu pot să muncesc doar ca să plătesc datorii. Trebuie să şi trăiesc, nu sunt sclav.

– Nu murim dacă mai facem câteva sacrificii. De luat, ai luat uşor, dar de dat înapoi nu-ţi convine. Vecinul îşi vrea banii înapoi, are nevoie de ei. Mă strigă zilnic la poartă. Nu pot să plătesc atâţia bani singură.

– Să aştepte.

– Ţi-a salvat fundul omul ăla.

– Plăteşte tu!

– Ţi-ai luat maşină cu o parte din banii lui. Tu o foloseşti, tu plăteşti. Iar eu achit ratele la bancă. Mai nou, trebuie să plătesc eu totul singură?

– Să aştepte, am zis!

O luase razna, refuza să îşi achite datoriile. Nu ştia nimeni ce se întâmpla între noi, nici măcar familia. Aveam o înţelegere a noastră pe care nu o mai respecta, după care urma să divorţăm. A acceptat să renunţe la acel serviciu şi a intrat ca administrator la spălătoria auto a naşului nostru. Îi plăcea să fie şef, iar acolo avea angajaţi de cea mai joasă speţă pe care îi trata exact cum îi plăcea lui, de sus. Nu a vrut să rămână în domeniul în care lucrase şi care era mult mai bun. Îşi putea găsi un post la o altă firmă, dar a preferat să schimbe domeniul. Spălătoria era aproape de casă şi avea un program decent. Se terminase etapa cu aventurile amoroase, în schimb revenise la alcool. Aproape pierduse controlul.

Începusem să mă simt rău şi nu mai voiam să tolerez nimic. Puteam să împărţim restul de datorii şi să ne descurcăm separat. M-a rugat să aştept să îşi găsească o casă, pentru că voia să se mute singur. I-am dat o săptămână, timp în care am fost să-mi fac nişte analize. Nu eram prea bine şi mi-au descoperit şi pietre la bilă. Ştiam că nu puteam să scap de ele decât cu o operaţie, dar m-am gândit să fac asta după divorţ. Eric a insistat să o fac înainte, să plece liniştit după, mi-a propus să mergem la spitalul unde lucra mama lui ca infirmieră, dar am refuzat. Mi-a promis că era ultimul lucru pe care îl făceam împreună. Nu voiam să apelez la mama lui, pentru că ea nu ştia ce urma şi nu voiam să fiu acuzată că m-am folosit de ea. Încă nu le spusesem celorlalţi ce intenţii aveam, dar deja se vedea din exterior că totul mergea prost. În fiecare zi simţeam că mă afundam mai mult în noroi, singurele mele bucurii erau serile petrecute la naşi unde mă jucam cu copiii lor - Mihnea, de trei ani, şi David, de cinci ani. Mă refugiasem într-o lume a copiilor şi evadam cât puteam de des. Dacă nu ar fi fost ei, nu aş fi avut niciun pic de lumină în acea perioadă. Copiii sunt minunaţi!

> *Suflete rupte din rai menite să mângâie oamenii pe pământ. Zâmbete inocente, emoţii, priviri senine şi îmbrăţişări calde. Iubire pură! Ei, copiii, îngeri căzuţi pe pământ, pentru a salva lumea!*
>
> Gânduri printre rânduri

2013: 2 x 13 – urâtă ecuaţie. Rezultatul a fost mai mult decât un dezastru. Prea multe virgule şi semne de exclamaţie! În luna iunie am mers să îmi rezolv problema de sănătate, aveam nevoie de o intervenţie laparoscopică la colecist, după care aveam să îmi recuperez libertatea şi liniştea. Aşa speram eu şi mai aveam câţiva paşi până acolo. M-am internat într-o zi de joi, pe şase, iar intervenţia a fost făcută în dimineaţa următoare. Înainte să intru în sala de operaţie, mi-am dat seama că mă ruşinam cu corpul meu şi îmi era teamă de ceea ce urma, deşi aveam acolo o echipă extraordinară. Totul a decurs bine. Singura problemă a fost reacţia mea la anestezie, am vomitat aproape douăzeci şi patru de ore, ceea ce m-a epuizat fizic, însă m-am recuperat repede. După două zile eram gata de plecare. Mama lui Eric, însă, nu era convinsă că eram bine, deşi mă simţeam în regulă. Insista că devenisem prea galbenă la faţă. Mă gândeam că aşa era normal, eram slăbită. A vorbit cu medicul chiar în ziua în care am primit permisiunea de externare şi l-a rugat să mă verifice. Mi-a spus să rămân pentru investigaţii. Seara am avut un vis în care eram din nou în sala de operaţii şi nu înţelegeam de ce. M-am trezit bulversată, dar nu am dat importanţă, era doar un vis şi speram să rămână aşa.

Aveam dureri uşoare, iar inciziile erau mici, eram bucuroasă că nu voi rămâne cu semne mari şi, mai ales, că scăpasem de un pumn de pietre. Am fost uimită când le-am văzut. Dar adevărata aventură abia atunci începea. Aveam 27 de ani şi mă gândeam să îmi refac viaţa singură, aşa cum îmi doream eu. Dar şederea mea în spital s-a prelungit din cauza unui icter. Mi s-a recomandat o ecografie care nu spunea nimic, apoi o examinare CT, în urma căreia medicul nu a fost mulţumit. A fost prezent pe parcursul investigaţiei, lucru pe care un medic nu îl face. Atunci mi-am pus întrebări. Se vedea îngrijorarea pe faţa lui. Nu-mi spunea nimeni nimic, doar că mai erau necesare şi alte investigaţii. De la ce putea să fie un simplu icter postoperatoriu? În ultimă fază, mi s-a recomandat o examinare IRM. Medicul a venit şi acolo cu mine, să vadă exact ce se întâmpla. A doua zi m-a chemat în cabinetul său. Nu-mi plăcea privirea lui, nu transmitea deloc o veste bună. A luat o coală albă şi a început să deseneze ceva, timp în care îmi explica ce problemă mi-au descoperit în urma investigaţiilor.

– Nina, eşti tânără şi vreau să te ajut. Nu trebuie să îţi faci griji.

– Ce am mai exact?

– Ceea ce ai tu este o malformaţie destul de rară. Un caz la un milion. Te-ai născut cu ea, dar nu poţi să rămâi aşa, trebuie să intervenim din nou.

– Să mă operez iar?

– Da. Dar nu e grav. Ai o problemă la căile biliare, sunt „încutate" şi, în timp, se vor închide dacă nu intervenim din nou. E posibil să fie şi pe acolo ceva depuneri.

– Ce fel de operaţie ar trebui?

– Laparoscopică, dar există o probabilitate de 1% să intervenim clasic dacă nu se rezolvă aşa. Ai încredere că o să fie bine. Vom fi cei mai buni medici în sală.

– Operaţie clasică? Nu vreau aşa ceva.

– Sunt şanse extrem de mici pentru asta, dar trebuie să ştii. Nu putem evita intervenţia.

– Ce riscuri sunt?

– Dacă te operezi, revii la o viaţă normală şi fără probleme. Dacă nu te operezi, canalele se vor închide şi drenajul nu va mai fi posibil. Concluzia o tragi tu.

– Adică mor...

– În câteva zile intrăm în sala de operaţie cu cei mai buni medici. O să fie bine. Îţi promit! E un caz rar, dar se rezolvă, ai încredere în mine.

– „Una la un milion”...Nu mă aşteptam la asta... i-am spus puţin bulversată.

– Nina... o să fie bine.

M-am întors în salon fără zâmbet. „Visul meu se adevereşte... Doamne...” Nu ştiam la ce să mă aştept şi mă speria ideea de operaţie clasică, dar eram optimistă, gândindu-mă că probabilitatea era de 1%. Între timp mă împrietenisem cu tot etajul, ştiam toţi medicii şi rezidenţii, asistentele, infirmierele şi chiar şi pacientele din alte saloane. Erau oameni minunaţi, care aveau grijă de mine. Noaptea, când nu aveam somn, mai stăteam la poveşti cu rezidenţii, când nu aveau urgenţe. Mi-au spus câte sacrificii făceau pentru a ajunge medici şi mi se părea incredibil să facă atâta efort pentru un salariu foarte mic, dar pasiunea lor era mare. Oamenii nu ştiu că o tură de gardă poate uneori să depăşească douăzeci şi patru de ore, timp în care de-abia apucă să respire. Erau tineri şi entuziasmaţi. Li se părea interesant cazul meu şi mă încurajau, mă plăceau toţi pentru că eram glumeaţă şi zâmbeam mereu. Mă simţeam ca acasă, îmi erau tare dragi şi-mi era mult mai uşor să trec prin acel episod alături de ei.

Pe data de 17 iunie am fost chemată în sala de operaţii. Am plecat fără nicio teamă, chiar foarte încrezătoare, convinsă că voi ieşi fără tăieturi noi. Eram liniştită. Fusesem înainte la biserica din spital unde am aprins câteva lumânări, mă rugasem toată ziua să se termine cu bine. Sora mea îmi cumpărase o brăţară sfinţită, să mă protejeze în timpul operaţiei şi m-au lăsat să o ţin la mână.

Mi-am luat fişa şi am plecat singură, au zis că oricum mă ştiu toţi şi nu am nevoie să fiu condusă. Era ora 12:00. La sală, însă, nu cunoşteam pe nimeni, m-au privit puţin ciudat pentru că venisem neînsoţită, dar faptul că eram zâmbăreaţă m-a ajutat. Se aşteptau să fiu speriată, aşa cum sunt pacienţii în general. Probabil nu mai văzuseră de mult o pacientă aşa. M-au îndrumat către sala în care eram aşteptată şi m-am întins pe masa de operaţie. Eram doar eu cu mine, din nou sub aceleaşi neoane reci, care îmi dădeau fiori. Nu ştiam ce va urma. Deşi uram anesteziile, îmi plăcea senzaţia când adormeam, era ciudat, dar ştiam că număram până la 5 şi gata, se stingea lumina.

M-am trezit tremurând şi ameţită, mi-era cumplit de frig şi abia reuşeam să respir, deşi aveam mască de oxigen. Încercam să disting ce se afla în jurul meu pentru că nu semăna deloc cu salonul meu, iar ochii mei erau acoperiţi de o ceaţă densă. Aveam dureri cumplite, repetam într-una că mi-e frig cu o voce stinsă. Simţeam cum mă învelea cineva încet, dar eu aveam senzaţia că aşeza peste mine o pătură de beton pe care nu o puteam susţine, respiram din ce în ce mai greu şi încercam din răsputeri să văd ceva. Uşor-uşor, ceaţa din ochi s-a risipit. Am recunoscut tavanul, eram în post-operator şi mi-am dat seama că aveam de dus o luptă grea. Un aer rece îmi congela trupul, simţeam cum sângele meu devenea mult prea dens ca să mai poată alerga spre inimă. Auzeam voci în jurul meu, dar nu puteam ridica privirea să mă uit. Am văzut-o doar pe sora mea Ady în stânga, care se chinuia să îmi zâmbească, iar în dreapta era soacra mea, care părea foarte îngrijorată. Pe Ady o citisem deja, era plânsă şi îi vedeam în ochi durerea, în timp ce zâmbetul fals o dădea de gol.

Era ora 16:00, durase destul de mult intervenţia. Începusem să întreb obsesiv dacă m-au tăiat, încercam să ridic cearşaful să mă uit la abdomen, dar nu reuşeam. Eram epuizată, deşi abia mă trezisem. Niciuna nu voia să îmi spună nimic şi nici să îmi arate, îmi repetau într-una că trebuie să dorm. Începusem să mă enervez şi astfel mi-am găsit forţa să mă uit sub cearşaf. Eram complet bandajată şi asta îmi explica durerile insuportabile. Aveam un tub extrem de deranjant în nara stângă, îl simţeam până în stomac şi îmi provoca stare de vomă, aveam sondă urinară, la mâini erau puse perfuzii, iar din burtă îmi ieşeau două tuburi de drenaj. Nu era bine deloc. Am privit-o pe sora mea şi am întrebat-o, pentru ultima dată, cu lacrimi în ochi:

– M-au tăiat, nu-i aşa? Spune-mi adevărul.

– Doar puţin. E o tăietură mică, important e că a decurs totul bine. O să-ţi revii repede, sunt aici lângă tine, mi-a spus aparent liniştită.

– Nu cred... au spus că sunt şanse de 1%. Ce mi-au făcut? am întrebat plângând agitată.

– Nu mai vorbi, odihneşte-te, te rog! Stai liniştită. Eşti bine.

– Nu sunt deloc bine, nu pot să respir, abia vorbesc, nu pot să plâng, mă doare tot corpul... Mă simt oribil.

Începusem să mă panichez destul de tare şi nicio explicaţie nu mă liniştea. Durea cumplit, asta era tot ce simţeam. Mi-am dat seama destul de repede că trebuia să mă calmez, altfel îmi făceam rău singură. Le spuneam şoptit că încă mi-e frig, nu mai aveam putere să vorbesc, simţeam durerea din ce în ce mai mult. În dreapta mea era o doamnă care vorbea într-una la telefon, deşi nu avea voie. Nu suportam niciun zgomot şi îi tot rugam pe toţi să o facă să tacă. Vorbele ei mi se păreau nişte urlete, deşi ea povestea cuiva liniştită despre starea ei. Nu o mai suportam şi am început din nou să plâng, voiam puţină linişte, atât. Ady şi soacra mea au ieşit din salon, deoarece vizitele nu erau premise acolo şi am rămas singură. În faţa mea era un domn pe care abia îl vedeam, dar îl simţeam cum tresărea din pat. Avea nişte şocuri ciudate, mă speriau reacţiile lui.

Mă uram în acel moment, îmi uram viaţa şi pe toţi din jurul meu. Nu aşa trebuia să fie. De ce eu? De ce aşa? Cu ce greşisem? În mintea mea era haos total, durerile erau din ce în ce mai insuportabile şi începusem să am o stare de greaţă şi mai puternică. Mi se spusese că nu mi se puteau administra calmante şi nici antibiotice pentru că eram polialergică. Nu ştiam nimic despre asta. Mi-au explicat că am prezentat o reacţie alergică imediat cum am ieşit din sala de operaţii şi aveam tot corpul plin de pete roşii, dar eu nu puteam să le văd. Apăreau de fiecare dată când îmi administrau un medicament, oricare ar fi fost el. Au decis să întrerupă orice tratament până găseau o soluţie. Trebuia să mă descurc singură cu câteva punguţe de glucoză, ca să nu mă deshidratez. Atunci mi-am spus în gând: „Bravo, Nina! Minunat! Să te văd acum ce faci!" Tot ce îmi doream era să se termine odată, să nu mai simt nimic. Mi se părea că timpul nu trecea deloc. Seara începusem să am gânduri negre, credeam că, dacă muream, aş fi scăpat de durere şi de toată nebunia aceea. Apoi mă gândeam la cât de mult ar suferi mama, la cât ar plânge surorile mele. Le iubeam enorm, dar nu mai puteam să îndur. Îmi urla sufletul de durere, îmi simţeam trupul sfâşiat, mă simţeam ca o bucată de carne măcelărită şi aruncată pe un pat din care moartea a luat atâţia oameni. Dar eu nu trebuia sa fiu unul dintre ei! Treceam cu uşurinţă de la gânduri de moarte la gânduri de salvare şi, din când în când, aţipeam puţin.

Durerea era îngrozitoare, cel mai uşor mi se părea să mor. Cum aveam să trăiesc cu atâtea cicatrici? Dacă nu mă vindecam complet? Îl uram pe Dumnezeu! Îl uram din tot sufletul! Mă rugasem atâta să nu ajung acolo şi El exact acolo m-a trimis. Era mai urât ca în iad. Simţeam că nu mai aveam nimic, nu-mi mai păsa de nimic, îmi fixasem privirea în tavan şi încercam să mă ajut cum puteam. Mi-am spus că trebuie s-o scot cumva la capăt. Liniştindu-mă, am început să respir mai bine, dar şocul încă nu dispăruse. Eram traumatizată, aş fi făcut orice pentru un calmant. Orice! Simţeam că mă stingeam pur și simplu, aveam privirea îngheţată, iar din colţul ochilor îmi curgeau încontinuu lacrimi reci pe care abia mi le puteam şterge şi totuşi o făceam. Pe hol era sora mea... o zăream de fiecare dată când se deschidea uşa, nu mai avea voie înăuntru, dar stătea acolo să mă privească în puţinele secunde în care cineva intra sau ieşea. Nu voiam să mă vadă învinsă, pentru că exact aşa mă simţeam, învinsă. Când auzeam uşa, îmi îndreptam privirea către ea şi zâmbeam. Eram complet ridicolă, ştia că o făceam artificial, ştia că nu mai puteam. Din când în când, cerea voie să intre să îmi ude gura, dar de câte ori mă atingea simţeam că îmi smulgea buzele. Durea şi nu mai suportam nici durerea şi nici vreo voce în jurul meu. Murmuram cu ochii închişi „să tacă toţi" şi abia într-un târziu s-a făcut linişte, când toţi pacienţii dormeau, mai puţin eu. A fost cea mai lungă noapte din viaţa mea. Am rugat-o şi pe sora mea să nu mai intre, să nu mă mai atingă, să plece şi să mă lase să dorm. Dar ea a rămas acolo de la 16:00 după-amiaza, până a doua zi dimineaţă la 10:00. Era tot timpul în spatele uşilor şi mă veghea ca un înger. Nu m-a lăsat singură! Durerea din ochii ei mi-a dat puterea să îmi revin. Nu aşa voiam să o văd, nu din cauza mea!

Am încercat să dorm, dar de câte ori mă lua somnul îmi venea să vomit. Asistenta îmi tot spunea să stau liniştită că nu aveam cum să vomit, că pentru asta aveam sonda nazogastrică. I-am spus că ştiam, nu eram la prima intervenţie şi am rugat-o să mă ajute cumva. M-a vizitat o altă asistentă, o cunoştinţă de-a soacrei, care lucra acolo în spital şi a rugat-o să mă aspire. Am reuşit să mă odihnesc puţin, până a revenit acea stare nenorocită. Am rugat-o din nou să mă ajute şi mi-a spus că nu poate să facă asta des, că nu e indicat. A treia oară mi-a spus nepăsătoare să întorc capul într-o parte, convinsă că nu am să vomit. Surpriză! Cu toate sondele lor, tot am vomitat. A fost oribil. Am vomitat pe pat şi pe jos şi a trebuit să fiu mutată şi să mi se schimbe cearşaful. Am crezut că mă dezmembrez în bucăţele când m-au ridicat. De atunci asistenta a fost mai atentă la mine, însă îmi trecuse starea de vomă. Mi se părea urât, penibil şi dureros. Mă simţeam ca o legumă, fără putere şi fără speranţă. Îmi amintesc că, la un moment dat, a venit doctorul meu să mă vadă şi mi-a spus ţinându-se cu mâinile de cap că nu ştie ce să îmi administreze. Nu mergea nimic la mine şi nu ştia ce să îmi facă. Era vizibil îngrijorat. Peste noapte a fost cumplit. Din oră în oră întrebam cât era ceasul, iar timpul trecea foarte greu. Nu mai suportam sonda din nas. Am rugat-o pe asistentă să mi-o scoată, dar a spus că doctorul decide când nu mai am nevoie de ea. Îmi venea să urlu.

Soțul meu venise puțin în timpul zilei, nu m-a ajutat cu nimic și nu m-a sprijinit moral. Spunea că mă iubea și îmi dorea să fiu bine, dar nu putea să stea mult acolo pentru că nu suporta spitalele. De când mă internasem venise rar, cu scuza că nu putea lipsi de la spălătorie. Mi se părea absurd, dar era mai bine fără el. Mi se părea un prefăcut, începusem să nu-l mai cred când îmi spunea că mă iubea. Nu îmi arăta asta și nici nu mai conta, abia așteptam să trec peste și să încep o nouă viață. Voia doar să pară un soț bun în ochii celorlalți, păstra aparențele, fiind obișnuit cu acest comportament din familie.

Am trecut cu greu peste prima noapte după operație. La ora opt dimineața m-a vizitat medicul meu, care era la fel de îngrijorat. Încă nu găsise o soluție, iar eu încă nu primeam niciun calmant. Anestezia trecuse și durerile erau groaznice. L-am rugat să îmi scoată sonda din nas și a fost de accord, apoi m-a trimis înapoi la mine în salon. Am fost luată cu un scaun cu rotile. Atunci m-am simțit cu adevărat neputincioasă. Nu am reușit nici măcar să mă dau jos din pat singură. Parcă eram un cadavru pe care l-au mutat pur și simplu din pat în scaun. În salon mă așteptau mama și sora mea. Eric nu era, iar mama lui plecase. După ce m-au așezat pe pat, am început să plâng și mi-am jumulit brățara de la mână. Am aruncat-o pe jos, era cea pe care mi-o cumpărase sora mea de la biserică, sfințită și menită să mă ocrotească.

– Nu m-a ajutat cu nimic! M-am rugat degeaba! Pentru ce?... Să ajung așa? am spus plângând înăbușit.

– Liniștește-te, te rog... mi-a spus Ady.

– Tu nu ești în locul meu și nu înțelegi. Unde e Dumnezeu când am nevoie de El? Nu i-am cerut nimic niciodată, decât să fiu sănătoasă!

– Nu vorbi așa, te rog!

– Nu-mi pasă! Nici nu ai idee cât doare! Mă simt despicată în două. Şi problema nu e doar durerea asta nenorocită, ci faptul că nu ştiu de unde până unde am ajuns eu polialergică peste noapte? Nu înţeleg!!!

– Nu mai plânge, te rog! mi-a spus mama, plângând şi ea.

– Tu de ce plângi? Nu e destul că plâng eu? i-am răspuns furioasă.

– A fost singura soluţie... a fost mult mai grav decât părea, mi-a spus sora mea.

– Cum adică?

– Se pare că o bucată mică din canalul biliar începuse să putrezească şi din acest motiv au intervenit clasic. O să-ți explice medicul şi ție şi vei înţelege. Ai făcut intervenția la momentul potrivit. Putea să fie mult mai grav sau prea târziu... nu te mai necăji. Eşti bine acum!

– Putrezeam?! Doamne... ce-mi faci Tu mie?

– Nici măcar la IRM nu s-a văzut țesutul pe interior. În sală au descoperit. Au curăţat canalul şi au îndepărtat ce nu mai era OK.

– Minunat!...

– Gândeşte-te că puteai să nu mai exişti acum. Ai scăpat!

Nu puteam să plâng decât controlat, dar îmi venea să plâng în hohote. M-am liniştit pentru că nu puteam să duc durerea şi am rămas în tăcere. Tot ce îmi rămăsese era să înghit în sec şi să strâng din dinți. Cel mai tare mă durea însă sufletul. La scurt timp a venit medicul să mă verifice şi să-mi mai dea o veste.

– Nina, eşti bine!

– Nu sunt, doare!

– Ştiu, ai dreptate, dar nu am ce să-ți fac momentan. Rezistă!

– Nu ştiu cât pot să rezist aşa...

– Găsim o soluție cât putem de repede. Ideea e să te salvăm, nu să te pierdem. Ai avut tu ghinionul ăsta cu alergia.

– Nu sunt alergică la nimic.

– Corpul tău spune altceva.

– Nu am avut probleme până acum.

– O să găsim și soluții, și explicații. Voiam să-ți mai spun ceva important. Ți-am pus un stent pe canalul biliar, pentru că e nevoie să-l reparăm. E ceva mic, nu te speria, nu doare, nu deranjează. N-o să-l simți.

– Un ce?

– Un stent. O să-ți lărgească din nou canalul biliar și o să-l îndrepte. Ții minte că ți-am desenat problema?

– Da, dar nu mi-ați spus nimic despre asta. Cât timp trebuie să-l port?

– Nu știu exact, o să vedem în timp. Trebuie schimbat din trei în trei luni.

– Să mă operez din trei în trei luni?! Exclus!!!

– Nuu! Am uitat să-ți zic... schimbarea stentului se face endoscopic. E o intervenție simplă și ușoară, iar noi avem aici cel mai bun medic pentru așa ceva. Ești pe mâini bune și ești o norocoasă. Ai venit la timp, Nina!

– Minunat...

– Știu că ți-e greu, se vede... îmi pare rău, dar o să fie bine. Hai că tu ești optimistă, o să treci peste!

– O să trec... i-am răspuns cu jumătate de gură.

Rămăsesem mută. Nu înțelegeam ce mi se întâmpla. Nici măcar nu îi mulțumisem că mă salvase, pentru că eu nu mai vedeam nicio salvare. Mi-a fost tare greu. Am încercat să stau cât mai liniștită, să-mi păstrez energia. Deși eram tăcută, în gândul meu mă certam cu Dumnezeu. Îi reproșam că ajunsesem acolo și Îl învinovățeam că nu-mi ascultase rugăciunile.

M-au vizitat toţi rezidenţii să mă încurajeze, unul dintre ei avea vestiarul pe holul salonului meu şi mă vizita cel mai des. Îmi intrase la suflet. Cristi avea o voce parcă ruptă din rai, mă linştea şi îmi dădea o stare de bine. Avea un zâmbet molipsitor, la fel ca mine. Uneori doar băga capul pe uşă şi îmi zâmbea.

La prima schimbare de pansament, am simţit că mi-au despicat abdomenul din nou. Când m-am văzut fără bandaje, am îngheţat. Urla sufletul în mine să mă văd aşa. Nu mai eram eu şi trebuia să mă obişnuiesc cu noua femeie care era însemnată pe viaţă. Pielea mea era cusută în multe locuri, arătam exact ca un sac peticit, dar rănile cele mai adânci le aveam în suflet. Nu mă recunoşteam şi nu ştiam cum să mă accept aşa. Ştiam doar să mă ascund.

*Doamne, în ce hal am ajuns... exact ca mama. Mereu mi-am zis că nu voi ajunge să am problemele ei şi uite-mă unde sunt. Cu un soţ alcoolic şi tăieturi în carne şi în suflet. De ce, Doamne, mi-ai făcut asta? De ce? Nu a fost destul câte am suportat până acum? Câte mai am de trăit? Câte-mi mai trimiţi? Mi le dai pe toate? Ce ai cu mine? Pe ce drumuri mă duci? Nu am făcut rău nimănui... oare merit chinul ăsta?*

Gânduri printre rânduri

Aveam unsprezece zile de când eram în spital şi era din ce în ce mai greu. Trecuseră două zile de la a doua operaţie, iar eu încă nu primeam medicamente. Abia reuşeam să mă ridic din pat, mă dureau toate oasele de la atâta stat în pat. Făceam eforturi enorme să mă ridic şi aveam nevoie de ajutor peste noapte. Au stat pe rând cu mine mama, soacra mea şi Ady. Eric nu. A treia zi au găsit cumva o soluţie şi au hotărât să îmi administreze medicamentele cu un antialergic. Primeam zilnic hidrocortizon şi, în sfârşit, calmante şi antibiotic. Nu puteam să mănânc, aveam voie doar supă şi apă. Slăbisem vizibil şi încă eram galbenă, aveam ochii aproape vineţi. La o vizită medicală, doctorul meu s-a aşezat pe marginea patului meu şi m-a întrebat îngrijorat:

– Mai poţi, Nina?

– Am altă variantă?

– Nu...

– Atunci mai pot... i-am răspuns hotărâtă.

– Hai că o să fie bine. Tu eşti puternică.

– Sunt, dar nu ştiam cât...

A patra zi după operaţie mi-au scos sonda urinară şi un tub de drenaj. Rămăsesem cu unul. Începusem să mă duc singură la baie, cărând punguţa aceea după mine. Aveam răni pe spate şi în coate din cauza efortului pe care îl făceam să-mi schimb poziţia în pat sau să mă ridic. Uşor-uşor am început să ies şi pe hol, mai mult mă târam decât mergeam, însă trebuia să îmi revin. Se bucurau toţi că am reuşit să trec peste ce era mai greu, iar Cristi venea mai des să mă verifice. Nu ştiam de ce, dar îmi dădea o energie inexplicabilă, parcă era un izvor de putere. Le-am cerut celor din familie să nu mă mai păzească noaptea, deşi încă îmi era foarte greu, dar mă descurcam. Nu mai suportam să văd cum se chinuiau o noapte întreagă pe un scaun. Mă ştiau toţi acolo şi mă ajutau ei, eram pe mâini bune.

Au urmat zilele în care m-am luptat cu mine, să mă accept în noua variantă, care era greu de asimilat. Nu eram pregătită pentru nimic, simţeam că mă rupeam tot mai mult de mine şi de ceilalţi cu fiecare minut care trecea. Noaptea era cel mai dureros, atât fizic, cât şi sufleteşte. Dormeam cu fereastra deschisă, iar la etajul inferior era secţia de reanimare. Liniştea nopţii era spartă de un bărbat care urla de durere până obosea sau până îşi făceau medicamentele efectul. „Doamne, nu mai pot! Nu mai pot!" – acele vorbe răsunau atât de adânc în mine, încât îmi dădeau lacrimile. Eu îl pierdusem pe Dumnezeu...

*Un altul care strigă „Nu mai pot!"... Doamne, de ce nu ne auzi? El strigă tare, eu strig în suflet! Ar trebui să ne auzi pe amândoi. Mă simt atât de rătăcită şi copleşită de durere şi dezamăgire... Ce caut aici? De ce am ajuns aici? De ce bărbatul care spune că mă iubeşte nu este aici să mă ajute, nu asta ar trebui să facă iubirea? Să fie aici măcar ca om. Nu e deloc! Mama mea doar plânge, nu ştie să-mi readucă puterea, sora mea cea mare nu a venit să mă vadă pentru că este departe, sora mea cea mică suferă, iar tata... tata nu a venit deloc! Nu e prima dată când zac într-un spital şi el nu vine. Oare nu mă iubeşte deloc? Nici prietenii mei nu au venit şi nici nu au sunat să vadă cum mă simt. Ştii cum mă simt, Doamne? A nimănui! Aşa mă simt!*

Gânduri printre rânduri

Dimineaţa mă trezea vocea lui Cristi, care venea la vestiar şi îmi şoptea încet „Bună dimineaţa", să nu-mi trezească colegele de salon. Îi răspundeam cu un zâmbet, pentru că ştiam că primeam altul în schimb. Începusem să-mi pun multe întrebări la care nu găseam răspunsuri. Mă certam cu mine şi mai ales cu Dumnezeu, care nu era nicăieri. Eram furioasă, dezamăgită, descurajată, lipsită de entuziasm şi obosită. Gândurile făceau ravagii în mintea mea, iar emoţiile şi sentimentele se războiau pe front. Devenisem un câmp de luptă. În interior dispăruse toată liniştea, în timp ce în exterior mă străduiam să par puternică. Înapoi nu se putea merge, doar înainte. Îmi găsisem un refugiu: Cristi. După doar două săptămâni de stat în spital, aveam impresia că îl ştiam de o viaţă, mă făcea să zâmbesc şi mă încuraja zilnic. Regăsisem un strop de speranţă. Uitându-mă în oglindă într-o zi, am văzut o simplă epavă. Atunci mi-am dat seama că pierdusem femeia din mine...

*Cu ce ochi m-or privi alții? Eu nu pot să mă văd așa! Știu că hainele ascund semnele, dar sufletul? Pe el cum să-l ascund? Cu același zâmbet dintotdeauna? Nu mai vreau să plâng în mine atunci când zâmbesc, nu mai vreau! De m-ar durea doar carnea de pe mine ar fi bine, în timp ar trece, dar cu sufletul ăsta amărât ce fac? Nu mă visam aici la vârsta asta și nu așa. Ce m-a adus aici? Asta nu este viața mea...*

Gânduri printre rânduri

Uneori rămâneam cu ochii ațintiți spre ușă, sperând să-mi intre careva. Oricine, numai să intre, să mă simt iubită. Mama venea rar, îi era greu și ei și preferam să o țin departe, sora mea Ady venea zilnic, iar soacra mea la fel. Eric își găsise scuza cu munca, de parcă ar fi stat lumea în loc dacă lipsea câteva ore de acolo. Putea să vină seara, nu conta când. Nici nu știam ce făcea și ce se întâmpla acasă, știam că bea și probabil se îmbăta zilnic. Nu mă durea lipsa lui, ci faptul că încerca să păstreze niște aparențe. Pentru ce? La ce ne ajutau? Mi se părea egoist și ipocrit. Simțeam că era ceva ce nu mi se spunea de acasă și era de înțeles că ai mei nu voiau să mă necăjească mai mult.

Ca să treacă timpul mai repede și mai ușor, mă plimbam pe hol și intram aproape prin toate saloanele. Cunoscusem multe femei cu povești de viață incredibile. Pe a mea nu o spuneam, în schimb îmi plăcea să le încurajez, pentru că le înțelegeam durerile. Mă vindecam odată cu ele și nu-mi mai dădeam timp să mă gândesc la tot ce mă apăsa, mi-era greu să le duc. Găsisem modul perfect să trec peste, să accept mai ușor situația și să îmi recapăt speranța. Cunoscusem cazuri mult mai grave și unele fără scăpare. Mi se părea trist, dar începusem să fiu eu cea care aducea zâmbete în atâta durere. Orice ușă deschideam ascundea bucurie dincolo, eram primită cu căldură, iar eu aveam atâta nevoie de ea. Seara, același bărbat suferind îmi transmitea mesaje ascunse prin țipetele lui. El urla că nu mai putea, în timp ce eu îmi recăpătam puterea. La un moment dat nu l-am mai auzit. Ce s-o fi ales de el?

Stăteam într-o rezervă cu trei locuri. Doar eu eram acolo de două săptămâni. O dată la aproximativ trei-patru zile, veneau alte paciente, cu alte poveşti. Unele erau speriate, iar eu le încurajam fără să le spun prin ce trecusem eu, le povesteam abia după ce se recuperau în urma operaţiilor suferite, să nu le sperii mai rău. Am legat multe prietenii acolo. Îmi amintesc porumbeii de la fereastră, le lăsam mereu câte ceva de mâncare, iar ei îmi aminteau zilnic că trebuia să-mi recuperez libertatea. Mă simţeam foarte slăbită, aveam 38 de kg şi mergeam cocoşată. Durerea nu îmi permitea încă să mă întind, iar un strănut mi se părea groaznic, nici nu puteam să trag adânc aer în piept şi mi-era dor să simt cum mi se umpleau plămânii sau să simt că îmi pot controla muşchii abdomenului. Eram între tristeţe şi bucurie, reuşisem să mă pun pe picioare, dar nu îmi venea să cred ce trăiam. Părea un coşmar.

Printre valurile de gânduri, le-am ales pe cele pozitive. Reuşisem să depăşesc un moment extrem de greu, ceea ce mă făcea să mă simt puternică. Oamenii din jurul meu îmi dădeau forţa să revin, mai ales Cristi, parcă era trimis de Dumnezeul pe care îl pierdusem să Îi ţină locul. Rar lipsea câte o zi şi atunci îi simţeam absenţa. Zâmbeam pe furiş privind către vestiarul lui. În mulţimea de emoţii pe care le duceam cu greu, în sufletul meu îşi făcuse loc una nouă, necunoscută. O emoţie frumoasă, care-mi înlăturase gândurile negative. Nu-mi mai doream să mor, ci să lupt. Mă hotărâsem să duc războiul până la capăt şi să câştig - aveam toate şansele.

*Încă eşti aici, chiar dacă slăbită şi tristă. Uită-te în jurul tău şi observă câtă bucurie le aduci celorlalţi. Împarţi ce ai în tine, împarţi sperând să îi ridici şi pe alţii, în timp ce tu abia te duci pe tine. Ai înţeles durerea şi vrei să o vindeci. Începe cu tine! Ia-ţi viaţa înapoi! De data asta, construieşte aşa cum simţi!*

*Nu te descuraja la prima luptă, războiul e lung, dar riști să fii fericită. Ce alegi: să mori, să supraviețuiești sau să trăiești? Ai murit de atâtea ori, ai supraviețuit mereu, dar nu ai trăit niciodată! Trezește-te! E timpul să trăiești!*

Gânduri printre rânduri

Într-o zi, Eric mi-a făcut o vizită la spital; părea obosit și neîngrijit. Nu mi-a plăcut să-l văd așa și nici atitudinea lui nu era pozitivă. Era încruntat.

– Cum te simți?

– În fiecare zi mai bine, dar tu nu ai de unde să știi pentru că nu ești aici.

– Știi bine că nu pot să vin mereu. Are mama grijă de tine.

– Nu cu ea m-am căsătorit.

– Trebuie să muncesc...

– Și eu să mă fac bine.

– O să te faci. Nu credeam că ești atât de puternică. Eu aș fi murit.

– Și eu am murit, Eric, poate de prea multe ori, dar acum gata. M-am hotărât să trăiesc. Și o să fie altfel de data asta.

– Ce vrei să spui?

– Știi bine ce vreau. Îmi vreau viața înapoi!

– Dar s-au întâmplat atâtea, n-o să poți singură.

– Nu-mi aduc aminte să fi fost aici. Singură sunt și acum! Am îndurat singură și m-am pus pe picioare singură. O să vezi că pot!

– Nu poți singură, uită-te în ce stare ești.

– Stai liniștit că nu mor înainte să divorțez de tine!

– Nu ești normală. Era să mori și tu tot la asta te gândești?

– Probabil asta mă ţine în viaţă, ideea că o să am curaj să fiu eu în sfârşit!

– Ce ţi-au făcut ăştia de te-ai transformat aşa?

– Sperai să mă găseşti plângându-mi de milă? Uită-te la mine: sunt la pământ, dar am să mă ridic curând!

– Asta sună a ameninţare.

– Pregăteşte-te să cunoşti o nouă Nina, cea veche a murit recent.

– Ce ţi-au pus în anestezie?

– Curaj! Nu îţi convine?

– Mă sperii când vorbeşti aşa.

– Pe mine nu mă mai sperie nici moartea, tocmai am învins-o! Reţine ce-ţi spun: când ies de aici, s-a terminat cu drama şi cu circul.

– Ce ai de gând să faci?

– Ce trebuia să fac demult, ţi-am spus deja. Cum îmi revin puţin, o să schimb povestea. Poţi să-ţi faci planuri liniştit, dar fără mine.

– Asta spui de mult...

– Aşa ne-a fost înţelegerea. După operaţie, încheiem acest capitol care nu ne aduce nimic bun. Suntem nefericiţi amândoi.

– Poate tu, eu sunt fericit lângă tine.

– Nici tu nu crezi asta. Iubirea s-a stins demult. Ţi-e greu să pierzi trofeul.

– Eu nu pierd niciodată!

– Pe mine nu m-ai câştigat niciodată, nu ai ştiut cum. Am ales eu prost şi m-ai manipulat tu cu dramele tale, dar nu mai cred în ele.

– Nu sunt drame, chiar te iubesc.

– Nu pronunţa cuvinte necunoscute.

– Tu vorbeşti?

– Normal că eu, pentru că am înțeles că între noi doi nu mai e niciun strop de iubire. Și cât am stat aici, mi-am dat seama că nu am simțit-o niciodată.

– Cum poți să spui că nu m-ai iubit?

– Te-am iubit ca om, nu ca bărbat. Îmi pare rău... dar ăsta este adevărul.

– Nu cred... ai făcut atâtea pentru mine.

– Ca om, da. A fost un alt fel de iubire, știi foarte bine despre ce vorbesc.

– Nu mai înțeleg nimic, te-ai transformat...

– Eric... hai să nu ne mai amăgim, să nu ne mai pierdem timpul. Uite câte surprize aduce viața. Dacă ai fi fost în locul meu, ai fi înțeles mai ușor. Tu înțelegi oricum, dar nu vrei să accepți. O să trecem și peste asta.

– Nu. Eu mi-am dat seama în perioada asta că tu ești totul pentru mine și vreau să repar tot ce am stricat. Te vreau înapoi!

– Exclus! Cum mă pun pe picioare, s-a terminat totul! Nici nu vreau să aud.

– Nu văd viața fără tine.

– Eu da, e mult mai frumoasă. La fel o să fie și a ta, dacă o să știi să construiești mai frumos de data asta.

– E clar... ți-au băgat ceva în perfuzii.

L-am lăsat să vorbească singur în continuare, pentru că nu mai avea sens să mai spun altceva. Așteptam cu nerăbdare ziua în care să mi se spună că pot pleca acasă, deși mi-era teamă să plec. Știam ce furtună mă aștepta, dar nu mă mai putea dărâma nimic. Aveam nevoie doar de puțină energie și de liniște, să mă vindec mai repede. Într-o zi, prietena mea Lorena m-a sunat să-mi dea o veste bună: era însărcinată. M-am bucurat mult pentru ea, iar în aceeași seară am visat că va avea o fetiță. Încă nu se știa, dar eu eram sigură că așa va fi.

Într-una dintre zilele în care priveam spre uşă ca de obicei, am avut o mare surpriză: au intrat pe rând, unul câte unul, cei din familia mea. Erau toţi, mai puţin Eric. Venise până şi tata, omul care îmi era atât de străin, omul cu care mă războisem cel mai mult. M-am bucurat să-l văd, dar nu i-am spus niciodată asta. Plângeam în sufletul meu când mi-a spus cu vocea tremurândă că mă aşteaptă acasă, să fiu puternică! Şi eram, pentru că viaţa mea trebuia să se schimbe radical!

După trei săptămâni de chin, am primit vestea cea mai bună: eram liberă să plec! Încă aveam dureri şi tratament de făcut, dar puteam să-l continui acasă. Urma să mă întorc peste trei luni, să schimb stentul biliar. Mi-am luat la revedere de la toţi şi am plecat. Mi-am luat rănile, lacrimile, cicatricile şi dezamăgirile şi am ieşit pe uşă. Cristi m-a îmbrăţişat şi mi-a urat toate cele bune, iar eu îmi doream să revin mult mai puternică, să mă vadă altfel. Mi-a lăsat numărul lui de telefon în cazul în care am vreo urgenţă, la fel şi medicul meu. Până la ieşirea din spital plecasem cu agenda plină de numere de la asistente, paciente şi rezidenţi şi m-am bucurat tare mult. Era sfârşitul lui iunie.

*Cine sunt astăzi? Nici ieri nu am ştiut, dar poate aflu mâine... De ce nu e astăzi mâine? Să ştiu odată cine sunt! Nu vreau să cred că sunt un suflet mort ce bântuie lumea asta absurdă. Nu ştiu unde mi-e locul... poate că nu-l găsesc, pentru că nu este aici... Cum o să fie viaţa mea acum?*

Gânduri printre rânduri

Am ajuns acasă alt om şi fără Dumnezeul cu care plecasem. Nu voiam decât să mă odihnesc şi să plâng, să mă descarc de durerea care îmi apăsa şi trupul, şi sufletul. M-am aşezat pe marginea patului, iar lacrimile au dat buzna, nu mai aveau răbdare. Durea. Durea totul. Pe colţul biroului zărisem printre lacrimi telefonul lui Eric, care era afară în curte. L-am luat fără să mă gândesc de ce şi i-am citit mesajele, simţeam că acolo voi găsi nişte răspunsuri pentru întrebările la care nu-mi răspundea nimeni. Am rămas șocată. Zeci de mesaje din care se înțelegea clar că umbla cu o altă femeie, în timp ce mie îmi spunea că mă voia înapoi.

*Ce fel de om ești? Lângă cine am irosit atâția ani? Eu zac în dureri cumplite de trei săptămâni, iar tu te distrezi nopțile cu alta? Cât ești de ipocrit! N-o să mai vezi iertare de la mine nici dacă o să te târăști pe jos, implorându-mă să te iert. Cred că așa ai fost mereu, dar eram eu oarbă. Cum poți să spui că mă iubești când tu nu știi ce e iubirea? De ce mai vrei să rămâi? Pentru ce? Ce vrei de la mine? Câtă mizerie ascunzi în tine... ia-o și du-te!*

Gânduri printre rânduri

Mă revoltam pe interior și eram căzută pe propriul front, unde luptele grele abia atunci începeau. Ce trebuia să fac și cum, când eu eram lipsită de putere? Plângeam înăbușit, încă nu puteam să plâng așa cum simțeam nevoia, cu toată ființa mea. Era un efort care îmi provoca dureri mari și trebuia să am grijă de mine. Am rămas cu telefonul în mână, rătăcită printre gânduri. La un moment dat, Eric a intrat în cameră. Văzându-mă așa, a înlemnit.

– Ce faci cu telefonul meu?

– Asta e problema ta?! Nu de ce plâng?

– Of...

– Poftim... i-am întins telefonul, fără să mă uit la el.

– Nu înțeleg.

– Nici nu trebuie. Am înțeles eu!

– Ai înțeles ce?

– Că ești un mizerabil. Nu vreau decât să pleci cât mai repede din casa asta și să dispari din viața mea! Acum am înțeles de ce nu puteai tu să vii la spital.

– Despre ce vorbești?

– Te rog... nu începe cu nu ştiu şi nu e adevărat, nici măcar nu ştii să minţi sau să te ascunzi. Ştii ce mă doare, mă? Minciuna!!!

– Care minciună, femeie? a întrebat nervos.

– Nu am energie să mă cert cu tine. Am aflat toate mizeriile şi mă bucur! Mă bucur că, în sfârşit, pot să scap de tine fără să comenteze careva. Nici măcar tu nu ai dreptul să deschizi gura. Punct!

– Tu ai luat-o razna acolo la spital, pe bune îţi zic! Ţi-a luat minţile anestezia aia.

– Ştii... aveam nevoie de tine ca om. Ca om, mă... să fii acolo aşa cum am fost şi eu mereu când ai avut tu nevoie. Când ai plâns, când ai avut probleme, când te-a durut sau când ai vrut să construieşti ceva. Am fost lângă tine, ca om! Tu unde-mi eşti?

– Sunt aici şi nu-mi scoate ochii pentru tâmpenii. Am cheltuit o grămadă de bani pentru tine, cu toate operaţiile tale. Asta nu se numeşte ajutor?

– Atât mai lipsea... mulţumesc, viitorul meu fost soţ! Îţi sunt recunoscătoare.

– Tu ştii ce ai în cap, dar eu sunt convins că ai luat-o razna.

– OK... uite cum facem: eu nu pot să duc asta acum şi nici nu ştiu cum, dar ai fost avertizat. Caută-ţi casă, nevastă, ce vrei tu! De aici trebuie să pleci cât mai repede pentru că nu faci altceva decât să îmi faci rău. Grăbeşte-te, te rog, şi când eşti gata, mă anunţi.

– Cum să plec şi să te las aşa?

– Aşa cum? Cu durere? Cu datorii? Fără serviciu? Fără ajutor? Fără atenţie? E OK, da. Nu-ţi face griji!

– Tu te-ai uitat în oglindă?

– Nu am avut curaj în ultima vreme, pentru că toţi aţi avut grijă să îmi spuneţi că arăt groaznic. O singură dată m-am uitat în spital și mi-am promis că o să trec peste! Știu că pot!

– N-o să poți singură!

– Ba pot! Pot! Dacă nu am murit acum, nu mai mor niciodată! m-am ridicat în picioare și mi-am șters lacrimile.

– Abia stai dreaptă și faci pe viteaza, mi-a spus cu dispreț.

– Eric... tu ori nu ai suflet, ori îl ai praf, dar nu-ți mai permit să mă calci în picioare. Mai bine taci, e spre binele tău. Dacă ți-am fost alături până acum și nu ți-am cerut nimic, ai putea să faci un singur lucru bun pentru mine: să pleci!

– După ce te-am făcut om, mă dai afară iar.

– Tu m-ai făcut om pe mine? Cu ce? Am muncit la fel ca tine, uneori poate mai mult. Crezi că, dacă lovești în continuare, o să obții ceva? Doar dispreț! Atât! Dacă te-aș fi văzut așa, eu nu aș fi îndrăznit să scot o vorbă.

– M-am săturat să fiu dat afară!

– Și eu să fiu tratată cu lipsă de respect! Tu pentru mine nu mai ești om!

– Lasă că ești tu...

– Poate că nici eu nu am fost prea bună, dar măcar m-am trezit. Nu uita să te grăbești cu plecarea.

– Mereu mă arunci ca pe un gunoi!

– La fel mă tratezi și tu! Și ce rost are să mai stai? Nu te înțeleg... la fel cum nu înțeleg cu ce m-ai făcut tu om pe mine?

– Tot ce ai e datorită mie!

– Tot ce am... am dureri, datorii, probleme și secrete... nu am nimic altceva. Arată-mi ceva bun ce am și eu nu văd! Dacă ar ști și ceilalți câte ascund, te-ar da afară în șuturi, nu cum o fac eu. Te-am rugat frumos să înțelegi și să-ți faci drum mai departe. E simplu.

Mi-a întors spatele şi a plecat... aşa am fost primită înapoi în casa mea, de soţul meu, omul pentru care îmi sacrificasem totul. Nu mai voiam să lupt cu el, ci cu mine, să-mi iau puterea înapoi! Nu mai voiam să fiu cea care ceda în faţa tuturor, să nu îi supere. Trebuia să învăţ să spun „NU", chiar dacă durea! Trebuia ca fiecare să fie capabil să-şi asume propriile greşeli şi să se descurce cum poate şi cum ştie. M-am dus în faţa oglinzii şi nu m-am recunoscut: eram foarte slabă, cocoşată şi trasă la faţă. Scânteia din ochi îmi dispăruse. Eric mă vedea ca pe-o epavă şi probabil la fel şi ceilalţi. Simţeam doar milă în jurul meu şi nu de ea aveam nevoie, ci de speranţă, de putere şi de curaj. Mă pierdusem cu totul, dar în inima mea striga o voce care îmi spunea să merg mai departe. Nu îmi imaginam cum, dar îmi doream să pot.

Nici nu ştiam cum să mă revanşez faţă de oamenii care mi-au fost alături şi mi-au întins o mână de ajutor pe perioada spitalizării. Deşi simţisem dintotdeauna că nu fusesem acceptată de familia lui Eric, soacra mea mi-a fost alături la spital şi m-a ajutat enorm. Mi-am dat seama că şi ea era o victimă şi nu ştia încotro să se îndrepte. S-a supus toată viaţa unui om care i-a adus doar nefericirea. Speram ca, într-o zi, să mă înţeleagă ca femeie. Am ales să rămân în tăcere o perioadă, până mă refăceam fizic. Urlam pe interior, însă nu puteam să mă exteriorizez. Aveam multe dialoguri cu mine, aveam multe întrebări, dar niciun răspuns. Nu înţelegeam multe, dar simţeam că mă trezeam cumva din acel coşmar.

Voiam să renunţ la bandaje, dar operaţia mea supura în partea de jos, unde nu se închisese încă. Mi-era frică să nu se deschidă mai mult şi încercam să stau în pat, pentru a se putea vindeca. La aproximativ o săptămână după externare, prinsese o coajă groasă pe care am rupt-o într-o zi din neatenţie. Coaja acoperea ultimii doi centimetri din tăietura adâncă şi deschisă. Începuse să iasă de acolo un lichid galben care mă speria şi am hotărât să merg la un control. Eram bine, însă operaţia nu se putea închide, deoarece nu se eliminase tot lichidul rămas pe interior în urma intervenției. Mi-au apăsat pe burtă până când am eliminat tot. Nu a fost ușor de suportat, dar nu exista o altă soluție, iar durerea devenise prietena mea. După câteva zile, a trebuit să onorăm o invitație la o nuntă pentru care eu nu eram pregătită. Eric nu a înțeles că nu făceam încă față anumitor eforturi, dar nu l-a interesat. Mi-a spus că mergem oricum, chiar dacă stăm doar o oră.

– Dacă nu merg, sigur vor înțelege. Toți știu că am avut intervențiile astea complicate și nu m-am refăcut încă. Chiar nu mă simt în stare.

– Nu mori câteva ore. O să stai jos.

– Tu auzi ce spun? Înțelegi ceva?

– Am înțeles, dar nu mă duc singur.

– Ba poți să te duci și singur.

– Nu vreau!

– Nici eu nu vreau să fac un efort pe care nu pot să-l duc.

– Parcă erai puternică... acum nu mai ești? Doar când mă dai afară din casă ai putere și curaj?

– Ce mizerabil ești... o să vină și vremea când vei plânge și tu și vei regreta tot ce spui și tot ce faci acum.

– Așa mult mă urăști?

– Nu-ți doresc răul, dar ce crezi că vei primi de la viață dacă te comporți așa? Ce e mai important pentru tine? Să mergi și să pară că avem o viață roz când știm bine care este adevărul sau să mă lași să mă recuperez în liniște?

– Ți-a zis doctorul la control că ești bine.

– Nu suficient cât să merg la o nuntă doar ca să salvez niște aparențe. Am 38 de kilograme! Nu-mi arde de petreceri!

– Respecți o invitație, nu salvezi nimic.

– Nu mai am ce să salvez și nici nu vreau!

– Preferi să îi dezamăgim pe toţi? Ştii bine că lumea abia aşteaptă să te vadă după toate cele...

– Dacă voia cineva să mă vadă, venea aici! Nu mi-a deschis nimeni poarta de când sunt acasă. Eventual, pot să merg să le arăt că nu am murit, oricum nu le pasă. Şi văd că nici ţie...

Atunci mi-am dat seama că, într-adevăr, în afară de familie şi de cei din spital, nu-mi fusese nimeni alături. Doar câţiva prieteni apropiaţi mă vizitaseră şi unii mă sunaseră, în rest eram istorie pentru toţi. M-am simţit mai ajutată de nişte străini decât de cei la care mă aşteptam să o facă. M-am aruncat într-o rochie lejeră să nu se vadă că eram foarte slabă şi m-am dus. Mi-am acoperit cearcănele cu machiaj, însă nu am putut să ascund chiar totul. Se vedea că eram bucăţi, dar am evitat să port conversaţii cu oamenii de la eveniment. Acolo l-am revăzut pe Gabriel, însă mi-era complet străin, nici măcar nu ne-am salutat. A doua zi am mers la ciorba de potroace, cum era obiceiul pe la noi, după nunţi. M-am dus pentru că îmi era dor să mă întâlnesc cu copiii prietenilor, ei erau prietenii mei cei mai sinceri. Mi-am petrecut câteva ore doar cu ei, chiar dacă nu am reuşit să fiu activă ca altădată. Le-am spus că am o problemă de sănătate şi au avut grijă de mine. M-am simţit iubită, iar eu aveam atâta nevoie de iubire...

Zilele treceau greu, Eric venea zilnic băut acasă şi ne certam din prostii. Era din ce în ce mai dependent de alcool, îşi făcea rău singur şi nu înţelegea cât de mult mă afecta şi pe mine comportamentul lui. Parcă era orb. Îi explicam inutil până când am renunţat să îi mai spun, dar între noi era o tensiune greu de suportat. Trecuseră abia vreo două săptămâni de când eram acasă şi deja nu mai rezistam. Într-o noapte, am avut un şoc. Eric s-a ridicat din pat şi a urinat lângă uşă. Nu era conştient, băuse prea mult. M-am trezit foarte speriată şi am început să ţip la el. M-au auzit toţi ceilalţi din casă şi au venit la fel de speriaţi de ţipetele mele. El se aşezase înapoi în pat şi nu auzea nimic în jurul lui. Abia atunci am aflat de la sora mea că nu era prima dată când se întâmpla asta. Ea și mama mi-au ascuns reacțiile lui cât timp am fost în spital, iar eu nu știam că situația era atât de gravă.

– Liniștește-te, oricum el nu înțelege nimic. Abia mâine dimineață o să-și dea seama. Cred că ar trebui să știi mai multe, mi-a spus sora mea.

– Nu cred că se întâmplă așa ceva. Face pe el fără să știe... în ce hal a ajuns... Nu creed!

– De când te-ai internat, e așa. Se trezește noaptea și urinează prin casă, oriunde apucă, nu se duce la baie și dimineața nu își amintește nimic.

– De ce nu mi-ai spus?

– Asta mai lipsea la câte ai îndurat. Am stat de vorbă cu el, dar nu zice nimic. Bagă capul în pământ și spune că nu-și amintește. Ce era să fac? Să-l arunc în stradă?

– Doamne ferește... Ai vorbit cu mama lui?

– Nu știe nimeni nimic, doar noi, aici, în casă. Mi-e și rușine să spun așa ceva. Nici mie nu-mi vine să cred că a ajuns așa. Și mai trebuie să știi ceva...

– Mai e ceva? am întrebat încă șocată.

– Da. Cât ai lipsit, a venit numai la ora unu noaptea acasă, beat criță. El știe pe unde umblă, cu noi nu a vorbit mai nimic, doar dacă avea nevoie de haine curate sau mâncare venea să ceară. În rest, nu l-am văzut, nu l-am auzit. De multe ori schimba lenjeria pe ascuns fiindcă făcea pe el în somn, dar m-am prins în timp pentru că mirosea urât în cameră.

– Nu creeeed... i-am spus uimită.

– Nu încerca nici măcar să se justifice. Spunea că îl afectează situația prin care treci tu și nu vrea să stea singur. Probabil stătea cu careva pe afară să bea. Nu mi-a zis și nici nu l-am întrebat pe unde umblă.

– Şi zice că m-am transformat eu... Nu, nu e real... Cum să ajungă aşa? Ştii ce nu ai aflat tu? Că el umblă cu alta, din cauza asta venea târziu.

– Tu de unde ştii?

– I-am găsit toate mesajele în telefon când m-am întors din spital.

– Tu vorbeşti serios?... Eu credeam că suferă pentru că eşti tu în situaţia asta şi cumva înţelegeam de ce bea. Ba chiar îl consolam, îl compătimeam.

– E o viperă de om, un ipocrit! Nu ştiu de ce bea şi nici nu mă mai interesează, la fel cum nu mă interesează de ce umblă cu alta tocmai acum. Nu e prima dată, iar între noi nu mai e nimic de mult. Aştept doar să mă pun pe picioare şi termin cu povestea asta. Am avut o înţelegere, să mai scăpăm de datorii şi apoi fiecare să-şi vadă de viaţa lui.

– Nu ştiam... Are un anturaj foarte prost.

– Nu-l obligă nimeni să facă ce face, nu e o scuză. Sunt alegerile lui la mijloc şi nu am de gând să mai iert nimic. Prefer să rămân îngropată în datorii şi de el tot divorţez. Nu mai pot! Mai jos de atât nu cred că există şi nu am de gând să rămân aici.

– Ai dreptate. Orice hotărâre iei, te susţin. Nu contează că trebuie să o iei de la zero, nu eşti singură. Ne ai pe noi! Să nu-ţi fie frică!

– Aşa este! Fără voi aş fi fost pierdută.

– Ştiu că nu putem să te ajutăm cu mult, dar o vom scoate la capăt cumva.

– Dacă mă eliberez de omul ăsta, m-am salvat. Sunt conştientă că şi el ar trebui ajutat cumva, dar parcă e bătut în cap. Nu mai vede, nu mai aude, iar eu nu mai rezist. Să-şi ducă zilele cum o putea, are şi el o familie. Eu am făcut tot ce mi-a stat în putinţă să-i deschid ochii şi să-l ajut.

– L-ai ajutat destul, poate prea mult şi uite unde ai ajuns. Presupun că ai lui nu ştiu nimic.

– Nu știu multe, evident. Le-a ascuns aproape tot, de frică să nu se revolte împotriva lui. O să caut un mod să vorbesc cu mama lui. Îmi pare rău pentru ea, dar eu refuz să mai trăiesc așa.

– Nu am știut ce să fac nici eu. Am așteptat să vii tu și să vezi ce se întâmplă, nu pot să mă bag în căsnicia voastră.

– Care căsnicie? Aia care nu a existat niciodată? Eu v-am spus că nu trebuie să mă căsătoresc și am simțit că se va ajunge aici, dar nu credeam vreodată că el ar putea să decadă atât de mult. L-am ajutat enorm... Pentru ce? Simt că o iau razna. Mi se pare umilitor și rușinos. Nici nu știu cum o s-o scot la capăt...

– Liniștește-te, o să fie bine!

– Parcă nu mai vine ziua aia odată...

A doua zi am făcut o criză de nervi în care au ieșit toți monștrii din mine, pe care îi tot hrănisem în ultima vreme cu ură și nedreptate, cu umilință și trădare. Le-am dat voie să se manifeste, iar eu eram sub controlul lor. Nu-mi mai păsa de nimeni și de nimic. Am scos tot veninul din mine. Am țipat cât m-au ținut plămânii, iar Eric nu a protestat cu nimic, știa că aveam dreptate. M-am oprit abia când am simțit că durea prea tare. Fizic, nu mai puteam să o duc, iar sufletul meu era bucățele. Nu era o soluție, dar a fost singurul mod să scap de otrava din mine. Atunci au aflat adevărul toți cei din casă. Au rămas fără cuvinte. Le-am spus că, după ce ne rezolvăm problemele, vom divorța. Nu a comentat nimeni nimic, pentru prima dată nu a fost nimeni împotriva mea. Probabil furia prea mare i-a speriat puțin, iar eu în toată durerea mea eram foarte hotărâtă să merg înainte, chiar dacă aș fi rămas și fără sprijin. Eric m-a rugat să mai am puțină răbdare, să-și găsească unde să stea, dar mie îmi era teamă că se vor repeta episoadele acelea dezgustătoare și l-am refuzat. I-am spus să plece. După ce m-am liniștit puțin, a venit să vorbească din nou cu mine.

– Nu ştiu ce să-ţi spun şi nici nu vreau să îţi promit ceva. Ai dreptate... am ajuns un ratat. Nici eu nu ştiu cum am ajuns aici, dar te implor, lasă-mă să mai stau puţin până îmi găsesc un loc.

– Am mai acceptat asta o dată şi uite unde s-a ajuns. Ideea era să rezolvăm problemele, nu să le înmulţim. Am obosit şi simt că o iau razna. Înţelegi?

– Nu pot să mă întorc la ai mei...

– Mereu e vorba despre tine. La mine te-ai gândit vreo secundă?

– Da, ştiu că te-am rănit, deşi ţi-am promis fericirea cândva. Nu am fost în stare. Iartă-mă...

– Să te ierte Dumnezeu, dacă o exista!

– Nu-mi spune asta, te rog...

– Vrei să te felicit? Să te aplaud? Ți-am zis de nenumărate ori că ești pe drumul greșit și că ne vom duce la fund amândoi! Puteai să te duci singur și să mă lași în povestea mea acolo și mi-ar fi fost mai bine de o mie de ori. Dar nu, eu m-am chinuit ca proasta să te ajut și apoi să te salvez... că mi-a fost milă de tine și nu am vrut să te las singur la greu.

– Alta mă lăsa demult... nu ştiu de unde ai avut atâta putere să mă sprijini mereu. Chiar şi aşa cum spui tu, fără să mă iubeşti, ai fost lângă mine şi nu voiai să mă laşi să cad, dar eu tot am căzut.

– Cu atât mai grav. M-am chinuit degeaba! Dacă știam că nu te trezești, te lăsam de la început, dar nu am vrut să mă simt vinovată. Eu mă străduiesc să repar şi tu strici. Am greşit amândoi destul. Dar gata...

– Eu am greşit, nu tu. Tu doar ai fost o femeie bună, credincioasă. Mulţi sunt invidioşi că am o nevastă aşa ca tine.

– Eu am fost complice la toată mizeria asta şi mi-o merit şi eu, dar am ajuns în punctul în care eu mă chinui să mă ridic şi tu mă tragi în jos, pentru că tu încă te afli în plină cădere. Nu mai pot să te ţin... şi nici nu mai vreau.

– Nu beau de plăcere, ci de durere, să nu mai știu de mine. Să nu mă văd unde am ajuns. Dacă te-am pierdut pe tine, nu mai am nimic...

– Nu ai nicio scuză! Te-am ajutat mereu. Dacă te lăsam baltă atunci când a fost cel mai greu, puteai să spui asta. Gândește-te că au suferit și ai mei pe lângă mine și au pierdut și ei.

– Știu. Îmi pare rău! O să le cer iertare.

– De parcă iertarea ta o să schimbe ceva sau o să șteargă mizeriile spuse despre ei. Dacă ar ști...

– Nu le spune, te rog! Am spus la nervi, mă simt învins... nu vezi că nu am curaj să merg la ai mei și să le spun adevărul?

– Va trebui să o faci.

– Nu sunt în stare. Mai așteaptă puțin, te implor! Îți jur că, din momentul ăsta, nici nu mai gust alcool până nu ne rezolvăm toate problemele. Nici tu nu m-ai lăsat cu toate în cârcă, nici eu nu vreau să o fac.

– Putem să plătim restul de datorii și fără să fim căsătoriți.

– Da, dar eu nu pot să plec până nu te știu sănătoasă.

– Mă faci să râd. De parcă ți-a păsat vreo secundă...

– Te implor! Nu-ți cer să mă ierți ca bărbat pentru că știu că nu merit, dar ca om. Atât vreau. Dă-mi șansa să-ți arăt că pot, chiar dacă e ultima. Nu vreau să rămân, vreau doar să rezolvăm ce a mai rămas. Pe tine știu că nu te mai recuperez cu nimic.

– Eh, hai, nu fi ipocrit!... Știm bine amândoi că are cine să te încălzească.

– Îmi dai ultima șansă? Vreau să-ți arăt că nu sunt chiar atât de nenorocit.

– La prima beție te arunc în stradă fără nimic, doar cu hainele de pe tine. Ai înțeles?

– Am înțeles... mulțumesc...

A plâns tot timpul discuţiei, se întorsese roata. Iar eu, deşi eram distrusă, simţeam că mă adunam puţin câte puţin. Trebuia să pot!

*Nu vei mai fi vreodată jos! Trebuie să înveţi să zbori aşa cum n-ai făcut-o niciodată! Ai învins moartea, acum învinge durerea! Poţi! Există ceva să doară mai mult de atât? Ce ai putea să mai pierzi? Hai, adună-te şi întregeşte-te! Pune-ţi înapoi sclipirea în ochi, aşa cum ai promis!*

Gânduri printre rânduri

Peste noapte am început să simt înţepături în abdomen. Spre dimineaţă deja nu le mai puteam suporta. Nu dormisem deloc. Probabil criza de nervi fusese de vină. Eric plecase, deşi mi-era foarte rău. Pe la prânz mi-am sunat medicul şi i-am spus că am dureri mari şi le resimt ca pe nişte înţepături foarte puternice în partea de jos a operaţiei. Mi-a spus să vin urgent la spital. Mă speriase tonul lui şi nu ştiam ce ar putea fi. L-am sunat apoi pe Eric să mă ducă el. Abia mai respiram de durere, drumul mi s-a părut a fi cel mai lung din viaţa mea şi cel mai dureros. Am ajuns la spital plângând şi respirând greu. Soacra mea era acolo, dar nu ştia nimic din ce se întâmplase dincolo de operaţiile mele. În camera de gardă mă aşteptau Cristi şi medicul lui; fiindcă doctorul meu era în concediu, urma ca ei să aibă grijă de mine, oricum îmi cunoşteau toţi cazul. Cristi nu s-a dezlipit de lângă mine şi a avut grijă să mi se facă toate investigaţiile cât mai repede. Durerile erau mai mari decât în ziua operaţiei, dar nu ştia nimeni cauza. Nu puteam să stau întinsă pe pat şi nici nu îmi găseam o poziţie care să mă ajute. Doar vocea lui Cristi mă alina puţin. Se aşezase lângă mine, pe pat, şi mă ţinea de mână.

– Nu mă aşteptam să revii atât de repede şi în starea asta. Ce s-a întâmplat? m-a întrebat preocupat.

– Nu ştiu... i-am spus, lăcrimând.

– Nu-ți face griji! Sunt eu aici și o să fie bine. Îmi pare rău să te văd așa.

– Vreau un calmant, te rog!

– Ai puțină răbdare că aflu imediat rezultatele și vedem ce este de făcut. Știu că doare, se vede că ți-e greu, mi-a răspuns, vizibil îngrijorat.

– Nu mi-a fost niciodată atât de rău...

– Totuși, nu-mi explic... ai făcut efort?

– Nu.

– Ai fost agitată?

– Mda... ieri.

– Păi tu trebuie să stai liniștită, măi Nina. Nu ai voie să te agiți deloc.

– Ușor de zis...

– Tu știi mai bine, dar sănătatea ta e cea mai importantă acum.

– Spune-le celorlalți, te rog. Poate așa o să am liniște și eu.

– Chiar o să le spun, să știi. Tu ai nevoie de liniște să te recuperezi, ai avut o operație grea. Nu e de glumă. Mă duc după rezultate. Vin repede.

A revenit după cinci minute, dar fără zâmbetul lui care mă bucura de obicei.

– Va trebui să rămâi...

– Of...

– Analizele au ieșit bine. Eu bănuiesc că ți-a migrat stentul și e foarte probabil să fie asta. O să aflăm curând.

– Ce înseamnă asta?

– Va trebui să faci o intervenție ERCP, să-l verificăm.

– Minunat...

– Acum o să mergi la noi pe secție și te internăm, îți dăm ceva să nu mai doară și mâine la prima oră intri în sala de radiologie.

– Nu pot să ajung sus... i-am spus aproape fără voce.

– Te trimit cu patul, stai liniştită, mi-a răspuns Cristi.

M-a mângâiat pe cap, dar abia dacă i-am simţit mângâierea. M-au luat cu tot cu pat şi m-au dus la etajul doi. Fiecare denivelare care zdruncina puţin patul era un chin pentru mine. Mă simţeam iar neputincioasă şi sufletul meu urla din nou. Urla pentru că nu putea să îşi folosească corpul şi, mai ales, urla pentru că nu suporta privirile celorlalţi, pline de curiozitate şi milă. Simţeam că mă sfârşeam pur şi simplu. Aveam dureri cumplite pe care le suportam de aproape douăsprezece ore. Nu mai aveam energie, iar ochii mei erau acoperiţi de o ceaţă groasă. Auzeam cu ecou, nu mai aveam niciun strop de putere, simţeam doar cuţite care îmi despicau abdomenul şi se răsuceau de sus până jos, iar eu nu puteam să le opresc. Parcă era finalul... abia spre seară m-a lăsat durerea şi am adormit epuizată fără să-mi mai amintesc nimic. Lupta cu durerea a fost cea mai grea pentru că atunci nu mai aveam control asupra mea, deveneam pur şi simplu sclava ei, fără să pot riposta cumva.

A doua zi am făcut procedura ERCP şi s-a confirmat teoria lui Cristi. Făcusem un puseu de angiocolită, în urma căruia stentul migrase şi trebuia schimbat. Era vineri, iar intervenţia se putea face abia luni. Rămâneam din nou în spital după nici trei săptămâni de la externare. Luni dimineaţă am primit o veste proastă: aparatul pentru ERCP se defectase şi trebuia să aştept câteva zile pentru intervenţie. Poate că era mai bine, acolo aveam linişte. Eric mă văzuse pentru prima dată suferind cu adevărat şi rămăsese marcat.

– Când te-am văzut aşa ieri, am crezut că te pierd definitiv.

– Dacă nu m-am plâns prea mult până acum a fost pentru că nu am vrut să sufere şi alţii, dar nu mai pot. Uneori mă gândesc că poate ar fi fost mai bine să mor şi să scap de toate.

– Să nu mai spui asta niciodată! Tu nu poţi să mori!

– Nu e ușor să duc asta...

– Doamne, ce prost sunt... a început să plângă.

– Nu mă ajuți așa, să știi.

– Prin câte treci tu, iar eu nu fac altceva decât să stric și mai mult.

– Nu-ți mai bate capul, încearcă măcar acum, pe final, să-ți duci la capăt promisiunea. Nu mai putem salva nimic, e un capitol care trebuie încheiat.

– Nu știu ce o să fac fără tine.

– O să te descurci, lasă drama. Așa cum te-ai descurcat cu altele și nu numai. Sper doar să te trezești într-o zi...

– Of...

Am stat câteva zile în spital și le-am cerut celor din familie să nu vină. Eram bine și mă descurcam singură, aveam nevoie de liniște. Aveam nevoie de mine. Mi-am făcut ordine în idei și am hotărât să am răbdare, în primul rând cu mine, să mă recuperez, apoi să divorțez, să scap de datorii și să merg pe drumul meu, acolo unde vrea inima. Inima mea, însă, era cuprinsă de emoții noi pe care le negam. Începuse să bată altfel, iar vinovat de acele bătăi era Cristi, cu zâmbetul lui și cu vocea de înger. Mă privea într-un mod plăcut și își făcea griji pentru mine, mă verifica mereu, iar eu simțeam că, în sfârșit, contam pentru cineva. Îmi lipsea iubirea, sub orice formă, iar el îmi amintea de ea. Am revenit acasă după câteva zile, mult mai bine și mai liniștită. Nu a mai deschis nimeni niciun subiect neplăcut, iar Eric își vedea de treaba lui.

La sfârșitul lui iulie urma să se împlinească un an de la căsătorie, dar nu aveam ce să sărbătorim. Continuam să păstrăm niște aparențe până ne rezolvam problemele și atât. Eric se ținuse de cuvânt și nu se mai atingea de alcool, muncea și venea devreme acasă. Încerca să șteargă cumva conflictul dintre noi, dar era imposibil. Preferam să-l ignor. Mi-era dor să ies, să mă plimb, să-mi revăd prietenii, însă ei mă dezamăgiseră, mă abandonaseră când mi-a fost cel mai greu. Le-am simţit doar absenţa în acea perioadă, dar îmi lipseau mai mult copiii, jocurile cu ei, însă nu aveam energia necesară să-i reîntâlnesc. Îmi era dor de zilele în care mergeam la Alin şi cântam Alunelu', dansam hora în curte, iar el era extrem de fericit pentru că reuşeam să unim toată familia în acea horă. L-am învăţat, într-o după-amiază, cântecelul Înfloresc grădinile, în timp ce culegeam iarbă pentru găini. O transportam cu un camion de jucărie, iar el repeta mereu ultimul vers cu un entuziasm accentuat: „Ah, de ce n-am zece vieţi/Să te cânt, natură?". Îmi trezea atâtea emoţii frumoase şi mă făcea să mă simt plină de viaţă, iar eu aveam nevoie să simt din nou viaţa.

La data de 29 iulie m-am aşezat pentru prima dată la calculator după mult timp. Mi-am răsfoit amintirile, apoi am descărcat nişte poze din telefon, majoritatea erau cu Alin, ne plăcea să facem poze împreună şi, în general, îmi plăcea să fotografiez copiii, să am amintiri cu ei. Eu nu aveam fotografii de când eram mică. Îl priveam cu drag şi îi admiram ochişorii albaştri, care îmi lipseau atât de mult. Uitându-mă la el, am auzit undeva în cameră melodia My immortal a trupei Evanescence şi nu ştiam de unde putea veni sunetul. M-am uitat la telefon. Suna. Mi s-a părut ciudat pentru că nu o folosisem niciodată ca ton de apel. Mi-a indus o stare de tristeţe. Am răspuns. Era naşa mea de cununie. Plângea...

– Ce faci fină, eşti bine?

– De ce plângi? am întrebat fără să-i răspund.

– Nu ai aflat?

– Ce să aflu?

– Nu te-a sunat nimeni?

– Ce s-a întâmplat?

– Alin... s-a înecat... mi-a spus, plângând înăbuşit.

– Alin? Alin al nostru?...

Am început să tremur, abia dacă reuşeam să mai ţin telefonul în mână.

– Da, fină... s-a dus...

– Nu creeed!!! Nu se pooatee!!! Intrasem în stare de şoc.

– Fină, calmează-te! Nu se mai poate face nimic...

– Nuu see poooaatee!!! Nu e el... nu are cum...

– Fină... te rog! Nici noi nu putem să acceptăm ideea, dar este adevărat.

– Alin... Nu creeed! am început să ţip, fără să mai ascult ce îmi spunea naşa la telefon. Îmi pierdusem controlul.

– Ce s-a întâmplat? m-a întrebat mama speriată care abia intrase în cameră.

– Alin... s-a înecat... dar eu nu cred. O să-l sun pe Cornel să văd dacă e adevărat. Nu se poate, mamă! Nu se poate să fie el!

Mama începuse să plângă, iar eu încercam să ţin telefonul cumva să nu-l scap. Mâinile mele tremurau atât de tare, încât abia am reuşit să sun. Unchiul lui mi-a răspuns plângând. Atunci mi-am dat seama că era adevărat.

– Spune-mi că nu e adevărat! i-am zis, plângând în hohote.

– E adevărat, Nina...

– Nuuu... nu se poate...

– Nu ştiu ce să-ţi zic altceva...

– Nu se poate...

Am închis pur şi simplu şi am căzut în pat. Îmi fugise pământul de sub picioare. Am continuat să urlu că nu e adevărat. Mi se prăbuşise lumea întreagă. Abia după o oră am reuşit să mă calmez puţin şi să sun iar să văd ce s-a întâmplat. Nu ştia nimeni cum a ajuns în apă. Nu avea nimeni explicaţii. Părea un coşmar. Atunci am simţit cum mă stingeam şi eu, nu mai puteam să suport realitatea aceea în care de două luni eu suferea m încontinuu. Aş fi putut să le duc pe toate, dar moartea lui nu. Era doar un copilaş de patru anişori...

*Doamne... m-ai părăsit cu totul... ce mi-ai dat să trăiesc? O viaţă fără viaţă, asta am! Trăiesc într-un corp care nu mă mai ascultă, într-o lume în care totul se stinge, totul se năruie. De ce m-ai aruncat pe străzile astea necunoscute şi m-ai lăsat fără putere? De ce, Doamne? Azi mi L-ai luat pe Alin! Te urăsc! Te urăsc că-mi iei tot ce am mai bun şi îmi laşi numai dureri! La mama lui Te-ai gândit? Ai lăsat-o fără lumină şi fără suflet... Cum o să dau ochii cu ea? Cum o să-l văd pe el aşa? Un trup firav, pustiit de sufletul pe care l-ai luat la Tine. De ce aşa? De ce?*

Gânduri printre rânduri

Îmi rulau în minte imagini cu el, când i-am reîntâlnit zâmbetul şi glasul inocent. Nu greşise cu nimic. Îmi răsunau în urechi cântecele pe care le cântam împreună cu el şi rămâneam blocată la ultimul vers, „Ah de ce n-am zece vieţi...", iar el nu a avut nici măcar una! A doua zi l-au adus acasă într-un coşciug micuţ, alb. La căpătâiul lui era tatăl său, iar la picioarele lui, mama sa. Erau sfârşiţi, nu am putut să îi privesc în ochi. Îmi tremura sufletul, iar inima mea o luase razna. M-am apropiat plângând în hohote. Îi adusesem trandafiri albi pe care i-am aşezat lângă trupul mic lipsit de suflu. Mi-aduc aminte doar o voce: „Uite tati, a venit Nina... ea te iubea atât de mult! A venit la tine, puiule... *Alin*, a venit Nina, care se juca mereu cu tine. N-o să te uite niciodată...", dar *Alin* nu auzea... nu spunea nimic... L-am sărutat pe fruntea rece şi apoi mi-am aşezat capul pe mânuţele lui mici, unde am plâns până m-a luat cineva de acolo. Nu-mi amintesc cine. Am rămas într-un colţ al camerei privind în gol. Auzeam copiii vorbind în şoaptă, unul dintre ei a întrebat-o pe mama lui la un moment dat: „Mami, *Alin* când se trezeşte?", dar femeia a rămas tăcută. Cred că avea patru ani şi nu înţelegea că *Alin* nu dormea. Abia atunci am privit-o pe mama lui *Alin*, dar nu mai era ea, iar vorbele acelea o îngropaseră cu totul. Nu înţelegeam ce căutau atâţia copii acolo, ei nu aveau nevoie să cunoască moartea, iar simpla lor prezenţă amplifica durerea tuturor. Nu existau cuvinte pentru o asemenea suferinţă.

*Tu, copile, mi-ai rămas un cântec! Albastrul cerului era în ochii tăi, iar zâmbetul tău, o rază! Mânuţele tale mici purtau atâta iubire când mă îmbrăţişau, iar inima ta bătea sfârşitul, dar nu am ştiut să o ascult. Ah... de ce n-am zece vieţi? Să-ţi dau şi ţie una...*

Gânduri printre rânduri

Nu am ştiut de mine două zile, îmi amintesc vag câte ceva. Singura imagine clară care mi-a rămas în minte a fost în drum spre biserică, unde părinţii lui *Alin*, deşi erau în divorţ, mergeau în urma lui ţinându-se de mână. Îngropaseră securea războiului în acea zi în care şi-au îngropat şi copilul. Nu prea *îmi amintesc* alte imagini de atunci, am doar dureri cumplite pe care, din păcate, le voi căra după mine toată viaţa. Nu poţi să uiţi un copil şi niciun *pământ nu poate să-i îngroape aminti*rea. Nici anii nu-l vor smulge din inima mea. Ultimul sărut a fost atât de rece... nu-mi amintesc nici azi cum am ajuns acasă după înmormântare, în schimb îmi aduc aminte ultimele ţipete când l-au acoperit şi l-au pus în cavou. Atâtea voci pline de durere... Doamne...

Plecarea lui s-a resimţit în tot satul, lăsase multă tristeţe în urmă. Sunt cărări pe care doar ne ducem, iar *Alin* apucase una dintre ele. Noi ne-am întors acasă, el s-a dus spre cer. Poate că cerul e mai plin acum, iar el e o stea ce va rămâne veşnic acolo. Lumea mea, însă, e mai goală.

*De-ai fi o stea căzătoare, te-aş prinde în braţe la miezul nopţii şi te-aş ascunde de moarte. I-aş arăta alt drum, al unuia ce nu mai vrea aici. Tu oare ai vrut să pleci? Cum o să fie fără tine? Cred că am pierdut tot ce puteam să pierd... mai jos de atât nu pot să cad şi nici nu mai ştiu să mă adun. Mai are sens? Mi-e trupul sfâşiat, la fel şi sufletul, mi-e inima frântă, iar Dumnezeu nu mă ascultă! M-a părăsit şi El...*

Gânduri printre rânduri

Era o linişte ciudată acasă, toţi erau trişti după înmormântare. Ne bufnea plânsul din senin şi nu găseam cuvinte să ne spunem. Brusc nu mai existau vorbe, ci doar dureri şi lacrimi. Am zăcut în pat până ziua următoare, când am simţit că ardeam. Aveam febră şi frisoane. Eram nemâncată, nedormită şi fără energie. Mă durea din nou abdomenul şi starea se agrava cu fiecare oră care trecea. Lui Eric îi era teamă să nu fac iar un puseu de angiocolită şi m-a dus la spital. Nu mi-era bine deloc, eram absentă. M-au oprit din nou acolo. După internare a venit Cristi să mă vadă, aflase că eram acolo. Nu am avut puterea să-i răspund ce mă durea şi de ce. L-am strâns în braţe şi atât. A înţeles că era o altfel de durere la mijloc şi a rămas puţin cu mine după ce au plecat toţi. Mi-a prins bine prezenţa lui, dar sufeinţa mea era mult prea adâncă. Am stat câteva zile în care mi-am dat seama cât de preţioasă era viaţa, iar eu mi-o iroseam inutil. Trebuia să mă regăsesc, să mă reconstruiesc, dar mi-era frică. Pierdeam totul, iar timpul trecea fără milă, fără să întrebe dacă mai pot sau dacă mai vreau. Rămăsesem în urmă cu totul. Mă simţeam complet rătăcită.

*Doamne, Tu ce vrei să-mi arăţi, de fapt? Ce vrei să-mi spui? Sunt încă aici şi nu înţeleg nimic. Se prăbuşeşte totul, sunt plină de ruine! Nu mai pot! Spune-mi încotro! Nu Te mai simt demult lângă mine, până şi Tu m-ai abandonat şi îmi iei totul, puţin câte puţin. Eu azi ce mai am? Mă am doar pe mine...*
*Stai... asta este! Eu mă am doar pe mine şi doar eu ştiu şi înţeleg ce simt şi ce vreau. Asta e, nu? Vrei să mă-ntorci la mine? Asta vrei, Doamne? Să privesc*

*în mine... sigur asta vrei!Acum când nu mai e nimic în jurul meu, tot ce îmi rămâne este să privesc în interiorul meu, să mă caut pe mine. De ce doar aşa am înţeles unde să privesc? Şi cu mine ce trebuie să fac acum? Poate că ar trebui pur şi simplu să mă iubesc, să mă accept aşa cum sunt... şi să trăiesc!*

Gânduri printre rânduri

Am început să plâng, fără să-mi pese că mă durea. Păşisem afară din mine şi mă priveam de departe. Zăceam pe un front unde mă războiam cu mine, cu ceilalţi, cu viaţa şi cu moartea. Eram revoltată, deşi nu mai aveam putere şi nici speranţă. Simţeam doar o voce care urla în mine şi îmi spunea să mă transform în omul de care aveam nevoie şi avea dreptate vocea aceea. Căutam mereu să mă sprijin de cineva şi niciodată de mine. Nu eram suficient de puternică, dar puteam să devin, ştiam cum era să pierd totul şi nu mai aveam nimic de pierdut dacă o luam de la zero, singură. Îmi trebuia mult curaj, iar eu nu-l aveam; în schimb, aveam o lecţie de la *Alin*: „Viaţa e scurtă, preţuieşte timpul şi oamenii şi, mai ales, iubeşte-te! Oferă-ţi tot ce e mai bun pentru că meriţi! Nu ştii niciodată când închizi ochii pentru totdeauna. Trăieşte!" M-am uitat la semnele de pe abdomen, ele erau mesajele vieţii către moarte: „Nu e momentul acum!" Şi nu era, pentru că venise timpul ca eu să învăţ să mă iubesc cu adevărat şi să trăiesc! Atunci l-am regăsit pe Dumnezeu! Era în mine!

*Gata, mi-am spus-o mereu şi niciodată nu am făcut nimic pentru mine, decât să mă plâng şi să-i acuz pe alţii, în timp ce eu am fost complice la propria mea distrugere. Sunt numai cioburi care dor şi tot eu calc în ele până sângerez. De azi, adio cioburi! Nina, e timpul să străluceşti! Nu ştiu cum, dar o să reuşeşti! Poţi!*

Gânduri printre rânduri

A doua zi, m-am trezit cu zâmbetul pe buze în ciuda celor întâmplate. Trebuia să trăiesc! Voiam să mă despart de orice fel de durere. Trecutul nu-l puteam schimba şi nici repara, cum nu puteam nici să îl aduc înapoi pe Alin. La vizita medicilor, Cristi m-a văzut că eram mai bine şi a venit la mine imediat cum s-a eliberat puţin de treburile lui.

– Hei.. ce faci? Te văd mult mai bine azi, mi-a spus, în timp ce s-a aşezat pe marginea patului meu.

– Am hotărât să-mi fie mai bine, da, i-am răspuns, zâmbind.

– Mă bucur, să ştii.

– Şi eu, deşi nu am motive de bucurie.

– Ce s-a întâmplat?

– Am pierdut un suflet drag...

– Îmi pare rău...

– Era un copil, Cristi, asta doare cel mai mult.

– Acum înţeleg de ce nu puteai să vorbeşti ieri.

– Da...

– Hai că o să fie bine!

– Îţi mulţumesc că eşti lângă mine.

– Îmi fac datoria.

– Doar atât?

– Şi nu numai, îmi eşti foarte dragă.

Am zâmbit, iar el a plecat tot zâmbind. Ştia că eram căsătorită, dar nu ştia nimic din ce trăiam în realitate. Uitându-mă după el, mi-am dat seama ce fel de emoţii mă făcea să simt. Mă îndrăgosteam de el. Dar eu nu eram încă liberă.

După câteva zile am revenit acasă cu o altă atitudine şi cu o scânteie nouă în suflet, care era menită să-mi aprindă inima din nou, să nu uit că există iubire. Iubirea salvează sufletele, oricum ar fi ea, împlinită sau nu. Era secretul meu şi, în acelaşi timp, aliatul meu în renaşterea mea pentru că, odată cu moartea lui Alin, mă hotărâsem să renasc. Îmi dădusem o nouă şansă. Şi nu mă întorsesem singură, ci cu Dumnezeu!

După o lună de zile am revenit la birou chiar dacă nu eram complet refăcută, dar era aproape de casă şi voiam să mă simt utilă. Eric încă reuşea să stea departe de alcool, iar eu eram mai liniştită. Mergeam des la cimitir, la Alin, pe care îl visam mereu. La fel ca şi Paul, îmi aducea mesaje de dincolo. Regretul meu, însă, era mare. Mă durea ultima noastră întâlnire, care fusese cu aproximativ două luni înainte să se ducă, undeva prin luna mai. Trecusem pe fugă prin faţa curţii, unde se juca cu alţi copii. Am deschis poarta şi i-am făcut cu mâna.

– Ce faci, nu vii? m-a întrebat el, obişnuit fiind să intru să mă joc cu ei.

– Nu pot, mă grăbesc. Am deschis doar să te văd un minut.

– Şi pleci aşa repede?

– Da, puiule, plec. Mă aşteaptă Eric şi ne grăbim.

– Of... Când vii înapoi?

– Nu ştiu, iubire. Cum prind puţin timp liber, vin şi ne jucăm, da?

– Bine, dar să nu uiţi.

– Nu uit!

– Să vii repede!

– O să încerc! Te pup!

S-a uitat lung după mine în timp ce închideam poarta... rămăsese neclintit. Puteam să intru în acel minut, să-l îmbrăţişez câteva secunde. Mi-a rămas în minte acea privire dezamăgită că nu m-am dus la el. Ce-o fi fost în capul meu? Visam aproape în fiecare seară că ne întâlneam, iar el mă lua în braţe să îmi arate că nu era supărat pe mine. Mă îmbrăţişa cu toată fiinţa lui, iar eu plângeam în hohote şi îl rugam să mă ierte. Îmi zâmbea şi mă mângâia pe chip. Mă trezeam mereu plângând.

*De ce m-am grăbit? Am rămas cu amintirea ochişorilor tăi trişti care nu înţelegeau de ce nu am timp... Noi nu avem timp, ci timpul ne are pe noi.. Fără milă şi fără să întrebe, timpul ne ia oamenii şi ne lasă simple amintiri.*
*Nu am ştiut că moartea e atât de nedreaptă şi avea să ne despartă atât de devreme. Mă hrănesc cu visele în care vii să-mi aduci alinare. Să mă ierţi, copile! Să mă ierţi! Tu-mi ştii durerea şi regretul! Tu ştii cât te iubesc! Poate că eu n-o să mă iert vreodată, dar tu să poţi, să-ţi păstrezi inima curată. Acum ştiu să mă despart de oameni... mulţumesc! Ce lecţie scumpă...*

Gânduri printre rânduri

### *Nu știu să mă despart de tine!*

*În inimă îmi bate pasul tău mărunt*
*Și mă opresc adesea să-l ascult,*
*Te-ascult, nici nu respir deloc,*
*Mă pierd din nou în acel joc;*
*Mă-ntoarce vocea ta din drum*
*Și-n mână-mi plânge un album.*
*Doar amintirea mi-a rămas*
*Dar tremurândă, fără glas...*
*În mână am deșert, în suflet dor*
*Și-n inimă mă sting ușor,*
*Mă prăbușesc, cad în genunchi,*
*Cu lacrimi strânse în mănunchi.*
*Mă doare timpul, suflet mic*
*Mă doare că nu pot să-ți zic,*
*Să-ți cânt și să-ți zâmbesc*
*Și iarăși mă prăbușesc*

*Fără s-apuc să mă ridic,*
*Mi-e dor de tine, suflet mic!*
*Alerg în amintiri și te păstrez*
*Și-n vise noaptea te urmez.*
*Îți simt la piept inima mică*
*Și deschid ochii fără frică,*
*Tu ești aici, trăiești în mine,*
*Nu știu să mă despart de tine!*

Într-o zi i-am scris o poezie şi i-am dus-o la mormânt. Alături pusesem o fotografie cu el, făcută de mine. Seara l-am visat că era fericit. „Ce mă bucur că mi-ai adus poza aia, e foarte frumoasă. Mulţumesc! Mă bucur că vii mereu la mine, să ştii. Să nu mai fii tristă!" Ne păstraserăm o conexiune puternică, eram singura care îl visa aşa şi la fel fusese şi cu Paul. Poate că eu eram unul dintre puţinii oameni care credeau în viaţa de dincolo şi, din acest motiv, reuşeam să comunic cu cei care plecau. Eu ştiam că ei nu mor niciodată. Tot în acea perioadă am înţeles că în visele mele se află frânturi din viitor şi multe semne, aşa că am început să fiu mai atentă. Mi-era greu să le descifrez, dar primeam multe semnale şi am început să le studiez. O perioadă m-am luptat cu nişte parasomnii oribile şi târziu am înţeles ce erau şi de unde veneau.

În septembrie, de ziua mea, am hotărât să nu sărbătoresc, nici nu aveam ce, însă naşii mei mi-au făcut o surpriză şi au venit cu copiii în vizită. Mi-au adus un tort în formă de inimă. Din nou, iubirea se făcea simţită, iar inima mea bătea cu mai multă bucurie.

În octombrie am mers să-mi schimb stentul. Am stat câteva zile în spital, timp în care m-am bucurat de prezenţa lui Cristi, era lumea mea ascunsă care îmi dădea noi rădăcini într-un pământ arid, în care era greu să mă prind din nou. Mă făcea să râd mereu şi să mă simt importantă, lucruri care îmi lipseau. Alţii erau trişti în spital, dar eu eram fericită acolo unde Îl pierdusem și Îl regăsisem pe Dumnezeu și unde întâlnisem din nou iubirea, sub toate formele ei.

*Cât de ușor pot să ating cerul când îmi spui o vorbă frumoasă și cât de repede mă prăbușesc în iad când mă uit în jurul meu și mă văd atât de singură! Totuși, în disperarea mea, mi-am dorit să fie totul așa cum e, să pot să fiu aproape de tine și am ajuns să iubesc boala asta care mă termină... e singura care mă aduce la tine. Când ai să înțelegi că nu pe ea o vreau, ci pe tine?*

Gânduri printre rânduri

În luna noiembrie am avut un vis ciudat în care prietena mea Lorena avea probleme cu sarcina, burta ei era vânătă și crăpată în partea de jos, iar ea era îngrijorată. Nu mai vorbisem cu ea de ceva vreme, rupsesem legătura cu multe persoane pentru că îmi doream liniște, dar nici ele nu s-au înghesuit să mă caute. Nu am apelat-o să îi spun, nu voiam să o sperii cu un vis, dar simțeam că ceva nu era în regulă. La puțin timp după, am aflat că era internată în spital pentru că i se fisuraseră membranele și sarcina era expusă unor pericole, trebuia să stea sub supraveghere medicală până la naștere. Am fost s-o vizitez, deși ea nu venise la mine, nici la spital și nici acasă după externare. I-am povestit atunci despre visul meu care prevestise acea problemă.

– Tu vezi ceva mai mult decât noi. Și sexul copilului l-ai știut dinainte să se vadă la ecografie. Iar acum, visul ăsta e incredibil. Nu ai știut nimic, nu am spus nimănui.

– Nu știu... în ultima vreme primesc tot felul de semne, am tot felul de stări. E ciudat. Am început să citesc, mă documentez despre vise și nu numai.

– A fost greu și pentru tine.

– Încă este, dar mă descurc.

– Și mie mi-a fost teamă pentru bebe, dar acum suntem bine.

– O să fim bine toți, o să vezi. Trebuie să avem răbdare.

– Așa e...

Tot în noiembrie am fost la un control la spital, unde l-am revăzut și pe Cristi. Îi luasem un cadou pentru că urma să fie ziua lui, însă nu cadoul l-a surprins, ci prezența mea. Îmi revenisem destul de bine, recuperasem kilogramele pierdute și, mai ales, zâmbetul. Îl purtam cu drag chiar dacă durerile nu se vindecaseră. Ne-am bucurat să ne revedem, ne-am îmbrățișat și am stat puțin de vorbă. A fost pentru prima dată când ne-am sărutat pe obraji. Mă încercau multe emoții, dar le ascundeam.

După controlul cu medicul meu, am plecat spre casă. Eram singură. Pe drum am primit un mesaj de la el, în care îmi spunea că mă plăcea și voia să ne întâlnim. Am înlemnit. I-am răspuns că eram căsătorită și conversația s-a oprit acolo. Și el era căsătorit. Nu mai înțelegeam nimic, dintr-odată mi se părea totul foarte complicat. Am ales să nu spun nimănui despre asta, ar fi fost incomod pentru toți și nu știam intențiile din spate.

La sfârșitul lunii am internat-o pe mama în același spital în care fusesem și eu. Avea dureri mari de spate și i-au descoperit o tumoare la coloană. Nu trecea bine o problemă, că apărea imediat alta. Toate grele. A trebuit operată de urgență. M-au ajutat toți medicii pe care îi cunoșteam, iar mama s-a simțit bine după operație. Mă duceam zilnic la ea și era inevitabil să nu mă întâlnesc și cu Cristi. Îi mărturisisem, la un moment dat, că mă gândeam să scriu o carte cu povestea mea, în care să le transmit tuturor că **nimeni și nimic nu te poate învinge, doar tu singur, dacă renunți.** Era omul cu care reușeam să comunic deschis și sincer despre orice pentru că nu mă judeca, știa să asculte și, chiar dacă era ocupat, își găsea mereu timp să schimbăm câteva cuvinte. Mă făcea deseori să râd și mi-era dor să simt armonia în viaţa mea. Era singurul care mă vedea altfel şi mă încuraja să merg mai departe. Una dintre asistentele de acolo observase că eram destul de apropiaţi şi că mereu venea la mine când eram internată. Mi-a spus că era singur şi că ne-ar sta bine împreună. Era oare posibil când lucrurile erau atât de complicate? Nu-l întrebasem niciodată dacă avea pe cineva, dar atunci m-am gândit că aş putea să îi mărturisesc ce simţeam pentru el. Nu am avut curaj să i-o spun în faţă, ci i-am scris un e-mail în care i-am povestit ce simţeam şi situaţia în care mă aflam eu, fiindcă aveam nevoie să mă descarc de acel bagaj emoţional. Speram ca, într-o zi, să facă parte din viaţa mea, dar altfel.

Am aşteptat răspunsul cu sufletul la gură, iar el a venit abia a doua zi. Aproape că nu dormisem, gândindu-mă la ce nebunie o fi fost în capul meu să-i spun unui străin ce aveam pe suflet. Un străin pe care începusem să-l iubesc şi în care îmi regăsisem dorinţa de a trăi din nou.

*„Bună!*

*Am citit cu mare atenţie mesajul tău... m-a impresionat mult! Eşti o femeie atrăgătoare şi deşteaptă, plus că ai multe calităţi! În ceea ce mă priveşte pe mine, eu am o relaţie cu o fată de mult timp, ne iubim şi sunt fericit! La tine... este puţin invers! Nu sunt în măsură să dau sfaturi – cum ar fi să divorţezi sau să mai încerci, poate reuşiţi să vă regăsiţi. Tu ştii cel mai bine! Ce pot să spun? Îmi doresc să fim prieteni buni... dar nu pot mai mult! Îţi doresc multă sănătate, fericire, iubire şi să mă inviţi la lansarea cărţi tale... ai mult talent!!!*

*Al tău prieten, Cristi.”*

Am rămas dezamăgită, dar nu de răspunsul lui, ci de faptul că nu m-am asigurat înainte că avea o relaţie, am crezut ce mi s-a spus pur şi simplu. Mi-era teamă că stricasem totul, că se va îndepărta de mine şi nu voiam să-l pierd ca prieten, pentru că era singurul care era aproape de sufletul meu. Am stat puţin pe gânduri şi apoi am decis să îi scriu din nou, să închei acel capitol cumva nedeschis.

*Cum e... cerul acesta mohorât apasă atât de greu pe sufletul meu, însă nimic nu-mi justifică azi tristețea. De ce m-a dezamăgit răspunsul tău când eu nu am cerut nimic? Credeam că pot să negociez cu inima asta rănită și am încercat să îi dau altceva, dar se tot îneacă cu sânge, mi-a golit venele... nu mai am voce, am pierdut-o când ți-am citit „nu"-ul hotărât. Rămân cu el, deşi nu-l vreau şi acum tot „nu" îți zic şi eu. Abia acum înţeleg că inima nu e singura opţiune, avem şi raţiune, poate că ea e cea care trebuie ascultată, dar de ce nu pot oare?*

Gânduri printre rânduri

M-am aşezat din nou la acelaşi birou care îmi cunoştea toate gândurile şi toate emoţiile şi am început să scriu. Asta ştiam eu să fac cel mai bine, să scriu. În rest, învăţam să trăiesc!

*„Dragă Cristi,*

*Am conştiinţa împăcată, deşi undeva în sufletul meu zace un singur regret: că am vorbit! Acum realizez că am făcut asta pentru că am tăcut o viaţă şi nu aşa trebuia să fie, dar nu pot schimba nimic. Cred că ai apărut în viaţa mea doar ca să îmi salvezi sufletul. Poate că mulţi oameni se rătăcesc la un moment dat, unii renunţă să lupte, iar alţii îşi găsesc calea. Eu ajunsesem pe marginea unei râpe şi aşteptam să mă împingă cineva, pentru că nu aveam curaj să fac încă un pas înainte, mi-aş fi rănit familia şi l-aş fi mâniat pe Dumnezeu. Nu mă vedea nimeni acolo fiindcă nimeni nu a ştiut să privească înăuntrul meu! Tu ai fost singurul care mi-a întins mâna să fac un pas, dar înapoi! Nu ţi-am spus niciodată asta, ai fi crezut că sunt nebună... oricum tu nici nu ştii că mi-ai salvat viaţa! Afli acum... Tu ai fost un fel de înger trimis să mă înveţe să iubesc din nou şi, mai ales, să mă iubesc! M-ai făcut să îmi doresc să fiu, să trăiesc, să cred în mine şi să fac ce simt! Poate te întrebi când şi cum ai făcut asta? Cu felul tău de a fi, cu modul în care vorbeşti, cu liniştea şi iubirea pe care le transmiţi, pentru că tu eşti special şi poţi să vindeci, nu doar cu medicamente! Cu ce credeai tu că m-am vindecat eu? Se presupunea că sunt alergică şi nu-mi dădeau nimic... ştii asta...*

*Cât de uşor pot fi confundate lucrurile... Aşa cum le-am confundat şi eu şi am ajuns aici... Vreau doar să îţi mulţumesc. M-ai ajutat enorm! Mi-ar fi plăcut să nu fii doar o lecţie în viaţa mea, să nu îmi cunoşti doar durerile, ci şi bucuriile pentru că, în sfârşit, au început să vină şi ele! Am început să zâmbesc din suflet, am aruncat masca aia nenorocită care îmi secase sufletul şi am curaj să merg înainte, chiar dacă nu e soare mereu! Ştiu că el nu moare, e dincolo de nori şi va răsări întotdeauna!*

*Am învăţat să fiu fericită cu nimic şi am înţeles că Dumnezeu mă iubeşte! Mult timp am avut sufletul gol şi asta a adus lângă mine oamenii nepotriviţi, în schimb, de când m-am iertat, am iertat şi am acceptat viaţa aşa cum e, mi-am umplut sufletul cu bucurie şi multă speranţă, iar asta a început să îmi aducă oameni frumoşi alături şi care mă iubesc aşa cum sunt! Cred că despre asta e vorba: să fii fericit cu nimic, din nimic, şi să te bucuri pur şi simplu de tot! Nimic nu e greu când ai sufletul plin de iubire! O să te păstrez acolo pentru că mă faci să simt bucurie!*

*Viaţa e ciudată. Am înţeles destul de târziu că trebuie să mă opresc şi să mă uit puţin în urmă, să privesc cu ochii deschişi şi, mai ales, cu sufletul. Uitându-mă în urmă, am realizat că, în trecutul meu, nu sunt eu, sunt ceea ce au vrut alţii să fiu sau ceea ce nu am avut curaj să îmi asum! Acum lucrurile stau altfel. M-am trezit, dar nu aşa cum trebuia, m-au trezit nişte întâmplări care mi-au luat tot şi tot ele mi-*

*au demonstrat că pot! Pot să fiu! Am învăţat că, deşi doare, trebuie să merg înainte pentru că cineva acolo sus mă iubeşte! Am primit o viaţă de care eu trebuie să am grijă! O viaţă în care eu aleg!*

*Nu am ştiut să aleg prea bine şi poate că nu voi şti niciodată să fac asta cu adevărat, dar acum mă simt liberă în sufletul meu şi pregătită să încep să îmi construiesc viaţa aşa cum simt eu! Primul pas e să închei toate capitolele urâte din trecut şi cu asta am început. E greu pentru că am sufletul făcut bucăţele şi nu am altul, deci va trebui să mă descurc cumva şi să nu mă plâng, aş risca să îl zdrobesc mai mult, iar eu încerc să îl întregesc, îi sunt datoare cu asta! Aşa că, într-o zi, mi-am zis că e momentul să mă iubesc şi să mă respect cu adevărat! Mi-am zis că pot face asta, aşa cum o fac pentru ceilalţi. Ştiu că nu voi ajunge peste noapte acolo unde îmi doresc, dar sper, visez şi am răbdare! Şi orice va urma în viaţa mea voi accepta, fie ca lecţie, fie ca bucurie. Nu mai vreau să mă gândesc că există rău şi bine, ci doar lecţii şi fericire! După atâtea lecţii pe care le-am primit şi trăit până acum, ar trebui să urmeze ceva bun. Primul lucru bun a fost că m-am trezit, iar al doilea, că am început să îmi trăiesc viaţa, să o simt.*

*Să nu crezi că exagerez când îţi spun asta, dar schimbarea mea a venit prin tine, ai fost portiţa către mine! Aproape că m-am găsit, nu pot spune că m-am regăsit, pentru că nu am ştiut niciodată cine sunt! E ciudat cum un necunoscut îţi poate schimba radical viaţa în câteva clipe, fără să îţi dai seama şi fără să înţelegi de ce. Atunci începi să îţi pui tot felul de întrebări, dar mi-am dat seama că nu toate au răspuns.*

*Nici timpul nu vindecă nimic, doar te învaţă să trăieşti fără ceva, fără cineva... Doare la fel de tare când îţi aminteşti o întâmplare care te-a făcut să suferi, doare cumplit când ţi-e dor de cineva care nu mai e şi pe care ai vrea să îl strângi în braţe şi doare enorm când ţi-e dor de cineva care încă este, dar pe care nu îl poţi îmbrăţişa şi de care nici măcar nu te poţi apropia! Timpul doar lasă în urmă oamenii şi faptele lor, oamenii şi trăirile lor... lasă amintiri şi atât. Îţi doresc să fii fericit, împlinit şi să ajungi acolo unde îţi doreşti! Şi sunt convinsă că aşa va fi! Meriţi! Eşti un om special, aşa cum nu întâlneşti pe toate străzile şi mă bucur că ai apărut în viaţa mea!*

*Cu drag, Nina.”*

Poate că modul în care îşi trăia el visul mă fascinase la el. Îşi dorea de mic să fie medic şi practica acea meserie cu multă pasiune. Era total dedicat şi implicat în ceea ce făcea şi îşi îngrijea pacienţii cu mult suflet. Aşa ajunsese şi la sufletul meu. Am continuat să îi scriu, dar nu îi trimiteam mesajele, le păstram pentru mine. Mă ajutam astfel să mă descarc, îmi imaginam că era acolo şi mă ajuta să merg mai departe. Scriam versuri şi îmi notam întâmplările din viaţa mea, sperând ca într-o zi să le aşez într-o carte adevărată. Abia atunci a apărut gândul serios de a scrie cu adevărat, nu doar un simplu jurnal, în care să-mi vărs frustrările. Mă ajuta enorm scrisul! Era un strigăt, o consolare, o evadare, o mângâiere, o eliberare a tuturor gândurilor şi a emoţiilor care veneau ca nişte avalanşe iar şi iar, mereu altele.

Îmi rămăsese tristeţea care înlocuise bucuria când mă gândeam la Cristi, ştiam că pusesem o barieră între noi şi era greu de depăşit. Îl aşezasem în cutia cu amintiri de parcă acolo avea să rămână pentru totdeauna şi cumva asta urma.

### *Încearcă*

*Ascultă tăcerea*
*Cum o așezi pe inimă să-i iei durerea,*
*Privește cum bate,*
*A încetat să urle și abia se zbate...*
*Pășește încet,*

*Nu semăna în urma ta regret,*
*Întinde mâna,*
*Cuprinde iubirea, e numai una.*
*Închide ochii, simte,*
*O lume-ntreagă vrea să te alinte,*
*Rupe bariera azi,*
*Învață să zbori, nu ai cum să cazi*
*Sunt eu lumea-ntreagă*
*Doar sufletul poate să înțeleagă.*
*Vino, încearcă,*
*E timpul prea scurt, hai aleargă!*
*Oprește-te aici,*
*Nu vreau cuvinte să îmi zici,*
*Încearcă iubire,*
*Te-așteaptă o străină să-ți dea fericire!*

Drumurile către spital nu luaseră sfârşit, mama încă era acolo şi avea nevoie de îngrijiri medicale. Cristi îşi schimbase atitudinea şi pusese distanţă între noi, aşa cum era de aşteptat, deşi lămuriserăm povestea. Îmi zâmbea de departe, dar mă evita, iar asta mă durea. Pierdusem prietenul, nu bărbatul din el pentru că nu fusese al meu niciodată. Îmi lipsea...

*Ne despart doar două etaje... aş veni la tine, dar ştiu că nu te-ai bucura să mă vezi, nu s-ar schimba nimic. Mi-e atât de dor de tine... dar nu am curaj să te privesc în ochi! Am făcut o greşeală colosală, nu trebuia să îţi spun nimic şi poate aşa m-aş fi bucurat în continuare de zâmbetul tău şi de vocea ta, vocea aia care mă face să tresar când o aud, am spus asta de nenumărate ori. De ce naiba am fost atât de fraieră să vorbesc? Tot ce trebuia era să tac... să tac şi să păstrez iubirea asta doar în sufletul meu. Abia acum îmi dau seama că te-am pierdut de tot... te-am pierdut... deşi, nu te-am avut niciodată! Cum ar fi fost să fii al meu? Cum? Nu am să ştiu niciodată. Trebuie să caut un alt drum, un drum unde să nu fii tu... să fiu doar eu cu mine!*

Gânduri printre rânduri

Medicul care mă operase începuse să îmi trimită iar mesaje în care îmi spunea că mă visa şi mă dorea. Nu înţelegeam de ce continua după ce îi spusesem că eram căsătorită. Uneori ne întâlneam prin spital şi mă invita la el în cabinet, dar eu nu mă duceam. Mi-a spus că se simţea foarte atras de mine şi nu-i păsa de circumstanţe. L-am rugat să înceteze, apoi l-am ignorat.

De Sfântul Nicolae, mama era tot în spital. I-am dus nişte fursecuri făcute de mine şi i-am servit şi pe cei pe care îi cunoşteam acolo. Cristi m-a refuzat, iar gestul lui m-a întristat. I-am spus că nu mi se părea corect să mă trateze aşa pentru o simplă mărturisire. Şi-a dat seama că exagera şi le-a luat până la urmă, după care mi-a trimis un mesaj: „Merci şi dacă ai vreodată nevoie de mine, te ajut, să nu uiţi!" Am zâmbit... dar îi înţelegeam disconfortul.

După câteva zile mi-am adus mama acasă în siguranţă, în sfârşit era bine, deşi suportase o operaţie grea. Urma să aflăm curând şi rezultatul biopsiei, care îmi dădea emoţii mari. Ca să evit drumuri la spital, Cristi verifica din când în când să vadă dacă era gata rezultatul şi mă ţinea la curent.

La data de 9 decembrie, prietena mea Lorena a născut o fetiţă şi m-a rugat pe mine să o botez. A spus că eram cea mai potrivită, deşi pentru mine nu era un moment bun, Eric începuse din nou să bea, iar eu voiam să divorţez. Nişte prieteni din partea soţului ei s-au oferit să boteze fetiţa în aceeaşi zi în care ea mă rugase pe mine şi atunci am încercat să renunţ eu în favoarea lor, dar ea a spus că preferă două perechi de naşi şi nu renunţă la mine. Nu-mi ştia nimeni problemele şi încă îmi era ruşine să vorbesc despre ele, abia le acceptasem eu. Nu am avut puterea să o refuz, deşi am încercat cumva să evit. În acelaşi timp, mă încânta ideea să creştinez un copil. Când eram mici, eu şi Lorena visam ca primul copil pe care îl vom avea să fie botezat de cealaltă. Venise acel moment, însă pentru mine nu era tocmai timpul potrivit. Botezul a fost stabilit în martie, anul următor, ceea ce îmi amâna mie divorţul cu patru luni. Mi se părea groaznic.

De sărbători am preferat să rămân acasă, să fiu aproape de mama. Nu ştiam cum va fi rezultatul biopsiei şi îmi era teamă. Naşii ne invitaseră la o petrecere de revelion, dar au înţeles situaţia. Totuşi, Eric a mers singur. A preferat petrecerea decât să-mi fie alături. Din nou, m-a lăsat singură şi m-a dezamăgit ca om. Îşi încălcase şi promisiunile făcute şi mi-era clar că el nu voia să se vindece. Prefera să rămână în aceeaşi mocirlă, iar eu am renunţat să îl mai ajut în vreun fel. Am rezistat cu greu, cu nopţi plânse, cu certuri multe şi beţiile lui urâte. Încă aveam datorii şi Eric se prăbuşise total, dar am învăţat să fiu indiferentă, să nu mai las să mă afecteze comportamentul lui, trebuia să am grijă de sănătatea mea. Ce câştigam noi nu era suficient pentru a acoperi ce mai era de plătit şi am hotărât să mai facem un credit la bancă. Nu mai puteam să amân şi nu mai puteam să rezist.

2013 a fost anul care m-a zguduit din temelii, anul care m-a lăsat zăcând printre ruine. Oricât a fost de greu, a trebuit să accept că nu mai puteam să duc greutatea aparenţelor. Am plâns, am negat şi iar am plâns până la epuizare. Nu mai aveam nimic de pierdut, la un moment dat ajunsesem ca o epavă ce zăcea pe fundul mării, fără vreo intenţie să caut să ies la suprafaţă. Atunci am înţeles că viaţa nu e scrisă de nimeni, ci de noi, şi a durut şi mai mult când mi-am dat seama că alegerile mele mă aruncaseră în mizeria în care trăisem şi era momentul să fac ceva sau să renunţ şi să mă resemnez. Am început, evident, cu calea uşoară, gândindu-mă la cea mai simplă metodă de sinucidere, eram sătulă de durere şi îmi doream să scap rapid şi uşor, dar a rămas doar un gând şi niciodată o tentativă reală. Ştiam că am să pot să mă ridic cumva şi am început să mă adun bucată cu bucată. Am început să-mi reconstruiesc temelia şi, pe zi ce trecea, înţelegeam tot mai mult că puteam, iar asta mă întărea să merg înainte. 2014 a început cu aceleaşi probleme, dar cu mai mult curaj. În ianuarie am făcut o altă schimbare de stent. Eram deja obişnuită cu procedura, iar medicul care efectua intervenţiile ERCP era extraordinar, un om deosebit. Pe la jumătatea lunii am primit şi rezultatul biopsiei. Mama era nerăbdătoare să-l afle. Am mers singură la spital să-l iau, am deschis plicul şi am citit: „posibil plasmocitom". Nici nu ştiam ce înseamnă, am căutat pe internet.

*E o formă de cancer. Mama mea nu are cancer! Nu... asta nu! Exclus! Cum să îi spun că e posibil să aibă cancer? Doamne... asta îmi lipsea... mama mea nu are voie să moară, aşa ceva nu accept!*

Gânduri printre rânduri

L-am sunat pe doctorul meu şi l-am întrebat ce să fac. Nu scria plasmocitom, ci posibil plasmocitom. M-a sfătuit să găsesc un medic specialist şi să refac biopsia. Nici nu ştiam cum să-i spun mamei că trebuia refăcută şi, mai ales, de ce. Am vorbit cu surorile mele şi am stabilit să nu îi spunem până nu ştiam clar. Am minţit-o că nu ieşise corect rezultatul, să nu se sperie. Atunci a început un alt coşmar. Am schimbat spitalul şi am luat-o de la capăt cu consultaţii şi analize. Mergeam o dată pe săptămână cu ea pentru că nu avea cine, iar Eric era total indiferent. Dacă ar fi fost vorba despre mama lui, probabil ar fi întors planeta cu susul în jos. Am renunţat să-l mai ajut, nu-i mai găteam şi nici nu-i mai călcam hainele. Renunţasem la rolul de soţie pentru că nu-l merita. Abia aşteptam botezul, să mă eliberez de el.

Începusem să visez moartea, că venea la poartă să o ia pe mama, dar eu nu o lăsam să intre. Nu-mi era frică de ea, dar ea îmi zicea că, dacă vrea, poate să mi-o ia. O priveam fix în ochi și îi spuneam că nu va trece niciodată de mine! Pleca mereu, dar îmi lăsa cel mai amar mesaj. Mă trezeam plângând. O învinsesem eu cu ceva timp în urmă, însă nu știam dacă și mama putea; încercam s-o apăr eu, devenisem îngerul ei păzitor. Nu puteam să accept să o pierd. Așa cum era ea, era singura mea mamă și nici ea nu avusese o viață ușoară. O judecasem ani la rând și era momentul să o iubesc pur și simplu. Cumva o simțeam ca pe un copil neajutorat de care trebuie să am eu grijă, era neputincioasă și încercam să nu o las singură, să nu simtă durerea și nici problemele pe care le aveam. Nu mă dezlipeam de ea de frică. Din fericire, am primit vești bune la finalul investigațiilor, nu avea cancer! Atunci am simțit că eram liberă și pregătită pentru divorț, în sfârșit.

*Suflă-mi pe inimă, mamă, să nu mai doară! Suflă ca atunci când eram mică și mă juleam la coate sau la genunchi. Parcă era mai bine după, dar știi ce mă vindeca de fapt? Zâmbetul tău. Da! Îmi zâmbeai așa frumos, dar să nu crezi că nu îți vedeam durerea din ochi... și acesta era un alt motiv pentru care nu mai plângeam. Te linișteai odată cu mine. Acum nimic nu mai este atât de ușor... acum mă ascund de fiecare dată când plâng, destul ți-am frânt inima, de a mea ce să mai zic? Am sfâșiat-o! Acum încerc să-i adun bucățile să o reîntregesc, dar e cumplit de greu să mă ascund mereu de tine.*
*Uneori mă prefac atât de bine că sunt fericită, încât nu știu dacă îmi joc rolul foarte bine sau tu nu mai știi să îmi citești durerea din ochi. Nu mai vezi, mamă, că mă doare? E durerea aia despre care nu știu să vorbesc, care îmi zdruncină ființa pentru că nu știu să o descriu. Nu are nume! Așa de mult m-am rătăcit în ea... de tine nu vreau să mă pierd, deși știu că va veni ziua în care ne vom despărți pentru totdeauna. Vei pleca tu sau voi pleca eu... Asta doar Dumnezeu o știe.*

*L-am întrebat şi mi-a răspuns să nu mă gândesc la asta, ci doar să mă bucur de tine acum. Câtă dreptate are... Şi pentru asta, mamă, te iubesc şi te privesc cu duioşie, te strâng în braţe de câte ori pot şi sunt lângă tine necondiţionat, astfel încât atunci când va pleca una dintre noi, cealaltă să rămână cu amintiri minunate. Îţi mulţumesc pentru tot! Iartă-mă tu, mamă! Iartă-mă că nu mereu am fost mândră de tine şi nu mereu am fost un copil bun. Tu m-ai iubit aşa cum sunt, eu nu. Au trecut atâtea revolte prin mine, dar am înţeles că fiecare are drumul ei şi trebuie să ne acceptam aşa şi să ne respectăm alegerile. Cred că acum ai înţeles că nu pot să aleg la fel ca tine, astfel am fi două femei neîmplinite. Eu încă mai am timp şi uită-te cum îmi construiesc singură podul spre fericire din pietrele pe care alţii le-au aruncat în mine. Ştiu că te bucuri pentru mine, ştiu că mă iubeşti, mamă. Ştiu! Şi ştiu că, atunci când mă cerţi, o faci din iubire, pentru că îţi pasă! Şi eu te cert, la rândul meu, că nu ai avut curaj să alegi cu sufletul, să alegi fericirea, iar tu îmi răspunzi mereu că eu sunt fericirea ta. Şi pentru asta, mamă, aleg să lupt! Să nu mai plângi dacă mă vezi la pământ, ştiu că te doare, sunt parte din tine, dar e lupta mea, tu nu ai ce să cauţi în ring. Rămâi acolo şi aplaudă-mă! Eu te aud şi mă ridic!*

Gânduri printre rânduri

Totuşi, începutul anului îmi adusese şi o veste bună, cea mai frumoasă veste pe care o puteam primi în acea perioadă: sora mea Ady m-a anunţat că o să fiu mătuşă. Dumnezeu îmi trimisese cel mai frumos dar pe care l-am aşteptat cu nerăbdare şi cu multă iubire.

În luna martie am botezat-o pe fetiţa Lorenei cu drag, evenimentul a decurs frumos, însă la plecare a trebuit să-l duc pe Eric târâş acasă. Se îmbătase atât de tare, încât nu mai putea nici să stea singur în picioare. Mi-era ruşine cu el, mă simţeam umilită şi aveam impresia că toţi râdeau de mine că stăteam cu el. Nu era prima dată când plecam aşa de la un eveniment. Deşi îi explicam zilnic că îşi făcea rău singur şi îşi distrugea sănătatea şi imaginea, lui nu-i păsa. Avea anturajul perfect cu care să bea şi nu îl mai interesa de nimic. I-am spus că era momentul să ne oprim. Am avut o discuţie despre divorţ, dar el a refuzat să facă pasul, a spus că s-a răzgândit. Voiam să evit un scandal şi alte neplăceri în familie şi am vorbit cu mama lui, i-am explicat situaţia şi i-am spus că voiam să ne despărţim. A rămas şocată. Nu accepta situaţia şi a încercat să mă convingă să mă răzgândesc. Am aşteptat să se aşeze puţin lucrurile şi am încercat din nou. Era inutil. Atunci m-am hotărât să o fac oricum, singură, fără să mă gândesc la consecinţe. Le-am spus celor din familie şi, deşi nu era tocmai un eveniment fericit, a trebuit să îl accepte. Unii au înţeles, alţii nu. Ce-i drept, era greu de înţeles pentru cei care nu ştiau situaţia, însă nu eram datoare cu explicaţii nimănui. Era viaţa mea şi aveam tot dreptul să decid singură pe ce drum să merg. Eric nu mai voia să audă de divorţ şi nu înţelegeam de ce, probabil nu accepta înfrângerea şi eşecul în căsnicie. L-am rugat frumos să divorţăm de comun acord, oricum nu aveam nimic de împărţit în afară de datorii, dar a refuzat, m-a sfătuit să găsesc altă cale, pentru că el nu va semna nimic. Era absurd refuzul lui, nici el nu era fericit lângă mine.

*Nu pot să îmi şterg ceaţa asta din ochi, nu ştiu de ce mă simt aşa ameţită, probabil e tristeţea care îmi tot dă târcoale, mă pândeşte ca o fiară şi mă tot atacă, mă devorează, mă lasă goală, pustiită... Urăsc perna asta, e mereu udă şi plină de lacrimi! Nu am altceva să aşez pe ea... cred că nu mă mai suportă nici ea şi nici tavanul ăsta, e sătul să mă vadă zăcând în durere şi să mă audă cum strig. Parcă ar fi o scenă de nebuni la sanatoriu, atunci când mă cert cu pereţii ăştia care simt că mă sufocă!*

Gânduri printre rânduri

De 1 Mai, Eric a venit acasă pe la două noaptea, plin de sânge pe faţă şi atât de beat, încât nu se putea ţine pe picioare. A trebuit să îl târăsc la baie să îl spăl şi să-i curăţ rănile. Avea pietre înfipte în frunte şi era julit pe toată faţa. M-am speriat când l-am văzut aşa, dar nu a ştiut să-mi spună prea multe, doar că a căzut cu bicicleta cu un prieten. L-am dus în pat şi nu a mai ştiut de el până a doua zi. Atunci i-am smuls verigheta de pe deget pentru că încă o purta, deşi nu îi vedeam rostul, şi i-am făcut poze să îi arăt în ce hal ajunsese. Dimineaţa m-am trezit într-o baltă de urină şi mi-am ieşit din fire din nou. Am făcut un scandal de m-au auzit toţi vecinii. Îl uram pentru tot şi nu mă mai interesau scuzele lui. N-a reuşit nimeni să mă calmeze şi nu mă mai interesa dacă se afla totul. Îmi ajunsese la os. Eric nu a ştiut decât să plângă şi să se victimizeze. Eu ce ar fi trebuit să mai spun sau să mai fac? El nu trecuse prin ce trecusem eu şi tot el se plângea. Mi se terminase răbdarea. I-am făcut bagajele şi i le-am scos în hol. A făcut tot posibilul să mă convingă că o să plece singur într-o săptămână. Nu avea unde să se ducă, vechea poveste, deşi nu era aşa. Îi era ruşine să se întoarcă la părinţii lui. I-am arătat pozele cu el din seara trecută şi l-am ameninţat că, dacă nu pleacă într-o săptămână, le fac publice şi spun tot tuturor. Îi venea să intre în pământ de ruşine, plângea şi mă implora să îl iert. Nu mai era cazul... puteam să-l iert, dar nu puteam să-l accept în continuare în viaţa mea. Nu eram obligată să rămân lângă el. A doua zi a început să-şi caute casă.

La puţin timp după acel episod, m-am internat în spital pentru ultima schimbare de stent, timp în care nu ne-am văzut şi nu am vorbit, l-am rugat să stea departe şi să-şi caute casă în continuare, să plece odată. Trebuia să stau două zile, dar parcă mi-era dat să lungesc de fiecare dată internările. Răcisem şi tuşeam foarte mult, iar medicii nu au fost de acord să mă intubeze aşa, mai ales că voiau să-mi mai pună încă un stent în plus, iar pentru asta nu se putea proceda la fel, cu sedative, în sala de radiologie. Deşi era o intervenţie endoscopică, era necesară anestezia, iar schimbul se făcea în sala de operație. Era o intervenție mai delicată și aveau nevoie de o mare precizie și pentru al doilea stent. M-au ținut acolo o săptămână, timp în care s-au întâmplat multe lucruri. Cristi mă evita în continuare și, deși era dureros, am decis să-mi iau gândul de la el, oricum drumurile noastre nu erau menite să se unească și știam asta. Nici urmă de prietenia despre care vorbiserăm... Fusese o lecție prețioasă sau, mai bine spus, portița către salvarea mea. Își încheiase rolul în viața mea, dar îmi lăsase o cicatrice în plus pe suflet. A trebuit să trec peste.

*Cu ce să aprind lumina în seara asta când am pierdut scânteia din ochii tăi? Ți-ai întors privirea dar nu spre mine, așa cum spera inima asta bolnavă. O țin în palme și nu știu cui să o dăruiesc, cui? Nimeni nu are nevoie de ea...*

Gânduri printre rânduri

M-am desprins cu greu de acea iubire care îmi umpluse sufletul, dar trebuia să revin la mine, să-mi reconstruiesc viața care se clătina atât de tare sub umbrele trecutului. Am avut timp să mă gândesc și să mă răzgândesc. Trebuia să merg înainte, fie că era ploaie, fie că era foc, în urmă nu mai aveam nimic, doar lecții mult prea dureroase.

*Adio, trecutule! Azi ți-am dat drumul! Mă simt atât de ușoară și de liniștită, nu mai simt nevoia să mă uit înapoi, oricum căutam mereu ceva ce nu aș fi găsit niciodată acolo. Am tot reparat atâtea lucruri și viața mea era tot în paragină! Dar azi încep să clădesc din nou, de data asta singură! Am înțeles că așa trebuie, să fiu puternică și să pășesc zâmbind. Am înțeles că doar eu trebuie să hotărăsc ce să fac cu mine și să las frâu liber sentimentelor. Știu că viața nu e roz, dar acum parcă văd totul altfel și, deși știu că mai am multe de făcut, de data asta nu o să mă oprească niciun zid! Acum sunt eu! Şi ştiu cine sunt!*

Gânduri printre rânduri

După doar trei zile de spitalizare, am avut o surpriză plăcută. Am surprins o discuţie între o doamnă în vârstă, care era internată la mine în salon, şi medicul meu.

– Domnule doctor, vă rog eu... n-o trimiteţi acasă!

– De ce, doamnă?

– Pentru că ea ne ţine în viaţă aici. Ne luminează zilele şi ne înveseleşte. Ştiţi cât e de simpatică? E numai viaţă în ea!

– Ştiu, e pacienta mea de anul trecut. Aşa mult vă bucură?

– Ne ajută tare mult! Dar să nu îi spuneţi ce v-am rugat. Eu nu vreau să stea în spital, dar ce ne facem fără ea? E tare greu...

– Nu ştiam că Ninuţa e chiar aşa de prietenoasă.

– Domnule doctor... pe cuvântul meu dacă am văzut un om mai vesel ca ea. Din orice ne face să râdem. Uităm de dureri...

– Păi ce să zic? Aveţi noroc, nu pot să-i dau drumul până nu schimbă stentul şi trebuie să amânăm până îi trece răceala.

– Aoleu, ce mă bucur... adică mă înţelegeţi ce fel de bucurie este.

– Adevărul e că Nina este o femeie deosebită. Şi foarte puternică.

– Aşa este!

Rămăsesem neclintită la uşă şi cu lacrimi în ochi. Cunoscând durerea, începusem să împart bucurie, mai ales celor bolnavi, aşa făceam la fiecare internare. Învăţasem să-mi ascund tristeţile, pentru că le vindecam singură, în linişte. Atunci mi-am dat seama că menirea mea era să vindec suflete. „E numai viaţă în ea”, ce vorbe minunate, asta se vedea în mine, în sfârşit, după atâta moarte! Când a ieşit din salon, medicul s-a oprit în faţa mea câteva clipe şi m-a privit în ochi, apoi m-a mângâiat pe cap.

– Nina, eşti o femeie minunată!

– Mulţumesc.

– Mi-ar fi plăcut să te am...

– Nu se poate.

– Ai auzit conversaţia?

– Da... întâmplător. Sunt fără cuvinte.

– Tu vindeci suflete.

– Aş vrea să pot să-l vindec şi pe al meu la fel de uşor.

– O să poţi. Să vii diseară şi la mine în cabinet, să vorbim.

Nu i-am răspuns. A plecat zâmbind. Mai târziu mi-a trimis mesaj să mă duc şi mi-a promis că nu mă atinge. Am decis să merg, am descoperit un om simplu ca orice alt om. Deşi părea fericit, nu era. Avea o relaţie rece cu soţia lui şi îşi găsea ocazional fericirea în braţele alor femei, de obicei paciente. L-am luat în braţe şi l-am ascultat ca o prietenă, iar el înţelesese că doar atât puteam să îi fiu. Mi-a povestit multe şi din nou mi-am confirmat că nu există om fără secrete.

În zilele următoare m-am împrietenit cu fiica bătrânei care nu-şi dorea să plec şi care a plecat înaintea mea, dar am păstrat legătura cu Doina, apoi am cunoscut-o şi pe Elena, care se internase cu o problemă minoră. Era cu cinci ani mai mică şi ne-am împrietenit imediat. Eram în aceeaşi zodie şi aveam multe alte lucruri în comun. În timp, mi-a devenit o bună prietenă şi ne-am sprijinit ori de câte ori am avut nevoie una de cealaltă. Acel spital mi-a adus mulţi oameni frumoşi, care mi-au rămas alături. Începusem să primesc mesaje de la un tip pe care îl cunoscusem în acea perioadă, la un magazin de cadouri. Nu ştia nimic despre mine şi nici eu despre el. Vorbeam diverse şi glumeam foarte mult. Mă făcea să uit de probleme şi de dureri. După câteva zile de conversaţii amicale, mi-a spus că mă place şi că ar vrea să mă vadă, mi-a mărturisit că m-a plăcut de când mă văzuse prima dată la magazin. I-am spus că treceam printr-o perioadă dificilă şi nu-mi stătea mintea la întâlniri. Avea un mod plăcut de a comunica şi îmi scria zilnic. Mă intriga.

Am revenit acasă şi am mers să depun actele de divorţ. Eric nu voia să semneze şi încă stătea cu bagajele în hol. Din păcate, nu am putut să duc procedura până la final, era nevoie de amândoi. I-am spus să vină cu mine şi a refuzat. Atunci m-am văzut nevoită să îl ameninţ iar cu pozele şi cu totul. S-a simţit încolţit şi nu a mai avut încotro decât să accepte finalul. Nu eram mândră de ceea ce făceam, dar era singura carte pe care o aveam, era asul care mă scotea din acel joc mizerabil.

– Nu pot să cred că mă laşi, jur... mi-a spus el cu vocea tremurândă.

– Fără drame, te rog! S-a ajuns într-un punct în care cea mai bună soluţie e despărţirea.

– Ştiu că am greşit mult. Poate prea mult şi nu am vrut să te ascult. Dar nu pot să cred că s-a ajuns aici.

– Şi unde voiai să se ajungă la cum au decurs lucrurile?

– Nu ştiu, dar îţi jur că nu văd viaţa fără tine.

– Stai liniştit, îţi găseşti alta imediat, asta dacă nu ai deja, nu-mi fac probleme. O să treci peste, mult mai repede decât crezi tu acum.

– Nu o să trec peste niciodată! Tu eşti singurul om care a fost lângă mine, indiferent de probleme! În rest, toţi m-au pus la zid!

– E puţin cam târziu pentru regrete...

– Te rog, puiule, nu mă lăsa... a început să plângă şi s-a prăbuşit la picioarele mele.

– Te-am rugat să nu faci drame, sunt sătulă de scene cu lacrimi şi cuvinte goale.

– Nu sunt cuvinte goale. N-o să mai pot să iubesc niciodată o altă femeie aşa cum te-am iubit pe tine! Tu eşti unică, ești sinceră, ești tot ce am mai bun pe lumea asta! mi-a spus, sărutându-mi picioarele.

– Nu mai exagera și nu te mai umili atât! Ridică-te! Fii și tu bărbat măcar acum, pe final! Nu poți să faci așa când știi prea bine că nu e cale de întors. Și eu am greșit și nu sunt perfectă. Am fost prea tolerantă și nu am avut curaj să fiu eu, dar acum nu mai am de gând să renunț la mine.

– Ai dreptate... mereu te-ai lăsat pe tine pentru alții, însă eu nu pot să accept că există un final între noi doi.

– Uite că există. Ridică-te! De ce te înjosești așa?

– În fața ta sunt în stare de orice pentru a te aduce înapoi.

– Îți amintesc că, în fața altora, m-ai pus la zid de multe ori. Încetează te rog! Ar trebui să ne păstrăm decența și respectul măcar pentru ce a fost frumos între noi, atât cât a fost.

– Ce o să fac fără tine? Cine o să mă sprijine așa cum ai făcut-o tu?

– Tu singur! Nu ai nevoie de nimeni. Și eu mi-am adunat bucățile de suflet singură și mi le-am pus la loc așa cum am știut și cum am putut. Iar tu atunci ai fost absent! Ai fost ocupat cu alte femei, cu prieteni de rahat și cu alte mizerii. Nu te plânge acum. Ridică-te!

– Sunt un ratat...

– Eric... o să treci peste, crede-mă. Poate ai uitat, dar eu am suferit mai mult ca tine. Eu am fost cea trădată, operată și pusă la zid. Și uite că nu am murit, deși mi-am dorit asta la un moment dat. Am supraviețuit și am de gând să fiu fericită! Și tu poți să fii!

– N-o să fiu niciodată fericit fără tine!

– O să-mi uiți și numele peste câțiva ani. Fac pariu că în trei-patru luni te însori, o să vezi.

– Cum poți să fii atât de rece?

– Nu sunt rece, sunt realistă. Am trecut peste toate mizeriile pe care le-am trăit. Mi-am promis că voi fi fericită și singurul mod este să merg înainte, nu înapoi. Crezi că, dacă mai exista iubire, plecam? Crezi că, dacă aş fi fost respectată, plecam? Crezi că divorţez de fericire? Nu! Divorţez pentru că s-a ales praful de tot şi niciunul dintre noi nu mai poate fi fericit în relaţia asta, care e moartă de mult timp. Ridică-te! Am obosit să dau explicaţii. De acum încolo eşti liber să crezi ce vrei şi să faci ce vrei.

– Să nu spui nimănui cât de prost am fost, te implor! Nu vreau să afle nimeni cât de mult am greşit! Te rog! O să-mi fie ruşine să mai ies pe stradă, mi-a spus, plângând.

– Dacă semnezi divorţul, o să uit tot în două secunde. Nu mă ajută cu nimic să readuc trecutul în prezent. El are locul lui acolo, nu aici! Să nu crezi că o să mă ajute la ceva să te denigrez, dar dacă nu-mi dai de ales, o voi face!

– Credeam că o să te fac fericită, aşa cum am promis... mi-a spus plângând în hohote.

– Nu poţi să faci un alt om fericit dacă tu nu eşti împăcat cu tine. Ai avut doar goluri şi răni. Dar câte goluri să umplu şi eu? Şi câte răni să vindec, când le am şi eu pe ale mele? Fă şi tu ceva! Pentru tine! Nu pentru mine.

– Sunt un egoist...

– Poţi să te schimbi, i-am spus, coborând tonul vocii.

– Tu ai putut, eu nu pot...

– Am vrut şi am putut. Dacă o să vrei, o să poţi şi tu. Nu mai căuta scuze şi nu-ţi mai plânge de milă. Ai primit prea multe şanse şi pe toate le-ai călcat în picioare! Ridică-te! L-am tras de mână, dar a rămas acolo jos, să-şi plângă de milă.

L-am lăsat, nu mă mai impresiona acel teatru, deşi ştiam că îl durea şi pe el, însă primise toate şansele şi nu a ştiut să profite de ele. Mă lovise de prea multe ori în suflet şi mă jignise enorm, mi-a atacat familia folosind cele mai urâte cuvinte şi avea pretenţia să-l iert ca şi cum nu a făcut nimic. E firesc ca omul să greşească, dar iertarea nu însemna că trebuia să-l păstrez în viaţa mea. Aveam nevoie de un nou început amândoi. Am fost să depunem actele pentru divorţ şi ni s-a dat termen o lună de zile. Eric a spus că pleacă din casă după ce semnează ultima hârtie, dar nu am acceptat. Între timp, îmi luasem bilet să plec în Sicilia, la sora mea, să stau departe de el în acea perioadă. Mi-a făcut un scandal de neimaginat, acuzându-mă că fac lucruri pe ascuns. Nu înţelegeam de ce mai era necesar să ştie ce făceam eu, el avea mult mai multe secrete. Abia aşteptam să mă eliberez din acea închisoare!

Denis îmi scria zilnic şi îmi aducea un plus de armonie. Apăruse la momentul potrivit, să pot să fac faţă acelui pas urât şi greu. I-am spus că urma să divorţez, dar nu-l interesa, el îşi dorea să mă vadă. Ne-am întâlnit întâmplător la supermarket, cu o săptămână înainte să plec din ţară. Mi-a plăcut să-l revăd, m-am bucurat şi, mai ales, îmi plăcea să ştiu că mă plăcea şi îşi dorea să ne întâlnim în alte circumstanţe. Mă simţeam dorită, iar acel sentiment îmi lipsise ani la rând. Îmi doream să mă îndrăgostesc, să iubesc şi să fiu iubită, să simt că trăiesc! Voiam să uit trecutul, să pot să privesc doar înainte şi să mă bucur de o viaţă aşa cum nu avusesem până atunci. Voiam să fiu fericită şi meritam! Denis m-a rugat să ne vedem într-o seară, înainte să plec în vacanţă, să-şi ia rămas-bun. Simţeam că mă îndrăgosteam de el şi eram la un pas să îmi recapăt libertatea. Trecuse furtuna şi aproape răsărise soarele în viaţa mea.

Am hotărât să mă văd cu Denis într-o seară, în secret. Cumva mă simţeam deja liberă, deşi Eric nu plecase încă de acasă, dar dormeam în camere separate de mult timp. Îmi doream să-l văd pe Denis şi mă entuziasma o întâlnire pe ascuns, mă simţeam ca la şaisprezece ani şi trăiam emoţiile pe care nu le-am trăit atunci. Visasem de atâtea ori la clipa în care ne vom întâlni, dar niciodată nu mi-o imaginasem aşa. Parcă se strânseseră toate emoţiile din lume în sufletul meu, nu mai lăsasem nimic pentru alţii. Deşi ne ştiam şi vorbiserăm atâtea lucruri, aveam senzaţia că mă întâlnisem cu un necunoscut. Afară era un aer plăcut, ploua încet şi frumos, încât îţi venea să stai pur şi simplu să simţi stropii de apă cum îţi îmbrăţişează trupul. Era un cadru rupt parcă dintr-un film şi gândul mă ducea la „The notebook", unul dintre filmele mele preferate. Aveam tot felul de imagini în minte, dar niciuna nu s-a întâmplat. Când am ajuns faţă în faţă ne-am îmbrăţişat îndelung, fără să vorbim, ne-am mângâiat cu încredere ca şi cum ne ştiam de-o viaţă. Necunoscutul dispăruse complet. Mă simţeam în siguranţă. I-am dat gluga jos de pe cap şi l-am privit în ochi, îmi zâmbea atât de frumos, încât nu puteam să-mi iau privirea de la el. Atunci m-a sărutat cu pasiune, i-am simţit dorinţa nebună în acel sărut, de parcă îl aştepta demult. Fiorii îşi făceau loc în braţele noastre, ne dăruiserăm total în acea îmbrăţişare şi ne abandonaserăm în acel sărut. Nu mai trăisem acele senzaţii de aproximativ un an şi jumătate, uitasem cum era să iubesc un bărbat. Am rămas acolo, în ploaie, îmbrăţişaţi, fără să vorbim prea mult.

– Acum pot să-ţi spun? m-a întrebat el pe un ton cald.

– Ce să-mi spui?

– Să-ţi spun că te iubesc...

– Deja ai făcut-o. Dar poţi s-o spui din nou.

– Te iubesc! mi-a şoptit la ureche şi am simţit iubire în fiecare literă.

– Şi eu te iubesc... i-am răspuns.

Poate era prematur, ştiam că nu era încă iubire, dar nu-mi păsa. Mă îndrăgostisem şi era primul pas spre iubire. Îmi tremura sufletul de fericire, nu mă interesa că eram într-o parcare, că ploua, că în depărtare se auzea gălăgie. Mi se părea romantic şi nu aş fi schimbat nimic. Eram lângă el şi era suficient. Mi se părea o nebunie frumoasă, eram fericită, dar în acelaşi timp mi-era teamă să nu fiu văzută de cineva cunoscut, ceea ce ar fi fost teribil. Ştiam că Eric i-ar fi făcut rău dacă afla de el, încă nu acceptase ideea că mă pierduse. Când privirile ni s-au reîntâlnit, m-a mângâiat din nou pe faţă şi m-a sărutat încet, hotărât şi foarte intens. Era plăcut, nu voiam să se oprească, ne-am sărutat câteva minute, apoi ne-am îmbrățișat iar. Am intrat în mașină pentru că începuse să plouă mai tare și am schimbat câteva cuvinte. Dar nu ne încălzeau cu nimic, simțeam o dorință nebună să ne sărutăm și atât și asta am făcut aproape o oră. Ne-am mângâiat suav și ne-am sărutat fără să gândim, pur și simplu ne simțeam reciproc și era perfect. Aveam momente când ne mângâiam palmele și ne priveam zâmbind, apoi ne apropiam buzele atingându-le ușor, fără să ne sărutăm. Ne ascultam inimile cum băteau într-un ritm demențial. Aveam însă și momente în care ne sărutam demonic și ne lăsam purtați de dorință, apoi ne îmbrățișam ca și cum am fi vrut să devenim un singur trup. Când am plecat, ne-am sărutat din nou în ploaie, fără să ne pese că se întețise. M-am îndepărtat câțiva pași, dar el m-a tras înapoi în brațele lui, m-a sărutat pentru ultima dată cu foc, după care am plecat cu pași repezi printre picăturile mari de ploaie. Ah, ce foc se aprinsese, nicio ploaie nu-l putea stinge.

După câteva zile, Eric a plecat în sfârșit din casa mea. Își găsise un apartament cu chirie la 400 de metri de locuința mea, ceea ce nu m-a bucurat foarte mult. Mi-a spus că voia să rămână aproape, deși nu am înțeles de ce. Mă urmărea tot timpul.

Am plecat în Sicilia unde am petrecut două săptămâni superbe, alături de surorile mele și de cumnații mei. Mi-am reîncărcat bateriile vizitând locurile vechi de care îmi fusese dor, dar și locuri noi. Între timp am primit multe mesaje de la Denis, care abia aștepta să mă întorc. Și eu eram nerăbdătoare.

*Trăiește! Ești copilul universului, ești iubire! Iubirea e infinită! Dăruiește și primește iubirea, iartă-te și acceptă-te așa cum ești, ca să poți să crezi în tine! Tu ești fericirea! Tu! În jurul tău poate fi cineva prezent, dar nu mereu, în rest ești singur. Te naști singur și mori singur. Trăiește! Când simți, o faci pentru tine, nimeni nu poate simţi ce simţi tu. Tu eşti cel care se priveşte în oglindă, doar tu te poţi ajuta să fii sănătos şi fericit. În felul acesta, vei face multă lume la fel de fericită. Fă-l pe cel de lângă tine să creadă în el şi să se iubească, iar atunci când nu se poate, pleacă! Fiecare are momentul lui „satori". Viaţa înseamnă să fii, să trăieşti prezent şi conştient! Universul îţi creează calea în care crezi şi pe care o vezi cu ochii inimii, îţi deschide uşa de care ai nevoie pentru că tu ţi-ai dorit acel lucru din adâncul sufletului, nu pentru că l-ai cerut! Când ceri, nu primeşti nimic, când îţi doreşti şi crezi, se întâmplă! În orice situaţie, bună sau rea, se ascunde un lucru bun. Trebuie doar să îl vezi. Uneori avem nevoie să ne împiedicăm de o piatră, ca să putem vedea florile de pe jos.*

Gânduri printre rânduri

Am revenit în ţară cu forţe noi şi convinsă că viaţa mea urma să devină mult mai frumoasă. Mă simţeam puternică şi hotărâtă pentru noul drum, chiar dacă mai aveam multe obstacole de învins. La sfârşitul lunii iunie am mers să semnăm actele de divorţ. Eu eram fericită, dar Eric era foarte dezamăgit şi trist. Îmi părea rău pentru el, însă nu puteam să schimb cu nimic situaţia. L-am luat de mână pentru ultima dată şi am mers la primărie, acolo unde ne cununaserăm cu doi ani în urmă. Am semnat şi am simţit că mi-am recuperat viaţa în acel moment, nu doar libertatea. Am luat actele şi am plecat, ţinându-ne tot de mână.

– Mai ştii că mi-ai promis că mă faci fericită? i-am spus bucuroasă la ieşirea din primărie.

– Da, mi-a răspuns cu jumătate de gură.

– Azi ai reuşit! i-am spus satisfăcută.

– Ce rea poţi să fii!

– Ar trebui să te bucuri! Dacă nu ai reuşit altfel, ai reuşit aşa.

– Chiar ești fericită că ai scăpat de mine?

– Sunt fericită pur și simplu, pentru că sunt liberă! Liberă să fiu eu! Femeia aia de care ți-a fost mereu teamă, pentru că era prea puternică, dar ea nu știa.

– N-o să dureze mult fericirea asta, a adăugat răutăcios.

– Știu că nu e o situație care să-ți convină și e dificil să-ți accepți înfrângerea, dar eu chiar îți doresc să fii fericit! Să fii mai bun și să-ți găsești liniștea!

– După unsprezece ani am împărțit doar datorii, nu-ți înțeleg fericirea.

– Ce ciudat, nu-i așa? Sunt doar liberă și atât. În rest, am rămas cu datorii, o grămadă de probleme de rezolvat și nu am nici măcar un serviciu. Să nu mai spun că mai am de făcut și ultima intervenție ERCP în curând. Nu e ușor și nici plăcut, dar măcar mi-am regăsit liniștea. O să-mi încep noua viață cu minusuri, nici măcar de la zero nu pot să spun că încep. Și tu la fel... Acum unsprezece ani aveam mai multe decât avem acum.

– Ne aveam unul pe celălalt, mi-a spus trist.

– Acum doar ne vom aminti unul de celălalt.

– O să mă urăști?

– Te-am urât la un moment dat. Acum nu. Chiar îți doresc să te regăsești așa cum am făcut și eu.

– Ce ușor e de zis... te bucuri tu, dar o să plângi și mai mult! N-o să reușești singură și n-o să se mai uite la tine niciun bărbat! Cine crezi că vrea o femeie divorțată? Eu unul nu aș vrea.

– Nu toți sunt ca tine, din fericire. Există și bărbați buni, iar eu o să-l am pe cel mai bun, îți promit!

– Te amăgești singură! N-o să te mai vrea nimeni!

– Te amăgești tu. Un divorț n-o să mă facă decât mai bună, să știi. O să-ți aduci aminte de mine cândva și tot ce o să poți spune va fi: „A FOST nevasta mea și AM PIERDUT-O!" Ți-am promis că o să strălucesc și mă voi ține de cuvânt! Tu mi-ai promis că o să mă faci fericită, dar nu ai reuşit decât azi. Ştii unde e diferenţa? În interior! Tu eşti plin de noroi, iar eu de lumină! Astea două nu se pot amesteca niciodată.

– Mare filozoafă eşti...

– Păstrează-ţi sarcasmul, o să fie util altădată.

– Mare noroc ai că eşti frumoasă...

– Şi bună. Să nu uiţi!

– Ţi-ai recuperat sclipirea din ochi.

– Se stinsese... ştiu!

– Credeam că de la mine o aveai.

– Nu. Venea din interiorul meu. Cât am stat în întuneric mi-a lipsit, dar acum mi-am reaprins lumina interioară şi n-o să se mai stingă niciodată!

– Ce sigură eşti pe tine! mi-a spus ironic.

– Hai, fugi... eşti liber! am zâmbit şi am plecat.

M-am întors acasă fericită. Tot ce ştiam era că îmi recăpătasem viaţa şi scăpasem de un om care îmi făcuse mult rău. Nu-l condamnam, cumva îi înţelesesem rănile, însă era momentul să-l las pe drumul lui. I-a lipsit iubirea, aşa cum îmi lipsise şi mie, şi s-a refugiat în alcool şi în alte mizerii. Nu-l iubisem ca femeie, dar ca om, da. I-am fost alături necondiţionat şi am încercat să-i deschid ochii, l-am ajutat poate prea mult pe el şi prea puţin pe mine. L-au respins toţi, dar eu nu l-am lăsat singur nici măcar atunci când îmi venea să-l arunc în stradă pentru tâmpeniile pe care le făcea. I-am fost tot: iubită, mamă, prietenă, critic, soţie, complice, soră, parteneră... Şi eu îl rănisem, însă nu intenţionat şi chiar îi doream binele, dar el nu era încă pregătit să se privească în interior. Refuza să se trezească şi atunci nu m-am mai luptat cu el, deşi mi-am dorit ca înainte de divorţ să fie şi el bine, aşa cum eram eu. Nu am reuşit să-l aduc în lumină şi nu era responsabilitatea mea, însă datoria de om mi-o făcusem, totuşi. I-am fost alături, am încercat şi am luptat. Ca om, pentru că omul din mine nu putea să-l urască, dar femeia, da... Şi l-a urât o perioadă, până s-a trezit şi ea. Viaţa ne dăduse nişte lecţii importante, nu nişte pedepse, aşa cum le vedeam înainte. Am plecat cu ele pe noul meu drum, despre care nu ştiam unde urma să mă ducă.

Am stat în curte, la soare, cu părinţii mei şi am schimbat câteva vorbe despre capitolul încheiat în acea zi. Le-am spus că mă simţeam bine şi pregătită pentru tot ce urma. Am descoperit, însă, că ei aveau multe secrete şi mi-au mărturisit o parte dintre ele. Tata ştia despre multe infidelităţi ale lui Eric, dar nu a vrut să mi le spună, să nu sufăr mai mult, în schimb i le spusese mamei, care a preferat să tacă. Am rămas şocată, dar nu infidelităţile m-au durut, ci tăcerea părinţilor mei. Refuzam să cred că tata lăsase un alt bărbat să mă rănească atât de mult şi nu mi-a luat apărarea niciodată.

– Nu înțeleg, voi ştiaţi atâtea lucruri urâte pe care le făcea el și nu ați făcut nimic să-l opriţi? De ce nu mi-aţi spus atunci?

– Şi ce rezolvam dacă ne amestecam în viaţa voastră? m-a întrebat tata.

– Aş fi suferit mai puţin, m-aş fi simţit apărată. Aş fi divorțat mai devreme și nu s-ar fi ajuns aici! Nu cred că aţi tăcut atâta timp! le-am spus revoltată.

– Nu am ştiut cum o să reacționezi, poate nu ne credeai... a completat el.

– Asta nu e o scuză. Eu nu am ştiut multe şi nu-mi vine să cred că tocmai voi aţi tăcut! Voi, care trebuia să aveți grijă de mine! Nu pentru asta sunt părinţii? Voi ştiţi câte dureri am ascuns eu din cauza lui, să nu vă fac să suferiţi? L-am acoperit fără să ştiu ce făcea, altfel nu vedea niciun sprijin de la mine. Dacă ştiam toate mizeriile astea, făceam pasul ăsta demult!

– Şi dacă îţi lăsa toate problemele în cârcă? mi-a spus tata preocupat.

– Liniştea mea era mai importantă de o mie de ori! Doamne fereşte!... Să ştiţi atâtea şi să nu spuneţi o vorbă... de parcă aş fi fost o străină, nu copilul vostru. Trebuia să-mi spuneţi adevărul! Ştiaţi foarte bine că oricum aveam probleme, am încercat de atâtea ori să mă despart de el.

– Nu am ştiut cum... a răspuns mama, plângând.

– Credeam că se încheiase povestea asta, dar văd că eu nu o cunoşteam cu adevărat. M-aţi trădat toţi! N-a fost unul care să rămână curat în mizeria asta! Cum credeţi că o să mai am încredere în voi de acum înainte?

– Şi tu l-ai acoperit mult... nu da vina pe noi acum! mi-a spus mama.

– Nu dau vina pe voi, dar mi se pare nedrept! Voi trebuia să fiţi de partea mea şi să mă susţineţi, nu să mă lăsaţi să sufăr ca un câine aruncat în stradă.

M-am retras în camera mea şi am plâns dezamăgită de tot ce auzisem. Eric făcuse mai multe mizerii decât cele cunoscute de mine. Nu doar beţii şi infidelităţi... Ce fel de om putea să fie? Atât de fals și de mincinos. Deși credeam că îmi regăsisem liniștea, încă aveam urme de furie în mine. Mă simțeam nedreptățită și trădată de toți. Războiul meu nu se încheiase. Aveam din nou sufletul răvășit, iar în mine strigau mii de voci. Lacrimile nu aveau să șteargă trecutul, ci doar să sape cărări mai adânci spre el. Îmi doream să mă eliberez de acele mizerii și am început să scriu. Mi-am pus sufletul pe hârtie, cu tot cu dureri. Nu voiam să-mi urăsc părinții, dar mi-era greu să-i iert, mai ales pe tata, care mă rănise atât de mult de-a lungul anilor. Îmi doream să plec undeva departe, doar cu mine, dar nu aveam unde. Mi-am amintit apoi promisiunea pe care mi-o făcusem: să fiu fericită! Mi-am șters lacrimile și am lăsat acel conflict să se stingă. Nu mă ducea decât înapoi.

*Lacrimile vin din suflet, dar nu acolo le e locul, ci în pustiu. Poate deșertul ar avea nevoie de ele. Omului îi sunt de prisos. El își plânge durerea, altfel s-ar sfârși. Ne golim pentru câteva clipe, apoi ne rătăcim în acel gol, regăsindu-ne cu greu. Cei slabi se pierd, cei puternici continuă. Lacrimile întăresc. Ele curăță sufletul. Sufletul are nevoie de liniște și de cărări curate, pe care inima să le poată vedea clar, să știe încotro să se îndrepte. Fiecare merge în ritmul lui, oricum timpul nu există. Și, până la urmă, de ce plângem? Pentru că doare sau pentru că suntem goi? Durerea ne umple... golurile vin după lacrimi, iar după ele, liniștea. Apoi ne regăsim puterea de a merge mai departe. Adevăratele dureri sunt cele pe care le ducem în tăcere, cele despre care nici noi nu vrem să știm. Adevărata putere este aceea de a merge înainte, deși nu mai poți sta nici măcar în picioare. Adevăratul curaj este atunci când te arunci în gol, sperând că vei învăța să zbori, deși ești conștient că poți să te prăbușești. Adevărata iubire este aceea când alegi să nu urăști, deși ai putea...*

Gânduri printre rânduri

Denis voia să sărbătorim libertatea mea și m-a invitat în oraș, iar eu am acceptat. Mi-era dor să simt emoțiile iubirii și, în sfârșit, aveam voie, puteam să o fac. Meritam un strop de soare după atâtea furtuni. A venit să mă ia și am rămas la el peste noapte. Ce noapte mi-a fost...

*Dezbracă-mă de amintirile care mă dor și acoperă-mă cu iubirea ta! Ai putea tu, străinule, să-mi îmbraci sufletul cu prezentul și să îl rupi de trecut?*

Gânduri printre rânduri

Am pictat cu mâinile goale un tablou pe care mi-l pusesem în suflet ca pe o icoană. Păream doi artiști ai iubirii care nu aveau nevoie de niciun instrument, ci doar de sentimente. Stinsesem lumina și lăsasem doar o lumânare într-un colț. Denis a deschis o șampanie, apoi ne-am așezat la o măsuță aproape de fereastră. Din când în când, el se ridica și se lipea de fereastră să admire fulgerele care brăzdau cerul agitat. Le adora. Se apropia o furtună, însă în casă era cald şi bine, era o atmosferă plăcută, iar noi ne bucuram că eram în sfârşit împreună. Începuse ploaia, iar Denis făcea drumuri între mine şi fereastră. Când venea lângă mine, mă îmbrăţişa şi mă săruta cu aceeaşi forţă nebună pe care o avea furtuna de afară - parcă intrase în sufletul lui şi se manifesta prin el. Mă răvăşea, tremuram amândoi, apoi ne liniştеam cu îmbrăţişări pătimaşe. Ne iubeam cu sufletul, îl simţeam mai întâi în mine, apoi pe pielea mea dornică de iubire. Parcă îmi citea dorinţele şi gândurile şi îmi răspundea la fel, înţelegea fiecare gest, îmi traducea şi cea mai scurtă privire. Ne dezmierdam cu zeci de atingeri uşoare. Ne descopeream şi parcă ne cunoşteam deja, ne cuibăriserăm în patul pe care îl umpluserăm cu atâta iubire, încât nu mai aveam nevoie de cearşafuri să ne învelim. Întreaga încăpere se îmbibase cu iubirea noastră, în jurul nostru pluteau inimioare imaginare şi ne simţeam ca la şaisprezece ani. Ceva îmi spunea să mă opresc, mi se părea prea curând să ajung în patul lui, dar din sufletul meu se auzea o voce care îmi cerea să nu mă opresc, ci să trăiesc momentul. Îmi trecea fulgerător prin minte gândul că poate n-o să-l mai am în braţe şi voiam să mă bucur de el. Ştiam că timpul nu era cel mai bun prieten al meu şi m-am lăsat condusă de avalanşa de sentimente ce zăceau în mine. Nu ne împiedica nimic, ne doream şi ne-am lăsat duşi de val, am plutit în toate galaxiile existente în Univers.

Am făcut dragoste ca niciodată, cu iubire, cu dorinţă, cu trupul şi cu sufletul. Pe el îl percepeam la fel şi asta mă făcea fericită, nu mă simţisem niciodată aşa în braţele unui bărbat: iubită, dorită şi, mai ales, frumoasă. Uitasem că trupul meu era însemnat de cicatricele din urma operaţiilor, nu mi-era ruşine, mă simţeam în siguranţă şi atrăgătoare, pentru că asta îmi transmitea el. Mă bucuram de trupul lui, de fiecare milimetru în parte, aşa cum o făcea şi el, mă săruta pe frunte, pe obraji, pe buze, pe gât şi cobora încet, îmi mângâia sânii mici şi rotunzi şi rămânea privindu-i fascinat, îi săruta şi continua să coboare, îmi săruta abdomenul ca şi cum era cel mai frumos, nici nu observa semnele urâte care mă complexaseră luni de zile, îmi mângâia picioarele, mă săruta până în vârful degetelor şi nu se oprea, urca înapoi, se oprea abia în dreptul urechii şi îmi şoptea că mă iubea. Luam pauze scurte în care stăteam îmbrăţişaţi, fără să vorbim. La un moment dat, el s-a întins pe burtă în mijlocul patului, iar eu m-am întins peste el. Îi simţeam fiecare milimetru de piele. Pe fundal, ne răsfăţa auzul una dintre melodiile mele preferate, care se potrivea perfect cu momentul acela: „1+1" a lui Beyonce. Nu eram doi, ci unul. Totul era perfect, nu ne lipsea nimic. Am petrecut o noapte nebună de iubire, în care am sărbătorit pur şi simplu faptul că eram împreună. Am adormit dezbrăcaţi, îmbrăţişaţi, şi ne-am trezit la fel, nu ne-am dezlipit nicio secundă unul de celălalt. Eram fericiţi!

Dimineaţa ne-a găsit plini de iubire, am făcut dragoste din nou, dar timpul ne presa şi trebuia să plecam, iar asta ne-a întristat puţin. Afară era frig după ploaia de peste noapte, lumea de pe stradă era îmbrăcată ca de toamnă, iar noi mergeam zgribuliţi, stăteam lipiţi unul de celălalt pentru că veniserăm îmbrăcaţi foarte subţire, parcă păşiserăm dintr-un anotimp în altul şi ne luase prin surprindere. Râdeam când vedeam cum eram priviţi, dar nimeni şi nimic nu ne ştergea fericirea din ochi. Ne-am încălzit în maşină şi am vorbit despre noi, despre viitor. Eram sigură că el era jumătatea care îmi lipsea şi mă completa perfect. Îi plăcea să mă alinte şi să mă supere ca să mă împace, iar eu înţelesesem asta şi îi făceam jocul. Mă săruta la fiecare semafor şi îi plăcea să îl mângâi pe ceafă în timp ce conducea. Când îmi retrăgeam mâna, se uita la mine ca un copil supărat şi îmi spunea să nu mă opresc. Deşi nu aveam nevoie de o confirmare, l-am întrebat despre noi, să ştiu dacă mă voia lângă el. Îmi spusese că a simţit că eram împreună de când ne-am zâmbit prima dată, dar ştia că nu asta voiam să aud. „Vrei să fii buburuza mea?" m-a întrebat fericit, uitându-se în ochii mei. Am început să râd, era drăgălaş, nu mă aşteptam să îmi spună asta, dar i-am răspuns că „da". Mă alinta diferit, parcă ştia exact ce cuvinte trebuia să evite şi asta mă făcea fericită, îmi plăcea să mă răsfeţe. Eram convinsă că eram suflete pereche şi simţeam că îi aparţineam şi că el îmi aparţinea după tot ce trăiserăm împreună. Şi chiar dacă era totul prematur, nu conta, mie îmi lipsise iubirea ani de zile şi mă bucuram de acele clipe. După ce am ajuns acasă, am simţit o răceală din partea lui, iar seara nici măcar nu am vorbit. A doua zi ne-am văzut şi s-a comportat ca şi cum nu se întâmplase nimic.

– Mi se pare mie sau eşti supărată?

– Sunt. Aseară nu mi-ai zis noapte bună, cum o făceai înainte.

– Puteai să o faci tu în loc să te plângi.

– Ai fost foarte distant şi rece...

– Am avut multă treabă. Nu te gândi la prostii!

Părea obosit. Mi s-a părut că se transformase peste noapte într-un gheţar. Plecasem în acea dimineaţă cu furtuna în mine şi abia atunci se dezlănţuia. În sufletul meu ploua cu lacrimi şi în inimă simţeam un vânt rece, care îmi îngheţa fiinţa. Începusem să-l iubesc şi speram să nu fie ca toţi ceilalţi. Era tot ceea ce visasem şi nici măcar nu îl căutasem, apăruse în viaţa mea pur şi simplu. Aveam senzaţia că pierdeam din nou o iubire fără să mă bucur de ea, fără să o trăiesc. Mi-era frică să nu dispară. Mi-a explicat că avea şi zile în care nu era tocmai vesel şi trebuia să-l înţeleg. Era tăcut, iar pe mine tăcerea mă speria. Tăcerea e bună uneori, dar eu nu o înţelegeam... Pentru unii, ea înseamnă multe goluri adunate în suflet. Pentru alţii, înseamnă vindecare. Uneori vrem să fim găsiţi pur şi simplu, să fim îmbrăţişaţi şi iubiţi. Aşa îmi doream eu, să vindec tot cu acea iubire, dar trebuia să învăţ să am răbdare, să-l cunosc şi să-i dau timp. Am trecut peste acel moment şi am revenit la armonia cu care eram obişnuiţi.

„Te-am visat atât de mult, încât ai devenit realitate", mi-a scris Denis într-o dimineaţă, în timp ce eu îi scriam acelaşi mesaj, dar cu alte cuvinte: „Am visat atât de mult iubirea, încât a prins viaţă!" Coincidenţă? Nu ştiu ce a fost, dar simţeam că renăşteam cu totul şi tot ce îmi doream era să simt. Să simt ceea ce nu simţisem ani la rând!

*Credeam că sentimentele se pot exprima în cuvinte... fals! Credeam că ştiam ce e iubirea... şi mai fals! Deşi aveam sufletul peticit cu zâmbete chinuite, azi îl simt mai viu şi mai puternic ca niciodată! S-a trezit la atingerea ta, ţi-a simţit căldura, liniştea şi iubirea aia nebună care te umple de fiori. Acum mi-e sufletul plin de iubire pură, care mă dezbină şi mă întregeşte în acelaşi timp! Mi-e inima liberă să bată în acelaşi ritm cu a ta, se sincronizează perfect! Pulsează în neştire sângele transformat în lavă de atâta plăcere şi simt cum ne sparge venele în timp ce ne sărutăm. Mă faci să mă simt femeie! Şi nu o femeie oarecare, ci cea mai frumoasă! Îţi simt dorinţa nebună, îţi simt pielea cum arde şi mă cere. Te simt în suflet, în trup, în minte. Eşti în mine! Te port în mine şi mă faci fericită! Abia acum când am simţit-o, am înţeles iubirea cu adevărat! Simt că trăiesc! Mi-e fiinţa plină de emoţii rupte parcă din Rai. Iubirea noastră nu e pământească, e venită de sus, din cer, să ne bucure trupurile în scurta lor şedere aici, pe pământ. Ah... aş da orice să te regăsesc în toate vieţile mele şi să le dai sens. Rămâi! Rămâi în mine, căci ai prins rădăcini şi nu s-ar smulge decât cu suflet cu tot, iar asta ar însemna să mă sfârşesc...*

Gânduri printre rânduri

Mi-am reluat serviciul la birou, unde câştigam exact cât aveam rata la bancă şi totuşi eram fericită, iubirea lui Denis compensa totul. În august mi-am scos definitiv stenturile biliare şi mi s-a spus că eram perfect refăcută şi sănătoasă. Scăpasem de acel coşmar în sfârşit, tot ce îmi rămăsese de făcut era să-mi reconstruiesc propria viaţă. În fiecare zi învăţam ceva nou şi mă apropiam tot mai mult de mine, citeam mai mult şi mă apropiam de oameni de la care aveam ce învăţa. Acasă încercam să-mi găsesc liniştea alături de familia în care îmi recăpătam cu greu încrederea, dar mi-au demonstrat că-mi erau alături şi încercau şi ei să-şi repare greşelile, oferindu-mi ajutorul. Trebuia să ne regăsim cu toţii. Oamenii din viaţa mea se schimbaseră complet, erau alţii. Cei vechi rămăseseră în trecut şi apăreau cei potriviţi. Umbrele se transformau în raze de soare, iar Denis era cel care îmi lumina zilele.

*Tu eşti arhitectul lumii mele. Mă construieşti cu fiecare privire, mângâiere, sărut şi îmbrăţişare. Construieşti adevărate regate în sufletul meu, unde locuim doar noi doi, unde fiecare fir de aer e plin de iubire, fiecare adiere de vânt ne îmbrăţişează, unde ploaia ne sărută, iar soarele ne mângâie trupurile subţiri. Ai scris atâtea hărţi în mine, că aş putea să te găsesc oriunde, nu te-aş pierde, niciodată nu m-aş rătăci. Ce simplu şi frumos e în lumea noastă, e plin de palate aşezate la umbra pomilor, e plin de grădini şi râuri repezi. Ce lume minunată, iubire, ce lume mi-ai făcut sub soare cu o simplă îmbrăţişare... te iubesc!*

Gânduri printre rânduri

Cum e când ieşi din iad... te simţi ca o regină! Puternică, frumoasă şi, mai ales, invincibilă! Nu-mi mai era teamă să privesc în urmă, o făceam zâmbind, trecuse furtuna şi nu mai durea. Nu ştiam de ce, dar încă aruncam câte o privire acolo, deşi ajunsesem la poarta raiului şi eram pregătită să intru. Raiul... îl visasem atât de mult şi eram fericită fără să păşesc înăuntru, ci doar privindu-l. Cum era înăuntru oare? Cât de frumoasă era fericirea! Abia aşteptam să o ating. Când am gustat durerea, am înţeles cât de delicioasă este fericirea. Dar nu voiam să mă bucur singură de ea, ci ţinând pe cineva de mână. Eram aproape convinsă că întâlnisem persoana potrivită și acest lucru îmi dădea forță să prind aripi.

*Știi... mi-ai pus iubire în suflet și versuri în inimă pe care încă nu știu să le scriu, dar le simt și le înțeleg perfect! Mă faci să îmi scriu iubirea pe buzele tale, pe trupul tău și cred că tu ești cartea mea albă în care o să îmi aștern povestea de iubire! O să scriu cu toată dragostea mea fiecare rând și o să îi dau viață. Of, când am căutat iubirea, nu am găsit-o! Dar m-a găsit ea, știa unde sunt! Așa că am deschis larg brațele și am primit-o în sufletul meu! Nu-mi pasă că am suferit, că am plâns... aceea nu a fost iubire, deși așa am crezut. Dar numai când o întâlnești cu adevărat, îți dai seama cum e! O simți! E ceva ce nu poate fi explicat în cuvinte scrise cu litere, ci în îmbrățișări și sărutări fierbinți, în șoapte nebune și mângâieri pătimașe! Fără limite, fără bariere... Aș putea să mă compar foarte bine cu un orb, nu știu cine ești și unde ai putea să mă duci, însă pășesc încrezătoare pentru că mă conduci tu! Nu vreau să văd! Vreau să te simt, iar în ziua în care voi deschide ochii vreau să fie la fel, să pot să spun că iubirea nu e iubire dacă nu e oarbă! Vreau să ne trăim visul! Să fii poemul meu de dragoste, în care scriu zi de zi câte un vers! Știu că ai pagini infinite, iar eu, în inimă, tot atâta cerneală am!*

Gânduri printre rânduri

Izvorul femeii este iubirea, fără ea se stinge. Iubirea e o binecuvântare, indiferent că apare fulgerător sau în timp. Totuși, iubirea se oferă diferit și nu tuturor, pentru că avem dreptul să alegem cine să facă parte din viața noastră. Iubirea... o căutăm, o dorim, o cerșim uneori! O vrem disperați, deși nu mereu o înțelegem, o confundăm cu atașamentul și ne facem rău reciproc, avem impresia că partenerul trebuie să ne ofere totul și avem atâtea așteptări, încât niciuna nu ne mai mulţumeşte. Cerem şi doar cerem! Ajunge să ne doară şi credem că, de fapt, iubirea doare. Iar eu trăisem acea etapă, era momentul să schimb totul, pentru că iubirea nu doare! Iubirea are răbdare, ascultă, înţelege, respectă, crede, oferă! Sufletul are nevoie doar de iubire, el nu cunoaşte clase sociale sau putere financiară. El e plin de emoţii, el simte, nu vede.

Noul meu plan de viaţă era să trăiesc pur şi simplu, să simt, să mă bucur de orice, să învăţ să fiu mai bună şi să-mi ascult inima. Am tânjit ani de zile după iubire şi, deşi ştiam că nu există relaţia perfectă, cu siguranţă puteam să găsesc armonie şi echilibru lângă cineva. Ştiam ce puteam să ofer, la fel cum ştiam că viaţa e plină de surprize.

Într-o seară am visat că Denis îşi dorea să ne despărţim, pentru că nu mă iubea. M-am trezit speriată, ştiind că visele mele se adevereau mereu. Speram, totuşi, că nu va fi aşa, nu exista niciun motiv de despărţire, aveam o relaţie frumoasă şi mai erau multe de descoperit la noi. A doua zi a venit să mă vadă. Era distant.

– Ştii, m-am gândit la noi... mi-a spus el serios.

– Şi? l-am întrebat cu vocea stinsă, gândindu-mă la vis.

– Şi am ajuns la concluzia că e mai bine să ne despărţim.

– Aşa, peste noapte, ai ajuns la concluzia asta? Până ieri era totul perfect. Nu înţeleg...

– Nu era. Eu nu te iubesc...

– Dar îmi spuneai asta în fiecare zi. Să înţeleg că m-ai minţit...

– Nu te-am minţit. Doar că nu mă regăsesc în relaţia asta.

– Ba ai minţit! Tocmai ai spus că nu mă iubeşti deşi mi-o spuneai zilnic. Sentimentele nu se sting peste noapte. Nu mă iubeşti? Foarte bine! Dar nu veni să-mi spui că nu m-ai minţit. Te-ai prefăcut tot timpul. Minunat...

– Crezi ce vrei. Am venit doar să-ți spun să nu mă mai cauți.

– Mi se părea mie prea frumos să fie real...

– Ești prea naivă, nu te mai îndrăgosti așa repede, că o să suferi.

– Am vrut să simt că pot să iubesc din nou. Asta am vrut, să simt că iubesc pentru că mi-a lipsit iubirea mult timp. Nu văd nimic greșit în asta. Mi-am asumat. Dar o să-mi treacă, am trecut eu peste altele mai grele. Nu-ți face griji, mă descurc.

– Bine. Eu ți-am dat un sfat. Știi cum fac eu? Nu mă gândesc, merg mai departe pur și simplu și, crede-mă, e cel mai bine așa.

– Nu ești în măsură să-mi dai sfaturi. Fiecare face cum crede că e mai bine pentru el, eu nu pot așa și nici nu mi se pare corect să te prefaci că nu s-a întâmplat nimic și să mergi mai departe. Dar nu mă mai surprinde nimic la nimeni.

– Nu sunt ceea ce îți dorești tu. Eu am crezut că putem să ne simțim bine și atât. Eu asta îmi doresc, nimic mai mult.

– Și o spui acum cu atâta ușurință... Știai foarte bine prin ce am trecut eu și ți-am spus ce îmi doresc.

– Nu sunt ceea ce căutai.

– Nu căutam nimic. Tu m-ai găsit, tu ai insistat să ne vedem până când m-am îndrăgostit de tine, dar nu mai contează. Ți-ai jucat bine rolul.

– Mai ai de învățat.

– Cu siguranță, dar probabil că tu mai mult decât mine.

– Asta crezi?

– O să-ți dai seama singur când o să simți cu adevărat iubirea și n-o să te mai joci așa. Du-te! Ești liber!

M-a tras ușor la el în brațe și m-a îmbrățișat pentru ultima dată. Îmi respira aproape de ureche și parcă simţeam tristeţe în respiraţia lui. Mă topisem în braţele lui, mă topisem! Nu voiam să-i mai dau drumul, plângea sufletul în mine, dar încercam să nu-i arăt toată durerea pe care o simţeam. Îl iubeam, nu eram în braţele lui, eram în el, intrasem în sufletul lui şi stăteam neclintită. Mă omora cu îmbrăţişarea aceea, nici nu realiza ce făcuse din mine. Continuam să tac şi nici el nu s-a grăbit să îmi dea drumul, îmi săruta umărul, ca şi cum eram încă a lui. M-a privit în ochi şi m-a sărutat pe frunte. Atunci am simţit sfârşitul. M-a îmbrăţişat iar. Mă luptam cu mine şi îmi strigam să tac, să nu încep să plâng, că era mai rău. Am reuşit, dar mă sfâşiase, nu mai aveam putere să ripostez. M-a privit fix în ochi şi parcă aştepta ceva. L-aş fi sărutat, dar mi-a fost teamă că mă va respinge, ştia că îl iubeam şi putea să o facă el, însă a preferat să mă sărute pe frunte... asta m-a oprit, deşi sufletul meu tânjea după un ultim sărut. Îl priveam pierdută şi îl mângâiam pe faţă. Îl mângâiam cu toată dragostea mea, pentru că ştiam că era ultima dată. A simţit asta şi m-a îmbrăţişat din nou, la fel de frumos. Am plecat fără suflet, sufletul meu rămăsese agăţat de el, încă îl îmbrăţişa. Probabil se aştepta să nu accept atât de uşor acea despărţire, dar ce l-ar fi putut opri dacă nu exista iubire în sufletul lui? Nu înţelegeam ce fel de om era, îl uram şi îl iubeam în acelaşi timp, îmi venea să îi reproşez tot felul de lucruri, dar nu voiam să mai reacţionez aşa, trebuia să învăţ să renunţ la reproşuri şi la conflicte, nu aşa voiam să fiu, nu aşa face un om care iubeşte. Voiam să mă schimb şi am început cu el. Eu am rămas cu inima frântă, iar el cu încă un nume pe lista lui. Mă gândeam cu groază la ce viaţă urma să aibă în ritmul acela, nu îi doream răul, dar ştiam că şi-l făcea oricum singur.

*Ai păşit încet, dar sigur în sufletul meu, eu credeam că o faci să îmi peticeşti rănile, ca apoi să le vindeci, dar tu n-ai făcut altceva decât să îmi scrii dureri noi şi adânci, care m-au făcut bucăţi din nou. Acum te rog să pleci, fă-o cu paşi repezi, până nu e prea târziu. Ia-ţi masca şi pleacă! Unii cerşesc o clipă pentru a putea să mai spună măcar o dată „te iubesc" şi tu te joci cu iubirea. Probabil vei plăti scump acest joc. O să mă rog pentru tine, să nu suferi şi tu la fel de mult...*

Gânduri printre rânduri

Văzusem în el o nouă lume, mergeam prin el, căutând ieşirea din lumea în care mă prăbuşisem înainte, însă el nu avea nicio poartă. Durea şi mă durea enorm, parcă era un sevraj. Îmi deschisese toate rănile pe care le credeam închise şi vindecate. Îmi târam sufletul cu greu sub acelaşi zâmbet care devenise masca mea cea mai de preţ. Îmi doream atât de puţin, un simplu bob de iubire pe care să-l plantez în inima mea şi care să crească mare şi frumos, să-mi îmbogăţească sufletul. Doar atât. Ştiam că iubirea poate totul, dar nu o găseam nicăieri. Într-un timp atât de scurt se întâmplaseră atât de multe lucruri şi atât de intense. O vară cât o viaţă....

*Am momente când te plâng ca şi cum nu ai mai fi, momente când te plâng pentru că ştiu că încă eşti, dar nu te pot atinge. De când ai plecat, eşti peste tot... te aud în gând, te simt în suflet şi te cer. Încă îţi simt sărutul pe trupul meu gol, îţi simt buzele pe sânii mei dezgoliţi, pe coapse, pe gât, pe frunte... îţi simt atingerea uşoară cum coboară de pe buze până în vârful picioarelor... în ureche încă stă amăgită şoapta ta spunându-mi „te iubesc", iar când închid ochii mă pierd, sunt din nou în braţele tale, unde mă strângi cu sete, mă doreşti şi mi-o spui... Am rupt bucăţi din mine şi tot eu mă chinui acum să le adun, să mă întregesc. Nu vreau să uit să iubesc, dar nici nu vreau să mă mai doară!*
*De ce rănim oamenii care ne iubesc şi nu îi vrem lângă noi? Un om care iubeşte înţelege că nu îl vrei aproape şi pleacă singur. Îşi ia durerea şi se duce fără să întrebe de ce. Când iubeşti, renunţi, nu te*

*agăţi cu disperare de omul iubit, iar atunci când o faci, ajungi să fii respins. Sunt oameni care suferă atât de mult, încât se transformă în ceea ce nu îşi doresc, se simt neapreciaţi şi se rătăcesc printre sentimente urâte. Unii se regăsesc, alţii se pierd de tot. Iar noi, oamenii, doar de iubire avem nevoie, căci doar iubirea dă viaţă, speranţă şi împlinire!*

Gânduri printre rânduri

La fiecare colţ mă pândea un plâns isteric, deşi încercam să ignor nebunia prin care treceam. Îmi doream să plâng, să mă simt mai uşoară, dar dacă aş fi plâns, aş fi cutremurat pământul. Alergam de la inimă la creier şi înapoi, dar niciuna nu avea dreptate. Am ales să mă închid în mine din nou, deşi aparent eram liberă. Îmi continuam viaţa, aşa amară cum era. În toamnă mi-am luat al doilea serviciu, munceam de dimineaţă până seara şi era perfect, nu aveam timp să mă gândesc la mine şi nu mai durea nimic. Datoriile se reduceau puţin câte puţin, iar eu îmi recăpătam încrederea în mine.

*Sunt lacrimi pe care n-am să le plâng niciodată, deşi îmi sfâşie fiinţa pe interior. Dacă le-aş plânge, m-aş stinge exact ca o flacără bătută de ploaie. De ce mai trăiesc? Poate pentru cei care au nevoie de mine şi nu vreau să îi dezamăgesc. Dar eu? Eu când voi trăi pentru mine? Vreau să trăiesc şi eu! Îmi plânge inima în tine, dar nu scoate niciun sunet de teamă să nu te doară.*
*Te-aş iubi, iubire, te-aş iubi! Dar tu? Tu m-ai iubi?*

Gânduri printre rânduri

Pe Denis îl lăsasem trecutului până în ziua în care a reapărut în viaţa mea, să-mi ceară ajutorul. Nu puteam să-l condamn că nu mă iubise, fiecare își vedea de viața lui. Îl visasem într-o noapte că mă sunase și plângea în hohote, era foarte dezamăgit de viață. Mi-a spus că era sătul să se lupte singur, îi era foarte greu și uneori nu mai putea. Mi-a spus că eram singura persoană din viața lui căreia îi păsa de el și îl înțelegea. Plângeam împreună și era și mai dureros că nu puteam să fac nimic pentru el, nici măcar să-l îmbrățișez. Mă răscolise acel vis și m-a surprins apariția lui. Știam că avea probleme în familie. Mi-a mărturisit că era trist, bunica lui care îl crescuse era pe moarte și avea nevoie de bani. Cunoșteam situația și am decis să-l ajut, ca om. Nici eu nu aveam bani, dar i-am dat rezervele mele, cu promisiunea că mi-i va înapoia cât putea de repede, știa că și eu aveam nevoie. Mi-a mai mărturisit atunci că s-a îndepărtat de mine fiindcă nu voia să mai iubească nicio femeie, pentru că a fost rănit de cea pe care a iubit-o cu tot sufletul lui timp de șapte ani. Fugea de iubire, de teamă să nu sufere din nou, dar eu știam că va suferi înzecit. Alesese modul greșit de a-și trăi viața și l-am avertizat că-și făcea rău singur. Mi-a spus că a ales modul cel mai sigur să nu mai sufere, dar se înșela. L-am lăsat în pace, chiar dacă știam ce urma. Trebuia să-și învețe lecția singur. Îmi părea rău pentru el, dar și pentru mine.

În octombrie am renăscut odată cu Ariana, nepoțica mea. A venit pe lume într-o seară răcoroasă de luni. A fost cel mai așteptat suflet din viața mea, cu ea am învățat să trăiesc din nou și am dat o nouă definiție iubirii. Prin ea am înțeles cât de mult mă iubea Dumnezeu, era darul cel mai frumos pe care putea să mi-l trimită în acea perioadă. Uitasem să plâng și învățam din nou să fiu fericită alături de ea. Copiii sunt mâinile lui Dumnezeu care ne îmbrățișează.

Eric m-a urmărit o perioadă după divorț, mă terorizase cu mesaje și amenințări, dar eu nu i-am răspuns. Deși urma să se căsătorească, încă nu-și încheiase războiul cu mine. Urma ca în noiembrie să-i devină soție femeia care îi fusese amantă în timpul în care eu zăceam în spital. Probabil o cucerise cu multe minciuni, dar nu mă interesa viaţa lor. Pentru mine, el era istorie. Trecuseră doar patru luni de la divorţ şi bănuiala mea se confirmase. Degeaba urla pe la colţuri şi mă denigra, eu nu aveam de gând să mă înjosesc ca el.

Sărbătorile de iarnă se apropiau cu tristeţe, Denis nu-mi înapoiase banii aşa cum promisese, deşi aveam nevoie de ei ca de aer. L-am rugat să se grăbească şi atunci mi-a spus că nu-mi înapoiază nimic, să nu-l mai deranjez că era inutil. Mă dezamăgise profund, mi se părea inuman să se comporte aşa. M-a durut enorm şi m-am simţit folosită, drept pentru care am schimbat iubirea în ură. Dispăruse orice fel de iubire, se stinseseră toate emoţiile frumoase şi se aprindea din nou furia în mine. Mă revoltasem împotriva vieţii pline de nedreptăţi şi nu mai ştiam cum să mă comport, să-mi fie şi mie bine. Ce mai aveam de învăţat? Era posibil să fiu mereu bună cu toţi şi să primesc doar suferinţă în schimb? Ce aveam de descoperit dincolo de acele dureri?

Singura mea bucurie era Ariana, îmi alina orice durere şi îmi dădea putere să merg mai departe. Deşi aveam toate rănile răscolite, iubirea pentru ea îmi reamintea că mi-am promis să fiu liberă şi fericită. Am intrat în noul an cu sufletul despicat şi cu acelaşi zâmbet care ascundea atâtea dureri. Poate era un nou început pentru alţii, pentru mine parcă era mereu un sfârşit amar. Am păşit în 2015 singură, privind artificiile pe fereastră. Ceilalţi se bucurau, dar eu eram absentă. Rămăsesem tăcută, ştergându-mi ploaia de pe faţă, dar cea din suflet cine putea să mi-o oprească?

*Te urăsc pentru că stai prea puţin când am nevoie! Te urăsc pentru că treci nevăzut, neştiut şi mult prea tăcut! Te urăsc pentru că nu te am! Şi te iubesc atât de mult pentru că eşti, mă faci să simt, să trăiesc! Te urăsc şi te iubesc şi sunt dependentă de tine, timpule! Tu, timp etern, în viaţa ta sunt doar o secundă...*

Gânduri printre rânduri

În prima zi din an m-am așezat lângă pătuțul Arianei și mi-am lăsat gândurile libere. M-am lovit din nou de toți cei care mă făcuseră să sufăr și în câteva minute revenisem pe front, plină de ură. O priveam pierdută în luptele mele care m-au măcinat atâta vreme, dar nu o vedeam, iar ea zâmbea. M-a atins cu mânuța ei mică și parcă mi-a trezit sufletul. Mă rătăcisem din nou, abia atunci mi-am dat seama și am început să plâng.

*De ce nu pot să mă rup de trecutul ăsta urât și greu? De ce m-am rătăcit din nou? Poate oare un zâmbet de copil să mă atingă atât de mult? Doamne, cum te uiți la mine prin ea... uite cum zâmbește, iar eu sunt oarbă! Vreau să ies din lupta asta nebună! Am pierdut tot în războiul ăsta stupid, aproape că m-am pierdut și pe mine. Mi-am promis că o să-mi construiesc o viață nouă în care eu să fiu EU! De ce nu pot? Ce îmi lipsește?*

Gânduri printre rânduri

– *Curajul...* mi-a șoptit El, punându-și mâinile pe umerii mei.

– *Scoate-mă de pe frontul ăsta oribil, Te rog!* I-am cerut, lăcrimând.

– *Ai ieșit deja, doar amintirile te leagă de el. Ele dor.*

– *Nu mai suport durerea asta, nu mai suport atâtea trădări și minciuni.*

– *Nu te mai gândi la ele, le readuci în prezent. Lasă-le acolo. Scrie-le și lasă-le acolo!*

– *Să le scriu?*

– *E modul tău de a-ți elibera sufletul.*

– *Nu am mai scris de ceva timp, ai dreptate.*

– *Păstrează-ți lecțiile! Scrie ca și cum nu e povestea ta și nu o să mai doară. Uite, vezi?! Ea încă zâmbește pentru că nu cunoaşte durerea, dar o simte pe a ta. Asta vrei?*

– *Nu! Nu vreau să simtă aşa ceva! Niciodată!*

– *Atunci fă-o să simtă linişte! Iubire! Pace! În sufletul tău sunt ascunse toate tainele vieţii. Învaţă să te citeşti!*

– *În mine e un război tâmpit care nu-mi dă pace!* I-am spus, dezamăgită.

– *În tine e o lumină incredibilă! Chiar tu ai spus-o mai devreme, eşti oarbă.*

– *De ce mă răscoleşti mai mult?*

– *Te adun, dar nu-mi dai voie...*

– *Ce să fac?*

– *Să aşezi liniştea în tine, să reaprinzi lumina!*

– *Cum?*

– *Spune-ţi cum vrei să fii! Cu credinţă! Cu iubire! Şi te vei transforma în femeia la care visezi. Ea există deja, altfel nu o puteai visa!*

– *Sunt... nici nu ştiu cum mai sunt... cine sunt...*

– *Te poţi crea! Spune-ţi cum vrei să fii!*

– *Vreau să fiu puternică! Liberă! Curajoasă!*

– *Eşti!*

– *Sunt departe de a fi aşa... pe cine mint? am adăugat.*

– *Pentru că nu ţi-o spui corect. Spune-ţi că EŞTI, nu că vei fi!*

– *Mă proiectam în viitor... hmm...*

– *De acum EŞTI!*

– *Între „a fi" şi „a nu fi", EU SUNT!*

– *Eşti!*

– *Sunt o femeie minunată!*

– *Eşti!*

– *Doamne, ce m-aș face fără Tine?* I-am spus cu lacrimi pe obraji.

– *Eu SUNT! Așa cum EȘTI și tu! Aici, în sufletul tău, pentru eternitate. Poate ne vom mai rătăci pe drum, dar mereu ne vom regăsi dacă tu vei privi spre Mine. Eu nu-mi abandonez copiii niciodată!*

– *Dar ei pe Tine, da...*

– *Ei doar se rătăcesc, așa ca tine.*

– *Nu toți ne regăsim.*

– *Fiecare are misiunea lui.*

– *Mulțumesc!* I-am spus cu recunoștință.

– *Eu îți mulțumesc, pentru că EȘTI!*

– *Parte din Tine...* am adăugat, zâmbind.

– *Lumină! Ești lumină! Mergi și luminează și alte căi.*

– *Voi găsi un mod să o fac.*

– *Scrie!* mi-a spus din tot sufletul.

Am început să plâng de bucurie, deși era o bucurie amestecată cu durere. Am luat copilul în brațe și i-am promis că o să fiu fericită. Ea nu trebuia să cunoască durerea! Ea era salvarea mea, iar eu lumina ei.

Apoi am scris... Le-am scris tuturor, să mă eliberez de povara grea ce îmi omora sufletul fragil. Am început cu mama și a fost cea mai grea scrisoare din viața mea. Mi-a plâns și sufletul, și mâna când i-am scris, dar am făcut pace cu mine.

# SCRISOARE PENTRU MAMA:

*Iubită mamă,*

*Că tare iubită îmi ești! Ți-aș spune multe, dar nu aş putea fără să plâng. Prefer să-ți scriu. Nu vreau să mă vezi așa, pentru că sigur te-ar durea. O să plângi oricum când vei citi scrisoarea, dar te rog ca după, când ai să mă vezi, să mă îmbrățișezi. Atât! Tu știi cum să o faci cel mai bine, chiar dacă îmbrățișarea ta mă rupe și nu am înțeles niciodată de ce. De fiecare dată simt că eu trebuie să te consolez cumva, nu tu pe mine. Și poate că ar trebui, mamă. Ai suferit prea mult în viața ta, însă nu aș vrea să te compătimesc, amândouă știm că alegerile tale te-au dus acolo unde ești.*

*De multe ori ți-am spus să schimbi direcția, dar nu ai avut curaj. Nu te judec pentru asta, totuși aș fi vrut să fii mai puternică. Știu că nu sună bine, dar nu am avut un model după care să mă ghidez, mereu te-am simțit slabă, mereu te-am văzut plângând și asta m-a făcut să nu vreau să plâng în fața ta și s-au strâns atâtea dureri, încât atunci când am cedat am plâns zile în șir. Am plâns până am rămas jos și tot singură a trebuit să mă ridic. Am învățat să fiu puternică, așa cum tu nu ai fost. Dar ai fost acolo pentru orice, așa cum ai știut tu, și pentru asta îți mulțumesc, mamă! Știu că ți-a fost greu să mă vezi jos și ți-a fost și mai greu să nu mă poți ajuta. Dar nu m-am supărat pe tine, cum nu m-am supărat nici când mi-ai spus lucruri care dor și pe care o mamă nu ar trebui să i le spună unui copil, oricât de mult ar greși el. Știu că ai cedat. Și tu ești tot un fel de copil într-un corp de adult, un copil chinuit de viață și plin de traume. Uneori mă mir că ai rezistat...*

*Să știi că te vedeam cât îți era de greu, deși eram mică. Fără mașină de spălat, fără aspirator sau orice ți-ar fi fost de ajutor. Aveai doar două mâini, azi mult prea obosite. Și nu o să îți uit lacrimile de bucurie când ți-am cumpărat cu primii mei bani prima ta mașină de spălat automată. Rar te-am văzut așa de fericită. Îmi doream enorm să îți ușurez cumva munca. Nu am putut să fac prea multe pentru tine, dar probabil te-am ajutat mai mult eu decât tu pe mine. De mică am încercat să-ți iau poverile, învățând astfel să fiu mare și îți mulțumesc și pentru asta, mamă, deși mi-a fost tare greu, însă mi-a fost de folos când m-am aflat printre străini. Știam deja să-mi port singură de grijă, altfel m-aș fi pierdut.*

*Uneori mi-am dorit o altă mamă, atunci când simțeam că nu mai pot și aveam nevoie de ajutor, dar azi nu te-aș schimba pentru nimic în lume! Tot eu te-am ales înainte să vin în această lume și acum am înțeles de ce. O mamă slabă înseamnă un copil puternic. Din iubire pentru tine, mamă, am luptat până și cu moartea, n-am vrut să-ți plângi copilul, nu ai fi putut să duci acea durere, dar eu o să pot să-ți dau drumul atunci când va veni momentul. Am învățat să accept moartea, nu mi-a dat de ales. A apărut de atâtea ori în viața mea, încât am înțeles că nu am încotro, decât să o accept. Ne-am mințit și ne-am ascuns multe, toate din iubire. Nici eu nu suportam să te văd suferind și nici tu pe mine. Poate dacă ne-am fi unit durerile, ar fi fost mai ușor, cine știe? Oricum am suferit fiecare în colțul ei. Dar m-ai mințit, mamă... și tu m-ai trădat cumva. Mi-e greu să găsesc iertarea, dar va trebui să o fac dacă vreau cu adevărat să-mi găsesc liniștea. Va trebui să înțeleg că ura nu aduce iubirea înapoi, iar eu am nevoie de ea să pot să continui și, mai ales, am nevoie de iubirea dintre noi două, mamă! Tu m-ai adus pe lume și m-ai crescut la sânul tău. Păstrează-mă acolo, mamă! Lângă inima ta!*

*Mulțumesc, mamă, puteam să fiu ca tine, dar nu sunt, am ales să fiu opusul tău și poate nu îți place că-ți spun asta, în schimb știu sigur că ești mândră de mine tocmai pentru că eu nu am fost slabă ca tine! Eu am reușit, mamă! Am reușit să ies din închisoarea trecutului. Iar tu ai reușit prin mine, pentru că eu sunt una dintre părțile tale, am fost un mesager al tău, care a avut curaj să se ridice după ce a fost îngenuncheat. Și dacă eu sunt sus, la fel ești și tu! Să nu uiți, mamă, că o parte din tine trăiește prin mine! Bucură-te de ea!*

*Cu drag,*

*Nina.*

# Scrisoare pentru tata:

*Ție nu știu cum să-ți scriu. Aș începe cu „Dragă tată”, dar nu știu dacă îmi ești drag. Aș vrea să-mi fii! E prima și singura dată când îți scriu, oricum știu că nu se va schimba nimic. Nimic pentru tine, însă pentru mine, tot! Nu ți-am spus niciodată că te iubesc și nici nu cred că simt asta. Ești singurul om pentru care nu știu ce simt, dar pentru care aș vrea să simt ceva concret. Tu îmi spui că mă iubești doar atunci când bei și urăsc asta! Poate atunci ai curaj sau atunci o simți, tu știi mai bine. Eu știu așa: că tu, tată, ești omul care și-a lăsat cea mai mare amprentă pe sufletul meu! E tare grea...*

*Mi-a spus mama că, atunci când eram mică, te iubeam mult și tu pe mine la fel, aveai grijă de mine. Probabil că așa era, nu-mi amintesc nimic. Tot mama spune că mă țineam tot timpul după tine. Nici asta nu-mi amintesc... îmi amintesc, în schimb, serbările școlare de la care lipseai mereu. Totuși, mama era mereu prezentă. Ea nu a lipsit niciodată de la nimic! Dar tu ai lipsit de la tot! Ai lipsit de la ședințele cu părinții, ai lipsit când aveam nevoie să mă aperi în fața celor care râdeau de mine. Ai lipsit când am devenit domnișoară și mi-aș fi dorit să îmi spui despre cum sunt bărbații, să mă pregătești pentru a primi un bărbat în sufletul meu, pentru că tu, tată, ești bărbat.*

*Ai lipsit de la toate activitățile mele pe care le făceam în liceu. Mama, nu. Ai lipsit din casă, mi-ai lipsit din suflet... Mi-am dorit mereu să te pot îmbrățișa cu drag, să te simt aproape, dar a rămas doar o dorință. Nu ai văzut nimic din ce am făcut. Nimic! Mereu m-ai subestimat, iar eu mi-am dorit să-ți demonstrez că nu sunt atât de mică.*

*Știi ce îmi mai amintesc? Cum te purtai cu mama: oribil! Te uram pentru asta! Îmi amintesc cât erai de agresiv cu ea și de câte ori trebuia să fugim de acasă din cauza ta. Îmi amintesc bețiile tale mai bine decât orice. Ai știut vreodată ce faci? Eu ți-am spus mereu cât doare, dar nu ți-a păsat. Mi-ai omorât sufletul încet și sigur, fără drept de apel! Nu ți-am simțit niciodată iubirea și poate din cauza asta nu am crezut niciodată că m-a iubit vreun bărbat. Am simțit că toți m-au respins și m-au abandonat. Am simțit o nevoie disperată să mi se demonstreze iubirea și nici acum nu cred că mă poate iubi cineva... dacă tu nu m-ai iubit, altul cum ar putea? De ce, tată, nu m-ai învățat să primesc iubirea unui bărbat? Pentru mine, iubirea a fost doar un cuvânt pentru prea mult timp...*

*Îmi amintesc și ziua în care am plecat de acasă, puțin înainte să împlinesc nouăsprezece ani. Erai beat și râdeai de mine. Nu-mi vedeai sufletul spart în bucăți, nu mă vedeai cum mă chinuiam cu ultimele puteri să mă adun de jos, acolo unde mă aruncaseși tu, tată! Eu visam să ajung departe, iar tu îmi spuneai batjocoritor că o să mă mănânce câinii și tot la tine o să mă întorc, că fără tine sunt zero, că singură nu pot! Îmi adunam bagajele plângând și rugându-mă la Dumnezeu să rezist. Ce suflet ai, tată? Ce răni te-au făcut așa? Știu că tu ai crescut fără tată și nu ai simțit niciodată iubirea paternă, dar eu ce vină am? Ce vină am eu, tată? Știu că nu ai avut un model de tată, dar nici eu nu am avut un model de copil și totuși am fost unul bun! Mi-am dorit doar să fiu iubită, atât! Încă îmi doresc asta, la fel cum îmi doresc să pot să te iubesc, dar e dificil. Mi se pare imposibil să iubesc omul care m-a lovit cel mai tare când, de fapt, el trebuia să mă protejeze. Când am fost mințită, ai fost părtaș la trădarea mea. TU, tată, TU! Omul care trebuia să mă salveze!*

*Am plecat hotărâtă să-ți arăt că pot să ajung sus! După patru ani m-am întors cu fruntea sus, timp în care nu am uitat de tine și te-am ajutat cum am putut. Schimbasem deja rolurile, deși copilul eram eu. Am mers cu tine să te operezi la ochi, deși tu ai venit la mine la spital o singură dată. Eu am putut, tată! Nu mi-ai mulțumit niciodată, nu știi ce înseamnă recunoștința, știi doar că obligația copiilor e să-și ajute părinții la bătrânețe. Greșit! Un copil nu are obligații, la fel cum nici părinții nu au. Iubirea nu vine din obligații, mai degrabă dispare. Ajutorul se oferă din iubire! Nu faci copii să-i condiționezi să-ți stea la căpătâi, ci îi faci din iubire pentru viață, pentru a lăsa un rod frumos în urma ta.*

*Mă întrebi mereu dacă o să te plâng când vei muri. Nu, tată, nu o să te plâng pe tine, ci ceea ce nu ai fost! Îți voi plânge absența din timpul vieții. Voi plânge ce nu mi-ai lăsat. Ce nu mi-ai oferit. Voi plânge copilăria furată și nefericirea mamei, deși a fost alegerea ei. Voi plânge că nu ai fost! Când vei muri, probabil voi face liniște în suflet în sfârșit. De amintiri nu voi scăpa, le va așeza timpul cumva, dar stai liniștit că nu te urăsc! Te uram înainte, dar acum am înțeles de ce ai fost atât de rece și de absent. Chiar dacă nu mi-e clar ce simt pentru tine, știu sigur că te-am iertat! Te iert, tată, nici tu nu ai primit și n-ai știut să dai... ai avut mai multe lipsuri, ești plin de goluri și nu e vina ta. Mi-ar fi plăcut, totuși, să te trezești cândva, să fii bărbat și să înțeleg de la tine sensul acestui cuvânt. Să știu cum este un bărbat adevărat, dar încă nu știu. Poate într-o zi voi afla și sper să nu fie prea târziu. Îți voi purta veșnic inițiala numelui, „P”, dar eu o voi numi* ***PUTERE*** *și atât!*

*Cu drag,*
*Nina.*

# Scrisoare pentru surori:

*Iubitele mele surioare,*

*Nu știu cum ar fi fost viața fără voi, nici nu mă pot gândi la asta. Știu, însă, că îmi sunteți și vă iubesc enorm, în ciuda tuturor problemelor! Ele ne-au unit mai mult, deși ne-au și rănit în același timp. Am avut aceeași copilărie săracă și aceeași adolescență amară, am împărțit poate mai multe lacrimi decât zâmbete, dar am rămas mereu unite, așa cum am știut.*

*Sunt fericită că vă am, că am cu cine să împărtășesc bucuriile și tristețile! Sunt mândră de voi! Să mă iertați pentru cuvintele urâte spuse uneori din durere, să nu mă judecați pentru greșelile făcute și să-mi rămâneți mereu alături, indiferent de drumul pe care îl voi alege. Promit că într-o zi o să fiți mândre de mine!*

*În rest, nu am nimic de spus, sunt recunoscătoare lui Dumnezeu că nu m-a trimis singură pe acest pământ! Sunteți mereu în sufletul meu, iar inima mea bate odată cu inimile voastre, am venit din același pântec și purtăm aceeași iubire.*

*Mereu alături de voi,*
*Nina.*

# Scrisoare pentru fratele meu:

*Scumpul meu frățior,*

*De tine nu am știut niciodată suficient, cât să spun că te cunosc. Viața ne-a ținut departe, dar eu te port în sufletul meu. Mama ne-a vorbit mereu despre tine pentru că i-ai lipsit și ne-a învățat să te iubim fără să te cunoaștem. Nici azi nu știu prea multe despre tine, însă iubirea încă există! Mi-ar fi plăcut să fim mai aproape, mai uniți... dar, cine știe, poate vremurile viitoare se vor schimba fiindcă noi putem să le schimbăm.*

*Ne-am supărat de-a lungul timpului din lucruri mici, nu am știut să recuperăm timpul pierdut, ci l-am lăsat să ne despartă mai mult. Tu ai fost cel mai nefericit dintre noi, cel mai lovit, însă ai fost puternic și ai mers cu fruntea sus. Te admir pentru asta! Trăim în lumi diferite, dar avem același sânge și știu că, indiferent de situație, dacă te-aș chema, ai veni. Acum suntem străini, dar știu că va veni acea zi în care vom fi frați cu adevărat! Vom fi frați pentru toți anii în care nu am fost și o să pot să mă bucur de nepoții mei, care îmi lipsesc enorm! Mi-ar fi plăcut să crească sub ochii mei așa cum va crește Ariana...*

*Iartă-mi lipsa de curaj de a-ți spune aceste lucruri! Într-o zi ne vom strânge în brațe și ne vom zice acel „Te iubesc!”, de care avem toți nevoie. Te-am căutat în alți bărbați pentru a-ți simți căldura, dar ei nu știu cum să strângă o soră în brațe. Te aștept înapoi în viața mea...*

*Cu drag,*
*Nina.*

# Scrisoare pentru Eric:

*Dragă Eric,*

*Ești omul pe care îl cunosc cel mai bine dintre toți, poate nici tu nu te cunoști atât de bine. Refuzi să te vezi, preferi să-i vezi pe ceilalți, să-i critici și să-i judeci, dar în același timp nu poți trăi fără ei. Nici asta nu recunoști. Strigi mereu în gura mare că nu ai nevoie de nimeni, tocmai pentru că ai nevoie de toți. Ți-ai creat o lume în care nici tu nu te regăsești.*

*În lumea mea, însă, e frumos. Așa cred eu. Unii ar putea spune că mă amăgesc singură sau că mă mint frumos. Nu fug, ci doar am grijă de sufletul meu. Divorțul a fost cea mai bună decizie pentru amândoi. E prea mult noroi în jurul meu și nici în brațele mamei nu mă mai simt în siguranță, dar mi-am găsit un refugiu, o lume a mea. Nu e lașitate, ci pur și simplu iubesc liniștea și frumusețea vieții. Ele există! Am vrut să mă schimb și am făcut pasul spre mine chiar dacă nu mi-a fost ușor. Abia acum învăț să trăiesc cu adevărat, abia acum mă descopăr ca femeie.*

*Schimbarea vine cu o prăbușire. Ai de ales: rămâi jos sau te ridici. Deși nu simți forța să o faci, ea este undeva în interiorul tău, dar nu o conștientizezi. Trebuie să faci liniște, să te auzi, apoi să treci la acțiune. Faptul că ajungi într-o prăpastie e din cauza alegerilor greșite. Apoi, tot de alegeri ține și ce urmează, cum ieși din impas, ce vrei să devii. E grea lupta cu tine însuți, dar rezultatul e minunat. Uneori te agăți de cineva sau de ceva pentru a te ridica, dar nu mereu găsești sprijinul dorit și atunci nu îți rămâne decât să te transformi tu în omul de care ai nevoie. Eu așa am făcut, pentru că nu am avut încotro. Poate că a fost singurul mod în care eu am înțeles că mă am doar pe mine și trebuie să fiu puternică. Evident, totul începe cu o mare frică de orice, iar mie mi-a fost al naibii de frică. Nu am știut cum e să fiu singură, pe picioarele mele și nici tu nu m-ai lăsat să fiu eu. Ai preferat să-mi spui mereu că fără tine nu pot și aproape te-am crezut. Ani la rând mi-ai spus că trebuie să fim o echipă, dar nu am fost niciodată, dimpotrivă, am fost mai mult adversari și ne-am rătăcit și mai rău.*

*Să decizi să te schimbi e ușor, dar să începi să o faci este dificil. Ai impresia că sunt toți cu ochii pe tine, că te judecă și asta doare, iar uneori renunți. Nu știu cum am rezistat în toată furtuna prin care am trecut, cert este că am reușit cumva. Când ajungi să fii liber, nu-ți mai pasă de prejudecăți și-ți vezi de drumul tău. Intuiția reprezintă cel mai bun ghid, este cel mai important. Eu nu am ascultat-o niciodată și a venit momentul să o fac! Ajutorul contează și el dacă este cel potrivit, dar și atunci riscăm să greșim și e firesc să fie așa. Echilibrul se găsește greu și doar dacă se dorește cu adevărat. Eu sunt un caz fericit. Suntem aici să învățăm, viața e plină de lecții. M-am războit inutil cu mine, cu tine și cu ceilalți până m-am pierdut de tot. Poate că a fost singurul mod de a mă regăsi.*

*Nu știu cât ai apucat tu să mă cunoști, dar sunt aproape convinsă că niciodată nu te-ai uitat în sufletul meu cu adevărat. Azi am înțeles de ce: erai plin de răni și ai acționat ca atare. Mereu în atac pentru a nu fi atacat. Știu cât te-a durut, însă asta nu ți-a dat dreptul să mă lovești și pe mine. Ai spus mereu că mă iubești, dar tu abia te iubești pe tine. Ne-am făcut mult rău, poate din lipsă de iubire. Așa ai picat pradă alcoolului, să-ți umpli golurile. Alcoolul ne-a rupt definitiv sau, mai bine spus, alegerea ta. Ai fost prea slab și ai cedat, dar eu, în slăbiciunea mea și în toată durerea pe care am trăit-o, am ales să mă ridic! Tu te-ai prăbuşit cu totul. Te-am urât mult timp, din neputinţă. Abia m-am dus pe mine, iar tu mi-ai devenit o povară în ultimii ani. Te-am iubit cum am ştiut şi cum am putut ca om, dar niciodată ca femeie şi am plătit scump pentru asta.*

*Poate că ar trebui să-ţi cer iertare, poate că ar trebui să înţelegem pur şi simplu că am fost propriile victime, nu tu a mea şi eu a ta. Am fost doi copii răniţi care au încercat să fie adulţi, însă nu au reuşit. Am avut şi momente frumoase, dar prea puţine. Au fost umbrite de trecut şi de viitorul care nu a venit niciodată să ne aducă fericirea promisă. Mi-am dorit mereu să te văd bucuros, dar tu te-ai blocat în visurile tale şi ai uitat să trăieşti. Te-am ajutat cât am putut, poate prea mult, şi am uitat de mine, crezând că nu pot singură, aşa cum spuneai tu. Aşteptam să mă ajuţi tu, să fii lângă mine să-mi pun şi eu planurile pe picioare, dar acel moment nu a venit niciodată. Visurile tale s-au prăbuşit, iar ale mele au devenit cenuşă. Am rămas amândoi cu minusuri, cu dureri şi cu multe dezamăgiri. Poate că ar fi trebuit să mă asculţi şi pe mine, iar eu ar fi trebuit să am puterea să cred în mine, încât să zbor singură. Tu ştiai că pot, dar ţi-a fost teamă că mă pierzi şi tot m-ai pierdut la final. Ţi-a fost teamă că aş putea iubi un alt bărbat şi aici aveai dreptate. Ştiai că iubirea mea era diferită, iar a ta egoistă. Şi chiar şi aşa, te-am respectat ca om, nu te-am trădat niciodată, deşi trădarea are multe forme şi poate că asta am făcut şi eu atunci când mi-am ascuns adevăratele sentimente pe care le-am ţinut în mine. Am dorit un alt bărbat, dar nu l-am atins decât cu mintea şi cu sufletul, din respect pentru relaţia noastră. Tu, în schimb, nu ai ştiut să mă respecţi ca om, nu ai ştiut să vii aproape, să mă faci să te vreau în viaţa mea. Nu ai ştiut ce să faci cu femeia din mine, deşi de multe ori ţi-am spus. Ai aplecat urechea la orice vorbă ieftină din afară și nu ai pus preț pe nicio șoaptă de-a mea. Aș fi putut să te iubesc dacă mi-ai fi fost bărbat, dar nu ai fost! Mi-ai fost ca un copil. Ne-am distrus reciproc!*

*Durerea ne transformă, la fel ca și iubirea. În rău sau în bine. Totuși, sunt dureri care te fac mai bun și iubiri care te fac mai rău, deși ar trebui ca durerea să te transforme în diavol și iubirea în înger. Eu am ales să fiu mai bună cu fiecare durere ce mi-a apăsat inima. Am înțeles că doar când m-a durut am avut o forță nebună să pot să lovesc și uneori am făcut-o. Am înțeles că toți lovim din durere și am decis să mă opresc, să nu mai lovesc când mă doare. Cei din jurul meu nu sunt vinovați de ceea ce simt eu și nu au de ce să plătească. Acum știu să îmi înving furia și s-o opresc. Acum nu mai răspund la fel și încerc să înțeleg durerea din spatele omului care atacă. Și eu am fost așa și tu la fel și încă ești, din păcate. Știu că undeva în adâncul sufletului tău nu ești un om rău, ci doar un om care suferă și nu știe cum să-și găsească liniștea. M-am rugat mult pentru tine... M-am rugat pentru sufletul tău, pentru că nu am uitat momentele în care ne-am ajutat reciproc printre străini. Iar azi, străini suntem și noi.*

*Acum știu să mă bucur de iubire și mă las mângâiată fie și de o simplă adiere de vânt. În ea e Dumnezeu, cel care m-a însuflețit și mi-a dat binecuvântarea să simt. El așa mă iubește, cu vânt, cu ploaie, cu soare, cu lună, cu stele, cu muzică, cu oameni, cu animale, cu anotimpuri, cu viață și cu moarte. Eu de ce nu L-aș iubi? M-am îndoit și de El și L-am urât până în momentul în care am înțeles că nu El ne desenează calea. Dacă ar fi fost așa, am fi avut toți drumuri luminoase și pline de iubire pentru că El ne iubește! Sunt fericită că am înțeles rolul Lui în viața mea, însă în rolul principal sunt eu!*

*Nu-mi rămâi o amintire frumoasă, ci o lecție grea și urâtă. Nu sunt în măsură să te judec eu, dar ai greșit prea mult și nu ai știut să te oprești niciodată. Sper să înveți să pierzi, să înveți să accepți ce nu poți schimba și, mai ales, îți doresc să înveți să te iubești sincer, să-i poți iubi și pe alții. E momentul să te vindeci și tu, să te apreciezi ca bărbat și să faci ca o femeie să fie mândră că-ți stă alături. Învață să fii prezent și nu mai pune preț pe lucrurile materiale, dă valoare vieții! O să poți oare? Eu vreau să cred că da...*

*Nu știu cum îți vei aminti tu de mine, dar sigur îți voi rămâne într-un colț de suflet pentru totdeauna, pentru că am fost femeia care nu te-a abandonat niciodată, nici măcar atunci când erai în prăpastie. Am ales să ies din viața ta, pentru că nu mai avea niciun sens să fiu acolo. Era necesar ca drumurile noastre să se despartă pentru binele amândurora, pentru că merităm să fim fericiți, iar împreună nu se poate. Ai fost în viața mea unsprezece ani și știu că îți rămân în suflet! Știu că m-ai iubit așa cum ai știut tu. Probabil nu mă vei uita ușor. Sper să citești aceste rânduri într-o zi și să fii mândru că am fost soția ta, să nu mai spui că am fost femeia care ți-a distrus viața, așa cum zici acum la colț de stradă. Poate vei înțelege că fiecare final este un nou început și nu toți oamenii vin în viața noastră să rămână. Ei stau atât cât este nevoie. Am plecat pentru binele nostru! Sper ca, într-o zi, să înțelegi că viața trebuie simțită, trăită intens și sincer! Învață să oferi ca să primești și învață să fii tu, fără măști!*

*Cu drag,*
*Nina.*

# Scrisoare pentru socri:

*Dragii mei,*

*Chiar dacă știu că nu mă credeți, chiar îmi sunteți dragi. Am apreciat mereu eforturile voastre și, mai ales, grija. Nu vreau să vă spun prea multe, vreau doar să vă mulțumesc! Vă mulțumesc că mi-ați fost alături atunci când am avut nevoie! E adevărat că au fost multe neînțelegeri între noi, gândim diferit și trăim diferit, iar eu am înțeles asta. Voi, din păcate, nu. Am încercat să vă apropii de Eric, pentru că am simțit războiul dintre voi. El mereu s-a plâns că îl subestimați, că îl criticați și că încercați mereu să îi impuneți ce să facă. Am fost martoră la multe certuri între voi și mi-am dat seama că nu știți să vă manifestați iubirea, e umbrită de furie și dezamăgire. Ați vrut un copil perfect, dar a fost doar un copil. A avut calea lui și trebuia să îl lăsați să și-o urmeze. Și-a urmat-o cu lacrimi, doar eu i-am fost alături, cu bune și cu rele. Dacă l-ați fi înțeles și l-ați fi încurajat, poate că astăzi nu ar fi fost dependent de alcool. V-a mințit mereu de teamă să nu-l criticați, voia să fiți mândri de el, să se simtă apreciat și atât. I-a lipsit iubirea voastră, deși ea exista, însă ați avut limbaje diferite și niciodată nu v-ați înțeles. Sper să vă regăsiți cândva!*

*Mamă soacră, o să vă fiu recunoscătoare întreaga viață! Pentru nopțile petrecute alături de mine în spital, pentru ajutor și sprijin, pentru îmbrățișări și pentru afecțiune. Eu nu uit oamenii care au plâns cu mine și pentru mine! Vă mulțumesc din suflet pentru tot și uneori vă pomenesc în rugăciunile mele, chiar dacă nu mai sunteți în viața mea. Trecutul s-a scris, ați rămas acolo! Știu câtă nefericire ați dus în suflet ani la rând şi îmi pare rău că nu aţi avut curajul să faceţi lumină în viaţa dumneavoastră. Eu nu am vrut să fiu la fel, am ales libertatea şi poate că într-o zi veţi înţelege. Ştiu că aţi vrut ca Eric să fie fericit, dar asta însemna ca eu să rămân prizonieră într-un rol în care nu m-am regăsit. Aţi gândit ca o mamă, nu ca o femeie, şi nu m-aţi înţeles, deşi ştiaţi foarte bine ce înseamnă nefericirea... Vă păstrez în amintirile mele, cele frumoase, pentru că sunteţi o femeie minunată! Sper să vă găsiţi liniştea cândva!*

*Vă îmbrăţişez cu drag,*
*Nina.*

# Scrisoare pentru Denis:

*Dragă Denis,*

*Ai apărut ca un fulger în viața mea, neașteptat și repede. M-ai luat prin surprindere. M-a bucurat lumina ta câteva secunde, ca apoi să mă lași în întuneric. Am mai fost acolo și știu cum să ies. Știu că pot. Am mai pierdut, însă n-am uitat să lupt! E greu când mă ridic, dar pot, pentru că vreau! Locul meu nu se află jos, nu văd nimic de acolo, dar de sus pot să mă bucur de orice, cuprind cu privirea lumea întreagă și mă bucur de ea. Nu oricine poate să înțeleagă asta.*

*Încă nu știu exact cine sunt, dar am început să mă cunosc și-mi place să mă descopăr. Tu, însă, te amăgești că știi cine ești rătăcind printre oameni goi și având impresia că ești puternic. Dar ești slab și laș, ești sclavul durerii și ți-e frică să iubești, crezând că o să doară iar, dar iubirea nu doare. Tu asta nu știi. Mi-ai pus o etichetă greșită pe care n-o accept, însă vei înțelege singur cum sunt, într-o zi când va fi prea târziu. Ți-e frică de tine și nu poți să mă vezi așa cum sunt. Eu nu ți-aș face rău! Eu te-am iubit sincer, poate până acum nu ai mai fost iubit așa, ci doar te-ai amăgit că ai fost. Iubirea nu e egoistă. Poate n-o înțelegi și nu o vei găsi până nu vei fi liber. Eliberează-te de rănile care-ți sângerează, nu toate femeile sunt la fel! O să ajungi tot acolo unde ai fost dacă nu te trezești. De ce ai lovit în mine când te-a durut? Nu știi că am și eu un suflet care abia s-a adunat și se chinuie să supraviețuiască? De ce mă lovești pe mine? Nu eu ți-am săpat în suflet și nu eu ți-am făcut atâtea gropi în care zac atâtea dureri! De ce nu m-ai lăsat să le umplu cu iubire? Nici nu știi cât te-am iubit! Poate nu știi că iubirea vindecă... De ce ești laș și vrei să rămâi jos? Știu că poți să te ridici, la fel cum am făcut și eu. Ți-am întins mâna să te ridic, dar nu ai vrut... ai preferat să pleci, să rămâi cu rănile.*

*O să citești într-o zi aceste rânduri și îți vei aminti de mine cu drag, probabil și cu regret, și-ți vei șopti în suflet: „Nu ea era la fel ca altele, ci eu eram precum toți ceilalți”... N-o să mă uiți, o să te amăgești că m-ai uitat și asta nu pentru că eu aș fi vreo frumusețe rară sau femeia perfectă în pat, ci pentru că sunt singurul suflet curat pe care l-ai întâlnit în viața ta și care te-a iubit cu adevărat. Poate că n-o să te doară că m-ai pierdut, ci faptul că m-ai rănit și știai că nu meritam asta. Iar tu o să rămâi la fel ca toți ceilalți pe care i-am iubit, într-un colțișor de suflet pe care am să-l păstrez ca pe un suvenir.*

*Din sufletul meu nu pleacă nimeni, fiecare își găsește locul lui, exact ca un mormânt, nu vreau să scot iubirea ce s-a așezat cândva acolo cu atâtea emoții, vreau doar să-mi amintesc cu drag acele clipe care m-au ținut în viață în acea perioadă.*

*Am învățat atâtea de la tine fără să îmi spui nimic. Am înțeles că pot și am vrut să fiu mai bună ca tu să fii mândru de mine, dar nu ai apucat să mă vezi cât m-am schimbat. Am înțeles că trebuie să fiu așa pentru mine. Eram atât de rătăcită, mă durea trecutul, dar azi sunt bine, sunt ceea ce îmi doream și am curajul să fiu eu, cea care își urmează visurile. Tu te-ai oprit... M-ai învățat să lupt, însă tu ai renunțat, te-ai dat bătut. M-ai învățat să iert, să uit, să las în urmă totul, în schimb tu ai rămas acolo, blocat de întrebări la care nimeni nu îți dă răspunsuri. M-ai învățat să nu mă încred în oricine, dar tu ai făcut-o și ai fost trădat, acum te doare și nu mai știi cine ești...*

*M-ai învățat să trăiesc clipa, ție îți e teamă s-o mai faci. M-ai învățat să zâmbesc, tu nu mai știi cum e... M-ai învățat să cred în azi, că poate mâine nu mai vine, tu ai uitat de azi, trăiești cu gândul la ieri, cu teama de mâine... M-ai învățat să fiu sinceră, tu te minți singur, nici nu mai crezi în tine... M-ai învățat să fac liniște în mine, în tine zace doar furie azi. M-ai învățat să nu mă răzbun, dar tu lovești fără să îți pese. M-ai învățat să îmi construiesc visurile, nu doar să le visez, tu ți-ai lăsat visul să moară, iar astăzi trăiești un coșmar...*

*M-ai învățat să iubesc, tu ai uitat cum e... Aveam nevoie de tine să fiu eu. Tu nu ești azi acolo unde mi-ai spus că vei fi, eu însă sunt mai departe decât aș fi crezut că pot ajunge și am reușit singură! Nici întunericul nu mă mai sperie, dar tu zaci în întuneric...*

*Unii au mii de poze fără amintiri, iar noi, mii de amintiri fără o poză... Sper ca, într-o bună zi, să-ți vindeci rănile, să mă poți privi în ochi și să fii un alt om, unul care nu rănește!*

*Cu drag,*

*Nina.*

# SCRISOARE PENTRU TOȚI CEILALȚI...

*Dragilor,*

*Mi-am vindecat greu rănile pentru că erau multe. Şi pe interior, şi pe exterior. M-am vindecat cu mâinile goale, sprijinindu-mă tot de mine, pentru că voi aţi întors privirea. Prea puţine mâini au venit către mine, sunt acelea pe care azi le numesc sfinte! Sunt mâinile pentru care mă rog zilnic! Am învăţat cu fiecare rană să fiu mai curajoasă, mai puternică şi am învăţat şi drumul spre înainte! Asta după ce am învăţat să mor... şi e uşor. Mai greu e să te trezeşti din nou, să revii! Dar am putut şi încă pot! Cicatricele au rămas în suflet. Dar le car după mine, căci ele m-au adus aici, în lumină. Îmi iau inima-n dinţi şi merg înainte la fel ca atunci când m-am aruncat în gol, riscând să fiu fericită. Nu am pierdut, am învăţat! Am învăţat să pierd. Când pierd, de fapt câştig o lecţie! Nimeni nu poate fi înfrânt, ci doar distrus de propria durere.*

*Uneori m-am întrebat unde era Dumnezeu când am avut nevoie de El. El era acolo unde nu Îl căutam niciodată: în inima mea! În sufletul meu! L-am căutat în afara mea şi nu L-am găsit niciodată, aşa am ajuns să Îl urăsc pentru că nu era niciodată acolo unde aveam nevoie de El. Apoi L-am găsit când am învăţat să privesc cu ochii sufletului! Acum suntem de nedespărţit!*

*Deşi trecutul trebuie lăsat în urmă, uneori alergăm acolo. Ne ducem să îmbrăţişăm oamenii dragi care nu mai sunt printre noi şi să retrăim acele momente de fericire care, cândva, ne-au adus în suflet cele mai frumoase emoţii. Însă retrăim totul cu durere şi uneori cu lacrimi în ochi. Oricât de mult ne dorim să fim fericiţi, ajungem să fugim mereu către durere, pentru că ne e dor... ne e dor de unele trăiri şi de oamenii din trecutul nostru.*

*Mi-a fost dor de voi când nu mi-aţi fost! Mi-am dorit să fiu îmbrăţişată, dar voi, aproape toţi, v-aţi pierdut în trecut şi aţi uitat de mine. M-aţi vândut pe rând, unul câte unul, fără să vă gândiţi că sufletul meu nu era de vânzare. Poate că absenţa voastră m-a motivat să lupt în continuare. Mi-am regăsit încrederea în mine, când rămăsesem în singurătate. Singurătatea trăită printre voi! Mi-am dorit să mor pentru că mă simţeam neimportantă şi neiubită, iar din cauza asta m-am îmbolnăvit. Ajunsă acolo, mi-am dat seama că nu vreau să mor, ci doar să fiu iubită şi acceptată aşa cum sunt. Apoi am ales viaţa şi am luptat pentru ea. Am început să citesc şi să caut un mod gratuit să mă vindec, pentru că nu aveam bani de terapie. Am vrut să trăiesc în timp ce muream! Azi sunt liberă! Liberă să fiu Eu!!!*

*Am plecat de acasă fără nimic, iar acum nimeni nu mă poate opri din drumul meu! Viaţa mea a devenit interesantă la un moment dat pentru toţi. Din curiozitate. Fata aia săracă dăduse lovitura. Şi da, lovitura a fost mare! Am dat-o şi am luat-o!*

*Unii oameni vorbesc din gură... Alţii din suflet. Asta ne diferenţiază. La fel și zâmbetele. Unele vin din suflet, altele din minte. Dar ochii nu mint niciodată. Cine știe să privească adânc în ochii cuiva nu are nevoie de prea multe cuvinte. Eu nu v-am avut lângă mine să vă pot privi în ochi, dar sper ca, într-o bună zi, să ne privim în suflet, să ne iertăm şi să ne iubim pur şi simplu.*

*Cu drag,*
*Nina.*

După ce am terminat scrisorile, m-am simţit eliberată şi hotărâtă să-mi continui drumul spre mine. Am ieşit de pe front convinsă că nu mai voiam război, ci pace! Îmi doream să renasc cu totul, deşi aveam un bagaj enorm cu emoţii amestecate! Dar ştiam ce îmi doream: libertate!

*Cândva, sufletul meu era teren minat*
*Și-ar fi luat foc oriunde-aș fi călcat;*
*Un front imens era în pieptul meu*
*Și între atâția oameni, mă rătăcisem eu;*
*Niciunul luptător, toți victime uitate,*
*Purtate de greșeli în noapte.*
*Și căutând în jurul meu salvarea sfântă,*
*Mă răpunea mereu durerea cruntă*
*Și alergam plângându-mi visul*
*Dar nu găseam nimic, decât abisul...*
*Am obosit și m-am oprit acolo, între ei*
*Dar ei plângeau la fel, fără temei.*
*Am plâns, lăsându-mi sufletul pustiu*
*Și l-am salvat fără să știu,*
*Cu vocea Lui de înger, Bunul Dumnezeu*
*Mi-a spus atunci cine* ***sunt*** *eu.*
*Pe frontul meu s-a așezat doar pace și iubire,*
*Simțeam căldură și doar fericire,*
*Căci lacrimile au spălat durerea*
*Și-n locul ei s-a așternut plăcerea.*
*Era acolo, cum de n-am văzut?*

*Dar sufletul meu a fost ca un scut...*
*Acum a înțeles că el este iubire, nu război*
*Și-n el stăm împreună, noi!*

## Războiul sufletului

Nina Ștefan

Ce război nebun am dus cu mine...

M-am revoltat împotriva vieții fără să știu că nu ea dicta, ci eu.

M-am izbit de prea multe emoții și nu am știut ce să fac cu ele. M-am torturat inutil și m-am prăbușit de tot până am dat nas în nas cu moartea. Abia atunci mi-am dat seama că, de fapt, vreau să trăiesc! Ar fi fost ușor să renunț, dar asta însemna să aleg să fiu o lașă. Am ales să lupt și să-mi asum, fără să mai caut să mă ascund și să evadez din prezent.

Destinul nu există, el nu este ceva întâmplător. Ceea ce trăim nu este o poveste, ci rezultatul gândurilor noastre, conștiente sau nu. Omul nu își cunoaște adevărata putere și devine propria victimă ascultând vocile exterioare. Însă vocea interioară nu știe să strige, ea șoptește. Dacă în suflet nu e liniște, vocea aceea rămâne un ecou surd, iar noi căutăm disperați să ne agățăm de ceva, de cineva.

Ne este frică să privim în interior pentru că acolo sunt prea multe răni. Le simțim, ele ne sfâșie, dar nu avem curaj să le vindecăm fiindcă vindecarea este dureroasă!

Găsim tot felul de scuze să evităm acel proces care ne aduce libertatea și uneori conștientizăm prea târziu greșelile făcute. Negăm adevărul și ne ascundem de noi.

Rănile ne fac urâți, ne fac răi! Rănile ne rup de noi și de ceilalți, ne rup de Dumnezeu. Doar iubirea le poate vindeca. Iubirea de sine! Drumul spre ea este atât de greu, încât uneori preferăm să rămânem pe front și să ne ducem războiul o viață întreagă. Doar moartea ne trezește.

Unii dintre noi, însă, își deschid sufletul chiar atunci când e rupt. Eu l-am cusut cu iubire. Iubire pentru mine! Mi-a fost greu să învăț să mă iubesc, dar am reușit și a fost cu siguranță cel mai bun lucru pe care l-am făcut în viața mea. După ce am învățat să mă iubesc, în viața mea a apărut liniștea!

Am cunoscut adevăratele emoții, sentimentele sincere și libertatea! Mi-am recăpătat puterea, curajul și am învățat să îmi asum ceea ce fac. Mi-am dat seama că în orice situație există un lucru bun. Am uitat să judec și am învățat să apreciez. Am uitat să urăsc și am învățat să iubesc!

# Renașterea

*O femeie puternică nu plânge. Nu. Ea vine la pachet cu un zâmbet șmecher, ușor arogant. Ea nu plânge și nu se plânge. Ea doar pleacă. De ce? Pentru că și ea are suflet și o doare. O doare fiecare minciună înfiptă în inimă ca un cuțit, o doare fiecare promisiune care a rămas doar o vorbă în vânt, o doare fiecare zâmbet fals de care s-a îndrăgostit. O doare fiecare pas al lui în direcția opusă, o doare nepăsarea... Totuși, o femeie puternică înghite în sec și pășește mai departe cu același zâmbet pe buze. Ea știe că, dacă nu e loc pentru ea, trebuie să plece. Ajunsă acasă, închide ușa și își dă scutul jos. Ascunsă în întunericul nopții, într-un colț al camerei, își plânge durerea pentru că nici ea nu vrea să se vadă așa. Astfel m-am ascuns și eu în noapte, m-am refugiat într-un colț știut doar de mine, câteodată încălzit de o lumânare. Flacăra ei era speranța mea. Mulți au suflat peste*

*ea, aruncându-mă în întuneric. Dar e în regulă, ştiu drumul şi pe acolo, deşi păşesc cu teamă.*
*Femeia ştie că, după fiecare moment în care se prăbuşeşte, are forţa să o ia de la capăt. A învăţat să îşi coasă sufletul atât de bine, încât pare un designer genial din mâna căruia iese mereu o haină nouă, nemaivăzută până atunci. Dimineaţa îşi îmbracă noua atitudine şi iese în lumină de parcă ea ar fi lumina. O femeie puternică nu are nevoie de lumină pentru a străluci, ea este lumina!*

Gânduri printre rânduri

Îmi rulam zilnic în minte şi în suflet filmul vieţii, care era atât de diferit de ceea ce visasem eu. Cum oare ajunsesem acolo? Era atât de ciudat să mă văd atât de departe de ceea ce îmi propusesem. Sigur făcusem ceva greşit şi era momentul să mă reconstruiesc. Să renasc!

Conştientizasem că doar visasem, în rest, mă lăsasem în voia sorţii, le dădusem puterea mea celorlaţi şi niciodată nu am decis eu pentru mine. Una visam şi alta făceam. Au fost fireşti parcursul şi suferinţele inevitabile. Realitatea era mereu departe de ceea ce îşi dorea sufletul meu, pentru că mintea mea făcea mereu altceva. Nu eram în acord cu mine. Trebuia să învăţ să spun NU, să mă impun şi să merg în direcţia dorită, indiferent de obstacole!

Nu ştiam de unde să încep sau cu ce. Nu aveam îndrumare şi nici nu îmi permiteam să caut ajutor specializat. M-am întors către mine din nou şi mi-am spus că eu sunt omul pe care îl căutam. Era singura variantă.

*TU! Tu eşti cea care trebuie să se ridice, singură, pentru că nu mai e nimic atât de greu, încât să poată să te doboare, draga mea. Transformă-te în tot ceea ce ai nevoie pentru a putea ajunge acolo unde*

*meriți. Poți! Nu te plânge, ai plâns destul! E timpul să acționezi! E timpul să înveți să fii fericită și, dacă nu știi nimic din toate astea, prefă-te că știi până înveți. Pune-ți un zâmbet pe buze și spune-ți zilnic că ești minunată, că ești puternică și capabilă să evoluezi frumos.*
*Spune-ți că nimeni nu poate să-ți ia ceea ce este deja al tău: curajul! Acum îl ai! Iar sufletul tău deține toate uneltele de care ai nevoie să crești!*

Gânduri printre rânduri

Am început să citesc cărți care să mă ajute să mă adun, să mă descopăr și să scot din mine ce mai durea. Zilnic se schimba câte ceva, iar eu vedeam viața cu alți ochi. Am trecut apoi la documentare despre orice credeam eu că am nevoie și mă hrăneam cu ele. Era minunat. Deși aveam multe de rezolvat și îmi era greu, nu mă dădeam bătută.

Mă priveam în oglindă de cele mai multe ori plângând, însă nu îmi mai plângeam de milă, ci mă admiram pentru puterea pe care o aveam. Învățam în fiecare zi să îmi iubesc fiecare părticică de suflet și să pun iubire acolo unde fusese suferință. Mă simțeam ca nouă. Renășteam a doua oară și puneam bazele noii femei cu care aveam să trăiesc toată viața. De data aceasta trebuia să fie minunată!

Renunțam puțin câte puțin la frici, la gândurile care mă țineau blocată în trecut, la umbrele care îmi luau strălucirea și la vorbele care îmi făceau rău. Am înlocuit totul treptat, chiar dacă aveam inima strânsă și încă adunam nopți plânse. Nu mai voiam să sufăr, voiam să cunosc fericirea, cea adevărată și o meritam din plin!

Sărisem câteva etape ale vieții și, pentru că îmi regăseam treptat liniștea, mi-am dat voie să le trăiesc abia atunci. Îmi doream să recuperez timpul pierdut. Aveam multe de învățat, însă cel mai mult îmi doream să cunosc bărbatul. Să ştiu ce se ascunde în sufletul lui, să înţeleg ce vrea şi ce simte. Cunoscusem prea puţini bărbaţi, atât de diferiţi între ei. Femeia din mine îşi dorea să cunoască bărbatul potrivit pentru ea. Îmi doream să cunosc iubirea adevărată dintre un bărbat şi o femeie. Voiam să învăţ să trăiesc liber, asumat şi să mă bucur de viaţă din plin. Eram încă printre ruine, deşi mă amăgeam că scăpasem de ele. Trebuia să am răbdare şi am învăţat şi asta. Munceam aproape unsprezece ore pe zi, dar eram fericită că puteam, iar datoriile mele scădeau în fiecare lună şi asta mă motiva să rezist. Începusem chiar să pun o mică sumă deoparte la fiecare salariu, îmi promisesem că nu voi mai avea niciodată probleme cu banii. Fiecare pas înainte era de aur pentru mine, mă ducea departe de trecut şi aproape de femeia minunată din mine!

Am decis că fiecare zi este cea mai importantă zi din viaţa mea. Mă bucuram de orice, de soare, de ploaie, de oameni, de linişte şi de orice mi se arăta în faţa ochilor. În tot ceea ce vedeam şi auzeam era un mesaj important pe care mă străduiam să-l descifrez. Nu eram pregătită pentru nimic, mergeam pur şi simplu înainte, cu credinţă şi cu siguranţa că Dumnezeu era lângă mine, iar El îmi deschidea toate uşile de care aveam nevoie.

Eram curtată de mulţi bărbaţi, majoritatea erau oameni realizaţi, cu un stil de viaţă foarte frumos. Îmi plăcea să simt că eram dorită de asemenea bărbaţi, educaţi, inteligenţi, cu simţul umorului şi deschişi. Acceptam ocazional câte o invitaţie în oraş pentru a descoperi tabăra adversă şi a fost un lucru minunat. Nu căutam o relaţie, ci doar voiam să mă vindec şi să înţeleg. Aşteptam să mă îndrăgostesc, să simt din plin iubirea, să dăruiesc şi să primesc cu braţele deschise, fără bariere. Voiam o iubire nebună care să mă facă să vibrez de fericire şi aveam răbdare să o întâlnesc. Credeam în iubire şi îmi doream să cred și în bărbați, nu voiam să-i judec greșit doar pentru că nimerisem eu câțiva care mă răniseră. Și femeile sunt la fel, unele bune, altele rănite, pentru că nu există oameni răi, ci doar oameni răniți.

Începusem să înțeleg cum funcționează un bărbat, ce nevoi are, ce simte, cum simte, cum vede femeia, cum se manifestă atunci când vrea să cucerească o femeie, cum pierde, cum câștigă, cum construiește, cum visează și cum suferă. Și bărbații plâng, și ei au dureri și își doresc alinare. Și bărbații vor mângâiere, nu doar sex. Vor înțelegere, sprijin, acceptare. Și ei greșesc și fac alegeri proaste și se revoltă din teama de a fi abandonați sau respinși. Și ei suferă în tăcere din dragoste, dar femeia nu are răbdare să cunoască bărbatul, pentru că își pune mai presus propriile nevoi. Ea știe că el trebuie să fie puternic, însă în trupul lui se ascunde tot un suflet, la fel de sensibil ca al femeii. Și totuși descopeream că bărbatul este foarte diferit de femeie. Diferențele erau secretele. Descoperindu-i, mă întrebam cât de mult greșisem și eu în relațiile mele. Și greșisem...

Eric dispăruse din viața mea și, odată cu el, multe alte persoane. Era mult mai bine și mai liniște. S-a oprit din atacurile verbale abia când i-am spus personal să nu uite că puteam să-l distrug dacă voiam. Nu mi-a dat de ales. Mă folosisem de masca femeii periculoase care poate distruge, dar eram departe de ea, ștersesem demult pozele compromițătoare care l-ar fi putut dărâma. Și nu, nu puteam să o fac eu, tocmai femeia care se chinuise ani la rând să-l repare, femeia care l-a ridicat de câte ori a căzut. Nu aș fi făcut-o, dar el nu știa să se oprească niciodată din atacuri decât cu amenințări. Într-un fel, mi se părea trist și dureros că nu trecuse peste relația noastră și era din ce în ce mai înverșunat împotriva mea. Eu îl iertasem, îmi era aproape indiferentă existența lui. Soția lui era însărcinată, iar el rămăsese blocat în trecut. I-am spus că am visat că va avea o fetiță și i-am urat toate cele bune; nu a crezut prea mult în urările mele, dar ele erau sincere. Știa că visele mele se adevereau și nu a vrut să mă creadă. El își dorea enorm să aibă un băiat. La o lună după discuția noastră s-a confirmat sexul copilului, era fetiță. Eram înzestrată cu un dar pe care nici eu nu-l stăpâneam prea bine, dar credeam în el. Aveam din ce în ce mai multă încredere în mine, în intuiția mea și în visele mele. M-am bucurat că va avea o fată și nu un băiat, pentru că o fată îl va iubi mai mult și va avea grijă de el, dar el nu se gândea la asta, ci la puterea unui bărbat, nu la sensibilitatea unei femei. Dumnezeu îi trimitea iubire prin ea, iar el trebuia să învețe să o primească. Eu lăsasem armele jos și aveam brațele deschise, chiar și așa, cu urmele trecutului.

Nu e ușor să renaști din propria cenușă, însă totul depinde de o simplă decizie pe care să o iei trup și suflet. Asta înseamnă să te reconstruiești, dar nu din ruine, ci cu noi viziuni asupra vieții. Înseamnă să lași tot ce e vechi în urmă și să mergi spre nou, fără frică. Curajul înseamnă, de fapt, hotărârea de a îmbrățișa frica. Mergi cu ea în brațe până îți dai seama că nu își are sensul, iar tu devii sensul!

La început te cârpești, să poți înainta, dar cu timpul te reînnoiești complet. Odată ce te-ai regenerat, ești de neînvins! Sufletul are o forță incredibilă de regenerare și, chiar și fizic, celulele din organism se reînnoiesc la un anumit interval de timp. Suntem mereu alții și putem să fim o variantă mult mai bună a noastră cu fiecare decizie pe care o luăm.

Pansamentele nu sunt soluțiile, ele doar acoperă rănile și alină durerile temporar, le înăbușă. Durerea trebuie simțită, epuizată. Totuși, suferința este opțională și nu reprezintă calea spre eliberare, ci spre nicăieri. E normal să doară procesul de vindecare, însă fără el nu există nici libertate și nici fericire. E o etapă care necesită asumare, acceptare și multă iubire. Cel mai important lucru de reținut este faptul că puterea se află în noi și doar noi putem hotărî ce să facem cu ea. Ea este acolo și poate fi accesată oricând.

Atunci când poți să te vezi privind din interior spre exterior, ai făcut cel mai important pas din viața ta!

# O altă EU!

Timpul mă transformase într-o altă femeie, una mai sigură pe ea şi mai hotărâtă să urce cât mai sus. Ştiam că puteam şi credeam tot mai mult în mine. Se aşeza totul, puţin câte puţin. Îmi permiteam, în sfârşit, o viaţă normală şi eram tare mândră de mine, deşi Eric nu a crezut niciodată că voi reuşi singură, dar eram pe picioarele mele şi din ce în ce mai puternică.

Ana, sora mea, urma să se căsătorească şi am decis să plec în Sicilia câteva zile, să o ajut cu pregătirile şi să îşi aleagă rochia de mireasă. Am plecat singură, cu un troler mic şi multă bucurie. În sfârşit, puteam să călătoresc singură şi chiar îmi făcea plăcere. În avion am cunoscut un tânăr italian care studia Medicina în România, la Arad. Am păstrat legătura în ideea că ar vrea să viziteze Bucureştiul la un moment dat şi m-a rugat să-l îndrum. Mă împrieteneam uşor şi repede cu oamenii, nu mai eram timidă, ci foarte deschisă şi sociabilă.

Zilele petrecute în Sicilia m-au deconectat de toate şi m-am bucurat de pregătirea evenimentului care urma să aibă loc. Am cunoscut oameni noi, iar eu mă simţeam alta, deşi mă aflam în aceleaşi locuri pe care le cunoşteam atât de bine. Şi era un sentiment plăcut, să mă ştiu liberă şi liniştită. Viaţa mea se schimbase mult, era mai multă armonie în jurul meu şi apăreau mereu persoane noi de la care aveam ce învăţa.

Am revenit în ţară mai energică şi mi-am continuat călătoria prin viaţă. Mai aveam însă o cumpănă de trecut, descoperisem că aveam nişte chisturi hemoragice la ovare şi nu puteam avea copii. Nici nu ştiam dacă îmi mai doream să am copii vreodată, dar ideea de a fi mamă era undeva în sufletul meu. Am decis să fac investigaţii şi mi-am programat operaţia la sfârşitul lui iunie 2015. Tot iunie, la doi ani după acel coşmar cu atâtea intervenţii care m-au rupt şi m-au reîntregit în acelaşi timp. Mi-era puţin teamă, dar cunoscând deja durerea şi faptul că puteam să îi fac faţă m-a ajutat să iau decizia mult mai uşor. Eram mult mai pregătită, chiar dacă emoţiile se făceau simţite. Trecusem peste toate durerile şi le lăsasem în urmă. Mergeam înainte cu entuziasm şi dornică de a descoperi frumuseţea vieţii, indiferent de obstacole.

Pe la începutul lunii iunie am fost contactată de Fabio, tânărul italian care urma să vină în Bucureşti pe data de 13 şi urma să stea un weekend. Am stabilit că îi voi arăta oraşul şi îl voi duce prin Centrul Vechi, să descopere distracţia de acolo. M-a anunţat că vine cu un coleg de facultate, iar eu mi-am pregătit gaşca de fete.

13 iunie... Stabilisem o întâlnire în Bucureşti cu cei doi studenţi din Arad, Fabio şi Mateo. Pe Fabio îl ştiam deja şi era tare simpatic, un tip minion şi foarte glumeţ. Mateo a fost o surpriză...

În acea zi am început să cred în dragoste la prima vedere, deşi mi se părea imposibil, însă dragostea are multe căi necunoscute, iar eu nu le ştiam pe toate.

Vibram pe aceeași frecvență cu un străin sau poate era un suflet cunoscut în altă viață. Nici nu conta prea mult, mă golisem de gânduri și mă umplusem de emoții noi. Ne-am petrecut weekendul împreună, vizitând orașul și povestind. Ne-am îndrăgostit fulgerător, apoi am descoperit câte lucruri aveam în comun, parcă ne știam dintotdeauna. Ne regăseam în multe priviri și vorbe puține. Toate gândurile erau despre noi. Duminică seara ne-am luat rămas-bun fără să ne gândim la ce urma, dacă urma ceva...

*Când ni s-au întâlnit privirile pentru prima dată, eu îmi purtam doar sufletul, iar tu îți purtai trecutul. Am simțit asta. În ochii tăi era scrisă o tăcere amară, dar pe buze purtai un zâmbet minunat pe care mi-am dorit să îl gust. Avea aromă de iubire. O visai și o doreai la fel ca mine. Ne priveam intens, îmi transmiteai o stare de euforie, îmi venea pur și simplu să te îmbrățișez.*

*Mi-ai topit inima pe loc. Mă atingeai subtil mergând pe lângă mine, așteptând, ca și mine, să se întâmple ceva. Și ne-am întâmplat... cu priviri sincere, cu atingeri ușoare, apoi cu îmbrățișări calde și sărutări intense. Ne-am întâmplat prea frumos pentru o realitate atât de urâtă. Parcă aveai un magnet în loc de inimă. Iar inima ta... când am atins-o pentru prima dată, era în extaz, mai avea puțin și îți sărea din piept. Nicio altă inimă nu m-a cerut așa, nicio altă mână nu m-a atins așa, cu atâta căldură și timiditate. Păreai un copil. Te speria gândul că vei pleca în curând, mă întrebai ce vom face după, iar eu ți-am răspuns zâmbind să nu ne gândim la nimic...*

Gânduri printre rânduri

Mateo și Fabio au plecat la mare, la Constanța, pentru o săptămână, iar eu am revenit la viața mea. Mateo mi-a scris în fiecare zi, avea un mod plăcut de a scrie, era un tip sensibil şi se simţea în fiecare silabă trimisă. Mă suna şi îmi trimitea poze de la mare. Într-o dimineaţă m-a surprins cu o inimioară făcută din scoici, o inimioară brăzdată de o săgeată. Nu ştiam dacă iubirile se scriau pe nisip, eu o scriam pe hârtie, intrasem cu tot sufletul în acea nebunie, pentru că nu o puteam numi altfel. Mi-era dor să mă îndrăgostesc din nou şi adoram senzaţiile care trezeau femeia din mine. După acea săptămână, Mateo şi-a dorit să mă viziteze, iar eu m-am oferit să-l găzduiesc la mine acasă. Îmi doream să-l descopăr ca bărbat şi nu voiam să aştept, învăţasem că timpul era o capcană, iar clipa trebuia trăită.

După o cină în oraş ne-am retras la mine acasă, unde mi-a cunoscut şi familia. Am deschis o sticlă de vin şi am început să povestim pe un fundal muzical plăcut. Ne-am uitat la poze şi am râs foarte mult. Purtam o rochiţă lejeră de vară, albă, scurtă. Din când în când îmi alunecau bretelele, iar el mă sorbea din priviri. Ne cunoşteam de zece zile, dar timpul era irelevant în faţa emoţiilor pe care le trăiam amândoi. Ne-am pierdut într-un sărut care ne-a lăsat fără haine, iar restul rămâne secretul nostru...

După două zile, ne-am luat rămas-bun fără să ne gândim la ce urma. Eram fericiţi, deşi nu ştiam dacă drumurile noastre aveau să se mai intersecteze vreodată. Mateo avea un suflet minunat, însă în spatele bărbatului puternic simţeam un copil rătăcit. Îmi doream să ajung la el, voiam să-l cunosc cu totul şi am decis să ne acordăm timp. Am lăsat distanţa să se aşeze între noi fără teamă, creasem o conexiune greu de definit într-un timp atât de scurt. Am continuat să vorbim la telefon şi ne-am scris zilnic. La sfârşitul lunii iunie mi-a fost alături sufleteşte când am avut intervenţia pentru îndepărtarea chisturilor. L-am simţit aproape chiar şi aşa, îşi făcea griji pentru mine, dar nu a putut veni fiindcă avea examene. Recuperarea mea a fost uşoară şi rapidă, totul a decurs foarte bine.

În iulie ne-am revăzut. Terminase examenele şi ne-am dorit să plecăm într-o vacanţă împreună, să îi arăt cât este de frumoasă România. Nu cunoştea decât Aradul şi Bucureştiul, iar eu l-am dus pe plaiuri pitoreşti încărcate de tradiţie şi frumuseţe românească. A fost fascinat! Am străbătut drumuri de munte, ţinându-ne de mână, cântând şi râzând şi am vizitat castele şi cetăţi în care am lăsat amintiri frumoase şi imagini cu noi doi sărutându-ne. Am pictat peisaje de iubire din priviri şi ne-am bucurat de libertate. Ajunşi în curtea castelului Peleş, Mateo s-a oprit şi a îmbrăţişat peisajul cu privirea, a întins braţele şi părea că nu îi ajungeau să-l cuprindă. Un sunet de vioară se auzea aproape de intrare, iar noi ne-am îndreptat cu paşi mărunţi spre muzica aceea. Şi sufletul meu cânta, dar cu alte note. Eram fericită.

– Unde m-ai adus? m-a întrebat el serios.

– Nu-ţi place? l-am întrebat confuză.

– Nu, e prea frumos să fie adevărat. Iar tu... parcă eşti ruptă din poveşti.

– E real, Mateo... iar eu sunt aici.

– Nici nu ştiu dacă merit toate astea...

– Altfel nu ai fi fost aici, i-am spus bucuroasă.

– Eşti minunată, Nina!

– Sunt?

– E puţin spus. Ne cunoaştem de o lună şi suntem aici. Nu am fost niciodată plecat într-o vacanţă cu o femeie. E ciudat. Iar tu... m-ai dus în locuri pe care nici nu le-am visat vreodată. Eşti o surpriză în viaţa mea.

– Una plăcută, sper.

– Cea mai frumoasă! mi-a spus, zâmbind din tot sufletul.

– Azi e 13, da... acum o lună ne-am îmbrăţişat prima dată. Se pare că nu poartă ghinion.

– Nouă ne-a purtat iubire. Nu am sărbătorit niciodată iubirea.

– Iubirea nu are date, are doar momente. Hai să ne bucurăm de ele, oricând ar fi!

L-am luat de mână şi am intrat în castel. Mergând prin camerele luxoase, Mateo mă privea fericit. Admira fiecare detaliu şi savura fiecare clipă.

– Vreau să fii regina mea... mi-a şoptit la ureche.

– Mmm... am zâmbit fără să răspund, pentru că vorbele erau de prisos.

Intraserăm într-o poveste în care am avut roluri regale şi ne-am furat sărutări în scurtele momente în care rămâneam singuri. Am ieşit după ce am notat câteva gânduri în cartea de la uşă. Am lăsat câteva părţi din noi acolo, ce trăiau mai departe în povestea în care eu eram regina lui. Ne-am continuat călătoria în alte locuri pline de istorie şi i-am povestit lucruri despre România pe care el nu le ştia. Se îndrăgostise abia atunci de ţara mea, deşi stătea de patru ani la Arad. România fusese pentru el un singur oraş, în care nu văzuse mai nimic. O descoperea bucuros şi dornic de mai mult. Castelul lui Dracula de la Bran a fost senzaţional, aproape că nu a scos o vorbă în timpul vizitei. La sfârşitul călătoriei i-am citit tristeţea din ochi, dar ştiam că atunci era abia începutul. Al nostru... Era prima poveste de dragoste pe care o gustam din plin, o trăiam intens şi fără aşteptări. Uitasem trecutul cu totul.

După câteva zile, drumurile noastre s-au împărţit iar, ne-am despărţit cu greu, cu promisiunea că ne revedem în toamnă. Şi-a petrecut vara în Sicilia - a doua mea casă era casa lui. Mi se părea incredibil că era de acolo. Mă suna zilnic şi îl simţeam că era fericit, iar eu îi făcusem un loc special în sufletul meu, să se simtă liber să mă iubească. Am aşteptat luna septembrie cu sufletul la gură.

*Am găsit coli nescrise în sufletul meu, pline de praf și obosite de timp. Le-am luat și le-am strâns la piept fără să-mi pese dacă mă murdăresc, apoi am suflat zâmbind peste ele. În sfârșit, am din nou unde să îmi pun cerneala păstrată în inima mea dornică de povești de iubire. Și câtă iubire stă cuibărită în ea... Câte emoții aleargă nebune din colț în colt, strigând să le trăiesc și să le scriu. Și scriu, și te scriu. De fapt, te-aș scrie, dar ești atât de... nu știu... ești tot ce visam! Să fi venit oare timpul să îmi scriu visul? Cum e... Doamne... Cum ești... Așa cum te visam! Și oricât aș căuta prin dicționare să îți descriu ființa, n-am să găsesc cuvintele. Ești simplu. Ești... hăinuța sufletului meu, îl îmbraci perfect în fiecare zi și știi cum să alegi culorile. Și tot tu îl dezbraci atât de frumos și îl săruți atât de tandru, încât nu știu cum mi-e mai bine, cu hăinuțe sau fără. Cert e că sufletul meu râde în hohote de când te știe și se răsfață neîncetat cu vocea ta asemenea unei melodii cu note împletite din iubire. Iar când îmi cânți, iubitule, ești divin! Îmi cânți cu sufletul și îmi atingi și cea mai mică celulă, îmi așezi fiori în piept și îmi faci inima să danseze de fericire! A mai fost bucuroasă, dar nu așa. Înainte era mereu umbrită de teamă și dezamăgire, acum se scaldă în raze de soare chiar și în întuneric, iar teama nu mai există. Am înțeles că nu trebuie să îmi fie frică. Am înțeles că iubirea nu doare! Acum este iubire!*

Gânduri printre rânduri

4 septembrie 2015... Am plecat cu un troler mic spre Gara de Nord. Am luat trenul spre Arad fără să știu că urma să merg douăsprezece ore, dar nu-mi păsa, știam că eram din ce în ce mai aproape de iubitul meu care mă aștepta cu nerăbdare. Am petrecut noaptea vorbind cu un domn despre Dumnezeu. A fost poate singura dată

în viaţa mea când am întâlnit un străin care ştia atât de multe lucruri interesante şi frumoase despre Creatorul nostru. Şi el cobora tot la Arad. Mateo a rămas treaz tot drumul să ştie că sunt în siguranţă. Când am ajuns, ploua, iar domnul din tren s-a oferit să-mi ţină companie până venea iubitul meu, care nu mai răspundea la telefon. Eram sigură că adormise, iar eu eram la fel de obosită. Nu îi ştiam adresa şi, pentru câteva clipe, m-am simţit rătăcită. Acel strain, însă, mă făcea să mă simt protejată, el venise să îşi viziteze soţia, pentru că muncea în Germania şi o vedea rar. Era la fel de nerăbdător ca și mine să ajungă. Amândoi veniserăm din iubire, pentru iubire.

La ora 5:30 am primit apelul mult aşteptat, iar acel străin nu s-a clintit de lângă mine până la sosirea lui Mateo. I-am mulţumit şi după ce mi-a recomandat câteva cărţi de citit, ne-am luat rămas-bun. Peste puţin timp se lumina, iar dimineaţa m-a găsit în braţele lui Mateo. Universul meu era complet.

Am petrecut o săptămână plină de emoţii noi, o săptămână cum nu trăisem niciodată în viaţa mea. Nu-mi lipsea nimic şi nu-mi doream nimic în plus. Era totul perfect. Râdeam foarte mult şi ne jucam ca doi copii, povesteam ca doi adulţi şi ne iubeam ca doi amanţi, cu pasiune. Descoperisem în el amantul perfect care ştia să mă facă să mă simt dorită, ştia să se facă dorit, iar în mine descoperisem o altă femeie, mult mai sigură pe ea și mai pasională. Trăiam din plin fiecare clipă din acel început de toamnă. Iar eu adoram toamna.

*Eşti bărbatul din visul meu, cel care ştie să-mi fie. Să mă umple şi să mă întregească. Iar eu îţi sunt femeia care îţi dă libertatea să alegi. Mi-am dorit să fiu aleasă, nu să aleg. Poate ne-am ales reciproc, dar nu credeam vreodată că există perfecţiune, însă ea este ascunsă în imperfecţiunile noastre. Eu am semnele trecutului, tu la fel, însă ele dispar sub zâmbetele noastre, se pierd în fiorii care ne dezgolesc mintea și trupul. Nu e un vis, mi-ai fost un vis...*

Gânduri printre rânduri

Cu două zile înainte să plec am simțit o tristețe în privirea lui Mateo pe care o acoperea cu tăcere, însă eu o vedeam. Am preferat să o ignor. După masa de prânz m-a luat în brațe și a izbucnit în plâns. Mi-am simțit sufletul atât de greu, că abia îl duceam. Nu înțelegeam acea îmbrățișare înăbușită cu plânsete.

– Nu vreau să pleci, mi-a spus, suspinând.

– Nici eu, dar...

– Mi-ar plăcea să rămâi.

– Mateo...

– Nu am trăit niciodată ce mă faci tu să simt. Poate ți se pare absurd. Am mai iubit, dar nu am fost niciodată atât de fericit.

– Iubirea nu se naște peste noapte, ea se așază în timp, se construiește cu momente... iar noi suntem pe drumul potrivit.

– Nu știu de ce te-a trimis Dumnezeu în viața mea, dar vreau să rămâi.

– Sunt aici.

– O să pleci sâmbătă...

– Hai să ne dăm timp și răbdare, să construim frumos. Așa cum am vorbit. Fără planuri, fără gânduri... să lăsăm iubirea să se întâmple pur și simplu...

– Doamne... ești minunată!

– Tu ești minunat! Pentru că îmi auzi sufletul...

– Nu știu cum să-ți dau drumul...

– Nu-mi dai.

Am început să plâng şi eu, deşi mai aveam două zile de petrecut împreună. Ne-am îmbrăţişat de parcă era ultima dată şi ne-am liniştit abia spre seară. Mi se părea atât de frumos ceea ce trăiam şi nu mă gândeam nicio clipă la „De ce?”. Sâmbătă dimineaţa am plecat spre gară fără să vorbim despre plecare sau revedere. Mi-am luat bilet şi am mers pe peron. Nu ştiam ce să ne spunem, zâmbeam. Ştiam că fiecare avea viaţa lui, el se pregătea să devină medic, iar eu mă străduiam să îmi construiesc un drum mai bun. Ne-am îmbrăţişat şi ne-am sărutat până când s-a anunţat venirea trenului spre Bucureşti. Ni s-au umezit ochii, iar zâmbetele ne-au îngheţat. Nu-mi plăceau despărţirile. Cui îi plac?

– Te aştept să revii, mi-a spus Mateo cu vocea tremurândă şi cu lacrimi în ochi.

– Luna viitoare am o săptămână liberă. Ţi-am promis-o. Voi fi aici.

– Să ai grijă de tine!

– Şi tu la fel...

Ne-am sărutat cu obrajii plini de lacrimi, ne-am îmbrăţişat pentru ultima dată şi apoi am urcat în tren. Îmi simţeam paşii atât de grei, încât abia mă mişcam. M-am oprit lângă geam şi m-am lipit de el, întinzând mâna spre Mateo. Lacrimile îmi curgeau şiroaie, iar trenul nu dădea semne să plece. S-a apropiat şi el de partea cealaltă, ştergându-şi lacrimile cu mânecile de la bluză, apoi a întins mâna către mine, unindu-şi palma cu a mea. În stânga noastră un alt cuplu ne-a copiat gestul zâmbind spre noi. Am surâs amar toţi patru cu mâinile lipite de geamul murdar. Mateo a profitat de geamul plin de praf şi mi-a scris „Te iubesc!”, mi-a desenat inimioare, iar amprenta mâinii lui a rămas acolo, lângă mesajul iubirii pe care l-am privit tot drumul. Mi-era tare greu să plec de lângă el, dar mai greu îmi era să văd tristeţea din ochii lui. Nu înţelegeam de ce dura atât de mult staţionarea trenului care ne prelungea agonia. După câteva minute, s-a pus în mişcare. Mateo a început să alerge după el cu mâna întinsă spre mine până când a rămas în urmă. Mi-a trimis un ultim sărut şi apoi imaginea lui a dispărut. Am izbucnit în plâns, de fericire şi de tristeţe în acelaşi timp. Mă simţeam iubită aşa cum nu mă simţisem niciodată, dar nu asta conta, ci faptul că şi eu îl iubeam la fel de mult. Simplul gând că iubirea era una împărtăşită însemna ceva sublim. Era ceva nou pentru mine, să simt iubirea, să o trăiesc, să o ofer şi să o primesc. A fost un drum trist la întoarcere, iar gândul mi-a fost numai la el. Inima se înghesuise într-un colţ şi mă înţepa din când în când. Am ajuns acasă la miezul nopţii.

Sfârşitul lui septembrie ne-a reunit familia la nunta Anei. Am petrecut împreună o săptămână de vis în Sicilia, însă fără Mateo. El era în România, la facultate. I-am simţit lipsa, dar m-am bucurat oricum de acea perioadă, rar ne strângeam aşa. Atmosfera în familia mea era alta şi tensiunile dispăruseră. Ariana începuse să meargă şi am dus-o să cunoască marea. A fost prima ei iubire.

A trecut neaşteptat de repede o lună şi nu simţeam timpul, pentru că eram mereu în mişcare. Conexiunea cu Mateo rămăsese la fel de puternică chiar şi în zilele în care unul dintre noi era mai prost dispus. La începutul lui noiembrie mi-am reluat călătoria spre Arad, dar fără ca Mateo să ştie. Ne supăraserăm dintr-un motiv stupid şi eram mai reţinuţi de câteva zile. Probabil fiecare îşi dorea o dovadă de iubire din partea celuilalt, iar distanţa uneori ne apăsa. Am vrut să îl surprind şi să-i arăt că îmi păsa. A fost prima dată când am făcut o nebunie din iubire. Riscam să nu-l găsesc acolo sau să nu-mi răspundă, dar inima mea ştia că el avea nevoie de o dovadă de iubire, la fel şi eu. Am ajuns la cinci dimineaţa în faţa blocului şi l-am sunat. Mi-a răspuns imediat, deşi mă aşteptam să doarmă. I-am spus să coboare, dar nu m-a crezut. Am rămas dezamăgită câteva clipe, fără să-i înţeleg uimirea. După câteva minute a coborât şi a început să râdă, încă nu-i venea să creadă că eram acolo.

– Eşti nebună! mi-a spus, îmbrăţişându-mă.

– Ţi-am spus că revin în noiembrie.

– Nu credeam că vii neanunţată.

– Să plec sau să rămân?

– Rămâi, normal. Mă bucur că eşti aici! Încă mi se pare că visez... să vii aşa? Doamne, tu chiar eşti o surpriză.

– Una obosită.

– Şi eu urăsc trenul ăla...

– Eu nu. El mă aduce la tine.

– Tu chiar mă iubeşti... mi-a spus uimit.

– Se pare că da, altfel nu eram aici.

Îmi era tare somn, dar dorul pentru Mateo fusese atât de mare, încât am stat să povestim până la răsăritul soarelui, apoi am adormit în braţele lui. Dispăruseră toate umbrele din trecut, iar eu păşisem într-o poveste reală. Ştiam că nu există iubire fără probleme, ştiam că o relaţie are nevoie de doi oameni şi de visuri comune, iar de departe nu era uşor să le descoperi. Ne străduiam amândoi să ne fie bine şi ne bucuram de fiecare clipă petrecută împreună.

Era a doua săptămână pe care o petreceam aşa, însă a fost extrem de diferită. Am cunoscut o altă latură a lui Mateo, una care era pierdută în trecut sub talpa traumelor din copilărie şi, mai ales, din adolescenţă. Într-o seară ne-am aşezat la poveşti, ne-am înghesuit într-un colţ pe canapea, sub o pătură roşie, pufoasă, luminaţi de câteva lumânări parfumate. Era linişte, însă în sufletul lui era o gălăgie pe care o auzeam pentru prima dată. Avea nevoie de o prietenă, iar eu ştiam că îi puteam fi totul. L-am lăsat să-mi povestească şi l-am ascultat îmbrăţişându-l. Se simţea în siguranţă, deşi povestea cu greu.

– Nu am avut o copilărie fericită, ceea ce m-a făcut să fiu un adolescent rebel. Mi-a lipsit tata și îl urăsc pentru asta! mi-a spus el cu tristețe în voce.

– De ce ți-a lipsit?

– Pentru că era mereu plecat, iar eu aveam nevoie de el. Nu a înțeles asta niciodată și eu nu am știut cum să îi spun că îl vreau aproape. Acum îl vreau departe de mine.

– Nu cred că asta vrei cu adevărat.

– Nici nu contează ce vreau eu. Mereu mi s-a impus ce să fac.

– De ce ești aici?

– Nici asta nu a fost alegerea mea. Tata mă îmbrăca de mic în halatul lui de doctor și visa să ajung ca el. Eu nu vreau să fiu o copie a lui, vreau să fiu eu! Mi-am dorit să ajung pilot sau fotbalist și am fost bun la ambele, dar ai mei au făcut tot posibilul să aleg medicina. Nu am avut încotro.

– Le-ai spus ce vrei și totuși ești aici?

– Da. Am dus un război cu ei care m-a distrus. Nu sunt fericit că sunt aici, dar azi îmi dau seama că altfel nu te-aș fi cunoscut.

– Nimic nu este întâmplător! Dar nu cred că tu ești capabil să urăști, ești doar rănit. Poate că meseria asta te va aduce aproape de tatăl tău. Puteți lucra împreună și poți recupera timpul pierdut. Te-ai gândit la asta?

– Nu-l vreau aproape! Când am avut nevoie de el, nu a fost.

– Poate că nu a știu nici el cum să gestioneze totul. Te-ai gândit, înainte să-l judeci, că poate a făcut ceea ce a crezut el că este mai bine pentru tine? Nimeni nu se naște pregătit pentru a fi părinte și fiecare părinte face pentru copilul său ceea ce crede de cuviință.

– Cum poți să vorbești așa? Cum poți să înțelegi atât de ușor totul și să accepți lucrurile așa cum sunt?

– Exact cum spuneai şi tu, nu am avut încotro, a trebuit să înţeleg. Am crescut cu un tată alcoolic, care nu mi-a oferit nimic. Tu, totuşi, ai primit ceva...

– Umilinţă din partea tuturor... am fost mereu copilul doctorului care are de toate şi nu a fost aşa! Mi-a lipsit iubirea!

– O poţi primi acum. Trecutul e trecut... lasă-l acolo.

– Nu pot!

– Sunt sigură că tatăl tău te iubeşte în felul lui şi se manifestă aşa cum ştie el mai bine.

– La mine nu ajunge nimic...

– Poate aveţi limbaje diferite. Vă lipsește comunicarea.

– Tu încerci să mă apropii de el?

– Încerc să vă înţeleg pe amândoi. Fiecare are dreptate în felul lui. El a muncit să poată să îţi ofere ceva, iar asta i-a luat timpul pe care ţi-l putea dedica ţie şi, dacă nu muncea, nu era cine este azi, iar tu nu aveai ce ai acum.

– Nina... eşti cel mai frumos om din viaţa mea! Îţi mulţumesc că eşti aici și mă înțelegi și îţi mulțumesc că nu ne judeci.

– Nu cred că ţi-ar fi plăcut să fiu de partea ta şi să auzi lucruri urâte despre tatăl tău. Îl iubeşti, dar nu vrei să arăţi asta.

– Mi-a lipsit prea mult şi îl urăsc pentru asta. Am avut nevoie de prezenţa lui, nu de bani.

– Ştiu, dar pregătirea în medicină necesită mult timp, iar acum ştii şi tu asta.

– Nu vreau să fiu ca el.

– Nu eşti ca el. Spune-mi sincer... îţi place medicina?

– Da, îmi place şi mă descurc foarte bine la practică.

– Doar asocierea cu tatăl tău te face să refuzi această meserie. Eu mi-am dat seama din discuțiile noastre că te pasionează și ești bun la asta, dar nu vrei să accepți. Poate asta o să vă aducă împreună.

– Știi... sunt zile când vin aici și mă închid în baie. Stau ore în șir în cadă, blocat în trecut, încercând să înțeleg... doare... și sunt multe alte lucruri care dor... Nu știi multe despre mine.

– Știu asta. Nici tu nu știi multe despre mine.

– Tu ești perfectă, chiar dacă nu te vezi așa.

– Nu sunt perfectă.

– Ești.

– Ți-ai pus întrebarea cine sunt?

– Nu. Nu cred că poți fi altfel decât ceea ce pari.

– Atunci de ce crezi că eu te văd altfel?

– Pentru că eu ascund multe...

– Nu-mi pasă.

– Poftim?

– La ce mă ajută să le știu pe toate? Vreau să știu cine ești acum, nu cine ai fost sau ce ai făcut. Nu aș putea să schimb oricum nimic din ceea ce ai fost, iar azi nu mai ești cine ai fost ieri. Te-ai gândit la asta?

– Nu. Toți mă judecă după trecut...

– Nu și eu. Chiar tu mi-ai mulțumit mai devreme pentru asta. Nu ai simțit că te judec. Știi de ce?

– Pentru că știi cum e.

– Da. Nici eu nu sunt cea din trecut, sunt cea care acum stă aici în brațele tale și te iubește, așa cum ești azi.

– Chiar nu contează trecutul?

– Atâta timp cât rămâne în trecut, nu. Contează lecțiile.

– Vezi tatuajul ăsta de pe braț? Are o poveste...

– Dacă vrei să mi-o spui, te ascult.

– S-ar putea să nu mă mai vezi la fel după.

– Îţi repet: te iubesc pentru ceea ce eşti azi! Trecutul ne formează, dar nu ne defineşte. Prezentul este cel care contează şi alegerile pe care le facem pentru viitor. Nu te mai chinui atât.

– Am fost prea rebel şi am greşit mult.

– Ai zis ceva de război... şi eu am avut războiul meu, doar că m-am manifestat diferit. Şi eu am greşit, nu te condamna, e dreptul tău să greşeşti.

– O să ajung în iad.

– Nu cred că există iad.

– Există.

– Doar dacă aşa vrei tu să crezi.

– Mi-e frică să nu ard în flăcările lui.

– La cum o spui, zici că eşti deja acolo. Nu te mai gândi la asta, fi prezent!

– Am vrut să-mi iau viaţa! De câte ori mă uit la tatuajul ăsta, retrăiesc acel coşmar şi de fiecare dată când cineva îmi spune că e frumos, devine şi mai dureros, pentru că el ascunde răni adânci.

– De ce ai vrut să mori?

– Pentru că nu m-am simţit iubit...

– Şi acum cum te simţi?

– La fel...

– Şi totuşi, eşti aici. Trăieşti! Doar că nu simţi.

– Nu cred că mă iubeşte cineva. Poate doar tu...

– De cine vrei să fii iubit, ca să conteze?

– De ce îmi faci asta?

– Spune, cine? Cine ar face diferenţa?

– Tata...

– Te iubeşte. Aşa cum ştie el şi cum poate.

– El a fost cu mine să-mi fac tatuajul, să fie sigur că ascund evenimentul şi că nu va afla nimeni de el.

– Tu l-ai vrut sau el?

– Eu.

– Şi atunci de ce dai vina pe el? Asumă-ţi.

– Din vina lui am ajuns acolo, cu totul.

– Mateo... au fost alegerile tale.

– Ei m-au împins să vreau să mor. Nu m-a iubit nimeni!

– Acum înţeleg de ce e rana ta încă deschisă şi atât de adâncă. A fost un strigăt să fii văzut, auzit... nu te condamna pentru asta!

– Nu mă vezi altfel acum?

– Ba da.

– Eram sigur, mi-a spus, ridicându-se din braţele mele.

– Sigur că ce?

– Că îţi vei schimba părerea.

– Dar nu ştii ce cred acum.

– Mă vezi ca pe un laş...

– Aşa te simţi?

– Nici eu nu mai ştiu ce simt şi nici ce vreau. Doare totul, iar trecutul mă torturează zilnic.

– Pentru că îi dai tu voie.

– Până şi tu ţi-ai schimbat părerea despre mine. Vezi?

– Nu am spus cum.

– Cum?

– În mai bine. Îţi mulţumesc că ai încredere în mine. Eşti un om minunat!

– Poftim?

– Eşti un om minunat şi te iubesc aşa cum eşti, cu tot cu trecutul tău.

– Cum poţi să mă iubeşti aşa?

– De ce să nu pot? Cine mă opreşte?

– Poţi să mă iubeşti aşa?

– Mateo... dă-ţi voie să fii iubit. Vrei să fii iubit, nu?

– Vreau... şi mi-am dorit o femeie ca tine.

– Înseamnă că mă meriţi dacă sunt aici. Te iubesc!

A început să plângă ca un copil, iar eu vedeam în el bucăţi rupte din mine, însă rănile lui erau mult prea adânci şi încă nu le ştiam pe toate. Trebuia să am grijă cu el, să nu-i apăs pe răni. Era greu şi pentru mine, dar puteam să-i înţeleg durerile. Nu voiam un om perfect, ci unul care să fie sincer.

*Mi-am amintit prima ta privire, cea care ascundea ceva trist. Am ajuns la copilul rătăcit care striga după ajutor. Oare ce rol am eu în viaţa ta? Oare te pot iubi suficient, încât să te ajut să te întorci la tine? Dar eu? Eu ce am de învăţat privindu-te pe tine? Parcă eşti un puzzle care aşteaptă să fie întregit. Sau poate eu... Ce grele sunt rănile şi cât ne schimbă, dar eu ştiu că ele pot fi vindecate! Alegerea, însă, îi aparţine celui care le poartă. Eu sunt aici... iar tu, dă-ţi voie să fii! Să fii tu! Să fii iubit!*

Gânduri printre rânduri

Timpul s-a scurs destul de repede şi săptămâna a trecut de parcă a fost o clipă. O clipă în care am pus multă iubire. O clipă pe care am îmbrăţişat-o cu toată fiinţa mea. Ajunsesem mai aproape de sufletul lui Mateo, îi cunoscusem multe secrete, multe dorinţe, multe dezamăgiri şi multe dureri. Simţeam că avea nevoie de mine, aşa cum şi eu aveam nevoie de el. Deşi noi vedeam o singură poveste, ele erau de fapt două, pe care încercam să le contopim. Era un bărbat sensibil, frumos, inteligent, dar foarte rănit. A avut însă curajul să se deschidă şi să îşi pună trecutul în mâinile mele. O parte din el... Am ales să înţeleg, nu să judec şi să fug. Mi-a spus că suferea de o depresie urâtă care îi fura pofta de viață, dar care explica multe reacții pe care eu nu le înțelesesem înainte. Îl iubeam așa și voiam să îi fiu alături, să îl ajut să treacă peste toate durerile, mai ales că eu le cunoșteam atât de bine. Nu voiam să se simtă singur așa cum mă simțisem eu în furtuna din care ieșisem înainte să îl cunosc. Știam că nimeni nu era perfect și fiecare om trebuie acceptat cu bune și cu rele, știam cât de mult conta ajutorul în situațiile grele și am decis să îi fiu alături. Nu știam dacă doar voiam să salvez copilul din el sau să iubesc bărbatul care nu era încă, nu știam ce voia el de la mine, însă știam sigur că aveam nevoie de timp să aflăm. Simțeam iubire și asta era tot ce conta. După o săptămână ne-am dus pe același peron care ne separa și ne regăsea de fiecare dată când mergeam la Arad. Era locul în care lăsam cele mai multe emoții.

– O să-mi fie greu să mă întorc singur acasă, mi-a spus el trist.

– Ne vedem și luna viitoare.

– Ai lăsat o parte din tine acasă. Ai adus multă lumină în ea. O să te văd peste tot, dar cel mai mult o să-mi lipsești din brațe. Îmi place să te țin la pieptul meu, mă simt plin.

– A devenit locul meu preferat.

– Câtă răbdare ai avut cu mine...

– Gândește-te mai bine la iubire, nu la răbdare. O relație nu înseamnă numai sărutări și râsete... Iubirea le face pe toate.

– Tu chiar le faci pe toate. O să-mi lipsească mâncarea ta delicioasă.

– Iar mie plimbările fără destinație, i-am spus, râzând.

– Chiar... Nu am ieșit niciodată în oraș fără să știu unde merg. Cu tine totul e o surpriză. Mereu am ajuns în locuri frumoase. Mă faci să simt că trăiesc din nou.

– Pentru că asta îţi doreşti. Să trăieşti, să simţi...

– Te iubesc! mi-a spus, sărutându-mi fruntea.

– Şi eu te iubesc!

– Rămâi aici...

– O să rămân când o să fim pregătiţi amândoi. Hai să nu ne grăbim drumul. Ştiu, e mai frumos împreună...

Am fost întrerupţi de zgomotul puternic al trenului care se apropia hotărât. Nu-mi plăcea să-l aud şi nu mi-era uşor să plec de lângă el. Avea ceva special care mă făcea să-l iubesc cu toată fiinţa mea.

*Gările... locurile unde se scriu adevăratele poveşti de iubire aşezate pe şinele obosite de timp. Câţi călători le trec... Câţi îndrăgostiţi îşi târâşesc lacrimile sub tălpi, purtându-le departe... Câte inimi speriate de zgomotul trenului care pleacă fără să le mai dea un răgaz, fără să-i întrebe dacă îşi pot smulge iubirea de la piept, ca apoi să o abandoneze peronului martor la fiecare sărut, la fiecare lacrimă, la fiecare pas singur, neînsoţit... Câte geamuri scrise de mâini tremurânde... Zac atâtea poveşti peste ele. Of, gările... cum lasă în urmă iubirea...*

Gânduri printre rânduri

Am trăit o toamnă plină de culoare din toate punctele de vedere. Am cunoscut toate nuanţele şi m-am bucurat de ele. Am încercat chiar să intru la facultatea de psihologie, însă pentru puţin am ratat. Îmi doream un loc fără taxă, dar nu mă pregătisem destul. Nu-mi permiteam să o plătesc. Poate nu era momentul potrivit sau trebuia să fac altă alegere. Munceam foarte mult, aveam în continuare două locuri de muncă şi eram mulţumită că îmi rezolvasem majoritatea problemelor, iar încrederea în mine creştea zilnic. Puteam!

Un alt final de an era aproape, în timp ce eu mă îndreptam spre noi începuturi. Îmi luasem bilet să-mi petrec sărbătorile de iarnă în Sicilia, la sora mea. Mateo locuia la 40 de kilometri de orașul unde stătea ea și asta mă bucura mult. Cum așezase Dumnezeu drumurile... era incredibil. Crăciunul nu l-am petrecut împreună, însă Revelionul da. A fost minunat! Apoi i-am cunoscut familia, unde am fost primită cu brațele deschise.

Am avut bucuria să cunosc oameni simpli, primitori, generoși, foarte educați și amabili. Abia acolo am descoperit că nivelul lor financiar era foarte înalt, aveau multe case și mașini, lucruri cu care Mateo nu se lăudase niciodată, iar asta m-a făcut să-l iubesc și mai mult. Uram aroganța. Tatăl lui Mateo îmi povestise că și el a plecat de jos și i-a luat ani buni să ajungă la un nivel atât de înalt. Îl admiram pentru simplitate, era un om foarte calm și foarte educat. Era un medic extraordinar, oamenii îl respectau foarte mult. Am descoperit însă, cu tristețe, că relația dintre Mateo și părinții lui era extrem de conflictuală. Și totuși fiecare avea dreptatea lui. Lipseau înțelegerea și acceptarea de ambele părți, iar eu eram la mijloc și nu puteam să fac nimic.

Când am revenit în țară, mi-am dat seama că nu eram împlinită din punct de vedere profesional. Stând alături de familia lui Mateo, mi-a reapărut dorința și ambiția să am o carieră într-un domeniu care să mă reprezinte. El avea o altă lume în care bogăția era ceva normal și firesc, ceva ce mie mi-a fost străin până atunci. Gustasem prea puțin abundența, dar îmi plăcea, știam cum era în ambele tabere, dar cel mai mult cunoșteam sărăcia. Nu voiam să mă întorc la ea. Bogăția materială a fost un simplu vis de mic copil, însă cunoscusem bogăția sufletească și știam că doar așa o pot atinge și pe cealaltă. Dacă inima e săracă, la fel îți este și viața.

Simțeam că mă apropiam de tot ceea ce îmi doream și voiam să obțin totul singură, să pot ieși în față pe cont propriu. M-am hotărât să-mi continui studiile, să îmi găsesc o profesie care să mă reprezinte şi să îmi aducă un venit substanţial. M-am gândit la multe, mi-am notat ce îmi plăcea, ce voiam, ce puteam să fac, ce talente aveam, ce abilităţi şi ce era nevoie să fac pentru a începe. Deşi făcusem schimbări radicale în viaţa mea, nu era suficient să pot ajunge acolo unde visam. Voiam cât mai sus şi aveam tot dreptul să îmi doresc să evoluez. Mă motivase foarte mult vizita acasă la Mateo şi ştiam că puteam să cresc şi eu. Mă inspiram şi mă ghidam după cei care reuşiseră să ajungă unde intenţionam şi eu.

Mi-am continuat drumul visând şi sperând să îmi depăşesc condiţia şi ştiam că puteam, o mai făcusem o dată. La fel mi-am continuat şi relaţia la distanţă, iar drumurile spre Arad erau tot mai dese. Mateo era tot mai deschis faţă de mine, însă acest lucru mi-a pus în faţă un bărbat cu multe probleme şi nu ştiam ce să fac cu ele. Compensau clipele în care ne rugam împreună, în serile în care eram la el. Ne ţinem de mână şi rosteam rugăciuni cu nişte cuvinte simple care să ajungă la inima lui Dumnezeu. Eu Îl regăsisem, iar Mateo avea atâta nevoie de El. Avea sufletul frânt. Într-o seară, după cină, în timp ce schimbam două vorbe lângă fereastră, Mateo mi-a spus că voia să îşi cumpere o motocicletă.

– Ce zici? Îmi doresc asta de mic, dar nu am avut curaj să o fac. Mersul pe două roţi nu e chiar aşa de simplu.

– Cum te-ai simţi dacă ai avea motocicleta?

– Liber...

– Şi ce ţi-ar mai plăcea să ai?

– O altă maşină şi casa mea.

– Aha... dar ceea ce ai acum nu te mulţumeşte?

– Nu sunt ale mele.

– Nu, dar beneficiezi de ele. O să vină şi vremea când le vei avea pe ale tale.

– Momentan vreau motocicleta asta.

– Şi ai fi mai fericit?

– Da. M-aş distra cu siguranţă.

– Mateo... am impresia că tu vrei doar să-ţi umpli golurile.

– Să-mi umplu golurile?

– Da. Acum că le ştiu şi eu, de câte ori te ascult îmi dau seama de ce îţi doreşti anumite lucruri.

– Cum îţi dai seama?

– Nu ştiu. Pur şi simplu...

– Lucrurile astea îmi oferă nişte bucurii pe moment.

– Şi la ce te ajută nişte bucurii de scurtă durată?

– Să uit ce doare.

– Nu mai face asta... nu te ajută. Mai bine vindecă ce doare, în loc să te amăgeşti cu lucruri materiale.

– Chiar asta fac, încerc să umplu goluri care nu se umplu niciodată. Tu cum vezi asta la mine?

– Ţi-am spus că nu ştiu nici eu de ce le văd şi cum reuşesc să le văd. Pur şi simplu privesc cu sufletul. Ascult dincolo de cuvinte. Eu, dacă am linişte, nu-mi doresc nimic altceva.

– Poate că e prea multă gălăgie în mine, mi-a spus el cu tristeţe.

– Ştim amândoi că aşa este, însă tu singur te ţii blocat acolo.

– Într-o zi o să ies din asta, o să vezi.

– Dacă îţi doreşti cu adevărat, o să poţi. Eu cred că poţi.

– Eu nu ştiu dacă pot...

L-am luat în braţe să nu se simtă singur. Avea des acele stări de tristeţe şi se ascundea în spatele unor dorinţe, însă se amăgea singur. Nu era suficient ca eu să cred în el, ci el trebuia să creadă în el, încât să poată să se desprindă de trecutul lui aşa cum făcusem şi eu. Nu avea încă puterea.

*De ce oare îmi doresc atât de mult să repar bărbații? Oare pe ei trebuie să îi repar sau pe mine? Pe cine văd în ei? Pe tata, oare? Pe el mereu mi-am dorit să-l repar cumva. Iar eu... oare sunt completă?*

Gânduri printre rânduri

Vara m-a găsit fericită, iar vacanța mi-am petrecut-o alături de Mateo şi familia lui la mare, în Sicilia, unde aveau o casă de vacanţă. După aproximativ o săptămână, noul meu univers avea să se zdruncine. A fost la un pas să se prăbuşească. Am descoperit că în viaţa lui Mateo mai exista o femeie, despre care am aflat întâmplător. Am fost şocată, iar el mult mai şocat decât mine că aflasem de ea. După lungi explicaţii şi multe lacrimi m-a făcut să cred că aveau doar o relaţie virtuală şi că nu s-au întâlnit niciodată, însă mesajele lor erau pline de afecţiune şi destăinuiri intime. Nu îl credeam în totalitate, dar nici nu aveam dovezi că se vedeau pe ascuns. Părea convingător şi era normal să-şi apere teritoriul. M-am simţit trădată din nou, dar acum durea mai mult pentru că iubeam. Uram minciuna, iar el mă minţea de luni de zile. Aveam de ales: să-l cred, să-l iert şi să trec peste sau să plec din viaţa lui. Nu i-am înţeles nevoia de a comunica atât de intim cu o altă femeie, în timp ce lângă mine nu îi lipsea nimic. Nu avea o explicaţie clară, dar am simţit că nu voia să mă piardă. Se vedea din mesaje că ea îl căuta mereu dar asta nu însemna că trebuia să-i răspundă şi să fie atât de conectat cu ea. A insistat mult să îl cred, a plâns de ciudă că a greşit faţă de mine şi ştia că nu meritam asta. Nu voiam să îl las, însă îmi pierdusem încrederea în el şi dispăruse toată magia dintre noi. Câteva zile am fost absentă, am ieşit singură la plajă şi am comunicat foarte puţin. Era dureros...

## *Regrete...*

*Iubirea mi se frânge purtată de valurile agitate*
*Trec ceasuri grele de agonie sufocate*
*Și nicio secundă nu găsește drumul către tine*
*În inimă ticăie sfârșitul cu sunete line.*
*La ușa pieptului bate o rugăciune rătăcită*
*De buzele plânse rostită.*
*Tu ești și nu ești... și vii și te duci...*
*Zâmbești rătăcit și strada apuci*
*Călcând suferința, cauți speranță*
*Fără să-nțelegi sensul tău în viață.*
*Mergând arunci priviri înapoi*
*Și te lovești de noi doi,*
*Pășind înțelegi că nu trebuia*
*Să lași în urmă iubirea mea.*

M-am frământat mult, nu căutam un vinovat, ci doar voiam să înțeleg ce se întâmplase cu noi. S-a străduit să se apropie de mine, dar eu nu mai puteam să-l văd la fel. Mi-era imposibil. L-am rugat să mă ducă la sora mea, să-mi dea timp să-mi revin. Pe drum, niciunul dintre noi nu a scos vreo vorbă, iar liniștea aceea mi-a măcinat sufletul și mai tare. Parcă era un coșmar... voiam să fug și, în același timp, să stau. Am preferat tăcerea și distanța, explicațiile le primisem deja, însă doar el știa adevărul, iar îndoiala mă rupea în mii de bucăți.

Am preferat să mă întorc în România fără să-l mai caut. Nu am putut. Eram prea rănită și nu voiam să-l urăsc. Mi-am văzut de drumul meu care părea atât de pustiu, dar aveam nevoie de timp. Din nou, eram eu cu mine...

*Îmi lipsești enorm. Pur și simplu... te caut și te găsesc în fiecare colțișor al sufletului meu, te simt pe fiecare milimetru de piele. Uneori închid ochii și mă trezesc zâmbind. Da, zâmbind! Îmi amintesc fiecare glumă tâmpită de care ne amuzam împreună, fiecare greșeală pe care o făceam, dar pe care nu mi-o corectai, probabil ca să nu mă supăr, cuvintele bâlbâite care ne făceau să râdem ca doi copii. Mi-e inima tot acolo în brațele tale unde mă strângeai fără să spui nimic și mă sărutai în atâtea feluri să pot înțelege singură că mă iubești. Uneori aproape mă sufocai îmbrățișându-mă pentru că doar așa știai să îmi spui să nu plec. În momentele în care nu-mi spuneai nimic înțelegeam atât de multe, atunci îmi spuneai totul și eu îți răspundeam la fel de tăcută și strângându-te mai tare să înțelegi că sunt a ta și că nu trebuie să îți fie teamă de nimic.*

*Doar lângă tine am înțeles că iubirea nu e ca în filme și nici nu mai visam la episoadele acelea în care, de fapt, totul e artificial. Și da, era mai frumos ca în orice poveste când mă ciufuleai și mă trăgeai de nas, mă simțeam ca un copil și râdeam cu atâta poftă fără să îmi pese cum arăt; era al naibii de amuzant când uitam că nu trebuie să îți ating nasul și totuși o făceam, apoi încercam să te împac. Făceai niște fețe greu de uitat și totuși nu te supărai, ba chiar continuai să te joci cu mine. Era mai frumos când ne bucuram de fiecare zi fără să încercăm să ne ascundem după cortine și să jucam roluri care nu ni se potriveau. Eram noi doi, așa cum suntem: doi copii nebuni care iubesc viața. Cum o vedeam noi? Împreună! Într-o casă departe de lume unde să ne putem bucura de iubirea noastră, acolo unde tu deja ne vedeai împreună cu cei doi sau trei copii ai noștri. Eu ziceam mereu unul, iar tu îmi răspundeai că pe restul îi adoptăm.*

*Nu puteam să îmi visez copiii nefiind sigură că îi pot avea, uneori îmi era teamă să mă gândesc la asta. Ne scriseserăm un întreg roman în care tu erai superdoctorul meu, iar eu regina ta, unde aveam o viață simplă, la țară, înconjurați de natură și multă iubire. Niciunul nu visa la lucruri mari, tot ce ne doream era liniște pentru că în noi încă era multă gălăgie. Astăzi e haos din nou. Astăzi ne despart atâtea lucruri pe care tot noi le-am pus între noi. Ești primul om pe care nu știu să îl descriu și nu îl pot compara cu nimeni și nimic. Nu îmi găsesc cuvintele și poate că așa ar trebui să fie. Se spune că iubirea nu poate fi explicată. Cu tine e altfel. Nu e dependența aia ciudată care mă dispera, ci pur și simplu este și e frumoasă. Îmi este dor și da, uneori plâng crezând că acele lacrimi îmi vor ușura sufletul și îmi vor umple golul pe care mi l-ai lăsat. Of, Doamne, nu erai perfect, ba chiar erai ciudat uneori, dar erai perfect pentru mine! Urai trezitul dimineața, la fel ca mine, iubeai mâncarea simplă, muzica, dansul, plimbările, cărțile, iubeai lucrurile mici și te bucurai enorm de ele, la fel ca mine. Iar în pat, iubitule... în pat ne luam cu noi doar sentimentele nebune fără pic de rațiune. Era mereu frumos, atât de frumos, încât după ne priveam în ochi și o luam de la capăt, până când adormeam îmbrățișați. De fiecare dată era ceva nou, era diferit și nu ne puteam dezbrăca de magneții ce ne țineau lipiți unul de celălalt. Ce seri nebune... ce zile de neuitat... și acum, spune-mi, cum să nu-mi fie dor? Uneori erai așa timid și nu știai cum să faci anumite lucruri să nu mă supăr sau să nu mă deranjezi, iar altădată erai un nebun curajos și pregătit să mă dezbraci de haine și de suflet oriunde și oricând. Mă sărutai avid și îmi spuneai că te înnebunesc și nu te poți abține să nu mă atingi, îmi spuneai că îți trezesc până și cea mai*

*mică celulă, chiar şi atunci când nu sunt. Deveneai o bestie şi mă iubeai atât de bine, atât de intens, încât ţipam de plăcere fără să îmi pese că mă aud vecinii. Cine ştie câte înjurături mi-am luat în toiul nopţii? Cui îi pasă? Aş face-o din nou, şi din nou, şi din ce în ce mai bine. Mă făceai să mă simt cu adevărat femeie şi adoram fiecare moment petrecut împreună, niciunul nu a fost la fel.*
*În cazul în care greşeam, nu mă certai şi nici nu mă făceai să mă simt prost, ci pur şi simplu îmi explicai sau îmi arătai cum era bine. La fel procedam şi eu. Nu ne ridiculizam niciodată, mai ales de faţă cu alţii, iar când ne certam, deşi eram foarte porniţi unul împotriva celuilalt, sufletele noastre stăteau strâns îmbrăţişate, având grijă de noi să nu exagerăm. Finalul era mereu fericit şi nu lăsa nici cea mai mică rană pe suflet. Ne descopeream şi ne înţelegeam reciproc. Uneori ziceai că nu mă meriţi, că sunt prea bună, iar astăzi nu ştiu ce s-a întâmplat cu noi. De ce să fie aşa? Nu ştiu încotro, singurul drum cunoscut e spre tine, dar oare mai are sens să revin?*

Gânduri printre rânduri

Toamna revenise ca în fiecare an, cu aceleaşi culori superbe, însă emoţiile erau altele. Gândul meu era încă la Mateo şi probabil şi el se gândea la mine, însă nu avea curaj să mă caute. Îmi doream să o facă, dar ştiam că nu o va face, se simţea vinovat. Abia cu scuza aniversării mele, mi-a urat „La Mulţi Ani!", iar eu i-am mulţumit. Nu am vrut să purtăm o discuţie, m-am rezumat la câteva cuvinte. După câteva luni am vrut să-i întorc urarea şi l-am sunat de ziua lui. Avea telefonul închis. Obişnuia să facă asta în fiecare an şi nu sărbătorea niciodată, se ascundea. Nimeni nu înţelegea de ce. După câteva zile, am îndrăznit să o întreb pe mama lui dacă este bine. Mi-a răspuns îngrijorată că nu știa nimic de el de aproape o săptămână, parcă-l înghițise pământul. Am început să-mi fac griji și eu. A mai trecut o săptămână și tot niciun semn de la el. L-am întrebat pe Fabio, dar nici el nu știa nimic, nu-l mai văzuse nici la facultate dinainte de ziua lui. Mă apucase panica și am hotărât să merg să-l caut, să văd ce s-a întâmplat cu el. Nu am reușit imediat din cauza serviciului, abia după o lună de când dispăruse m-am urcat în avion și am aterizat la Timișoara. Am luat un microbuz spre Arad, cu speranța că îl găsesc liniștit, acasă.

Am ajuns pe la prânz la el la ușă. Am sunat aproape o oră, dar nu a răspuns. Când am fost pe punctul de a renunța, mi-a deschis ușa. Abia atunci mi-a revenit inima la loc și totuși îmi venea să-l plesnesc. A început să tremure când m-a văzut, dar a zâmbit. Slăbise și era neîngrijit, iar casa era vraiște. Am intrat și l-am certat. A tăcut. Apoi am tăcut și eu. Ne-am privit în ochi și ne-am îmbrățișat. Era atât de bine la el în brațe, îmi fusese atât de dor de el și mă măcinaseră atâtea griji... nici nu știam ce trebuia să fac. Îi simțeam frustrarea și neputința, mi-a spus că se hotărâse să se retragă într-un colț doar al lui ca să se vindece. Avea tot dreptul să o facă, dar nu să se ascundă așa, să ne sperie. Putea să anunțe că avea nevoie de timp pentru el, să-l lăsăm în pace o perioadă. M-am liniștit văzându-l, deși nu era bine.

Voiam să plec, venisem doar să verific dacă era bine. I-am spus că plec și m-a rugat să vorbim puțin. L-am ascultat și am decis să rămân câteva zile să-l ajut să se pună pe picioare, se lupta cu depresia care nu îi dădea pace. Nu fusese nici la examene, se izolase complet. Mi-a luat trei zile să pun casa la punct, timp în care el a mers la facultate, pierduse deja prea mult și avea de recuperat. L-am ajutat cu tot ce am putut eu, iar după o săptămână ne-am trezit față în față întrebându-ne „încotro?”.

*Aştept ziua în care mă vei primi în sufletul tău, să nu mai fiu nevoită să mă furişez. Şi nici să te caut. Atunci n-aş mai păşi pe vârfuri, ci aş călca sigură şi hotărâtă ca şi cum aş fi parte din el.*

Gânduri printre rânduri

Am avut timp destul să ne lămurim cu ce simţea el şi ce simţeam eu, ce voia fiecare şi ce putem face. Ne-am iertat şi ne-am dat voie să ne continuăm povestea. Nimeni nu e perfect! Timpul ne ajutase să ne aşezăm puţin ideile şi sentimentele. Îi era greu singur, dar nici nu accepta ajutorul cuiva. Ne-am mai dat o şansă. Am revenit acasă pregătită pentru etapa următoare, care părea o nebunie.

Am hotărât să o iau din nou de la zero, pentru a treia oară în iubire şi ştiam cum era. Nu-mi mai era frică de nimic. Aveam mai mult curaj şi nu mai eram singură. Ne-am decis să ne mutăm împreună până îşi termina el facultatea, ca apoi să plecăm împreună în Italia, a doua mea casă, cum îmi plăcea să o numesc. În câteva luni urma să fie medic, iar eu puteam să-mi fac studiile şi acolo, ştiam deja limba şi cumva îmi doream să îmi construiesc o viaţă nouă în Sicilia. Nu aveam nimic de pierdut şi ştiam cum era să laşi totul în urmă. Şi poate că de asta aveam nevoie, să las totul în urmă, să merg pe drumuri noi cu oameni noi. Viaţa este o călătorie care nu ştii unde te poartă, oricâte planuri ţi-ai face. Sau poate că există un plan divin sau un plan pe care ni-l facem în mod inconştient, sau, de prea puţine ori conştient, pentru că nu ştim cum. Ziua de mâine e mereu o surpriză, însă totul se întâmplă cu un scop sau ca urmare a unor acţiuni sau decizii, oricare ar fi ele. Uneori, nu sunt cele mai bune.

Am petrecut câteva luni ca o adevărată familie, cu bune şi cu rele. Aveam grijă de el ca de sufletul meu, iar iubirea mea creştea zilnic. El o simţea şi uneori făcea lucruri care nu erau tocmai plăcute şi uşoare pentru el.

Cel mai mult mă impresiona că mergea aproape zilnic la o brutărie din apropierea casei și îmi cumpăra pâine proaspătă, deși el nu putea să o mănânce. Suferea de boala celiacă. Mă simțeam atât de iubită când știam ce efort făcea să simtă miros proaspăt de pâine fără să poată gusta. Îi plăcea să mă bucure și el cu ceva, să mă răsplătească pentru ceea ce făceam pentru el. Era un gest atât de nobil care îmi umplea sufletul și în același timp mă durea. L-am rugat să se oprească și am renunțat la pâine la un moment dat cu o scuză stupidă, evident. Știa că mințeam, dar a înțeles de ce și nu a insistat, deși îmi spunea mereu că e obișnuit cu problema lui și nu îl afectează că nu poate mânca ceea ce mănâncă alții în fața lui. Era doar obișnuit că nu avea voie, însă pofta era mereu prezentă și știam asta, o citeam pe fața lui. Am decis să evit anumite alimente când eram cu el și eram mult mai liniștită așa. Într-o zi a venit val-vârtej acasă; era foarte bucuros și m-a luat pe sus. M-a sărutat și apoi mi-a spus că vrea să vorbim ceva. Ne-am așezat pe canapea și l-am ascultat.

– Nina, vreau să-ți spun ceva important.

– Despre?

– Despre cât ești tu de minunată. Uneori am impresia că ești ireală. Parcă vii din altă galaxie.

– De ce spui asta?

– Pentru că nimeni până acum nu mi-a respectat intimitatea, lucrurile și ceea ce fac. Iar tu o faci, chiar dacă eu am greșit față de tine! Nu mă controlezi și nu mă scotocești... îmi ceri voie când vrei să îmi aranjezi lucrurile și ești atât de atentă cu toate. Ești atât de organizată în tot! Nu am văzut asta la nicio altă femeie. Îți mulțumesc!

– E normal să fie așa, Mateo. Nu știu ce fel de femei ai avut tu înainte și nici nu mă interesează, dar nu pot să ofer decât ceea ce vreau să primesc înapoi. Respect și iubire. Altfel nu putem spune că avem o relație. Trebuie să existe un echilibru.

– Nu l-am avut niciodată.

– Şi eu învăţ să fiu mai bună în fiecare zi, nu am fost mereu aşa, dar întotdeauna este loc de mai bine.

– Ai dreptate. Sper să ţin pasul cu tine.

– Mergi în ritmul tău şi vom vedea pe parcurs.

– Doamne... nu eşti reală.

– Hai, nu exagera!

– Vreau să-ţi mai spun ceva.

– Te ascult.

– Înainte să te cunosc, m-am rugat să întâlnesc o femeie ca tine, iar când ai apărut m-am speriat. Am crezut că nu te merit. Eşti prea bună. Eu am atâtea păcate în spate...

– Am mai vorbit despre asta. Trecutul nu se pune dacă faci pace cu el şi schimbi ce nu-ţi face bine. Contează azi şi ce intenţii ai pentru acum, contează ce faci bun în prezent.

– Am multe de învăţat de la tine.

– Şi eu de la tine!

– Îţi mulţumesc infinit! Nu ştiu cum să te răsplătesc pentru tot...

– Fii tu! Aşa cum simţi...

Ne dăduseră lacrimile. Ne-am îmbrăţişat îndelung şi ne-am cufundat în tăcere. Atunci parcă ne spuneam cele mai frumoase lucruri. Aflasem totul despre el şi îl încurajam cât puteam, îl susţineam cum ştiam eu mai bine. Avea mult de muncă la el, dar eu aveam încredere că va reuşi să treacă peste toate. A terminat facultatea cu bine şi a obţinut aproape nota maximă la licenţă. Era mândru de el că reuşise, deşi avea momente când simţea că nu era victoria lui în totalitate. Se bucura pe moment, apoi avea remuşcări de parcă nu merita nimic din ce i se întâmpla bun. Aşa se manifesta sindromul impostorului şi era doar una dintre problemele cu care se confrunta. Însă eu eram acolo cu toată iubirea mea şi i le înţelegeam pe toate.

Vara ne-a împins către aeroport după ce ne încheiaserăm toate socotelile în România. Eram pregătiţi să ne luăm zborul şi la propriu, şi la figurat. Aveam emoţii amândoi.

– S-a încheiat şi capitolul acesta, mi-a spus, zâmbind.

– Da, începe o etapă nouă.

– O să-mi lipsească România. Nici nu-mi vine să cred că am petrecut şase ani aici. Ultimii doi cu tine au fost cei mai frumoşi!

– Poţi reveni oricând în vizită.

– Mi-a adus multe lucruri frumoase ţara asta. Am venit aici un puştan rătăcit şi mă întorc medic în Italia şi cel mai frumos lucru este că mă întorc cu tine.

– Oare cum o să fie acolo? Aici ne-am descurcat, i-am spus, râzând.

– Ne descurcăm noi şi acolo, deşi va trebui să ne acomodăm cumva. Sunt multe de făcut, iar eu nu mă simt foarte pregătit.

– O să fie bine! Împreună o să reuşim cumva. Ne avem unul pe celălalt.

– Asta e partea bună şi frumoasă şi totuşi ştii că mi-e teamă de revenirea asta.

– Eşti alt om acum! Nu-ţi face griji!

– Te am pe tine să mă susţii. Eşti incredibilă! Nu o să uit niciodată cât de mult m-ai încurajat şi cât m-ai ajutat cu toate.

– Păi... asta face iubirea, i-am spus bucuroasă.

– Da, tu ştii să iubeşti atât de frumos. Ai stat nopţi în şir să mă ajuţi la învăţat, mi-ai ascultat toate frustrările şi mi-ai suportat toţi nervii. Mi-a fost greu să ştii, mai ales acum, pe final.

– Ştiu. Era firesc să te înţeleg şi să-ţi rămân alături. Îţi cunosc atât de bine sufletul acum...

– Sufletul meu... eşti tu! mi-a spus, strângându-mă la piept.

– Te iubesc!

– Şi eu te iubesc! Hai să mergem acasă!

Deşi nu aveam încă acel „acasă”, ştiam că îl vom găsi curând pentru că „acasă”, înainte de toate, este o stare, iar noi o simţeam. A urmat o vacanţă bine meritată după atâta stres. Ne-am bucurat de noi, de mare, de soare, de munte, de oameni şi de emoţii. Trăiam din plin. Am avut o lună de poveste în care nu ne-a păsat de ziua de mâine. Ratam răsăritul de soare, dar nu şi apusul pe care îl admiram de pe plajă aproape în fiecare seară. Eram liberi. Liberi să fim, să iubim!

Eram fericiţi, deşi nu aveam încă un loc al nostru. Urma să ne aşezăm undeva, iar acel moment se apropia. Am stat o perioadă la părinţii lui, pentru că îşi dorea să petreacă timp cu familia şi era normal după atâţia ani. Avea o familie extraordinară, iar mama lui devenise cea mai bună prietenă a mea.

În septembrie 2017 urma să facem pasul spre noi, să ne mutăm în casa mult visată şi să construim o viaţă împreună. Universul meu părea complet, iar războiul sufletului rămăsese doar o amintire. Eram fericită şi convinsă că nimic nu mai putea să îmi distrugă visurile!

*Îmi caut cuvintele, dar, ca niciodată, nu ştiu ce să scriu. În schimb, îmi simt inima cum îmi bate nebună în piept, ţipă la mine şi încearcă să îmi dicteze câteva cuvinte. E greu de explicat ce mi-ai pus în suflet, dacă ar fi să spun ce, aş spune tot!*

*Tot ce îmi doream! De câte ori ne îmbrățișăm, mă simt împlinită și nu îmi lipsește nimic, deși nu avem mai nimic. Îți ador șoaptele tremurânde, simt cum mi le așezi cu toată iubirea ta la ureche și îmi răsfeți timpanele obosite de vorbe urâte, promisiuni mincinoase și țipete! Ai șters tot ce era negativ în mine și în jurul meu. De fapt, ce mai rămăsese, câteva firimituri. Mă pregăteam de mult să-ți întâlnesc iubirea, am încercat să îmi curăț mintea și sufletul de toate durerile. Am învățat să fiu liberă să te pot primi și găzdui în sufletul meu. O spun din nou: eram pregătită, dar nu știam dacă vei veni. Te-am așteptat, iubire! Încă nu știu cine ești cu adevărat și nici nu îmi pasă atâta vreme cât ne iubim. O să ne cunoaștem pe drum, nici nu știm ce călătorie ne așteaptă, dar știu că vreau să o fac cu tine! Te-am luat de mână și vreau să rămân. Să fim împreună atât cât ne iubim, fără să ne cerem, să ne impunem, să ne schimbăm sau să ne forțăm. Vreau să fim liberi! Liberi să ne iubim și să ne respectăm! Vreau să fii povestea mea de iubire, bărbatul lângă care să mă simt acasă oriunde am fi.*
*Te iubesc, dar e puțin spus asta. Nu am alte cuvinte, totuși am să-ți scriu pe piele toată iubirea mea.*
*O să găsești în sărutările mele toate cuvintele de care ai nevoie și ai să simți că sunt a ta de fiecare dată când vom face dragoste! Vreau să-ți rămân! Vreau să-mi rămâi! Oricât de departe am fi, te simt aproape și niciun dor nu-mi va clinti iubirea! Te ador pentru că ai înțeles că nu am nevoie de promisiuni sau planuri de viitor. Nici eu nu pot să îți promit iubire veșnică, știu doar că te vreau și te vreau așa cum ești acum, altfel nu. Te iubesc pentru că ești lângă mine pur și simplu și te pot numi cu mândrie bărbatul meu. Al meu, așa cum eu mă simt a ta!*

Gânduri printre rânduri

Ne-am trezit într-o dimineaţă îmbrăţişaţi şi dornici să ne facem planuri, ca niciodată. Am ieşit pe terasă şi ne-am aşezat sub razele soarelui care ne încălzeau sufletele. În depărtare se vedea vulcanul Etna şi asta urma să văd din acea zi, în fiecare dimineaţă. Mateo mi-a spus entuziasmat că, deşi nu ştia cum va fi, vom construi noi cumva o viaţă care să fie pe placul amândurora.

– Îţi dai seama că de mâine ne vom trezi zilnic aşa? Noi doi... mi-a spus bucuros.

– Da, ştiu. Nici nu-mi vine să cred, parcă visez.

– Gata cu visele, iubire... acum le îndeplinim.

– Abia aştept!

– Sunt fericit numai când te văd pe tine aşa fericită.

– Nu, cred că e invers, i-am spus, râzând.

– Am reuşit... deşi eu mai am multe lupte de dus.

– Nu-ţi face griji! Important e să vrei să le câştigi şi ştiu că poţi. Am încredere în tine că vei reuşi să-ţi vindeci toate rănile. Nu eşti singur! Ştiu că nu va fi uşor, dar sunt aici şi o să fie bine.

– Asta îmi dă curaj, faptul că te ştiu aici. Eşti singura care îmi ştie durerile cele mai profunde pe care le duc atât de greu...

– Dacă avem iubire, restul vine de la sine.

– Ai dreptate! Iubirea chiar poate să schimbe multe.

– Poate! Altfel nu eram aici nici eu, nici tu.

– Şi dacă o să vreau timp pentru mine? m-a întrebat timid.

– O să îl ai, aşa cum l-ai avut şi înainte. În România aveai libertate şi o ai şi aici. Nu te gândi că vom face totul în doi şi că vom merge peste tot împreună. Fiecare dintre noi are nevoie de timpul lui şi de spaţiul lui. E firesc...

– Cred că din motivul ăsta te iubesc atât de mult. Că nu-mi ceri nimic şi nu-mi impui nimic.

– Nu am de ce. Dumnezeu ne-a făcut liberi şi eu nu am dreptul să te îngrădesc. Vreau doar să fim sinceri unul cu celălalt. Prefer un adevăr dureros decât o minciună frumoasă şi deja ştii asta.

– N-o să mai fac greşeala pe care am făcut-o. Am fost un prost!

– Nu mai contează. Azi începe altă poveste, a noastră.

– Iartă-mă! Vreau să fiu sigur că m-ai iertat.

– Mateo... nu aş fi venit aici dacă nu te iertam. Plus că te iubesc enorm! Şi ştii asta! Mi-am lăsat totul ca să vin aici pentru tine, pentru noi... Greşeala e firească, dar dacă se repetă e o alegere. În orice caz, poţi să te opreşti oricând dacă simţi că nu poţi să duci asta. E în regulă.

– Eşti minunată! Nici nu am cuvinte...

– Nu avem nevoie de prea multe.

L-am îmbrăţişat şi l-am sărutat pe frunte. Voiam să se simtă liber, liber să mă aleagă, nu voiam să facem compromisuri şi nici înţelegeri stupide sau să punem reguli care să ne facă să ne simţim legaţi unul de celălalt. Eram conştientă că nimeni şi nimic nu ne garanta iubirea sau fidelitatea, totul ţinea de noi şi de alegerile noastre. Eu ştiam că puteam, iar el învăţa şi aveam răbdare cu el, însă ştiam şi ce traume grele avea pe suflet.

Trebuia să mergem la sora mea să luăm prânzul împreună, ne-am dus fiecare în colţul lui şi ne-am pregătit. Înainte să plecăm, l-am auzit strigându-mă din dormitor. L-am găsit schimbat la faţă.

– Nina... mi-a spus, tremurând de pe marginea patului.

– Da, Mateo. Ce s-a întâmplat?

– Nu pot să fac asta... nu pot...

– Nu înţeleg... ce nu poţi să faci?

– Nu ştiu, iartă-mă, dar nu pot să duc povestea asta, m-a lovit panica acum. M-am gândit şi nu vreau ca tu să mă salvezi. Vreau să o fac singur, aşa cum pot şi cum ştiu.

– Ce să faci singur? Fii mai precis, te rog.

– Nu vreau ca tu să fii eroul meu!

– Eroul tău? l-am întrebat şocată.

– Da. Tu le faci pe toate şi poţi tot, iar eu fac eforturi să ţin pasul cu tine. Mă simt inutil, ca un handicapat.

– Doamne, exagerezi... ce ţi-a venit? Şi de ce îmi spui asta acum?

– Pentru că nu ştiu cum să o spun. Mi-a fost frică s-o zic! Mă simt inferior! Toţi din familia mea te admiră şi te apreciază, iar eu sunt văzut ca fiind ăla slab, ăla târât înainte de o femeie, pentru că nu sunt în stare să am grijă de mine singur.

– Cine a spus asta?

– Ştiu că aşa suntem văzuţi şi nu pot să duc asta. Mai bine un incapabil singur decât umilit aşa. Îi cunosc şi ştiu ce gândesc.

– Acum zece minute eram în altă poveste...

– Nu pot... iartă-mă! mi-a spus, plângând.

– Calmează-te, te rog. O să rezolvăm cumva şi asta, deşi mi-e clar că nu ai fost sincer nici cu tine şi nici cu mine. Era singurul lucru pe care ţi l-am cerut, nimic altceva.

– Nu am vrut să te fac să suferi.

– E cam târziu pentru asta. Văd că tu suferi în tăcere şi nu spui nimic. Nu e normal să fie aşa.

– Poate că nu e, dar recunoaşte, nici tu nu mă iubeşti aşa cum sunt acum! Amândoi ştim cât de distrus sunt!

– Cum poţi să spui asta? Nu ştii mai bine ca mine ce simt eu!

– Poate că nu ştiu, dar nu e greu de înţeles că tu aştepţi ca eu să mă schimb să putem fi fericiţi cu adevărat.

– Nu cred că spui asta...

– Răspunde-mi, te rog! Ai putea să rămâi cu mine dacă nu mă schimb? Mai stai dacă rămân aşa? Bulversat, haotic uneori şi cu tot felul de stări pe care nu le înţeleg şi cărora nu le fac faţă...

– Nu m-am gândit la asta... Tu tot spui, de când te cunosc, că vrei să te schimbi şi să te vindeci, iar eu te-am crezut şi te-am ajutat cât am putut. Şi acum îmi spui toate astea... E bulversant şi pentru mine.

– Da! O spun acum... Pentru că ştiam că altfel nu vei sta cu mine, ştiam că vei pleca. Nu mă suportă nimeni aşa, iar eu ştiu şi nu pot să trăiesc cu asta. Din acest motiv fug mereu şi mă ascund de toţi şi de toate şi nu îmi pasă de nimic! Nu mă iubeşte nimeni aşa cum sunt şi acum chiar mi le ştii pe toate... nu cred că mă iubeşti aşa. Aştepţi şi tu, la fel ca ceilalţi, să mă schimb. Recunoaşte...

– Nu eu vreau să te schimb. Am crezut că tu vrei asta şi o tot spui de când te ştiu. De ce nu mi-ai zis toate astea înainte să venim aici?

– Ai mai fi venit?

– De ce m-ai adus aici?

– Uite, vezi? Nu ai fi venit dacă ştiai că nu sunt în stare să fiu mai bun. Nu ştiu dacă vreau şi nici dacă pot să mă schimb, îmi ştii problemele şi ştiu că nu poţi să trăieşti cu ele o viaţă.

– Le ştiu, da... dar nu înţeleg cum de am ajuns aici...şi nu, nu aş putea să trăiesc o viaţă cu anumite lucruri pe care deja le ştii. Sunt prea greu de dus şi nu doar pentru mine, ci mai ales pentru tine. Nu m-am gândit nicio secundă că intenţia ta de a rezolva acele probleme nu este sinceră.

– Îmi doresc, dar nu sunt în stare acum. Tocmai mi-am dat seama că te-aş condamna la multă suferinţă, iar eu m-aş simţi mai prizonier decât sunt acum.

– Prizonierul cui?

– Al trecutului, al depresiei şi al traumelor care mă urmăresc zilnic şi mă strâng tot mai tare. Ştii bine ce traume mă chinuie!

– Ştiu, şi faptul că e ceva atât de grav mă afectează şi pe mine. Eu mi-am asumat temporar dificultăţile astea. Nu cred că există vreo femeie care să vină şi să spună că poate şi vrea să trăiască toată viaţa cu atâtea lucruri care dor.

– Nu cer asta nimănui, ci doar să fiu iubit aşa cum sunt eu...

– Mateo... tu trăieşti într-o colivie în care te torturezi din cauza trecutului. Eu vreau să fiu liberă! Vreau să trăiesc! Nu am ieşit degeaba din închisoarea trecutului, ca să ajung blocată în trecutul altuia... e absurd. Poate că iubirea nu înseamnă neapărat să rămâi, poate că uneori iubirea înseamnă să pleci...

– Ştiu că mă iubeşti, Nina, dar ştiu şi că meriţi o viaţă mai bună decât ceea ce pot eu să-ţi ofer.

– Te iubesc, da, suficient cât să înţeleg că poate e mai bine să-ţi dau drumul. Aş fi apreciat ca, după tot ce s-a întâmplat între noi, să fi avut curajul să fii sincer şi să nu ajungem aici. Te-aş fi înţeles.

– Tocmai de asta mi-a fost frică, de faptul că nu vei înţelege.

– Spune-mi un lucru pe care nu l-am înţeles până acum, te rog!

– Nu există acel lucru... mi-a spus, cu privirea în pământ.

– Doar îndoiala ta...

Eram bulversată, iar el plângea ca un om care urma să fie închis pe viață și îi era frică să nu se piardă cu totul. L-am îmbrățișat pentru că nu am știut ce altceva să fac. Îmi răsunau în minte vorbele lui și nu voiam să cred că avea dreptate. Oare avea? Eu pe cine iubeam de fapt? Pe el sau pe cel pe care îl așteptam să fie? Eram complet confuză. Nu știam ce să mai spun și nici ce să fac. Nu mai știam nici ce simțeam.

Trebuia să iau rapid o decizie. Îl priveam și nu știam dacă își dorea să rămân și să-l accept așa pentru totdeauna sau voia să plec pur și simplu, să îi dau timp să se vindece singur. Sau poate nu voia să se schimbe, poate îi era bine așa sau i se părea prea greu să treacă prin etapa de vindecare. Eu o cunoșteam deja și știam cât era de greu... credeam că, dacă îi acordam sprijinul meu, va avea parte de un proces mai ușor. Și totuși, alegerea nu trebuia să o fac eu. El trebuia să decidă, iar eu să îi respect hotărârea. Eu făcusem pasul singură, din proprie inițiativă, altfel nu avea sens. Schimbarea începe din interior, dar depinde de o decizie rațională. Am conștientizat din nou că viața se poate schimba atât de mult și de ușor într-un timp atât de scurt.

– Mateo... dacă ți-e mai bine, plec. Mă poți lăsa la sora mea.

– O să mă urăști, mi-a spus, ținându-și capul în palme.

– Nu am de ce să te urăsc. Sunt supărată, da, dezamăgită de situație, dar numai pentru că nu ai fost sincer și s-a ajuns până aici. Nu e corect nici față de mine și nici față de tine. Cert e că fiecare este responsabil pentru ceea ce face. Poate că și eu ar fi trebuit să fiu atentă la anumite semnale cărora nu le-am acordat importanță. Nu vreau să ne învinuim pentru nimic, nici nu mai contează acum. Vreau doar să luăm o hotărâre benefică pentru amândoi. Eu nu-mi permit să mai pierd timpul. Poate sună egoist, dar eu vreau să fac ceva măreț cu viața mea, simt că am potenţial, iar situaţia asta nu mă ajută. Dacă ai nevoie de mine altfel, pot să-ţi rămân aproape.

– Ştiu, tu eşti minunată şi poţi să faci atâtea lucruri, iar eu...

– Nu face comparaţii. Tu nu te vezi încă! Nu crezi în tine, dar eşti un bărbat minunat. Ai un suflet mare! Eşti foarte inteligent şi ştii asta. Şi ai un avantaj: sprijinul familiei, pe care eu nu îl am! Nu te mai plânge! Părerea mea este că tot ceea ce trebuie să faci este să te hotărăşti cine vrei să fii! Cine vrei să fii, Mateo?

– Nu ştiu...

– Cu ce pot să te ajut eu?

– Nu poţi...

– Ce îţi doreşti acum, în clipa asta?

– Să rămân eu cu mine.

– OK. Dar sper că nu alegi asta din frica de a-ţi duce lupta.

– Vreau să mă vindec singur.

– O s-o faci? Sau nu găseşti altă scuză să renunţi la mine?

– Uite, vezi... tu ştii să le întorci pe toate părţile. Eu nu ştiu! Nu ştiu cine sunt şi nici ce vreau cu adevărat. Nu ştiu!!!

– O să afli... dă-ţi timp. Dar nu te mai ascunde de tine.

– Mă doare ce spui.

– Şi pe mine mă doare să te văd aşa şi mă doare că trebuie să plec. Nici măcar nu ştiu încotro, dar măcar ştiu că pot! E suficient să ştiu că mă am pe mine şi cred în femeia care am devenit!

– Te admir pentru asta... aş vrea să pot să fiu şi eu la fel.

– Nu. Tu să fii ca tine! Fii TU, aşa cum simţi şi cum vrei, dar FII!

A izbucnit în plâns şi s-a aruncat în braţele mele, ca un copil. Poate că era momentul să încetez să mai salvez oamenii. Eu mă salvasem singură. Poate că asta era. Simţeam o durere ciudată. Nu ştiam câtă iubire era la mijloc şi cât egoism. Nu înţelegeam dacă nu cumva nu era niciuna dintre ele, ci pur şi simplu era o lecţie importantă pe care nu am ştiut să o învăţ altfel.

*Poate că trebuie să învăţ să plec... să renunţ. Niciodată nu am acceptat că nu se poate şi am nevoie să învăţ şi asta. Atât de dureros să fie? Toate dor, mai mult sau mai puţin... dar la ce renunţ? La el? La mine? La povestea noastră? La ce?*
*Trebuie să învăţ să nu mai fur lecţii. Nici pe ale mele şi nici pe ale altora. Va supravieţui fiecare în colţul lui, poate ne va fi mai bine aşa. El nu e pregătit pentru o etapă atât de grea sau poate că nu de la mine trebuie să primească ajutorul.*
*Învaţă să pleci, femeie! Să pleci cu iubire şi demnitate. Să pleci aşa cum ai venit, cu bucurie. Nu eşti datoare nimănui şi nici alţii nu îţi sunt datori cu nimic. Ia-ţi lecţia şi mergi mai departe!*

Gânduri printre rânduri

Am plecat cu totul, mai puţin cu sufletul. Aveam două bagaje, însă numai unul era extrem de greu, cel din suflet. Nu ştiam să-l duc pentru că era un alt fel de bagaj. Am călătorit într-o tăcere crâncenă. Înainte să ajungem mi-a spus cu vocea tremurândă că nici nu ştie ce face, dar nu ştie să facă altceva decât să fugă în lumea lui, iar eu nu aveam dreptul să-l opresc.

– Nina... iartă-mă...

– Mateo... iartă-mă tu...

– Cel mai frumos om pe care l-am cunoscut în viaţa mea eşti tu şi ştiu că nu voi mai întâlni niciodată o femeie ca tine. Chiar dacă ţi-am reproşat multe, în realitate nu am ce să îţi reproşez ţie, ci mie. Nu m-a iubit nimeni aşa cum m-ai iubit tu! Dacă vreodată cineva îţi va spune că nu eşti bună, să nu crezi asta! Eşti perfectă! Ştii să fii totul pentru un bărbat. Ştiu că am făcut cea mai mare greşeală din viaţa mea că te-am lăsat să pleci, regret că te-am pierdut! Rămâi în inima mea pentru totdeauna...

– Îţi mulţumesc... pentru tot. Am făcut ce am ştiut eu mai bine. Cu siguranţă am greşit destul şi eu, dar e firesc să fie aşa.

– Nu ştiu să-ţi dau drumul, însă e prea târziu...

– Şi dacă ţi-aş spune că nu e?

– Nu aş şti ce să fac.

– Să schimbăm destinaţia...

A rămas tăcut, cu ochii în lacrimi, şi a continuat să conducă. Destinaţia era clară. Probabil voia doar să mă consoleze cumva. Urma să lăsăm timpul din nou să ne aşeze, fiecare pe drumul lui. Sora mea nu ştia că nu veneam doar în vizită, ci să rămân, însă nu asta era problema. Mateo era vizibil în suferinţă, iar eu mă străduiam din răsputeri să zâmbesc. Durea, dar nu mai voiam să îi dau voie durerii să mă conducă. Mă bazam pe femeia puternică din mine, care făcea faţă oricărei furtuni. Ştiam că, dacă nu rezistam eu, îi era şi lui mai greu. Nu voiam să îl mai doară...

Am dus bagajele în casă şi l-am condus. Probabil era ultima dată când îl vedeam şi nu ştiam ce să-i spun. Ne-am oprit în holul blocului şi ne-am îmbrăţişat. Locul cuvintelor a fost luat de lacrimile lui care curgeau pe umărul meu şi pe care le simţeam atât de grele. Dar eu trebuia să rezist. Să nu plâng! I-aş fi sfâşiat sufletul şi nu mai voiam durere în viaţa mea. Am rămas acolo, îmbrăţişaţi în tăcere, printre lacrimi şi suspine. Îl mângâiam pe cap şi pe spate în timp ce mintea mea se certa cu el, iar sufletul meu îl îmbrăţişa mult mai tare decât o făceau brațele mele. Mi-era îngrozitor de greu! Voiam să evadez din acel moment, dar era ultimul...

Ne-am dezlipit cu greu după o oră, el plângând, iar eu zâmbind amar și spunându-i că e în regulă, să nu-și facă griji pentru mine. I-am spus că am încredere în el că o să fie bine și i-am dat drumul. Am intrat în casă ca și cum nu se întâmplase nimic. Am evitat subiectul până când am putut să leg două cuvinte despre ceea ce se întâmplase. Seara m-a găsit cu capul pe pernă și cu privirea în tavan. Inima mi-era goală, iar ochii plini de lacrimi pentru că nu mai puteam să le țin.

*Am rămas iarăși doar noi, ca două proaste. Eu și tu. Tu urli în mine, iar eu mă străduiesc să nu se vadă, te țin greu, mă lupt cu tine în fiecare secundă și nu înțelegi cât mă consumă lupta asta. Ce inimă nebună ești! Știu că tot ce îmi trebuie se află în mine, dar mi-e atât de gol... Așa pustiu să fie azi în mine? Unde mi-e primăvara și soarele din ochi? Unde îmi sunt florile din suflet și parfumul lor ce îmi mângâiau ființa? Le-ai smuls cu tot cu rădăcină când ai plecat! De ce ai pus toamna în mine? Ia-mi ploaia de pe umerii goi și sărută-i, oprește vântul ce-mi îngheață sufletul și încălzește-l! Șterge-mi noroiul de pe tălpi, să pot păși din nou curată în sufletul tău. Promit că nu las urme, pășesc încet fără să doară, de data asta știu cum să merg pe aleile din el, chiar dacă e întuneric. Acum te simt ca niciodată, te recunosc după cum taci, după cum respiri și după cum oftezi uneori. Doamne... câtă durere ții în tine... oare eu câtă am pus? Iartă-mă și lasă-mă să vin s-o iau! Îți văd sufletul, ți-e răvășit, ți-e rătăcit și plânge. Te doare! Și pe mine mă doare mai tare când îți simt durerea. Te-ai abandonat iar și acum nici tu nu mai știi cine ești. Și totuși, cine ar putea să îmi explice de ce, atunci când ne îmbrățișăm, ne simțim acasă? Da, acasă! Și da, știu că niciunul dintre noi nu are casa lui, dar e atâta adăpost în tine! E atât de cald şi bine, e lumină şi întuneric, e linişte şi haos, e iubire! Sau a fost...*

Gânduri printre rânduri

Mi-am luat câteva zile doar pentru mine, să mă gândesc în ce direcţie să merg. Puteam să plec sau să rămân. Puteam să aleg să am o viaţă banală sau să merg spre visul meu. Era momentul să mă arunc din nou în gol pentru că aşa se fac toate, riscând. Dar nu voiam să plec cu imaginea lui Mateo care plângea, nu voiam să plec cu gustul amar al ultimei îmbrăţişări. Cutreieram străzile şi mă luptam cu mii de gânduri până m-am trezit pe malul mării. M-am aşezat pe nisipul fin să o ascult. Era sfârşitul lui septembrie şi încă era cald. Se apropia ziua mea şi trebuia să decid unde o voi petrece: în noua viaţă sau în cea veche?

*Scriu o scrisoare pe mare, înec în nisip emoţii şi amintiri cu noi. Le şterg cu valuri. Rescriu. Retrăiesc. Vreau înapoi... în timp... să schimb ceva sau să fug! Azi, în mine, e o mare agitată acoperită de nori. Stă să înceapă furtuna, iar ploaia eşti tu!*

Gânduri printre rânduri

I-am scris lui Mateo. Voiam să văd cum era după acele zile de linişte. Voia să mă revadă şi ne-am întâlnit într-un orăşel mic care îmi plăcea mie, pe malul mării, unde nu fuseserăm niciodată împreună. Era ceva nou, să pot lăsa vechiul în urmă. Ne-am revăzut cu drag ca şi cum nu ne despărţiserăm deloc. Ne-am petrecut toată ziua împreună, ne-am bucurat de noi, de mare, de amintirile noastre. Am râs şi ne-am jucat până seara.

– E urât fără tine şi e greu, mi-a spus el, spre finalul întâlnirii.

– Ştiu, nu e uşor deloc... dar uite-ne aici.

– Putem să ne mai vedem?

– De ce ai vrea asta?

– Pentru că ți-am simțit lipsa...

– Știi... o să treacă timpul și vor veni alte iubiri, cele care ne vor face să uităm până și ziua de azi.

– Nu cred că te voi uita vreodată. Ești cel mai frumos suflet din viața mea! mi-a spus, zâmbind.

– Ne vom transforma în amintiri fără emoții... o să vezi.

– Oare?

– Uită-te în urmă la celelalte povești. Ce mai simți acolo?

– Nimic...

– Ne rămân lecțiile și imaginile, atât.

– Poate că nu toate. Tu o să-mi rămâi în suflet, știu asta.

– Poate că am lăsat o amprentă acolo, asta da. Așa cum și tu mi-ai lăsat mie una frumoasă.

– Te-am dezamăgit...

– Nu. Azi e despre azi. Nu vreau să readuc trecutul aici, între noi. Vreau să mă bucur de tine și de clipele astea, poate că sunt ultimele...

– Poate că nu...

L-am luat de mână și am plecat fără destinație, așa cum făceam înainte. Privindu-l după acea zi, am putut să iau decizia să mă îndrept spre visul meu. Știam că era ultima dată când puteam să îl iubesc. Și l-am iubit cu tot sufletul, ca apoi să plec zâmbind, împăcată. Nu m-a cerut înapoi, doar îi era dor, îi lipseau stările pe care le simțea lângă mine și atât. Era momentul să plec cu totul.

A doua zi mi-am luat bilet de avion și am revenit în România. Mateo a fost surprins de decizia mea, dar nu a avut nimic de spus. I-am dat drumul. Iar eu, pentru a treia oară în viaţa mea, o luam de la capăt. Trebuia să renasc, dar altfel!

*Încă te gândesc şi nu oricum, ci te gândesc cu sufletul din ce în ce mai mult. Pentru prima dată, am renunţat la un bărbat pe care îl iubesc, fără să lupt. Simt că pentru prima dată iubesc cu adevărat, fără să îl cer, să îl implor, să îl opresc... am înţeles că, deşi doare uneori, trebuie să renunţi pur şi simplu. Îmi lipseşti enorm şi totuşi nu ţi-o spun, nu mi-o mai spun nici mie, mi-am pus din nou lacăt la suflet, cu hotărârea să mă îndrept spre mine şi să-mi îndeplinesc visurile. E timpul pentru mine acum! Mereu rămân înlăcrimată şi dezamăgită în iubire şi chiar am obosit... am înţeles că viaţa poate fi frumoasă oricum, a fi singur nu e o tragedie, întotdeauna există un motiv de bucurie. Poate că nu am să ajung vreodată să simt împlinirea de a le avea pe toate în acelaşi timp, dar ştiu sigur că am gustat puţin din toate. Fiecare lucru, fiecare om sau poveste mi-au lăsat portrete unice în suflet. Când mi-e dor le privesc, le mângâi şi le acopăr din nou până când simt acel gol care îmi macină fiinţa. Apoi revin şi mă cufund printre aceleaşi amintiri care mi-au scris viaţa puţin câte puţin. Câtă culoare, câtă gălăgie, câtă linişte, câtă nebunie, câtă durere, câtă frumuseţe, câtă bucurie, câtă poezie în fiecare capitol scris...*
*Ce film diferit îmi creasem despre mine şi ce realitate am trăit... cât de ciudată este viaţa, cum te loveşte fără milă, te doboară sau, dimpotrivă, te întăreşte, te ridică. Poate nu am ştiut să învăţ altfel. Şi nu voi uita zilele în care trăgeam de mine să mă ridic din pat, să merg pe frontul vieţii, nu voi uita că în oglinda mea era o tânără care plângea zâmbind şi îmi spunea mereu să tac, să lupt şi să înving. Nu îmi dădea altă variantă, îmi spunea că*

*pot! Uneori o uram, durea prea mult și eram prea pustie să mai pot să fiu și nici în jurul meu nu era nimeni să mă susțină, iar alteori eram mândră de ea și venea rândul meu să îi spun că a avut dreptate și am reușit!*
*Azi încă dor câteva cioburi înfipte în sufletu-mi stingher, încă îmi văd pe trup ciocnirile cu moartea și îi simt umbra rece, dar fără să îmi fie frică. Azi de nimic nu am teamă, iar ce va fi, să vină!*

Gânduri printre rânduri

M-am reîntors în timp să-mi caut visurile, iar primul a fost să mă înscriu la facultate. Abandonasem acel vis când plecasem în Italia, la nouăsprezece ani. Deși îmi plângea sufletul, eram bucuroasă că aveam puterea să merg mai departe. Hotărâsem să-mi urmez inima, iar entuziasmul era incredibil. În sfârșit, aveam curaj să-mi urmez calea. M-am înscris la facultate deși aveam doar câteva rezerve financiare și atât. Știam că, dacă eram hotărâtă, voi rupe orice barieră în fața mea. Îmi peticisem din nou sufletul, dar nu mai era la fel de greu, pentru că știam deja toate durerile și nu mă mai luptam cu ele, le acceptam. Mateo mă suna zilnic și îmi ținea rana deschisă. L-am rugat să înceteze și să-și respecte decizia. Nu puteam să ies complet din acea poveste dacă era mereu prezent. Fiecare avea drumul lui, chiar dacă dorul ne urmărea pe amândoi...

*Am închis poarta care mă ducea spre tine, am schimbat strada fugind ca o nebună, mi-am golit inima plină de tine, de noi! Înainte bătea tare, acum abia se aude. Am uitat strada care se termina în brațele tale. Nu mai e nimic acolo! Azi ești doar o amintire, iar amintirile rămân mereu în trecut!*

Gânduri printre rânduri

Era toamnă din nou, iar eu eram ca o frunză în cădere, însă nu mai cădeam în durere, ci în acceptare, eram la un pas de o viaţă nouă. Aveam treizeci şi doi de ani şi atâtea poveşti în spate... o mulţime de lecţii. Încă nu ştiam ce să fac cu ele, dar învăţasem să îmi ascult inima. În sufletul meu era din nou vraişte, trebuia să fac curăţenie, să pun mai multă lumină şi să aşez mai multă iubire pentru mine. Şi puteam!

Simţeam rădăcinile pe care nu le smulsesem complet şi mă trăgeau înapoi, mă voiau acolo, în trecut. Eu, însă, îmi ridicasem privirea şi ieşisem învingătoare de pe front!

*Nu-mi bate la uşă, trecutule, nici măcar de ieri nu vreau să ştiu nimic. Încă eşti viu în mine şi mă implori să mă uit înapoi. La ce? Nu mai e nimic acolo, deşi a fost, însă nu va mai fi... Poate asta doare, că nu va mai fi! Rămâi în urmă, du-te! Du-te şi mă lasă, am oameni dragi care mă aşteaptă să le zâmbesc, chiar dacă eu nu prea mai am putere, dar ei nu ştiu asta, însă iubirea mea e mult mai mare decât orice durere şi am să merg înainte pentru ei până când am să învăţ să o fac pentru mine. Durerile nu trec peste noapte, dar trec! Am încuiat uşa, nu mă mai striga! Am să arunc cheia, e mai bine aşa!*

Gânduri printre rânduri

Mi-am dat timp şi răbdare să mă aşez din nou după acea poveste de iubire care mi-a rămas în suflet ca o amintire frumoasă şi m-am bucurat de studenţie, chiar dacă nu mai aveam douăzeci de ani. Mi-era clar că vârsta nu avea nicio treabă cu visurile sau cu iubirea. Am descoperit multe despre mine şi cât de multe puteam să fac dacă îmi dădeam voie şi îndrăzneam să fac lucruri noi. Aşa creştea încrederea în mine, curajul, şi nu aveam de gând să mă opresc! Învăţasem să îmblânzesc greutăţile vieţii şi să zâmbesc în faţa lor. Mateo rămăsese o parte din mine, pusă bine într-un sertar al sufletului unde nu mai durea nimic, îmi aminteam cu drag de el și atât.

Spre sfârșitul lui 2018 am cunoscut un suflet care m-a reîntors la marea mea iubire: scrisul, deși eu am crezut că el era... dar n-am să spun nimic aici. E genul de poveste care se citește dimineața, la ***cafea***...

Am revenit la scris și la femeia care nu a trăit niciodată așa cum și-a dorit. Mi-am dat voie să fiu! Să fiu EU, așa cum simt!

*E frumos să scrii, da, scrisul rămâne, dar sentimentele se transformă, în timp. Scrisul eliberează, vindecă! Trecutul devine un șir de cuvinte fără emoții, care nu mai reprezintă decât o poveste. Impactul va fi altul pentru cei care citesc, însă pentru mine se vor schimba multe. Vor fi vorbe pictate frumos pentru ochii care citesc... Iar pentru mine, simple amintiri...*

Gânduri printre rânduri

Anul 2019 a venit cu un mesaj neașteptat, chiar în prima zi.

„Nu vreau să îmi cer scuze, nu știu dacă ajută la ceva, știu doar că ți-am făcut rău mult, când tu chiar nu meritai..."

Era Denis, plin de regrete și răni. Știam că avea să vină acea zi și venise.

„Știu, nu meritam, dar mă bucur că ai curajul să o spui azi! O faci pentru tine să știi, nu pentru mine."

„Mi-a trebuit mult timp să îmi dau seama ce am făcut și să realizez, așa că am decis acum să îți spun asta. Chiar dacă nu îmi răspundeai. Sunt convins că ai avut multe întrebări mult timp..."

„Tu știi mai bine de ce ai ales așa..."

„Mi-a fost frică... m-am speriat că putea să fie ceva serios şi am ales să fug... am ales să fug de ceva serios pentru că, de fiecare dată când mă implicam, eu ieşeam cel mai prăjit. Şi înainte să te întâlnesc pe tine îmi promisesem că o să-mi bat joc de toate femeile care îmi mai ies în cale, chiar dacă simţeam că e ceva mai mult decât un joc. Bănuiesc că aşa l-ai văzut şi tu, ca pe un joc... Am fost sincer, până când nu am mai fost, şi nu cu tine, ci cu mine. Am fost egoist şi am ales să te îndepărtez chiar dacă însemna că o să mă urăşti..."

„Ţi-ai făcut ţie rău! Mult! Iar eu am simţit asta să ştii! Te-am avertizat cu multe. Îmi pare rău pentru tine dar să ştii că nu te-am urât cu adevărat. Dacă era aşa, ţi-aş fi făcut mult rău şi eu. Răul se face uşor, dar eu am ales să mă retrag..."

„Şi ai avut dreptate în multe privinţe dar nu am vrut să te ascult."

„Dacă tot mi-ai scris, spune-mi: cum eşti?"

„Sincer? Nu vreau să râzi de mine..."

„Nu am de ce să râd."

„Sunt în colţul ăla mic şi negru unde ai spune că nu mai e pic de lumină și cumva gândul m-a dus la tine, aşa că m-am uitat pe Facebook să văd cum mai eşti şi uite aşa mi-am dat seama că ai rămas undeva pe acolo, înăuntru... Cum te simţi că ţi-am scris? Şi da, ai rămas o urmă de lumină pentru mine, recunosc!"

„Sincer, mă bucur că mi-ai scris, asta pentru că nu îmi plac lucrurile nerezolvate din viaţa mea. Mi-a fost uşor să înţeleg că nu se poate să fim împreună dar mi-a fost greu să trec peste comportamentul tău urât de atunci..."

„Îmi pare rău, sincer! A trebuit să trăiesc mult timp cu asta, şi probabil mult timp de acum încolo. Poate m-am făcut că uit, dar nu pot să şterg asta oricât aş încerca."

„Venisem după o perioadă în care ieşisem practic din iad... şi ştiai asta... Dar a trebuit să învăţ să ies de acolo şi uite că am reuşit! Am ales lumina!"

„Ştiu că acum nu contează, dar îţi spun sincer că mi-a părut rău şi încă îmi pare rău pentru ce ţi-am făcut."

„Prefer să îmi amintesc partea pozitivă... restul, deşi nu se poate şterge, îl accept aşa, pentru liniştea mea. Repet, te-am iertat! Mi s-a părut urâtă faza cu banii... nu te-am înţeles de ce mi-ai făcut asta, făcusem nişte eforturi mari să te ajut... Dar Dumnezeu mi i-a înapoiat înzecit, din fericire! A fost perioada cea mai urâtă din viaţa mea... am fost la pământ cu totul, dar azi sunt mândră de mine că am ales să am răbdare şi să nu mă răzbun. Am ales să îmi văd de viaţa mea şi mă străduiesc să devin din ce în ce mai bună. Au fost destule... şi bune şi rele... ce mai contează? Au trecut!"

„Ca şi atunci când am ales să te dau la o parte, am făcut încă o alegere proastă! Dar să ştii că vreau să-ţi înapoiez banii, să mă revanşez faţă de tine."

„Ai avut un mod urât de a mă da la o parte... ştiu că poate îţi deschid nişte răni dar nu o mai face şi cu altele! Încearcă să fii cu ceilalţi aşa cum ai vrea tu să fie ei cu tine! Iar dacă îmi vei înapoia banii, îţi vei lua revanşa tot faţă de tine."

„Nu regret că te-am întâlnit, regret doar că am ales să îţi fac rău pentru că am simţit nevoia să mă răzbun, dar nu pe tine... Am fost un copil fără minte."

„Am înţeles asta mai târziu şi am simţit că aveai mai multe răni ca mine. Sunt sigură că te-aş fi ajutat să le vindeci dar aşa a fost să fie... Acum ai şi tu un copil..."

„Da... şi uite cum e viaţa, acum eu sunt în divorţ. Mă macină trecutul şi depărtarea de copilul meu. Am ales să plec de lângă el pentru că nu mă mai înţelegeam cu mama lui. E o femeie rea. Poate că aşa am fost şi eu..."

„Nu cred că eşti un om rău, ci doar un om rănit. Ai o poveste tristă şi tu şi ai dreptatea ta, doar că acum ţine de tine cum îţi faci viaţa mai departe. Totul ţine de alegeri şi de asumare."

„Mulţumesc!"

„Mulţumeşte-ţi ţie că începi să te trezeşti!"

„Sufletul tău înfloreşte frumos, iar pe lângă el, şi cele din jurul tău."

„Pentru că am grijă de el. Mulţumesc. Dacă mi-ai văzut blog-ul, înţelegi deja mai multe."

„Războiul sufletului."

„O să fie o carte!"

„Şi o să fiu şi eu în ea?"

„O să fie tot trecutul meu acolo."

„Nu vreau să te deranjez dar când mai vin în ţară mi-ar plăcea să te scot la o cafea, să-ţi mai văd o dată ochii de aproape, să simt şi eu măcar o clipă că fericirea chiar e posibilă când mintea ţi-e clară. Iar sunt egoist, off... Cum scapi de sentimentul ăsta? M-am închis atât de mult în mine în România încât am simţit nevoia să evadez şi să scap, să încep ceva cu totul nou."

„Nu ştiu dacă este egoism... poate fi nevoia de iubire mai degrabă, nevoia de acceptare..."

„Mă bucur că mi-ai răspuns! Cine ştie, poate ne vom revedea şi faţă în faţă, cândva..."

„Posibil... viaţa e surprinzătoare..."

„Nu pot decât să îţi mulţumesc că m-ai ascultat! Eşti menită să ajuţi sufletele rătăcite să îşi mai revină... chiar să înflorească!"

„Mi se spune des şi am început să cred că asta e misiunea mea aici."

„Aşa şi este."

În primăvară m-am mutat singură la București. Visam de mult la acel moment în care să fiu doar eu cu mine și era minunat. Deși trăiam într-un apartament imens, nu mă simțeam deloc singură, dimpotrivă. Aveam multe flori, iar la balcon mă bucuram de coroana unui tei. Am învățat să trăiesc așa, singură, și nu aveam nicio teamă, niciun dor și niciun gol. Simțeam cum mă umpleam zilnic cu iubire. Iubire pentru mine și pentru noua mea viață. Construiam puțin câte puțin, chiar dacă aveam tot felul de provocări, însă mergeam înainte fericită. Iar fericirea era altfel decât cea la care mă gândeam eu înainte. Fericirea era liniște sufletească! Da! Starea aceea pe care nu o poți descrie pentru că nu-ți vin cuvintele potrivite, în schimb vin zâmbetele și recunoștința. Fericirea înseamnă muzică, dans, versuri, plimbări în aer liber, stat la povești cu prietenii, o cină secretă în doi, o meditație, o rugăciune. Orice poate însemna fericire dacă privești cu ochii sufletului. Fericirea nu se ascunde în lucrurile mari, ci în cele mici care le construiesc pe cele mari. Mi-am dat seama că aveam nevoie de o stare plină de entuziasm în fiecare zi, să pot deveni femeia la care tot visam. Cea puternică cu adevărat! Femeia de succes care să fie un exemplu, un model pentru alte femei! Mergeam des la seminarii și conferințe pentru dezvoltare personală și îmi plăcea energia de acolo. Era altă lume! Iar eu mă vedeam acolo, ca fiind unul dintre liderii buni de urmat. Știam unde voiam să ajung și ce trebuia să fac. Devenisem cunoscută deja în acest domeniu și mă împrietenisem cu mulți oameni care făceau lucruri extraordinare, pe care visam și eu să le fac.

După doi ani de zile de la revenirea în România, viața mea era alta, complet diferită, cu alți oameni și alte activități, care mă făceau să mă simt împlinită. Învățam mult și mă avântasem în călătoria evoluției personale cu cei mai buni traineri din România. Aveam o misiune de îndeplinit și mă pregăteam pentru ea. În sfârșit, eram în povestea mea!

– *Unde eşti?* m-a întrebat El, punându-mi mâna pe cap şi privindu-mă blând.

– *Sunt aici... am ajuns la mine. În sfârşit!* I-am răspuns, zâmbind.

– *Cum ţi-a fost călătoria?*

– *Ca o tornadă*, am adăugat obosită.

– Şi cum te simţi *acum?*

– *Absentă şi prezentă în acelaşi timp.*

– ***Important este SĂ FII TU! Acum, aici, în moment.***

– *Cred că s-a terminat războiul sufletului meu...*

– *Gata răfuiala cu trecutul?*

– *I-am dat drumul. Acum am înţeles de ce nu mă simţeam liberă complet. Eram agăţată de el... de trecut. El m-a schimbat atât de mult.*

– *Te-ai iertat?*

– *Da. M-am iertat! Nu mai vreau să mă torturez singură.*

– *Pe el l-ai iertat?*

– *Pe cine?*

– *Pe tatăl tău, Nina.*

– *Tata...*

– *L-ai iertat?*

– *Da.*

– *Poţi să-l iei în braţe, să îi spui că îl iubeşti şi că l-ai iertat?*

– *Nu ştiu...* am rămas pe gânduri.

– *Când îl vei ierta cu tot sufletul, atunci se va sfârşi cu adevărat războiul din tine,* mi-a spus El hotărât.

– *Cum fac asta? Nu ştiu cum...*

– *Caută adânc în tine.*

– *Încă mai doare ceva acolo...*

– *Știu că încă mai ai răni deschise și probabil vor apărea altele în timp, dar acum știi cum să le vindeci. Primul pas este iertarea.*

– *Am făcut asta.*

– *Lipsește un om care nu are iertarea ta cu adevărat.*

– *Tata...*

– *Acceptă-l exact cum e, acceptă-ți trecutul și iubește-l așa cum este. Cu tot cu oamenii de acolo și cu poveștile lui. Îmbrățișează-l și așază-l în sufletul tău ca fiind parte din tine.*

– *Și apoi voi fi liberă?* L-am întrebat, zâmbind optimistă.

– *Îți lipsește un pas!*

– *Pe tata nu știu să-l îmbrățișez. O să plângem amândoi pentru că doare.*

– *Poate că asta trebuie, să doară până nu mai doare.*

– *Să scoatem durerea...*

– *Și să puneți iubirea și iertarea.*

– *Și dacă va rămâne la fel?*

– *E alegerea lui. Alegerea ta care este?*

– *Să fiu liberă!*

– *Atunci alege iubirea.*

– *Mi-e greu să-l iubesc pur și simplu. Nu știu cum...*

– *Iubirea face și desface, iubirea leagă și dezleagă. Iubirea transformă și se transformă.*

– *Iubirea unește.*

– *Da, iubirea unește,* mi-a spus, zâmbind.

– *Tata nu e un om rău, e doar un copil rănit într-un corp de adult care nu știe să se manifeste.*

*– Iubeşte copilul din el! Când va simţi iubirea, totul se va schimba. Iubeşte-l fără să vrei ceva în schimb, e posibil să nu ştie să-ţi ofere ceva. Fii fericită cu ceea ce poţi tu să îi oferi! Iubirea înseamnă a dărui!*

*– Pot să iubesc copilul din el, dar am nevoie şi de bărbatul care să mă îndrume, să mă apere şi să mă sprijine în viaţă.*

*– Şi dacă nu îl vei găsi? Vei rămâne cu golul?*

*– Dacă nu îl voi găsi... nu m-am gândit la asta. Am aşteptat mereu să fie într-un anumit fel. Ah... Asta durea, imaginea pe care o am eu despre el în mintea mea. Doamne, eu acum realizez că nu ştiam cum să mă uit la tata. El e aşa cum e, iar aşteptările mele sunt simple proiecţii. Trebuie să îl privesc cu alţi ochi, altfel nu voi vindeca niciodată această rană.*

*– Ai înţeles ce ai de făcut,* mi-a spus cu vocea caldă.

# SCRISOARE PENTRU TATA:

*Dragă tată,*

*Îți mulțumesc. Dacă nu ai fi fost așa cum ești, nici eu nu aș fi fost ceea ce sunt acum și nu aș fi văzut bărbații așa cum îi văd! Și ei au răni și plâng în felul lor, prin alcool și violență de cele mai multe ori, pentru că au fost învățați de mici că bărbații nu au voie să plângă. Mulți își găsesc puterea dominând și manipulând fizic, mental și emoțional. Dar există și bărbați adevărați, care știu să plângă și să fie puternici în același timp. Îți mulțumesc, tată, că datorită acțiunilor tale mi-am testat puterea, curajul și iubirea. Mi-am dat seama destul de târziu că nu trebuie să te tratez așa cum o faci tu, ci așa cum mi-ar plăcea să o faci, să te văd ca fiind un om bun, chiar dacă nu am decât un singur motiv și anume faptul că ai făcut un copil extraordinar ca mine! În mine, tată, ești și tu și sigur ai ceva bun în tine, pentru că eu sunt un om minunat! Nu te mai condamn și nu te mai învinovățesc pentru nimic. Am așteptat inutil să te schimbi tu, ca eu să pot să fiu mândră de tine, dar ziua aceea nu a venit niciodată, în schimb am învățat să mă schimb eu și să te privesc cu alți ochi, cu ochii iertării și ai iubirii. Da, te-am iertat, tată, și da, te iubesc așa cum ești tu! Cândva te-am ales să îmi fii tată, pentru că nu am știut cum altfel să ajung aici și poate, dacă aș fi făcut alte alegeri, astăzi nu aveam despre ce să scriu, nu puteam să îi înțeleg și să îi îndrum și pe alții. Mulțumesc, tată!*

*Te-am condamnat pe tine pentru lipsa mea de curaj, am așteptat să îl văd la tine pentru că tu erai bărbatul casei, dar tu, tată, nu ai ajuns niciodată să fii un bărbat, ci doar un copil chinuit și traumatizat în corp de bărbat. Nici eu nu am ştiut atunci. Azi nu pot decât să te privesc ca atare, să nu te mai judec şi să te accept aşa cum eşti. Tu nu ai avut puterea mea, iar eu nu ştiu de unde am avut-o, ştiu doar că sunt recunoscătoare că o am! Aşa cum spuneam... în numele meu este iniţiala ta, „P”, şi o voi transforma în putere, potenţial, pozitivism, perseverenţă, perfecţionism şi lista e lungă, tată. Asta e moştenirea mea de la tine! Chiar şi aşa, fără să mi le arăţi...*

*Le-am învăţat târziu, atunci când ţi-am întâlnit opusul. Azi ştiu că un bărbat iubeşte şi nu se fereşte să o arate, un bărbat nu e rece, ci oferă căldură, un bărbat ocroteşte, mângâie şi încurajează. Un bărbat luptă, iartă şi învinge. Un bărbat nu loveşte! Nici cu mâna, nici cu vorba! Acum te las cu bine, am drumul meu şi nu e lângă tine. Eu am învăţat să zbor! Aş vrea să te bucuri de data asta... Ştii, aveai tu o vorbă care îmi rămâne: „Dacă dai din aripi zbori, altfel cazi şi poţi să mori!” De acum nu mă voi mai opri din zborul meu!*

*Te iert pentru tot şi te iubesc aşa cum eşti tu!*

*Cu drag,*
*Nina.*

Îmbrățișasem iertarea, pentru că fără ea nu puteam să fiu liberă. Un suflet nu se reconstruiește cu vorbe, ci cu fapte, cu iubire și dăruire. Nu mai eram singură! Mă aveam pe mine și pe El, lumina cu care trecusem prin toate. L-am privit în ochi, iar în fața mea era o oglindă, cea mai frumoasă pe care o aveam. Mă regăsisem complet și îmi găsisem și misiunea pe acest pământ: să scriu cărți și să trezesc suflete, să le aduc în lumină și să le facilitez transformarea!

– *Îți mulțumesc pentru călătorie!* I-am spus fericită.

– *Îți mulțumesc și eu pentru că mi-ai redeschis ușa.*

– *Nici nu știu cum ne-am pierdut...*

– *Nu mai contează, ne-am regăsit!* mi-a spus bucuros.

– *Pentru eternitate de data asta! Tu ai fost mereu aici, doar că nu am știut eu cum erai prezent. Nu te-am văzut...*

– *Trebuia doar să mă simți.*

– *Să simt iubire, da.*

– *Din iubire trăiești!*

– *Și în iubire!*

– *Acum mergi și du lumina mai departe! Ești pregătită!* mi-a spus cu toată ființa lui divină.

– *Și dacă vreodată o să mai simt teamă?*

– *O vei simți uneori, dar acum o cunoști bine și nu o vei mai lăsa să-ți fure libertatea. Acum tu ești stăpâna ta!*

– *De acum înainte eu dețin controlul asupra vieții mele. Eu decid!*

*– Chiar dacă nu vei lua mereu cele mai bune decizii, nu uita că ai voie să greşeşti. Ai voie să cazi, să plângi şi să oboseşti. Acum ştii să te ridici şi să renaşti! Acum cunoşti adevărata iubire de sine!*

— *Te iubesc!* I-am spus fericită.

— *Şi eu te iubesc, suflete!*

L-am îmbrăţişat şi am zâmbit din tot sufletul simţind acea iubire. Îmi pătrunsese sufletul şi i-am dat voie să mă cuprindă cu totul, să devin iubire. Am închis ochii şi m-am cufundat în acea stare divină. Devenisem una cu Dumnezeu, Cel pe care îl văzusem mereu în afara mea, sus în cer, în Rai, însă Raiul nu e unde mi s-a spus, Raiul e viaţa însăşi, aşa cum poate să fie şi Iadul. E modul în care alegem să trăim: în iubire sau în ură. Ambele sunt în noi, însă depinde ce parte hrănim mai mult. Am ales lumina! Când am deschis ochii, El nu mai era, Îl simţeam în mine, acolo de unde îmi lipsise mult timp. Mă simţeam acasă, mă simţeam întreagă, plină de iubire şi acceptare, iar în acel moment am înţeles că am ajuns la mine cu adevărat. Eram liberă! Înţelesesem că tot ceea ce mi se întâmplase fusese creat de mine, conştient sau nu, chiar dacă visasem mereu momente frumoase, dar nu toate deciziile pe care le luasem fuseseră cele potrivite. Ele mă duseseră pe căile suferinţei. Călătoria mea în trecut luase sfârşit. Era o simplă amintire, acum o carte... iar eu, altă femeie! Femeia care îşi urmează visul şi misiunea personală!

# SCRISOARE PENTRU MINE:

*Draga mea,*

*Cu tine cum să încep? Tu! Adică eu... Nina, am atâtea să îţi spun...*

*Draga mea, eşti omul pe care l-am iubit şi l-am urât cel mai mult dintre toţi, omul pe care l-am admirat şi l-am dispreţuit în acelaşi timp. Poate că nici nu mai contează de ce... cert este că acum TE IUBESC ENORM! Eşti cea mai puternică femeie pe care am cunoscut-o! Indiferent de furtunile care te-au lovit, tu ai reuşit să te ridici din nou şi din nou şi niciodată nu ai uitat cum e! Ai învăţat să îi ridici şi pe alţii în drumul tău! Să îi aduni, să îi iubeşti, să le dai drumul...*

*Draga mea, ce ai face dacă ai putea să dai timpul înapoi? Ce ai face dacă... ah, iar ai ajuns la „dacă"! Dar ştii de ce? Pentru că, în realitate, oricât de bine te-ai vindeca, cicatricele rămân şi îţi rămân cu totul! Tu le ai pe toate, pe suflet şi pe trup, dar ai învăţat să le iubeşti pentru că sunt ale tale! Acum te priveşti cu iubire şi se vede. Şi dacă te-ai putea întoarce cu adevărat în trecut, probabil ai trăi mai intens, ai iubi mai mult, ai greşi din nou. Probabil ai schimba câte ceva pentru că, în adâncul tău, ai ştiut mereu când greşeşti, dar nu ai avut curaj nici să trăieşti şi nici să mori. Ţi-ai auzit mereu vocea interioară, însă nu ţi-ai ascultat-o niciodată! Ţi-a fost teamă să nu răneşti în jurul tău, dar azi ştii că este doar o scuză fiindcă, indiferent de situaţie, cineva tot va suferi. Pentru că suntem diferiţi! Pentru că alegem diferit!*

*Draga mea, azi eşti prietenă cu timpul, deşi ştii că el nu este prietenul tău. El doar ţi-a aşezat rănile, le-a acoperit puţin câte puţin, punând câte o zi peste ele. Azi ştii că timpul înseamnă gânduri şi doar transformându-le îl poţi schimba în aşa fel încât să nu se mai repete, pentru că timpul, draga mea, se repetă! Tu ştii că numai ascultându-ţi inima, timpul va fi mereu altul, altfel nu. Inima are multe căi, le are pe toate. Las-o să îţi facă singură harta şi urmeaz-o! Ea ştie cel mai bine direcţia. Tu doar urmeaz-o!*

*Draga mea, eşti cel mai sincer om pe care îl cunosc, chiar dacă de multe ori te ascunzi. Îţi pui mereu zâmbetul acela minunat pe buze, indiferent de vreme sau de situaţie. Tu ştii că un zâmbet poate schimba multe, ştii că mulţi oameni au uitat să zâmbească şi vrei să le reaminteşti cum e! Şi mai ştii că un zâmbet venit din suflet este vindecător. Probabil o să mori zâmbind. Eşti atât de adânc prinsă în tine, încât ştii că nu te vei mai pierde vreodată. Eşti omul care s-a trădat singur, dar nu a trădat pe nimeni niciodată. I-ai iubit mai mult pe alţii şi mai puţin pe tine, uneori chiar deloc. Acum ai înţeles că totul începe cu tine!*

*Draga mea, ţi-aş spune multe lucruri, atât de multe, încât mi-ar trebui o carte întreagă să te scriu, în schimb ai scris-o tu deja şi cine va şti să te citească te va citi şi te va înţelege. Unii te vor răsfoi, alţii te vor judeca, iar unii te vor iubi! Cei ca tine! Dacă cineva nu te vede aşa cum eşti, înseamnă că îşi vede umbra, nu oglinda! Fiecare priveşte cu filtrul lui. Fii aşa cum eşti pentru tine şi pentru cei ca tine!!! Orice faci, fă-o pentru tine cu intenţii bune, în aşa fel încât să se bucure şi ceilalţi! Fii aşa cum simţi, astfel încât – atunci când te uiţi în urmă – să nu te condamni nici pentru greşeli, nici pentru bucurii! Fii tu aşa cum eşti şi cum simţi, fără bariere şi fără limite! Fără bagajele din trecut, cele pe care le-ai dus în spate ani la rând până te-ai eliberat de ele. Acum eşti uşoară, liniştită, liberă! Azi eşti iubire divină!*

*Draga mea, eşti femeia care iubeşte poate cel mai sincer şi cel mai frumos dintre toate, pentru că tu iubeşti necondiţionat. Tu ştii să apreciezi un bărbat, să-l sprijini, să-l înţelegi, să-i dai aripi. Tu ştii că un bărbat poate fi uneori un copil şi are nevoie de o mamă, alteori de o prietenă şi de cele mai multe ori, de o femeie. Ştii să fii senzuală chiar dacă nimeni nu te-a învăţat cum să fii o femeie adevărată, pentru că, vezi tu, o femeie are mici secrete. O femeie are misterele ei, şarmul ei şi numai inima o ştie. Tu i-ai deschis uşa larg după ce ai stat ghemuită ani în şir la poarta ei, aşteptând să fii primită. Pentru tine, iubirea reprezintă cel mai sfânt lucru din lume şi fără ea nu există viaţă, nu concepi nimic fără iubire. Tu ştii să iubeşti în toate felurile, aşa cum nu ai iubit niciodată. Ştii că oamenii se hrănesc cu iubire şi nimic altceva, indiferent de ce ar spune ei. Sufletul are hrana lui: iubirea! Deşi ai înţeles asta târziu, ai reuşit să te salvezi.*

*Draga mea, eşti femeia care a luptat cel mai mult pentru viaţă, chiar dacă i-a fost frică. Ai plâns mult, ai suferit mult, dar te-ai adunat singură şi te-ai reîntregit aşa cum ai putut şi cum ai ştiut cel mai bine. Acum ai aflat că sunt şi oameni care nu ştiu, nu pot sau nu vor să renască aşa cum ai făcut tu! Tu ai ales să revii, să renaşti, să te reconstruieşti! Nu mulţi au această putere, pentru că unii dintre noi se nasc puternici, alţii devin în timp, iar alţii sunt slabi. Indiferent de răni sau traume, puterea diferă la fiecare. Unii nu au puterea de a lua deciziile potrivite şi rămân prizonieri pe viaţă într-o cuşcă imaginară. Tu ai înţeles asta la timp şi te-ai eliberat. Ai descoperit un adevăr şi l-ai urmat cu curaj, curajul care ţi-a lipsit toată adolescenţa. Acum ştii că, orice s-ar întâmpla, o poţi lua de la capăt fără frică. Ştii că sunt fireşti greşelile, îţi dai voie să încerci, să lupţi, să experimentezi. În puţine cuvinte: te iubeşti! În sfârşit, te iubeşti aşa cum eşti!*

*Iar tu, draga mea, eşti cel mai important om din viaţa ta! Să nu mai uiţi asta niciodată! Acum, continuă să străluceşti!*

*Cu drag,*
*Tot Nina.*

*Am descoperit secretul vieții: **SĂ FII TU**, pur și simplu! Să te duci în trecut să-ți vindeci rănile, să ierți, să te ierți și să mergi mai departe plin(ă) de iubire și lumină. Viața e un dar divin care se trăiește din plin! Îți mulțumesc, trecutule! Acum, du-te! Suntem liberi amândoi!*

Ultimul gând din călătorie...

Până la 28 de ani am trăit în ceață, cu sufletul zdrobit de umbrele grele ale sărăciei, ale umilinței și ale nedreptății, am trăit în propria colivie în care mi-au lipsit curajul și asumarea. Și totuși, am învățat să trăiesc și cu plusuri și cu minusuri și m-am adaptat mereu la schimbări. Am trăit cu frică, dor și fără iubire. Atât de densă a fost ceața, încât m-am prăbușit. Nu vedeam nimic în jurul meu, pentru că nu vedeam în mine, însă atunci când m-am văzut căzută la pământ, s-a făcut lumină.

2013 a fost anul care m-a pus la pământ la propriu, cu totul. Pentru câteva luni am murit, pur și simplu. Când nu am mai avut nimic de pierdut, a trebuit să iau o decizie: să rămân în viață fără să trăiesc sau să renasc și să trăiesc din plin! Am hotărât să-mi las trecutul în urmă și să-mi reclădesc viața. Am făcut-o în felul meu și, deși a fost al naibii de greu, am reușit!

În 2014 mi-am recăpătat libertatea totală și am preluat controlul asupra vieții mele! Am dus o luptă grea, dar a meritat! Am început să visez și să construiesc cu mâinile goale, dar cu sufletul plin de credință. Am strecurat printre lacrimile de durere și lacrimi de bucurie.

În 2015 începusem să mă simt mult mai aproape de mine și de ceea ce îmi doream să fiu. Am învățat să iubesc cu adevărat. Am învățat să pierd și să câștig. Am învățat să fiu mai prezentă dar și mai atentă în jurul meu. Sufletul meu încă era în defensivă și totuși, deschis!

În 2016 am uitat să scriu, am uitat să visez iar, pentru că îmi doream să salvez sufletul pe care îl iubeam. Am uitat de mine și am avut grijă de el. Mi-am văzut toate rănile într-un străin, dar nu pe el trebuia să îl salvez, ci pe mine. Încă mai aveam destule... Am întâlnit atunci oglinda mea cea mai dureroasă, pe care am acoperit-o cu zâmbete și speranță. M-am dedicat iubirii, însă nu era iubirea creatoare, era cea vindecătoare, iar eu m-am plasat fără să vreau în rolul de salvator.

În 2017 am învățat să risc și să-mi asum. Am învățat să spun NU cu adevărat și să fiu sinceră cu mine. Am continuat să-mi vindec zeci de răni și am învățat lecții prețioase. Am învățat să renunț și să plec. Am luat-o din nou de la capăt, cu mai mult curaj și am început să lupt cu adevărat pentru visurile mele. Abia atunci am îndrăznit să merg spre mine cu totul! M-am uitat în urmă doar să-mi adun visurile ca să pot să mi le construiesc. A fost anul în care am decis că singura direcție va fi spre înainte! Și m-am ținut de cuvânt! În urmă privesc doar când e nevoie...

În 2018 am renunțat la ideea de a-i mulțumi pe toți și de a încerca să-i fac fericiți, pentru că fericirea altora nu este în mâinile mele iar eu nu sunt responsabilă de alegerile nimănui. Apoi am întâlnit omul care m-a reîntors la cel mai frumos vis al meu, cel din 2014: să scriu cărți. Uneori, un simplu străin te reîntoarce către tine, pur și simplu, fără să știe și fără să vrea. Fiecare om are un rol special în piesa vieții, fiecare vine să ne învețe o lecție! Nimeni nu apare întâmplător! Oamenii sunt mesagerii noștri și e foarte important să știm să îi citim.

În 2019 am investit în mine și am plecat pe drumul meu, cu mine și cu El... tot ce am nevoie pentru minunata călătorie pe care am început-o cu convingerea că voi schimba destine. Am făcut multe eforturi și sacrificii! Acum nu mai uit că o femeie puternică nu are nevoie de lumină pentru a străluci, ea este lumina! Și SUNT!

În 2020 am finalizat studiile superioare cu 10, aceeași notă pe care am obținut-o și la examenele în urma cursurilor de specializare. Apoi mi-am asumat misiunea și noua identitate la care am muncit foarte mult. Am devenit femeia la care visam și de care sunt tare mândră! Cea care, acum, îmbrățișează o lume întreagă împărtășind povestea ei.

De ce războiul sufletului? Sufletul nu intră în război...

Nu, dar el îl duce. În el se duce lupta pentru iertare, acceptare și vindecare.

Pentru iubire și pentru liniște... pentru pace!

Amin!

# Epilog

*Călătoria prin viață e un amalgam de provocări. Nu există poveste cu fir fără intrigi. În filele unei vieți se împletesc mereu lumina cu întunericul, dând naștere răsăritului și apusului. Nu degeaba se spune că în orice rău găsești un bine dacă știi din ce unghi să privești.*

*În povestea mea, un suflet inocent s-a războit cu multe dureri. Nu a știut cine este! În ziua în care a aflat, războiul a luat sfârșit.*

*Sunt eu acel suflet! Azi, femeia liberă care își trăiește visul!*

*La câte visuri am renunțat pentru că nu m-a încurajat nimeni?*

*La toate...*

*Cât de frică mi-a fost? Și cât de greu?*

*Prea mult...*

*Ce m-a salvat? Ce m-a ridicat?*

*CREDINȚA! În mine și în Dumnezeu!*

*Privind în El, am învățat să iubesc!*

*Privind în mine, am învățat SĂ FIU EU!*

*Învață și tu!*

*Cu drag,*
*Un suflet.*

*Am ascuns un mesaj important printre rândurile mele din carte.*

*Caută-l!*

# Cuprins

BOOKZONE